GOLDMANN

Buch

Zu einem Zeitpunkt, da andere sich zur Ruhe setzen, wollte Barbara Rütting vor einigen Jahren ihren Traum verwirklichen: die Gründung einer Ökosiedlung, in der jung und alt zusammenleben – ohne jede Ideologie, nur getragen von der gemeinsamen Idee, der Liebe und Verantwortung für Mensch und Tier.

In Tagebuchform schildert sie, wie dieses Projekt aufgebaut wurde; gleichzeitig legt sie Rechenschaft ab über das vorläufige Scheitern ihres langgehegten Traums. Offenbar war die Zeit noch nicht reif für die Verwirklichung dieser neuen Lebensform.

Geblieben ist die Vision, die als Denkanstoß für alle dienen mag, denen bewußtere und ganzheitlichere Formen des Zusammenlebens am Herzen liegen.

Autorin

Barbara Rütting, geboren 1927, ist seit den fünfziger Jahren als Schauspielerin bei Bühne, Film und Fernsehen sehr gefragt. Sie zählte zu den ersten Prominenten, die sich öffentlich für eine ganzheitlich orientierte Lebensweise engagierten. Barbara Rütting ist Autorin zahlreicher Bücher zu Ernährungs- und Gesundheitsthemen. Sie hat darüber hinaus erfolgreiche Romane und Kinderbücher verfaßt.

Von Barbara Rütting sind außerdem im Goldmann Verlag erschienen:

Koch- und Spielbuch für Kinder (13593)
Mein Gesundheitsbuch (12584)
Mein Kochbuch (10838)
Mein neues Kochbuch (13760)

Barbara Rütting

Träumen allein genügt nicht

Ein Stück Leben

GOLDMANN VERLAG

Die Personen- und Ortsnamen
wurden teilweise verändert.

Umwelthinweis:
Alle bedruckten Materialien dieses Taschenbuches
sind chlorfrei und umweltschonend.

Der Goldmann Verlag
ist ein Unternehmen der Verlagsgruppe Bertelsmann

Vollständige Taschenbuchausgabe Oktober 1995
Wilhelm Goldmann Verlag, München

Umschlaggestaltung: Design Team München
Umschlagfoto: Eva Maria Schalk
Druck: Presse-Druck Augsburg
Verlagsnummer: 12630
kk · Herstellung: Sebastian Strohmaier
Made in Germany
ISBN 3-442-12630-4

1 3 5 7 9 10 8 6 4 2

Berührst du den untersten Felsengrund der Trauer,
wirst du plötzlich lächeln ...
(Bhagwan)

Hätte mir nicht irgend jemand eines Tages einen Bericht über diese Lehrerin geschickt, die Tausende von Hunden vor dem Labor gerettet hat und in ihrem Haus im Fränkischen etwa fünfzig davon ständig beherbergt...

Hätte ich diese Frau daraufhin nicht sofort angerufen und gefragt, ob ich ihr irgendwie helfen könne...

Hätte ich mich dann nicht mit ihr in einem kleinen Ort irgendwo in Italien getroffen...

Wäre ich nicht zu ihr in das klapprige Tierrettungsauto gestiegen, um wiederum eine andere Tierschützerin zu besuchen, nämlich eine gelähmte, über achtzigjährige Gräfin, die in Assisi, dem Geburtsort des Heiligen Franziskus, mit nahezu hundert Hunden in einem zerfallenen Bauernhaus vegetierte...

Und wäre ich statt dessen, wie eigentlich geplant, mit meinem damaligen Lebensgefährten nach Verona gefahren, um die Festspiele zu besuchen, schick essen zu gehen und mir hübsche Klamotten zu kaufen...

Hätte das Projekt Doppendorf nie stattgefunden.

Sicher, ich träumte schon seit etwa einem Jahrzehnt, seit dem Besuch in einem sozialen Altersheim, davon, daß eines Tages diese Gettos geöffnet würden, die Gettos der Kinderheime und Waisenheime, die Gettos der Altersheime und Tierheime, und daß die Insassen dieser Gettos sich zusammentun würden zum gegenseitigen Nutzen, zur gegenseitigen Hilfe, zum gegenseitigen Glücklichmachen.

Aber erst als ich Johanna traf, dieses weibliche Gegenstück zum Heiligen Franziskus, erst da kam der Impuls, diesen Traum auch Wirklichkeit werden zu lassen. Wir beide werden eine

Gemeinschaft schaffen, beschlossen Johanna und ich, in der Mensch und Tier, jung und alt zusammenleben, im Einklang mit der Natur liebevoll und harmonisch miteinander alt werden – ein Modell, das es altgewordenen Menschen und Tieren ermöglichen wird, bis zu ihrem Lebensende in der Gemeinschaft zu bleiben.

Wir brauchten Verbündete. Und diese fanden sich schnell. Denn immer mehr Menschen verspüren das Bedürfnis, nicht aus-, aber umzusteigen, mit Gleichgesinnten zusammenzusein, die ebenfalls in dieser doch eigentlich so herrlichen, aber von uns Menschen verschandelten Welt zu retten versuchen, was noch zu retten ist. Der »Verein zur Förderung ganzheitlicher Lebensweise« wurde gegründet.

Gar zu gern hätte ich die Siedlung auf meinem eigenen Grund und Boden gebaut. Ich besitze ein Bauernhaus im Salzburger Land, nur von Wiesen und Wäldern umgeben – aber auf diesem Gelände darf ich nicht bauen, das Grünland wird nicht in Bauland umgewidmet, vom umweltschützerischen Gesichtspunkt aus richtig. In Gedanken allerdings sah ich sie schon vor mir, die in die hügelige Landschaft hineinkomponierten, ökologisch gebauten Häuser, in denen liebevolle Menschen lebten, junge und alte, glückliche Kinder tobten, ebenso glückliche Hunde tollten ...

Die Suche nach einem ähnlichen Projekt bedeutete Fahrten mit einem Immobilienmakler, monatelang, Rennereien zu Politikern, zwei ganze Sommer lang. Die wenigen Mitglieder des Vereins zahlten zwar ihren Beitrag, aber natürlich war an eine Summe von 10 Millionen Schilling für den wunderschönen alten Braugasthof, der zum Kauf angeboten war, nicht zu denken, und verpachten wollte der Besitzer nicht. Also weiter gesucht, etwa 20 Objekte angeschaut. Das nächste, das in Frage kam, ein altes leerstehendes Bauernhaus, zur Zeit im Besitz der Salzburger Landesregierung. Wieder Besuche bei sämtlichen zuständigen Politikern, meine Idee vorgestellt – nein, man sei nicht abgeneigt, Haus und umliegendes Land dem Verein zur

Verfügung zu stellen – aber zu entscheiden habe letztendlich die Gemeinde, in deren Bereich das Anwesen liegt.

Also bei der Gemeinde antichambriert. »Wenn die Frau Rütting so etwas in Salzburg machen würde – ich würde sie auf Händen tragen!« hatte ein Salzburger Landesrat angeblich geäußert. Darauf raunzte der damalige Bürgermeister – 1988 war das – in meinem Beisein: »Von mir aus kann er die Frau Rütting hintragen, wo der Pfeffer wächst – hierher kommt das Projekt nicht!«

Man beabsichtigte, dort einen Truppenübungsplatz für die Bundeswehr zu errichten. Das Haus steht heute noch leer und zerfällt.

November 1987 – Mein sechzigster Geburtstag nahte, und ich wollte das Projekt wegen allzu großer Widerstände am liebsten aufgeben. Frag doch eine Astrologin, meinte da eine Bekannte, ich kenne eine gute … Das tat ich. Und die meinte nun, ich *müsse* das Projekt durchziehen, es wäre eine Katastrophe für meine spirituelle Entwicklung, wenn ich es nicht täte, mit einem starken Jupiter sei das gar kein Problem; zwar mache Saturn Schwierigkeiten, und meine Gesundheit laufe Gefahr, dabei auf der Strecke zu bleiben – aber insgesamt, wenn ich endlich genug gebrannt wäre, wie gute Keramik, und wirklich selbstlos hinter dem Ganzen stünde, dann, ja dann würde ich es schaffen, die richtigen Helfer würden sich einstellen, auch Finanziers und staatliche Stellen. Mit diesem starken Jupiter wäre ich fähig, mit nur 100 Mark das Empire State Building aufzubauen.

Im Grunde meines Herzens hatte ich gehofft, die Astrologin würde mir raten, nun treten Sie mal etwas kürzer, wie sich das für die zweite Lebenshälfte gehört, machen Sie Urlaub, reisen Sie, lassen Sie sich liften oder legen Sie sich einfach in die Sonne und genießen Sie endlich Ihr Leben, statt sich weiterhin so abzuschuften – aber nein: Sie sagt, ich *muß* das machen.

Daß ich dieses Muß auch annahm, lag in der Luft. Überall in

der Welt begann es zu gären, schmeckte es nach Auf- und Umbruch, schien plötzlich das Unmögliche möglich. Die große weltpolitische Wende bahnte sich an.

Und da kam Margarete Mackwitz, Eigentümerin eines Gutshofes in meiner näheren Nachbarschaft, und sprach: »Warum machst du das denn nicht bei mir? Hier ist doch alles vorhanden, was du brauchst!«

Das stimmte insofern, als sie ihr Gut seit über einem Jahrzehnt biologisch-dynamisch bewirtschaftet; daß riesige, nicht genutzte Gebäude auf ihre eigentliche Bestimmung zu warten schienen; daß Bauland zur Verfügung stand wie auch ein großes Gewerbegebiet, auf dem man alle möglichen handwerklichen Betriebe errichten könnte – und am Rande des Waldes vielleicht die so dringend benötigte Tierherberge. Und überdies für mich zum Greifen nahe, nur zehn Autominuten von meinem Sommerholz entfernt, den Berg hinunter und eine kurze Schleife am stillen See entlang.

Was dagegen sprach: Ich wußte, daß Margarete Mackwitz, selbst Anthroposophin, sich eigentlich ein anthroposophisches Zentrum wünschte. Außerdem wurde auf diesem Hof geschlachtet und Fleisch gegessen, während ich mir eine vegetarisch lebende Gemeinschaft vorstellte im Sinn von Pythagoras und Tolstoi; und, last not least, war das einzige einigermaßen bewohnbare Haus für das geplante Seminarzentrum total ungeeignet, verfügte nur über wenige primitive Zimmer, eine vorsintflutliche Ofenheizung, völlig unzureichende sanitäre Einrichtungen etc. Kurz und gut: Das Haus war in einem Zustand, der schon andere Bewerber davon abgebracht hatte, es zu kaufen.

Da fiel der schicksalsträchtige Satz, an den sich Margarete Mackwitz später nicht mehr erinnern kann: »*Und wenn ich euch das Haus schenke?*«

Ich weiß noch genau, wie ich den Kassierer des Vereins anrief: »Stell dir vor, die Margarete Mackwitz will dem Verein das Haus schenken!«

»Ja, wenn das so ist – dann können wir es wohl wagen...« Aber nur in Kombination mit dem Kauf des Baulandes; denn das Hauptziel des Vereins ist ja nicht ein Seminarhaus, mit dem man praktischerweise aber beginnen könnte, sondern eine Lebensgemeinschaft von gleichgesinnten Menschen; und die brauchen Häuser.

Vom Schenken des Hauses ist zwar bald nicht mehr die Rede; aber inzwischen haben alle Feuer gefangen, mit einer niedrigen Miete geht es zunächst auch; vielleicht ist die Eigentümerin später so begeistert, daß sie von sich aus... und Doppendorf *ist* der richtige Ort für das Projekt, darüber sind sich inzwischen alle einig. Zwischen der Gutsbesitzerin und dem Verein wird ein Mietvertrag für das Haus bis Ende 1993 abgeschlossen, und der Verein erhält ein Angebot über das Bauland.

Hundertwasser muß die Häuser bauen!

Alles ist begeistert.

Ich fahre nach Wien, werde von Meister Friedensreich empfangen, schaffe es, ihn mit seinem Architektenteam nach Doppendorf zu holen. Ihm gefällt meine Idee; er sieht sofort eine begrünte Wohnlandschaft, die sich harmonisch in das Ortsbild einfügen wird.

Hundertwassers Architekt arbeitet einen Plan aus; erscheint zur nächsten Gemeinderatssitzung bereits mit einem Modell. Ich hatte erwartet, alle Gemeinderatsmitglieder würden beim Anblick dieses Modells in Entzückensschreie ausbrechen: Die Häuser nach Norden hin in den wärmenden Schutz der Erde geschmiegt, nach Süden, Westen und Osten der Sonne geöffnet. Genial. Jede Familie hätte statt einer Häusermauer einen begrünten Hügel vor sich, vielleicht mit ein paar Schafen drauf.

Der Gemeinderat aber beschließt: Das sind menschenunwürdige Erdhöhlen.

»Für den Krieg mag's ja angeh'n«, meint einer in der unbeschreiblich blamablen Sitzung, in der, laut Gesetz, wir Außenstehenden keinen Mucks von uns geben dürfen, »für den Krieg mag's ja praktisch sein, diese Erdhöhlen, da sieht der Feind von oben aus der Luft keine Häuser – aber sonst? Na, na, nix da, abgelehnt!«

Und der Bärnbacher Bürgermeister, in dessen Gemeinde Hundertwassers Friedenskirche steht, den ich um Unterstützung gebeten und der die gesamte Doppendorfer Gemeinde eingeladen hatte, sich diese wunderschöne Bärnbacher Kirche doch einmal anzusehen, der Farbfotos der Kirche und einen ganzen Stapel positiver Presseberichte über diese Kirche geschickt hatte – der Bürgermeister von Bärnbach erhielt nicht einmal eine Antwort auf seine Einladung.

Ich tröste mich damit, daß eine Hundertwasser-Siedlung vielleicht tatsächlich zu viele Touristen angezogen hätte, wie einige Skeptiker meinten. Und es stellt sich auch gleich eine Öko-Architektin ein, die, vorerst unentgeltlich, Häusertypen entwerfen will, die den Gemeindevätern Mitte Juni vorgelegt werden sollen und ihnen hoffentlich besser zusagen werden.

Und dann kommt es knüppeldick, ein Jahr lang. Meine Zeit als »Kanalarbeiterin«.

Der Verein verfügt zwar auf dem Papier über einen Vorstand – ist aber praktisch, bis auf den Kassierer, nicht vorhanden. Letztendlich bin ich mit der ganzen Arbeit, vor allem mit den täglichen Entscheidungen, allein. Ab und zu kreuzt einer auf, um Besorgnis über das ganze Unternehmen anzumelden.

Im Januar wird mit der Gutseigentümerin der Mietvertrag für das Seminarhaus bis zum Jahr 2025 verlängert. Sie beklagt, durch die Verzögerung der Verhandlungen um den Kauf des Baulandes erhebliche Nachteile erlitten zu haben, geleisteter Zeitaufwand, Zinsverlust. Aber schließlich hat nicht der Verein die Hundertwasser-Siedlung vereitelt, sondern die Gemeinde!

Der Bürgermeister verlangt plötzlich, daß statt der bisher benutzten Sickergrube ein Kanalanschluß gebaut wird. Also her mit einem Bagger, der tagelang Gräben zieht und Löcher buddelt; dann werden lose Rohre verlegt; irgendwo staut sich aber der ganze Matsch, wieder muß der Bagger her, wieder wird die Erde aufgerissen. Herren- und Damentoiletten müssen gebaut werden, damit wir überhaupt Seminare abhalten oder ein Restaurant führen können. Wo man den Hammer ansetzt oder nur einen Nagel einschlägt, fällt der Putz herunter, brökkelt es; wo gerade mit viel Mühe geweißelt wurde, kommen tags darauf wieder feuchte Flecken zum Vorschein.

Abends halte ich Vorträge in der Umgebung, um Interesse für das Projekt zu wecken. Vor 2 Uhr nachts bin ich nicht im Bett, dennoch jeden Morgen um 7 Uhr auf der Baustelle, hole Nägel und Zement für den Fortgang der Arbeiten, Jause und Bier für die Arbeiter, heize den Kachelofen, richte das Büro ein, bediene das inzwischen installierte Telefon, schreibe Seminare aus, kaufe ein, mache die Verträge mit den Referenten – und nebenbei habe ich schließlich noch ein Zuhause zu betreuen: das kleine Bauernhaus mitten im Wald mit drei Pferden, fünf Hunden, zwei Katzen und fünf Zwerghühnern, für das ich, Gott sei Dank, eine Hilfe habe, die Bauerntochter Frida, die morgens um 7 Uhr kommt, aber leider abends um 5 Uhr das Haus verläßt.

Fast ein Jahr lang muß ich mit drei bis vier Stunden Schlaf nächtens auskommen; gestärkt nur durch die Aussage der Astrologin, die ich mir ins Gedächtnis rufe, wenn ich denke: *rien ne va plus*: Das sind alles Hürden, die ich nehmen, Prüfungen, die ich bewältigen muß; die Helfer werden kommen, eines Tages, die richtigen Menschen werden sich einfinden, die Gelder werden nur so fließen, alles wird mir nur so zufallen. Eines Tages...

Und dann naht der Eröffnungstag.

Womit, außer mir, niemand gerechnet hat: Das Haus ist vorzeigbar, sogar die Toiletten funktionieren.

Meiner Einladung über Presse und Postwurfsendungen folgen ungefähr tausend Menschen. Das übertrifft jede, auch die kühnste, Erwartung.

Lieber Gott, bin ich dankbar! Über tausend Besucher, ist

das nicht der beste Beweis dafür, wie gut und richtig die Idee ist, wie groß die Sehnsucht der Menschen nach Gesundheit und Glück?

»*Wenn einer träumt, bleibt es ein Traum –*
wenn viele träumen,
beginnt der Traum, Wirklichkeit zu werden.«

Der Satz des Bischofs Camara, Motto unseres Vereins. Das Traumprojekt Doppendorf nimmt seinen Lauf.

Die nebenstehende Einladung ging als Postwurfsendung an alle Haushalte der Umgebung.

LIEBE DOPPENDORFER UND DOPPENDORFERINNEN!

Wir eröffnen unseren Seminarbetrieb
und laden Sie ein zum

Tag der offenen Tür

am Sonntag, dem 9. April 1989.

Ab 10.00 Uhr erwarten wir Sie zum Schlemmen!
Auf dem Dorfplatz backen wir Brot, Semmeln, Kuchen und knusprige Waffeln aus Vollkorn.
Wir bieten eine Jause mit kernigem Vollkornbrot, Butter, deftigem Käse, frischer Milch oder frischgepreßten Säften, Kräutertee, heimischem Most und anderen Spezialitäten.
Die Altenauer kochen altrömische Dinkelsuppe.
Wir zeigen Ihnen das Pressen von Kern- und Sonnenblumenöl.
Für die Kleinen gibt es köstliches, gesundes Eis.
Ein Höhepunkt der Vortrag von Heribert Dürnberger, Molln, zum Thema: »Strahlensuche am Körper« (ab 15.00 Uhr).
Festlicher Abschluß »Wilhelm-Busch-Abend« der Familie Dangl aus Salzburg (ca. 20.00 Uhr).

Besuchen Sie auch die Ausstellung der Skulpturen von Hans Mairhofer.

Wir wünschen einen schönen Festtag und heißen alle herzlich willkommen!

Ihre Barbara Rütting
Gemeinnütziger Verein
zur Förderung ganzheitlicher Lebensweise

Unsere Musikanten sorgen für gute Stimmung!!!

Das Seminarhaus

Mein Haus in Sommerholz

9. April 1989

»Das ist der glücklichste Tag meines Lebens!« konnte ich dem ORF-Fernsehreporter versichern.

Wes das Herz voll ist, des läuft der Mund über... In meiner großen Freude über den wunderbaren Tag habe ich sogar den darob total verdatterten Bürgermeister auf offener Straße abgebusselt.

Alle sind unserer Einladung gefolgt, um der Eröffnung des Seminarzentrums beizuwohnen: der Bürgermeister und die Gemeinderäte und der junge Pfarrer, mit dem sich eine fruchtbare Zusammenarbeit ergeben könnte, denn er ist sehr aufgeschlossen, zum Beispiel auch für Dritte-Welt-Probleme; und – allergrößte Freude – viele Einheimische.

Das reinste »Kaiserwetter«: der Himmel vom blausten Blau, die Sonne kraftvoll, daß Körper und Seele gewärmt wurden wie an einem goldenen Sommertag – und das am 9. April! Wenn das kein gutes Omen ist!

Ungefähr tausend – tatsächlich: tausend! – Menschen sind gekommen, um sich zu informieren, was sich eigentlich tut in so einem Seminarzentrum, und was das eigentlich zu bedeuten hat: eine ganzheitliche Lebensweise. Jeder Haushalt hatte per Post eine persönliche Einladung erhalten. Und bei Vollkornspezialitäten und altrömischer Dinkelsuppe haben wir auch die Skeptiker davon überzeugen können, wie köstlich die gesunde Vollwertkost mundet. Essen muß großartig schmecken, hinreißend aussehen *und* gesund sein!

Im ORF dann ein mit viel Sympathie gedrehter Film im Abendprogramm über das »Happening«. Denn ein Happening war es in der Tat: Begleitet von barocker Blasmusik des dörflichen Quartetts unter der Leitung des Lehrers haben wir etwa einen halben Zentner Getreide verbacken; unter freiem Himmel wurde auf dem Hof heimischer Most ausgeschenkt, Dinkelsuppe gelöffelt, wurden Vollkornwaffeln gebacken; und besonders die Grünkernlaibchen gingen weg »wie warme Semmeln«.

Freiwillige Helfer haben bis zu acht Stunden in der großen Gutsküche abgewaschen (Spülmaschine gibt es noch nicht). Wir hätten sicher noch die dreifache Menge Honigeis an die begeisterten Kinder verteilen können. Auch die TeilnehmerInnen der ersten »Schnupperwoche« waren mit eingespannt.

Unser »Schnupper«-Programm konnte sich sehen lassen: Vorträge über vitalstoffreiche Vollwertkost, biologischen Landbau, die Heilung mit Edelsteinen, das gesunde Bett, Naturkosmetik etc. wurden aufgelockert durch T'ai Chi und sakrale Tänze, gekrönt durch einen Wilhelm-Busch-Abend. Das schönste Kompliment spendete eine einheimische Wirtin, der Vollwertkost zunächst durchaus abhold (»Ja, kann des schmekken, diese Körndlkost?«). Sie sagte abschließend zu mir: »Ja, Frau Rütting, die Damen sind ja um zehn Jahre verjüngt abgefahren!« (Und das nach nur *einer* Woche Vollwertkost, bitte sehr!)

Nicht nur für mich wichtigster Lernprozeß der »Schnupperwoche« war die Begegnung und Auseinandersetzung mit einem schwerstbehinderten Mädchen, das mit seiner Mutter in die Gruppe integriert werden konnte. Nach dem ersten, entsetzten Wegschauen beglückend für uns alle die Erfahrung, daß dieses Menschenkind sich schließlich bei uns und mit uns wohl zu fühlen begann – und wir mit ihm. Ein ganz wichtiger Schritt in die Richtung, die wir in unserem geplanten Öko-Dorf verwirklichen wollen: ein anderes, menschlicheres Miteinanderleben und Altwerden.

15. April 1989

Gemeinsam mit dem Fremdenverkehrsverband eine Aktion »Das gesunde Dorf« gestartet.

Etwa alle vier Wochen werden sich Vertreter dreier Nachbargemeinden treffen, um ein Programm für die Gesundung ihrer Dörfer zu erarbeiten.

In allen drei Dörfern soll schwerpunktmäßig unterschiedlich gearbeitet werden, aber alle sollen wetteifern in dem Bemühen, ihrem Dorf zu größtmöglicher Gesundheit zu verhelfen. Der vielfach preisgekrönte Ort Altenau bietet ein »Frühstück ohne Müll« an, was bedeutet, daß die in Hotels übliche Portionsverpackung von Butter, Marmelade, Honig etc. wegfällt und nur frische Produkte auf den Tisch kommen, wie unpasteurisierte Bauernbutter, selbstgemachter Käse und die wiederentdeckte altrömische Dinkelsuppe; ferner ein Bio-Wanderweg mit genau erläuterten Stationen (Schmetterlingsstrauch, Trinkwasserquelle etc.) und, als besondere Attraktion, ein Schwimmbecken ohne Chlor, in dem drei Sorten von Fischen namens »Tosterlup«, »Weißer Amour« und die »Forelle« die Reinigung besorgen – sie putzen gemeinsam das Schwimmbekken; der weiße Amour frißt vorwiegend die Algen und Gräser, während der Tosterlup das Wasser sozusagen filtert und die Forellen dafür sorgen, daß der Badespaß nicht durch Frösche oder anderes Kleingetier getrübt wird.

In Battenberg findet immer größeren Zuspruch der von mir vor sechs Jahren ins Leben gerufene »Körndl-Beißer-Stammtisch« (60 bis 80 Prozent der »Normalbürger« genießen beim »Schloßwirt« bereits regelmäßig die hervorragend zubereitete Vollwertkost); dritter Pfeiler des gesunden Dreiecks schließlich unser Seminarhaus mit seinem Angebot an Seminaren, Vorträgen und Kochkursen, im Volksmund bereits die »Öko-Uni« genannt.

Ab Juni wird jeden Mittwoch ein Tag »Das gesunde Dorf« gestaltet: Beginn mit Gymnastik in Doppendorf (Leitung: na wer wohl, ich natürlich!), dann folgen je nach Wetterlage geführte Wanderungen, Radtour oder Kräuterwanderung; bei schlechtem Wetter Vorträge. Mittags Dinkelsuppe-Essen in Altenau, um 17 Uhr Vortrag im Seminarzentrum »Besser leben mit Vollwertkost« – Theorie und Praxis – mit abschließendem lukullischem Abendessen.

Im SOS-Kinderdorf werde ich einen ganzen Tag vollwertig kochend und backend mit den Kindern und Kinderdorfmüttern verbringen. Mit zahllosen Vorträgen rundum in Österreich, deren Honorare ausnahmslos in die Vereinskasse flossen, habe ich erreicht, daß immer mehr Menschen sich für die Vollwertkost interessieren. Geplant ist, diese Ernährungsform auch in die Krankenhäuser, Kindergärten, Altersheime und sogar – kombiniert mit Yoga und Meditation – in die Gefängnisse zu bringen.

Einmal im Monat werde ich im Seminarzentrum eine Gratis-Fragestunde abhalten für alle, die immer noch nicht wissen, wie denn nun der Frischkornbrei zubereitet wird, und warum Fabrikzucker in der Vollwertkost nichts zu suchen hat.

Damit auch Mütter mit Kleinkindern an den Seminaren teilnehmen können, möchte ich eine Spielstube für die Kleinen einrichten, in der die Kinder zunächst abwechselnd von einer der Mütter, später dann von einer Kindergärtnerin betreut werden.

Ein Wunschtraum ist ein Kinderhaus, das nur den Kindern gehört, in dem sie alles tun und lassen können, was sie möchten (außer es anzünden). Unser Seminarzentrum soll ein Kinderparadies werden!

16. April 1989

Alle, am Seminarzentrum und/oder dem Dorfprojekt Interessierten sind, habe ich zu einem Workshop eingeladen.

Bin sehr gespannt, wer kommt – und was dieser Workshop bringen wird. Wir wollen unsere Öko-Siedlung möglichst ohne Bankkredite und überwiegend mittels zinsloser Darlehen der Interessenten finanzieren, um die Kosten niedrig zu halten.

Die Einladung ging nur an Mitglieder des Vereins, zukünftige Öko-HausbwohnerInnen und tatkräftige oder finanzielle UnterstützerInnen des Projekts.

Ich hoffe, daß im Anschluß an den Workshop genügend Freiwillige bleiben werden, um mit mir die Renovierung der Zimmer im ersten Stock anzupacken. Im Erdgeschoß sieht alles schon wirklich tipptopp aus: die Toiletten picobello, weiß gefliest, die Küche geweißelt – und Margaretes Mann meinte bei einem Rundgang: »Und warum hast du das nicht gemacht?«

Eine hingeraunte Bemerkung, deren Worte, jedes einzelne, mich wie ein Peitschenhieb treffen, obwohl ja gar nicht ich gemeint bin, sondern Grete, die nicht antwortet, sondern schweigt.

Ich kann nicht erklären, warum mich dieser Vorfall so traurig macht. Ein Vorfall, der eigentlich gar kein Vorfall ist oder doch?

17. April 1989

»Ein Verein stellt sich vor« – unter dieser Überschrift habe ich die Ziele des Vereins kurz auf zwei DIN-A-4-Seiten umrissen, die ich den Interessenten in die Hand drücken kann.

Gemeinnütziger Verein zur Förderung ganzheitlicher Lebensweise

Immer mehr Menschen verspüren das Bedürfnis, nicht aus-, aber umzusteigen, mit Gleichgesinnten zusammenzusein, die ebenfalls in dieser doch eigentlich so herrlichen Welt zu retten versuchen, was noch zu retten ist.

Der »Gemeinnützige Verein zur Förderung ganzheitlicher Lebensweise« wurde gegründet, um solche Menschen miteinander in Kontakt zu bringen. Unser Ziel ist die Verwirklichung einer Gemeinschaft, in der Menschen jeden Alters, auch mit ihren Tieren, im Einklang mit der Natur liebevoll und harmonisch miteinander leben und alt werden können.

Aber auch kurzfristige Besucher sollen willkommen sein – sei es, um in der geplanten Gemeinschaft Urlaub zu machen, sei es, um an den vom Verein angebotenen Seminaren teilzunehmen. Unser Seminarbetrieb soll ferner allen Personen und Vereinen zur Verfügung stehen, die sich wie wir der Themen ganzheitlicher Lebensweise annehmen.

Nach etwa 20 geprüften und wieder verworfenen Objekten haben wir eines gefunden, das unseren Vorstellungen optimal entspricht: ein Gut in Oberösterreich, ca. 35 km entfernt von Salzburg.

Die Landwirtschaft wird von ihrer Besitzerin seit vielen Jahren biologisch-dynamisch betrieben, so daß wir die Möglichkeit haben, gesunde Nahrungsmittel direkt vom Erzeuger zu beziehen. Der Verein hat das Haupthaus langfristig gemietet. Unser erster Schritt war es, in diesem Gelände ein Seminar-Zentrum einzurichten. Ein etwas abseits gelegenes Grundstück ist als Gewerbegebiet ausgewiesen. Dort werden sich ein Tischler und ein Vollwertbäcker mit ihren Betrieben in eigener Verantwortung niederlassen. Diesen beiden sollten weitere Betriebe folgen, wie biologische Gemüsegärtnerei, Weberei, Töpferei etc.

In einem zweiten Gebäude könnte ein Vollwert-Restaurant entstehen, das von einem erstklassigen Vollwertkoch bzw. einer Vollwertköchin, samt dynamischer Familie, ebenfalls in Eigenverantwortung geführt werden sollte.

Die Gegebenheiten erfordern, daß wir uns auf Nah- und

Fernziele einstellen. Diese haben sich wie folgt herauskristallisiert:

Nahziele: Wir wollen
1. uns vollwertig ernähren (vitalstoffreiche Vollwertkost)
2. biologischen Land- und Gartenbau betreiben
3. nur menschenwürdige, gesunde Bauweisen zulassen
4. einen Vollwertgasthof schaffen
5. Werkstätten einrichten
6. ein geistiges und kulturelles Zentrum mit Seminarbetrieb aufbauen.

Fernziele: Wir wollen
1. einwandfreie Wohnungen errichten
2. versuchen, ein Modell zu schaffen, das es bei uns alt gewordenen Menschen ermöglicht, bis zu ihrem Lebensende in der Gemeinschaft zu bleiben (auch mit ihren Tieren). Dieses Modell kann nur gelingen auf der Basis eines sozialen Reifeprozesses der gesamten Gemeinschaft, in der auch Platz sein sollte für behinderte Menschen;
3. einmal einen Waldorf-Kindergarten und eventuell auch eine Waldorf-Schule haben;
4. (und dieses Anliegen ist am schwersten zu verwirklichen): einen Gnadenhof für alte und verlassene Tiere schaffen. Hierfür muß ein etwas abgelegener Bauernhof gesucht werden. Dieses Objekt sowie die finanziellen Mittel müssen erst aufgetrieben werden. Der Gnadenhof sollte dann von der Gemeinschaft mitgetragen und unterhalten werden.

Das Dorf, zu dem das Gut gehört, verfügt über eine gute Infrastruktur mit Läden, Gasthaus, Post, Bank, Kirche, Kindergarten, Schule, Bus-/Bahn-Verbindung Salzburg/Wien.

Der Seminarbereich hat Anfang April begonnen.

Für weitere Renovierungsarbeiten an unserem Vereinshaus und für andere Aktivitäten sind wir auf die finanzielle Unterstützung unserer Mitglieder und Förderer angewiesen. Daher die Bitte an Sie alle um Spenden und Werbung neuer Mitglieder.

Wir freuen uns riesig, daß wir Ihnen nach knapp 3 Jahren zähen Ringens die Mitteilung machen können:

Wir haben angefangen!

Wir werden es schaffen, daß unser Traum Wirklichkeit wird, getreu dem Leitspruch unseres Vereins:

»Wenn einer träumt, bleibt es ein Traum –
wenn aber viele träumen,
beginnt der Traum, Wirklichkeit zu werden.«

(Bischof Camara)

Ihre Barbara Rütting

20. April 1989

Die örtliche Tageszeitung bringt heute unter der Rubrik »Fall der Woche« das Konterfei des Doppendorfer Bürgermeisters (Unterschrift: *»Nur ein gequältes Lächeln war dem Bürgermeister von Doppendorf im Zusammenhang mit möglichen Erdwohnungen im Hundertwasser-Stil in seiner Gemeinde abzugewinnen. Mittlerweile hat sich einiges geändert: Das Dorfprojekt bleibt, der Hundertwasser-Stil nicht.«*).

Fettgedruckt dann die Überschrift des Artikels:

»Gemeinde lehnt Erdwohnungen ab – herkömmlicher Stil für das Bio-Dorf.«

Dazu der Kommentar »Schlaglichter – Schlaglöcher«:

Angst vor Hundertwasser!

24. April 1989

Ein großartiger Abend mit einem Vortrag von Dr. Bruker »Gesundheit ist ein Informationsproblem«.

1.200 Besucher stürmten das Kongreßhaus, das der Salzburger Bürgermeister, der bekanntlich vor Jahren mit uns in einem ganzen Eisenbahnzug zum Demonstrieren nach Wackersdorf gefahren war, liebenswürdigerweise zu ermäßigten Gebühren zur Verfügung stellte. Dr. Bruker, mein Lehrmeister in Sachen

Ernährung und Gesundheit, der mich auch zur Gesundheitsberaterin ausbildete, schenkte dem Verein den gesamten Erlös des Abends! Danke, danke, danke!

Zwei junge Köche, die probeweise im Seminarhaus arbeiten (gegen Unterkunft und Essen) und ich hatten fast eine Woche lang für ein gigantisches Buffet gekocht und gebacken, riesige Töpfe Dinkelsuppe, vierzig Biskuitrollen mit Himbeerschlagsahne gefüllt, Hunderte unserer beliebten Grünkernlaibchen und zahllose Schüsseln mit Salaten in meinem Auto zum Kongreßhaus transportiert, ebenso zwei Fässer Most, Ausbeute meiner vorjährigen Ernte von – selbstverständlich – ungespritzten Äpfeln und Birnen.

Der Saal bumsvoll, das Buffet ratzekahl weggeputzt. Lebhafte Diskussion mit dem fast 80 Jahre jungen unermüdlichen Dr. Bruker bis nach Mitternacht. Und unsere Einnahmen insgesamt 150.000 Schilling!

Wenn ich ihnen die Verantwortung überlasse, bedeuten die beiden blutjungen Köche leider ein Wagnis; einmal servierten sie einen absolut ungenießbaren gallebitteren Wermuttee zum Frühstück, dann eine Pizza, die mit einem Haufen fast rohen Gemüses belegt ist, so daß ich bei allem, was ohne meine Aufsicht zubereitet auf den Tisch kommt, zittern muß.

Wenn wir einmal das Risiko eingehen, ein Restaurant zu eröffnen, dann muß der Koch – oder die Köchin – absolute Spitze sein. Und einen solchen Profi kann der Verein in absehbarer Zeit leider nicht bezahlen.

»Der Verein« – das sind liebenswerte Mitglieder, aber im Seminarhaus bin ich im Grunde mit der ganzen Arbeit und allen Entscheidungen immer wieder mutterseelenallein.

Eine Kerntruppe muß her! Nur, woher nehmen?

2. *Mai 1989*

Nach langem Hin und Her ist es gelungen, Chris Griscom, die amerikanische Heilerin, für einen Vortrag zu gewinnen, Thema: »Eltern-Kind-Beziehungen – die Nizhoni-Idee«.

Chris mit ihrem gesamten Troß hatte das Flugzeug verpaßt, und alle trafen schließlich über eine Stunde verspätet mit Leihautos im Salzburger Hotel Mercure ein, wo ich für diesen Abend einen Saal gemietet hatte.

Mir fiel die undankbare Aufgabe zu, die vielen Zuhörer immer wieder zu vertrösten, zumal Chris dann, als ich schon freudig verkündete: »Sie ist soeben eingetroffen!«, seelenruhig auf ihr Zimmer ging, um ihr Kleid aufzubügeln und anschließend eine ausgiebige Meditation durchzuführen. Diese Nerven möchte ich haben!

Die Leute waren ziemlich sauer und ich ziemlich fertig, als sie endlich, mit über eineinhalb Stunden Verspätung, ihren Workshop begann. Sie ist so zart und klein, daß wir sie auf eine flugs besorgte Kiste stellen mußten, damit sie überhaupt für alle zu sehen war.

Ihre Gedanken über Kindererziehung sind großartig. Klar, daß den Kindern soviel Freiheit wie nur möglich gelassen wird. Ihren kleinen Sohn Bapu, der sie auf allen Reisen begleitet, das jüngste ihrer sechs Kinder, hat sie im Meer geboren.

Wenn ich mal viel Zeit habe, möchte ich ihr Institut in Amerika besuchen. *Wenn ich mal viel Zeit habe ...*

Da der Hofstaat – was tun diese Leute bloß alle? – mit Verpflegung und Übernachtung Unsummen verschlang, ist leider nicht viel für den Verein übrig geblieben. Aber wir haben wieder einmal bewiesen, daß wir interessante Veranstaltungen zustande bringen.

4. Mai 1989

Spaziergänger brachten mir heute in meiner Mittagspause einen kleinen Hund. Sie haben ihn, völlig verstört, im Wald gefunden. Vermutlich ausgesetzt, aus dem Auto geworfen.

Ich kann unmöglich in meiner jetzigen Situation, total überlastet wie ich bin, noch einen fünften Hund zu Hause aufnehmen. So habe ich den kleinen Kerl, eine entzückende, schwarzgelockte Promenadenmischung – im Gesicht ein bißchen Spitz, sonst undefinierbar, feurig, mit Glutaugen und einem Schwanz wie eine Federboa –, zuerst einmal mit nach Doppendorf genommen. Er wird, wenn ich abends nach Hause fahre, bei den beiden Köchen bleiben, bis sich hoffentlich bald eine der SeminarteilnehmerInnen in ihn verlieben und ihm eine gute Heimat geben wird.

Wir haben ihn Mephisto getauft, weil er ein richtiges kleines schwarzes Teufelchen ist.

10. Mai 1989

Brigitte Fleissner-Mikorey, Chefin des Lentz-Verlages, der meine Kinderbücher verlegt, schickt ein Rundschreiben, in dem sie auf eine höchst wichtige und dringend notwendige Aktion ihres Verlages aufmerksam macht.

Der Lentz-Verlag verzichtet bei seinen Büchern auf die Einschweißfolie und erhofft sich damit eine Intitialzündung für die gesamte Branche.

Die Folie kann noch so »umweltfreundlich« sein, sie verursacht immer folgendes Problem: »Bei der Vernichtung entstehen Seveso-Gift und verwandte hochgiftige Verbindungen. Von diesen genügen bereits geringe Mengen, um krebsgefährdend zu wirken. Professor Daunderer, Toxikologe in München, hat festgestellt, daß die Mengenzusammensetzung der Dioxine in der Muttermilch identisch ist mit der Zusammensetzung des Ausstoßes der Verbrennungsanlage.

Beim Verbrennen von Polyethylen wird Sauerstoff verbraucht, zum Beispiel verbrauchen vier Tragetüten aus Polyethylen beim Verbrennen soviel Sauerstoff, wie ein Mensch pro Tag zum Atmen braucht.«

Eine wirklich nachahmenswerte Aktion. Leider berichten die Buchhändler, daß die Kunden jedoch weiterhin auf eingeschweißten Büchern bestehen.

Solange die Verbraucher sich nicht ändern, ändert sich nichts. Wir alle sind schuld daran, daß die Welt heute so ist, wie sie ist; solange wir uns blasses Kalbfleisch von eisenarm ernährten Kälbern andrehen lassen, gentechnisch manipulierte Tomaten, mit Zusatzstoffen vollgestopfte »Lebensmittel«, bestrahltes Gemüse, Eier von »KZ-Hühnern«, mit Fungiziden, Pestiziden und Herbiziden verseuchtes Gemüse und – eingeschweißte Bücher.

»Wer soll denn die Welt verändern, wenn nicht du und ich!« (Franz Alt)

17. Mai 1989

Der Workshop ist überstanden.

Ursel Fuchs, Teilnehmerin und freie Hörfunkjournalistin, hat ihre Eindrücke unter dem Titel »Dorfprojekt zwischen Traum und Wirklichkeit« zusammengefaßt. Sie schreibt:

> »Ein tolle Idee«, sagen alle, und sie meinen es auch so. Wenn Barbara Rütting von ihrem geplanten Dorfprojekt erzählt, Fotos zeigt oder Besucher bei Schnupperseminaren durchs Gutsgelände führt, bleibt die Begeisterung nie aus. Briefe und Telefonate signalisieren Zustimmung.
>
> Klar, wer möchte das nicht in unserer kaputten und bedrohten Welt – die Sehnsucht ist ähnlich groß wie nach dem Frieden: im Einklang mit der Natur leben, in einer friedlichen schönen Landschaft, in der die Zivilisation weit entfernt scheint, und dann noch an einem guten Zweck mitarbeiten, an einem Dorfprojekt, das vereinen soll, was zerrissen und getrennt ist:

Mensch und Natur, alt und jung, Mensch und Tier, Behinderte und Nichtbehinderte.

Auch Geldleute kreuzen auf, ab und zu, rauschen an im Sportcoupé, besichtigen fachmännisch unter allen Aspekten dessen, was sie so für rentabel halten, und rauschen ebenso eilig wieder ab, wenn sie hören, es gehe eben nicht um ein Managerhotel, um gestreßte Macher wieder fit fürs Funktionieren zu trimmen.

Gemeinschaftlich auf Finanzstärkung hinarbeiten, heißt die Devise des Vereins zur Förderung ganzheitlicher Lebensweise, der grenzübergreifend für Deutschland und Österreich gegründet wurde. Achtzig Mitglieder in Deutschland, vierzig in Österreich zahlen unterschiedlich zügig ihre Beiträge, einige wenige Spenden tröpfeln. Barbara tourt mit Vorträgen durch die Republik, läßt keine Messe aus, die nach Gesundheit riecht, kriegt Fernsehunterstützung zugesagt und immer wieder die Versicherung, das sei ja alles phantastisch und ganz wunderbar, und warten Sie mal, ich weiß da wen, der kennt jemanden, der hat gute Verbindungen...

Der Verein – sprich: Barbara und eine kleine Handvoll Mitarbeiterinnen – inszeniert einen Workshop. Komisch, wie oft beim Ringen um neue Lebensformen – und ums Überleben – Frauen mit bärenstarker Beteiligung die männlichen Macher auf die Plätze verweisen: in der Friedens- und Anti-Atombewegung, in der Gesundheitsberatung und beim Tierschutz – und nun also auch hier...

Tao mit acht Wochen und Maya, zweiundzwanzig Monate, sind die Jüngsten, der 83jährige Ex-Landwirt und Imker Richard der Älteste, und er bringt gleich noch seinen Nachbarn mit. Ja doch – ein paar Männer sind auch dabei unter den über dreißig: ein ebenso erstaunter wie hilfsbereiter Ehemann, ein engagierter Pädagoge als Experte fürs Strukturieren, sein Schwager aus dem Importhandel, der sein Kontor mit Acker und Stall vertauschen möchte, ein älterer Pensionär und ein jüngerer Kunstmaler.

Sie alle bringen nicht nur Begeisterung, sondern eine Menge Nützliches mit: Begabungen, Neigungen, Fähigkeiten, die sich in der Dorfgemeinschaft gut machen würden:

Die gelernte Altenpflegerin sieht sich – gleiche Stelle auf neuer Welle – im Umgang mit älteren Dauergästen, die hier eine Heimat finden möchten, wie Cornelia (75) mit ihrem Hirtenhund, den sie ebenso wie ihr Pferd gern bei sich haben möchte im ferneren Alter. Die junge Reittherapeutin hält schon mal Ausschau nach einem Platz von mindestens dreißig Metern Durchmesser fürs Longereiten. Gesundheitsberaterinnen, in Theorie und Praxis unschlagbar in Sachen Vollwerternährung, begutachten fachfraulich Küche und Gasträume im Gutsgasthof.

»Wenn viele zusammen träumen...«

Die Vision vom wiedergewinnbaren Paradies fasziniert, scheint vielen zum Greifen nahe, so nah, daß sie freiwillig und nur zu gern mißverstehen, daß dies alles noch Planung ist, vorerst; daß es zwar das Haus schon gibt – aber eben nicht das erforderliche Geld. Gleich einziehen möchten die meisten, am liebsten sofort loslegen.

»Wenn einer träumt, bleibt es ein Traum, wenn viele träumen, beginnt der Traum, Wirklichkeit zu werden«, hatte Barbara – in 18 Monaten Schufterei am Projekt um viele Erfahrungen reicher, dafür um etliche Illusionen und um ein paar Nerven ärmer – als Wahlspruch des Vereins den Einladungen vorangestellt.

Ist das der Grund dafür, daß wahrhaftig knapp drei Dutzend Leute bis zu 1.000 Kilometer Autobahn unter die Räder genommen oder per Bahn bewältigt haben?

Vorschläge schwirren und verwirren. Langsam sprießen erste Sympathien und – vorerst gut kaschierte – Abneigungen. »Wir wollen doch alle das gleiche – wieso haben wir bloß so verschiedene Vorstellungen, wie es zu verwirklichen ist...« Kein Wunder: Jede und jeder hat ein Stück des Lebens »draußen« hinter sich, teilweise gespickt mit Enttäuschungen, Entsagungen, Unerfülltem. Die Sehnsucht nach einer Gemeinschaft, die neben Arbeit auch Harmonie, vielleicht sogar Heilsames bringen könnte, ist groß und spürbar.

In dem Bemühen, in ein paar Tagen – noch dazu im Wechselbad von Meinungen, Stimmungen, neuen Erkenntnissen – neue Lösungen auf die Beine zu stellen, bleibt der Druck, »hier muß was geschafft werden«, nicht aus.

Wut und Tränen, Umarmen und Versöhnen: Mensch, wir mögen dich doch (aber wehe, du redest noch mal so ’nen Blödsinn!).

Morgens Arbeitsgruppen, nachmittags Plenum. Wir reden vom Einklang mit der Natur, sitzen mitten drin, kommen aber nur wenig mit ihr in Kontakt. Morgens auf einem eiligen Spaziergang, mittags mit einer minimalen Radtour. Aber das Wetter will offenbar auch, daß wir drinnen fleißig sind: Der Salzburger Schnürlregen macht seinem Namen Ehre, tagelang, nächtelang.

Fünf Tage ist die Gruppe beisammen. Dann reisen die meisten ab, fest entschlossen, sich schon einen Monat später wiederzusehen, weiterzuarbeiten. Viele haben gelernt, aufeinander zuzugehen, aufeinander zu hören – wenigstens meistens –, sich zu mögen, trotz abweichender Meinungen; zu sagen, was am anderen gerade stört, was ich selbst gerade empfinde. Für die kurze Zeit ein hoher Ertrag an Lernbereitschaft, Ehrlichkeit, Einsicht – alles nötige Eigenschaften, um Grenzen zu erkennen und Traum und Realität noch klarer zu trennen.

Damit weitergehen kann, was so gut begonnen hat.

Mein Fazit zum Workshop: eine interessante, auch anstrengende Woche mit vielen sehr unterschiedlichen und überwiegend sehr komplizierten Menschen, die alle einen neuen Lebensstil suchen. Oft aber auch much Gequassel about nothing – so bemühte sich ein Grüppchen ein Wochenende lang, das Wort »ganzheitlich« neu zu definieren; erfolglos, es gab keine neuen Erkenntnisse, als daß Körper, Seele und Geist den Naturgesetzen folgen sollten.

Aber ein halbes Dutzend der TeilnehmerInnen blieb übrig, nachdem die anderen abgereist waren, und begann, sehr tüchtig zuzupacken. Die Zimmer im oberen Stock sind geweißelt, die sehr schönen Parkettböden abgeschliffen und eingelassen (natürlich mit Bio-Farben!), eine ganz besonders reizende, zarte kleine Frau spendete sogar eine Dusche. Sie war aber schließlich so erschöpft und mit den Nerven fertig, weil immer wieder der gerade endlich haftende Putz von der Decke bröselte, daß sie sich mit einem Migräneanfall auf ihre Gummimatratze legen mußte. Eine andere Teilnehmerin, Reiki-Meisterin, konnte gleich ihre Fähigkeiten beweisen und zauberte die Kopfschmerzen weg.

Von den nächsten Einnahmen werde ich bei Ikea einfache, aber hübsche gesunde Möbel kaufen und die Zimmerchen einrichten, dann den Gemüsegarten umgraben und bepflanzen.

Einige der Teilnehmer können sich vorstellen, zinslose Darlehen für das Projekt zur Verfügung zu stellen, ohne daß sie vorhaben, hier einmal wohnen zu wollen, einfach, weil sie die Idee so toll finden.

24. Mai 1989

Mein junges Pferdchen Stella, das nie von einem Fachmann eingeritten wurde, ist nicht mehr zu bändigen. Den Kopf dicht über dem Boden, rast es mit mir in seinem Frühlingsungestüm über die Wiesen.

Nach vielem Hin-und-her-Telefonieren fand ich schließlich einen Reitlehrer, der feststellte, daß der Kinnriemen viel zu lang war. Dadurch lag die Zunge über der Trense statt darunter. Natürlich reagiert das Pferd auf diese Weise nicht. Also Lochzange gekauft, Kinnriemen gekürzt. Ein ganzes Jahr lang bin ich vermutlich so lebensgefährlich geritten. Mir muß eine Versammlung von Schutzengeln beigestanden haben. Ich fürchte, daß ich meine Schutzengel gelegentlich überstrapaziere...

Der Reitlehrer zeigt mir, wie ich die Pferde trainieren muß. Er hält sie durchaus für behinderte Kinder geeignet und wird von nun ab regelmäßig einmal die Woche mit ihnen – und mit mir – arbeiten. Vielleicht können wir Ende des Sommers bereits den ersten Versuch mit Kindern wagen.

Ich wäre zu glücklich!

2. Juni 1989

»Zufällig« das Horoskop für den Skorpion in den Salzburger Nachrichten gelesen. Ist doch eine Wucht: »Schaffenskraft, gute Konzentration und Sparsamkeit zeichnen Sie aus. Grund- und Bodenverkäufe oder -ankäufe gelingen günstig(!). Man erlebt angenehme Überraschungen, angenehme Besuche und neue Bekanntschaften. Höhere Interessen stehen im Vordergrund. Seelenfrieden und stille Freuden.«

Jahreshauptversammlung und Neuwahlen des Vorstandes bescheren in der Tat neue Bekanntschaften. Ich bin sehr froh, daß sowohl ein Rechtsanwalt wie ein Steuerberater Aufgaben im Vorstand übernommen haben und die vereinsinternen Dinge regeln werden. Ebenso hat sich auf meinen Wunsch Margarete Mackwitz, die Gutsherrin, der Wahl gestellt, aber gleich durchblicken lassen, daß sie als Mitarbeiterin kaum in Frage käme, da sie sich überwiegend auf dem Gut ihres Mannes in Deutschland aufhalten würde. Dennoch, als Vorstandsmitglied wird sie größeres Interesse am Zustandekommen des Projekts haben.

Ich hoffe zuversichtlich, daß der neue Vorstand fähig ist, die Vereinsziele so bald wie möglich zu verwirklichen.

16. Juni 1989

Ein Informationsabend für die Doppendorfer Bevölkerung fand gottlob regen Zuspruch.

Um den Doppendorfern die Angst vor dem Unbekannten zu nehmen, vor dem, was da in ihrem Dörfchen im Entstehen begriffen ist, hatte ich alle per Postwurfsendung eingeladen:

Liebe DoppendorferInnen!
Dürfen wir Sie herzlichst zu einem Informationsabend am

Donnerstag, dem 15. Juni 1989, 19 Uhr,

in unser Seminarzentrum einladen.
Wir möchten Ihnen die Ziele unseres Vereins näherbringen und nehmen auch gern Ihre Wünsche und Anregungen entgegen, da uns sehr viel an einer ersprießlichen Zusammenarbeit mit der Bevölkerung liegt.
Wir freuen uns auf Ihr Kommen!

Ihre Barbara Rütting (Obfrau)
Verein zur Förderung ganzheitlicher Lebensweise

Bürgermeister und Pfarrer gaben uns die Ehre und Bauern mit ihren Frauen – letztere interessierte allerdings überwiegend, mit welchen Einnahmen durch Zimmervermietung an unsere Seminargäste sie wohl rechnen könnten.

Leider hat die mit soviel Verve an- und aufgetretene »Öko-Architektin« nicht, wie versprochen, Anfang Juni ihre Pläne für die von der Gemeinde im »herkömmlichen« Stil gewünschten Wohnhäuser vorgelegt, ja, sie ist nicht einmal aufzufinden – »vielleicht in Sri Lanka«, bescheidet mich ihre Sekretärin, »bei ihr weiß man das nie so genau«.

Das ist die Kehrseite der Medaille bei vielen »Ökos«, die Unzuverlässigkeit. Wenn sie keinen Bock drauf haben, folgen sie diesem Impuls und – tun nichts. Von dieser Einstellung wünsche ich mir die Wurzel aus einem Prozent!

Allerdings melden sich mehr als genügend Architekten; Baufirmen en masse, Installations- und Möbeleinrichtungsfirmen preisen ihre Dienste an.

Die Ziele des Vereins sind denen natürlich völlig wurscht, wuascht, wie man hier sagt, die wollen nur Geld verdienen. Ich muß sehr aufpassen, daß die – glücklicherweise in der Satzung festgelegten – sozialen und ethischen Aspekte des Vereinsziels nicht verwässert werden.

10. Juli 1989

Glücksfälle gibt es auch. Ein solcher heißt Ottilie. Sie kam das erste Mal als Seminarteilnehmerin, das zweite Mal, um zu helfen, und das dritte Mal, um zu bleiben. Als Innenarchitektin kann sie einfach alles, tischlern und tapezieren, malen, Fliesen legen, Gardinen nähen und – hervorragend kochen! Sie wird in Zukunft für die Seminarteilnehmer das Essen zubereiten.

Ich könnte auf die Knie fallen vor Dankbarkeit: erster Keim zur Kerntruppe! Es könnte sein, daß sogar noch eine zweite feste Mitarbeiterin dazukommt, eine Altenpflegerin namens Veronika, die es nicht länger aushält, daß sie in ihrem Altersheim den alten Menschen diese noch kränkermachende Pillen verabreichen muß statt eines gesundmachenden Frischkornbreis. Veronika packt zu, wo es nötig ist, putzt phantastisch, hilft, ohne davon ein Aufhebens zu machen, freiwillig mit, obwohl sie eigentlich zu einem Seminar gekommen ist. Eine stille, sicher sehr zuverlässige und treue Person. Und, was wichtig ist, Ottilie und Veronika verstehen sich großartig.

15. Juli 1989

Eine winzige Ankündigung in den *Salzburger Nachrichten*: »Vortrag über transzendentale Meditation«.

Vor Jahren habe ich mit Zen-Meditationen begonnen, sie aber nicht durchgehalten; wahrscheinlich war diese Meditationsform für mich eher strengen, überdisziplinierten, kopflastigen Menschen zu »streng«. Mehr Entspannung brachte mir dann die Vipassana-Meditation, der Wechsel zwischen Sitzen und Gehen, später dann im Ashram von Gurumayi kam noch das Chanten dazu; dieses stundenlange Singen hat eine unglaublich streßlösende Wirkung.

Vor Jahren hat mich der Rummel um Maharishi in Zusammenhang mit den Beatles abgeschreckt, mich mit der TM zu beschäftigen. Weil ich aber nach wie vor »auf der Suche« bin, beschloß ich, hinzugehen.

Der Vortrag, angenehm intellektuell, gefiel mir so sehr, daß ich mich anmeldete, um mich in die TM einführen zu lassen. Einige Tage später hatte ich mein Mantra. Und seitdem meditiere ich morgens und abends je zwanzig Minuten.

18. Juli 1989

An alle Vereinsmitglieder das Herbstprogramm geschickt, das wieder sehr spannend und vielseitig ist, mit hochkarätigen Referenten.

Die Preise der ersten Schnupperwoche konnten wir natürlich nicht halten; damals haben so gut wie alle Referenten ihre Beiträge unentgeltlich geleistet, mir zuliebe und um dem Verein beim Aufbau zu helfen. Dennoch habe ich wieder ein reizvolles Programm zusammenstellen können.

HERBSTSCHNUPPERWOCHE

- Begrüßung und Vortrag über die Bedeutung der Vollwertkost
- Vortrag und Demonstration: Die Heilkraft der Edelsteine
- »Tag der offenen Tür«. Vortrag und Demonstration: Strahlensuche am eigenen Körper
- Vortrag und Demonstration: Gesunder, streßfreier Schlaf – ein unentbehrlicher Faktor unseres Wohlbefindens
- Chemie im Haushalt
- Tischgespräch: Zurück zum gesunden Dinkel-Korn – wir kochen altrömische Dinkelsuppe
  abends Vortrag: Gesund mit Homöopathie
- Gesund durch die richtigen Frühlingskräuter. Mit anschließender Kräuterwanderung
- Neues Lernen – Imagination – bildhaftes Lernen Vortrag: »Die Historie des Gutes«, biologisch-dynamischer Landbau
- Täglich Theorie und Praxis der Vollwertküche unter der Leitung von Barbara Rütting

---

19. Juli 1989

Die Bibliothek im Seminarhaus sieht inzwischen richtig schmuck aus. Ich habe ein paar billige Sofas gekauft, Ottilie hat sie mit rosa Stoff überzogen. Ein Besucher hat ein Regal gebaut, eine Bibliothekarin die Bücher eingeordnet, hochinteressante Bücher zu all den Themen, die uns »Ganzheitlichen« am Herzen liegen. Die Hälfte stammt von mir, der Rest wurde von Gästen gespendet.

Die Farbe Rosa zieht sich jetzt durch das ganze Haus, die Tischdecken in der Gaststube sind rosa, die Gardinen – auch in den Zimmerchen –, die Sitzpolster der Stühle. Entzückend sieht das aus, frisch, zart und feminin, warm und gemütlich.

Das ehemals so düstere Haus ist nicht wiederzuerkennen. Und das nach verhältnismäßig kurzer Zeit. Alle, die zum Schnuppern eintreten, fühlen sich von den guten Schwingungen angezogen – außer dem Alkoholkranken – aber der im Grunde ja auch. Er wehrt sich nur noch – gegen die Zärtlichkeit und Liebe, die ihm von uns entgegengebracht wird.

Was kreuzen hier aber auch für Typen auf! Die Therapeutin mit ihrem Patienten, jenem Alkoholiker, der inzwischen ihr Geliebter ist. Finster steht er bei schönstem Sommerwetter vor der Haustür und schreit plötzlich los: »Ihr seid alle so lieb, das ist ja zum Kotzen!«

Eine graumäusige vergrämte Frau sitzt auf der Bank und brummt: »Ist ja alles schön und gut, Ihre Pläne, aber wird es denn so friedlich bleiben?«

Darauf ich, zu ihrer Verblüffung: »Das hängt von Ihnen ab!«

Und immer wieder Astrologen, Astrologen, die hier Kundschaft wittern, die ziehen wir an wie das Licht die Motten. Einmal sind gleich zwei da, die sich prompt in die Haare kriegen wegen unterschiedlicher Prognosen. Einer betrinkt sich in der Bibliothek an mitgebrachtem Wein und qualmt unaufhörlich, obwohl Ottilie ihn gebeten hat, in unserem Haus nicht zu rauchen. Auch er kriegt plötzlich einen Wutausbruch: »Ist ja gräßlich, dieser Hühnerhof – lauter Hennen, ist ja gräßlich! Hier gehört ein anständiger Hahn her!«

Schallendes Gelächter von uns Frauen: »Ja, du, was? Kikerikiiiiiii.«

20. Juli 1989

Wiederholt haben die Medien berichtet, daß in den Oststaaten Menschen hungern müssen, sogar verhungern, weil sie nicht genügend Fleisch, Wurst und Zucker kaufen können.

Diese Tatsache – Menschen hungern, weil sie etwas nicht haben, was ich gar nicht brauche – veranlaßte mich, über eine andere Art der Hungerhilfe nachzudenken und einen Brief an einen befreundeten bulgarischen Arzt zu schreiben, der in mehreren Zeitungen abgedruckt wurde und gerade in Bulgarien ziemliches Aufsehen erregte:

> Lieber Freund!
> Viele Menschen wissen es immer noch nicht – oder wollen es nicht wahrhaben –, daß Fleisch durchaus *kein* Stück Lebenskraft ist; daß 7 Kilo pflanzliches Eiweiß durchschnittlich benötigt werden, damit 1 Kilo tierisches Eiweiß überhaupt entstehen kann, der Umweg über das Tier also eine ungeheure Verschwendung bedeutet, vor allem angesichts des Hungers in der sogenannten Dritten Welt; daß tatsächlich, wie der Slogan sagt, das Vieh der Reichen das Brot der Armen frißt, daß sogar aus der Sahelzone, in der vormals die Menschen von Hirse und Bohnen leben konnten, Futter für das Vieh der Industrieländer exportiert wird, während die Einheimischen verhungern; daß die übermäßige Fleischproduktion schuld ist an der Massentierhaltung, an der Zerstörung der Umwelt, der Regenwälder – weil für die Erhaltung des Sauerstoffs dringend notwendige Wälder abgeholzt werden, damit noch mehr Weiden entstehen für noch mehr Rinder, die noch mehr Steaks liefern sollen für unsere Wohlstandsgesellschaft, die bereits dahinsiecht aufgrund ihres Überkonsums an tierischem Eiweiß, und die an der Gülle der zu Tode gemästeten Tiere zu ersticken droht.

Auch bei uns verschließen viele vor diesen Problemen die Augen und Ohren. Diese Augen und Ohren gilt es zu öffnen. Wir können nicht länger so verantwortungslos in den Tag hineinleben, wie wir es bisher getan haben, sonst gehen wir alle zugrunde. Wir alle müssen anders leben, damit andere leben können...

Die Zeit ist reif auch für eine Revolution in der Eßkultur, für eine sanfte Revolution.

Es werden nicht alle Menschen über Nacht zu Vegetariern werden. Wenn aber jeder wenigstens weniger Fleisch und insgesamt weniger tierisches Eiweiß verzehren würde, wäre bereits viel gewonnen.

Daß Essen Spaß machen, schmecken, gut aussehen und dennoch gesund sein muß, ist selbstverständlich. Niemand braucht bei der Umstellung auf eine vitalstoffreiche Vollwerternährung auf kulinarische Köstlichkeiten zu verzichten, ganz im Gegenteil.

In Kanada wurde bereits vor Jahrzehnten an einem Plan gearbeitet, die »Hungerländer« mit Auskeimkost zu versorgen, sprich mit gekeimten Getreiden und gekeimten Hülsenfrüchten. Leider blieb diese revolutionäre Idee wie viele andere auf der Strecke; man versorgte statt dessen die unterentwickelten Länder mit unserer krankmachenden Zivilisationskost.

Ungemahlenes Getreide und Hülsenfrüchte in diese Länder zu schicken, hätte folgende Vorteile: einfacher Transport – lange Aufbewahrungszeit (wenn trocken gelagert) – es ist kein Brennmaterial für die Zubereitung nötig – und die Versorgung mit nativem, das heißt mit nicht denaturiertem Eiweiß ist optimal, der Gehalt an Vitamin B1, A und C nach dem Keimvorgang sogar höher als vorher. Viele Menschen können durch Auskeimkost vor dem Verhungern gerettet werden (Dr. Ralph Bircher).

In meinen Koch- und Backkursen bemerke ich immer wieder das Erstaunen der Menschen darüber, wie wenig man zum Leben braucht, wie einfach diese Dinge zu beschaffen sind und wie wohlschmeckend sie zubereitet werden können. Was brauchen wir? Getreide, Kartoffeln, Hülsenfrüchte, einheimisches Gemüse und Obst der Jahreszeit. Wer es nicht versucht hat, macht sich keine Vorstellung davon, wie wunderbar es sich mit roten

Rüben, Möhren, Sellerie, Kraut und Hülsenfrüchten wie Linsen und Bohnen, ergänzt durch Getreide, über den Winter kommen läßt.

Kennst Du die Geschichte vom hundertsten Affen? Forscher studierten das Verhalten von Affen auf einer Insel. Die Affen liebten Süßkartoffeln, mochten aber nicht den daran haftenden Sand. Ein Affenmädchen kam auf die Idee, die Kartoffeln am nahen Fluß zu waschen. Nach einer gewissen Zeit wuschen auch die anderen Affen auf der Insel ihre Kartoffeln. Und dann passierte es: Als der hundertste Affe seine Kartoffeln gewaschen hatte, sprang der Funke dieser Idee über auf sämtliche umliegenden Inseln – fortan wuschen alle Affen aller Inseln vor dem Verzehr ihre Kartoffeln!

Ich vertraue auf einen ähnlichen »*Quantensprung*« auch in anderen Bereichen, auch im Hinblick auf die vegetarische Lebensweise. Und komme zurück zum Anfang meines Briefes, zu unserem, zu eurem Problem. Jede Hilfe muß Hilfe zur Selbsthilfe sein, sonst kuriert sie nur an Symptomen herum, statt die Ursachen auszumerzen. Nehmt in diesem Sinne unsere Hilfe in Anspruch!

Ich habe diesen Brief an Dich geschrieben, weil Du ein sehr guter, ganzheitlich denkender Arzt bist. Ich könnte mir vorstellen, daß Du der Richtige bist, eine solche alternative Hilfsaktion zu starten, die dann in anderen Ländern nachvollzogen werden kann. Es werden sich HelferInnen überall finden, in kirchlichen, spirituellen und tierschützerischen Gruppen, die gerade in den Ostländern zur Zeit förmlich aus dem Boden schießen.

Ich vertraue darauf, daß wir alle gemeinsam imstande sind, unsere Erde wieder zu heilen – und daß eine solche Aktion einer der vielen kleinen Schritte dazu sein kann.

Deine Barbara Rütting

Der Adressat, Dr. Emil Iliev, ist Dozent an der Universität Sofia in Bulgarien und Präsident der bulgarischen Akupunkturgesellschaft.

24. Juli 1989

Mephisto ist – läufig!

Mephisto ist ein Mädchen. Das hat mir gerade noch gefehlt, ein läufiges Hündchen, mitten in einem Seminar.

Ich kann mich vom Seminarzentrum nicht wegrühren, alle Hände voll zu tun – rufe in Salzburger Zoogeschäften an, schließlich erklärt sich eines bereit, mir – Freitagabend, kurz vor Ladenschluß – ein für solche Zwecke konstruiertes Höschen zu schicken, nachdem ich die ungefähre Größe angegeben habe.

Samstagmorgen trifft dann ein Päckchen ein, per Eilpost, ein französisches Modell gar. Diese »Culotte«, in Schwarz, passend zum Fellchen, trägt Fräulein Mephisto, wie es scheint, mit großem Stolz.

Der Versuch, sie Mephista zu nennen, oder Mephistoline, schlug fehl, klingt irgendwie nicht. Ich probierte daraufhin »Lilly« aus, mit Erfolg, sie reagiert auf diesen Namen. Lulu hätte vielleicht noch besser zu ihr gepaßt, sie hat so etwas von den Frauen des Toulouse Lautrec – aber Lilly ruft sich besser. Alle lieben dieses intelligente spritzige Kerlchen, ich auch. Und wie!

Aber es hat sich niemand gefunden, Mephisto-Lilly zu adoptieren. So habe ich sie heute doch mit zu mir nach Sommerholz genommen. Mit meinen anderen Hunden verträgt sie sich, glücklicherweise.

25. Juli 1989

Ein – sehr gut gemeinter – Artikel in einer esoterischen Zeitung mit einem Bericht über mein Projekt wird mir wahrscheinlich in Doppendorf, wo er natürlich sofort die Runde machte, ziemlich schaden.

Ein Foto zeigt mich, von Polizisten umstellt, bei der Blokkade in Mutlangen, mein Pappschild in der Hand mit der Aufschrift: »Bruder Polizist, Bruder Bundeskanzler – ich sitze hier auch für dich und deine Kinder«. Und dann prangt vor dem großen Foto des Mackwitzschen Gutshauses im Schönbrunner Gelb das Konterfei meiner indischen Meisterin Gurumayi, die Stirn weißgemalt, roter Punkt zwischen den Augenbrauen.

Ins Gesicht sagt mir natürlich niemand etwas, dazu fehlt der Mut. Aber hinter meinem Rücken tuscheln sie, wie mir berichtet wird: »Wer weiß, das da für Menschen kommen, vielleicht eine Sekte ...«

Das Ganze wird vielleicht ein bißchen gemildert durch den Text des Artikels:

> »Die von ihr geplante Siedlung, nicht weit von einem idyllisch gelegenen See inmitten einer sanften Hügellandschaft gelegen, soll auf der Basis baubiologischer Gesichtspunkte entstehen.
>
> Barbara Rütting: Da kann der eine vielleicht ein Kind annehmen, der andere einen Hund. Der dritte kümmert sich um einen behinderten Menschen. Jeder muß bereit sein, irgend etwas eigenverantwortlich zu tun. Wir wollen eine richtige Dorfgemeinschaft sein. Miteinander arbeiten, feiern – aber auch miteinander alt werden. Einer macht den biologischen Gartenbau, der andere bäckt, der dritte schreinert, der vierte ist Lehrer usw.... Eben wie in einem richtigen Dorf.«

29. Juli 1989

Die vorsintflutliche Heizung – ein riesiger, mit meterlangen Holzscheiten zu heizender Ofen im Flur des Erdgeschosses – reicht an kalten Tagen schon jetzt nicht aus, um die Küche mit heißem Wasser und die Bewohner mit Duschwasser zu versorgen.

Der Vorstand hat meinem Vorschlag zugestimmt, daß eine Zentralheizung eingebaut wird, vor allem angesichts der Tatsache, daß unser Mietvertrag – immer vorausgesetzt, die Siedlung wird gebaut – ja bis zum Jahr 2025 (du meine Güte!) verlängert wurde.

Ich war von Anfang an bereit, 700.000 Schilling oder 100.000 DM zu riskieren, die ich mir natürlich auch nicht gerade aus dem Ärmel schüttle, sondern die ich schon »opfere«; aber ich nehme doch an, daß ich das Geld im Laufe der Jahrzehnte zurückerhalte.

Für etwa 140.000 Schilling wird also die BP eine Gasheizung, ausreichend für das ganze Haus, den Dachboden – die künftige Meditations- und Konzerthalle miteingeschlossen –, einbauen.

Ottilie und Veronika wohnen bereits im Haus, und meine beiden lieben Mädchen sollen im Winter nicht frieren müssen!

26. August 1989

Lilly ist vermutlich aus dem Auto geworfen beziehungsweise von den Besitzern eines Autos im Wald zurückgelassen worden.

Jedesmal, wenn ich ins Auto steige, gerät sie in Panik, springt über den Zaun und rast hinter mir her. Gestern ist sie aus dem ersten Stock gesprungen und hat sich die Pfote gebrochen!

In einer Woche mußte ich dreimal mit ihr zum Tierarzt: Einmal hatte sie einen Knochen verschluckt und drohte zu ersticken, das andere Mal rannte sie in ein Auto – was zum Glück noch einigermaßen harmlos verlief –, und dann folgte der Sprung aus dem ersten Stock. Das arme Kerlchen leidet entsetzlich unter der Angst, wieder verlassen zu werden.

Meine Hunde hier oben in Sommerholz, lauter Findeltiere, sind alle mehr oder weniger verhaltensgestört. Lilly bekommt die Notfalltropfen von Dr. Bach, zusätzlich die Bachblüte »Star of Bethlehem« (Goldiger Milchstern) gegen den Schock, den sie erlebt haben muß.

Unsagbar, was die Menschen Tieren, die sie aussetzen, antun.

27. August 1989

Mich trifft der Schlag! Der Kaminkehrermeister eröffnet mir heute, daß für die neue Heizung der alte Kamin mit einem Stahlrohr ausgekleidet werden muß! Davon hat die BP, die die Heizung lieferte, kein Wort verlauten lassen.

Nun verzögert sich die Inbetriebnahme der Gasheizung gewaltig. Hoffentlich wird es nicht so bald kalt.

Aufgeschnappt: »Nehmen Sie dankbar an, was aus dem Rad des Schicksals für Sie herausfällt. Und üben Sie immer wieder eines: Geduld, Geduld, Geduld. Und – lassen Sie los!«

Theoretisch ist mir das ja alles klar, in der Praxis allerdings rätselhaft, wie man es schaffen kann, loszulassen, woran man hängt, loszulassen, was man liebt.

28. August 1989

Ottilie, Veronika und ich sitzen zu einer kurzen Verschnaufpause im Garten, als ein silbergrauer Rolls Royce vorfährt.

Alle drei schnellen wir hoch wie von der berühmten Tarantel gestochen: vielleicht DER Mäzen!

Kuchen wird aufgefahren, der köstlichste Tee serviert, endlose Zeit verplaudert, bis der piekfeine nach der neuesten Mode durchgestylte Besucher endlich mit seinem Anliegen herausrückt.

Er möchte mit seinem kostbaren Vehikel unsere Seminarteilnehmer vom Bahnhof abholen – gegen ein entsprechendes Entgelt!

1. September 1989

Zu Beginn dieses Monats bieten wir ein zusätzliches Programm an. Jeden Mittwoch nachmittag heißt es: »Was gibt's heute im Seminarzentrum?« Mittwochs ab 17 Uhr ist bei uns offenes Haus. Entweder wird gekocht oder gebacken oder meditiert, oder es wird Tai-Chi gelehrt, es gibt einen interessanten Vortrag, es werden Puppen gebastelt oder einfach nur geplaudert.

2. September 1989

Ottilies Allround-Fähigkeiten sind Gold wert. Der liebe Gott und alle Schutzheiligen zusammen müssen sie uns geschickt haben. Nicht nur ist sie ausgebildete Innenarchitektin, nein, sie war auch Leiterin aller möglichen Studios und Galerien, Designerin, Fotografin, sie hat die Heilpraktikerausbildung absolviert, in Westafrika ein Restaurant geführt – sie kocht köstlich, ist noch dazu meditationserfahren, nicht aus der Ruhe zu bringen, immer gutgelaunt, die braunen Augen im graugelockten Katzengesicht immer vergnügt.

»Der Beginn einer Schnupperwoche ist wie eine Vernissage«, konstatiert die ehemalige Galeristin in Ottilie, »im Hinterzimmer stehst du noch farbverschmiert in der Latzhose auf der Leiter und streichst irgend etwas, und im Entree stoßen die Gäste, cocktailgedreßt, schon mit Sekt an!«

Hoffentlich kann der Seminarbetrieb ihren ungeheuren Appetit auf Veränderungen auf die Dauer stillen...

3. September 1989

Von diesem Körndlbeißer-Stammtisch hatte ich mir soviel versprochen. Mit dem Abend »Christliche Meditation« hoffte ich, die Bevölkerung zu gewinnen, ihr die Angst davor nehmen zu können, daß Meditation etwas mit Hexerei oder Okkultismus zu tun habe.

JEDEN MITTWOCH AB 17 UHR OFFENES HAUS

Möchten Sie

- *vollwertig kochen und backen lernen (auch mal auf italienisch oder für die Party)*
- *Puppen basteln – spinnen – weben – Patchwork machen*
- *mit Gesundheitsgymnastik, Yoga und/oder Meditation etwas für Ihre Gesundheit tun*
- *Naturkosmetik zubereiten oder sich massieren lassen*
- *Beratung, welche Kleider, welche Farben Ihnen stehen*
- *singen und musizieren?*

Wir stellen Kurse nach Ihren Interessen zusammen, nehmen auch gern weitere Vorschläge entgegen.

Jeden Mittwoch um 17 Uhr zwangloses Treffen zum gegenseitigen Kennenlernen bei Tee und Gebäck.

Wir freuen uns auf Sie!

Um telefonische Anmeldung bis Mittwoch vormittag wird gebeten.

UNSER STÄNDIGES ANGEBOT
Wir kochen und essen gemeinsam ein Vollwertmenü

Jeden 1. Samstag im Monat: von 9–12.30 Uhr
und von 15–18 Uhr
Jeden Mittwoch: ab 17 Uhr

»DAS BESONDERE...«: IM DUTZEND BILLIGER!

Mutter oder Vater kocht ein Vollwertmenü für die ganze Familie und nimmt es mit nach Hause! (Ab 4 Personen)

Leider erschienen nur einige wenige, außer den Stammgästen, die so gut wie jeden Körndlbeißerabend besuchen, die aber aus den Nachbarorten kommen und überwiegend der gehobenen sozialen bürgerlichen Schicht angehören. Die Einheimischen glänzten durch Abwesenheit.

Ein Jammer, des sensiblen Theologiestudenten wegen, der die Meditation leitete – aber auch des superben Menüs wegen:

Bunte Salatschüssel mit Kräuterrahmsauce
Spinatomelette mit Pilzrahmsauce
Zwetschgenkuchen mit Schlagobers.

Und schließlich auch schade um all meine Mühe.

10. September 1989

War das ein Spaß!

Die gesamte Schnupperwoche für alle ein ungeheures Vergnügen; ganz besonders reizende Teilnehmerinnen – meistens sind es ja Frauen, die sich zu derlei Seminaren zusammenfinden –, eine außergewöhnlich homogene Gruppe; soviel Fröhlichkeit und Optimismus, daß auch die Introvertierten, die anfangs Melancholischen schließlich angesteckt wurden.

Das Entrümpeln des Dachbodens – ein Bonbon für tatendurstige Freiwillige – eine wahre Gaudi, obwohl wir nur einen Bruchteil bewältigten; im nächsten Frühling wird weitergemacht.

Die Aufräumungsarbeiten bringen Frische ins gesamte Haus. Der Dachboden sieht, mit seinen in zwei Bögen zusammenlaufenden Kaminen und dem hohen Dachstuhl, wie eine gotische Kathedrale aus. Die Dachkonstruktion muß auch beim Ausbau erhalten, die Schönheit des Gebälks sichtbar bleiben.

Ich sehe sie vor mir, die fertige Meditationshalle; das Sonnenlicht fällt durch die Fenster, ich sehe die entspannten glücklichen Gesichter der meditierenden Menschen, höre die zarten Töne der tibetanischen Klangschalen, die gewaltigen Klänge des Gongs, spüre sie in allen Fasern meines Körpers, in jeder Pore meiner Haut, die Schwingungen von Wärme und Liebe zwischen uns allen, die wir doch so guten Willens sind.

11. September 1989

Und der Bagger baggert mal wieder. Diesmal, um ein riesiges Loch für den Gastank auszuheben. Ein höllischer Lärm!

Der Mann, der die neu eingebaute Geschirrspülmaschine kontrolliert, teilt mir mit, daß aus der hauseigenen Quelle Sand in die Maschine gespült wird und wir für 30.000 Schilling eine Druckpumpe installieren müssen.

Und im Garten wartet ein Fernsehteam, um mit mir ein Interview über mein grandioses Projekt zu machen.

Tief durch-at-men...

25.–28. September 1989 (Hannover)

Wieder einmal zu einer Demo gegen Tierversuche.

Es ist ein Skandal: Die medizinische Hochschule in Hannover verleiht anläßlich des 25jährigen Bestehens der »Gesellschaft für Versuchstierkunde« den Preis für Versuchstierforschung, 10.000 Mark, gestiftet von der Firma »altromin« (die zu den größten Futterherstellern für Versuchstiere gehört, Käfige und Bändigungsapparate für Versuchstiere vertreibt und mehrfach mit der Justiz und den Kontrollbehörden in Konflikt geriet wegen Verstoßes gegen das Betäubungsmittelgesetz, wegen fehlerhafter Futterdiäten, falscher Versicherungen an Eides Statt usw.).

Noch skandalöser: Verliehen wird dieser Preis duch den Rektor der tierärztlichen Hochschule, der – man höre und staune – ebenso wie deren Tierschutzbeauftragter Kuratoriumsmitglied eben dieser Firma »altromin« ist.

Der »Bundesverband der Tierversuchsgegner« und »Menschen für Tierrechte« haben das Ministerium für Wissenschaft und Kunst, das für diese Belange zuständig ist, aufgefordert, Rektor und Tierschutzbeauftragten zu veranlassen, entweder die Mitgliedschaft im Kuratorium der »altromin-Stiftung« oder ihre Hochschulämter aufzugeben.

Etwa hundertfünfzig Vivisektoren mögen zu diesem Kongreß angereist sein. Auf der anderen Seite: Tierschützer aus ganz Deutschland. Obwohl einigermaßen überanstrengt, brachte ich es nicht fertig, nein zu sagen, als ich gebeten wurde, eine Protestrede zu halten. Wie üblich, sind die Teilnehmer auf unserer Seite diejenigen, die »eh alles wissen«, wir kennen einander von Demos in Straßburg, in Berlin, in Luxembourg und und und.

Bei der Pressekonferenz meine ich feststellen zu können, daß wir die Journalisten diesmal mehr denn je auf unserer Seite haben. Die Verfilzung von Wissenschaft und Wirtschaft ist gar zu offensichtlich.

Wir verleihen auch einen Preis, und zwar einen symbolischen Alternativpreis an den Studenten Sven Miske, der sich seit Jahren weigert, die geforderten Tierversuche durchzuführen und dafür sogar sein Medizinstudium aufs Spiel setzt.

Ich bin bei einem rührenden jungen Paar der Gruppe »Humanimals« einquartiert, was soviel heißt wie »Menschentiere«. Die beiden wohnen sehr beengt in einer klitzekleinen Wohnung, in der sie auch noch eine bettlägerige alte Großmutter pflegen. (Für mich haben sie eine Couch in die Küche gestellt.)

Wieder einmal ein Beweis, daß die Tierschützer sich nicht, wie uns das ja oft vorgeworfen wird, nur »um die Viecher« kümmern, sondern daß ihnen der Schutz der Menschen einfach eine Selbstverständlichkeit ist, über die man nicht einmal weiter spricht.

Schönster Erfolg der Aktion: Der Rektor der tierärztlichen Hochschule hat seinen Posten im Kuratorium der Firma »altromin« in der Folge unserer Protestdemo zurückgegeben.

11. Oktober 1989

Wieder ein Super-Körndlbeißer-Stammtisch mit vielen interessanten Menschen und einem interessanten Experiment.

Phantastisch, was für einfache Methoden es heute gibt, um zu untersuchen, was dem eigenen Körper guttut und was nicht. Durch einen simplen Muskeltest kann ich erkennen, ob die Nahrung, die ich zu mir nehme, die Kleidung, die ich trage, ja sogar die Musik, die ich höre, die Gedanken, die ich denke, positiv für mich sind oder negativ. Das Geheimnis: Kinesiologie.

Ich nehme z. B. ein Stück Zucker in die linke Hand, strecke den rechten Arm waagerecht aus; jemand versucht, diesen ausgestreckten rechten Arm gegen meinen Widerstand nach unten zu drücken – selbst bei dem stärksten Sportler sackt der Arm kraftlos ab, während er ohne dieses Stück Zucker mühelos steif gehalten werden konnte.

Fast noch verblüffender gelingt der Test, wenn man der Versuchsperson eine Plastiktüte auf den Kopf setzt – totale Kraftlosigkeit. Ein Beweis, wie wichtig gesunde Nahrung, aber auch gesunde Kleidung für unser Wohlbefinden sind – wie wichtig aber auch positive Gedanken.

Professor Niesel in Düsseldorf führt einen ähnlichen Test sozusagen wissenschaftlicher, weil meß- und kontrollierbar, durch: Der Proband drückt auf eine Waage, während er etwas Negatives denkt – die Kraft ist minimal. Drückt er genauso stark, während er etwas Positives denkt, verfügt er über erheblich mehr Kraft.

17. Oktober 1989

Kein Freitag, nicht einmal der Dreizehnte, der mir übrigens nie Pech, sondern immer Glück gebracht hat – und dennoch ein Tag der Schocks.

Während einer Farbenberatung will ein iranischer Fotograf

Fotos für eine Zeitung machen und fragt mich: »Ich habe gehört, Sie geben Ihre alten Tiere an den Schlachthof?«

Ich bin derartig entsetzt, daß ich den ganzen Vormittag über an nichts anderes denken kann, eine Art *blackout* habe.

Wer erfindet so etwas? Warum? Manchmal scheint es tatsächlich, als sei der Satan im Spiel.

Zweiter Schock: Die Referentin, die sich um die Leitung der Heilfastenwoche im Frühling beworben hatte, erteilt mir eine Absage, mit der Begründung, sie versuche zwischen Schulmedizin und alternativer Medizin zu vermitteln, was ihr auch schon ganz gut gelänge, aber – große große Pause am Telefon – da könne sie nicht in einem Zentrum unter der Patronanz einer Barbara Rütting arbeiten, die verkünde, daß Rheuma durch Umstellung der Ernährung heilbar sei!

Nun habe ich aber mein eigenes Rheuma durch Umstellung der Ernährung, nämlich durch Weglassen von tierischem Eiweiß, stoppen können; dasselbe sagt eine Frau, die sich gerade in der Farbenberatungsgruppe befindet. Und schließlich vertreten auch fortschrittliche Schulmediziner diese Ansicht.

Nach dem zweiten Schock dann der dritte: Eine Reporterin vom ORF berichtet, sie habe noch nie so viele, und so viele negative, Briefe eine (nämlich meine) Person betreffend erhalten wie nach der Rundfunksendung, die sie mit mir gemacht hat.

Tenor: Die österreichische Bevölkerung wisse selbst ganz gut, wie sie zu leben und sich zu ernähren habe, dazu brauche sie nicht die Ratschläge einer hergelaufenen »Piefke«. Und der Sekretär der Doppendorfer Gemeinde habe, als sie ihn um die Telefonnummer des Seminarzentrums bat, geantwortet: »Das können Sie vergessen, das ist eh nix G'scheites.«

Aber zu mir sind sie alle sooooooo freundlich!

Schlimm, diese Verlogenheit.

Bin deprimiert. Warum tue ich das alles? Die Antwort kommt prompt: weil es getan werden muß! Aber es tut schon weh, immer diese Hiebe einstecken zu müssen.

Seltsam, zu meinen Vorträgen in Deutschland finden sich jedesmal Hunderte von begeisterten Zuhörern ein; hier in Österreich, wo ich seit fast einem Vierteljahrhundert lebe, muß ich um fünf oder sechs Teilnehmer betteln. Und werde obendrein noch verhöhnt oder zumindest belächelt.

Vermutlich soll ich noch demütiger werden.

18. Oktober 1989

Das Stahlrohr ist in den Kamin eingemauert worden, wobei rätselhafterweise Dutzende Eimer voller Sand (Sand!) hochgehievt werden mußten.

Dreck, Rackerei, zusätzliche Kosten. Bestelle dennoch den längst fälligen Video-Recorder. Wichtige Kassetten müssen vorgeführt werden, über Vollwertkost, die Schädlichkeit des Zuckers, die Gefahren übermäßigen Fleischessens, die Bachblüten etc.

Für morgen ist ein wunderbarer Herbsttag gemeldet. Seit 20 Jahren träume ich davon, auf den Schafberg zu steigen. Vor lauter Arbeit und Einsatz an sozusagen allen Fronten nie Zeit dafür gefunden. Hätte inzwischen bereits ein schlechtes Gewissen, mal eine halbe Stunde untätig in der Sonne zu sitzen, einfach so.

Das ist nicht gut, das muß ich ändern. Ein Gesundheitshaus – und die »Chefin« abgehetzt, wie ich das eigentlich bei allen sehe, die sich um Gesundheit bemühen.

Deformation professionelle der Gesundheitsapostel?

Ich frage den »harten Kern«: Was haltet ihr davon, wenn wir morgen alles stehen und liegen lassen und auf den Schafberg steigen?

Der harte Kern ist begeistert.

Wir nehmen uns vor, uns öfter, möglichst einmal im Monat, eine ähnliche Aktion zu gönnen, die einfach nur Spaß macht.

19. Oktober 1989

Ein strahlender Morgen. Herbstlaub in allen Gelb-, Braun- und Rottönen, vom Gold der Morgensonne überzogen. Beim Aufwachen fast ein kleiner Schreck: Ich *muß* auf den Schafberg! Das schlechte Gewissen, die viele Arbeit im Büro liegen zu lassen!

Der Tag wird ein Traum. Wir kommen energiegeladen zurück. Abends beim Schloßwirt treffe ich zufällig (!) einen PR-Mann, den ich über zig Ecken per Telefon kennengelernt habe. Er will für uns die Promotion machen, zunächst sogar unentgeltlich. Er ist beim – »Universellen Leben«: Astrid entsetzt: Aber das ist doch eine Sekte!

Tatsächlich, fällt mir auf, gehören so gut wie alle Menschen, die nicht nur reden, sondern wirklich *anders* leben, nicht der traditionellen Kirche an.

Und wenn schon: Die ersten Christen waren schließlich auch zunächst eine Sekte und wurden bekämpft.

20. Oktober 1989

Koch- und Backkurs mit fünf SOS-Kinderdorfmüttern. Immerhin! Wir backen und kochen ein ganzes Menü: Brote und Kleingebäck, Hauptgericht ein Kartoffel-Lauch-Auflauf – Nachtisch eine Biskuitroulade. Die Frauen können gar nicht fassen, wie gut alles schmeckt, sogar die mit Himbeerschlagsahne gefüllte Biskuitroulade aus Vollkornmehl gebacken!

Wunderbare Stimmung. Jede der Frauen erhält eine Kollath-Tabelle und ist überzeugt, daß sie nicht nur in Zukunft für ihre Kinder vollwertig kochen, sondern zu einem Fortsetzungskurs kommen wird. Ich habe so kalkuliert, daß wir kurz vor 12 Uhr fertig sind. Sie packen ihre Kochgeschirre und Kuchenbleche ins Auto und fahren zufrieden ins SOS-Kinderdorf zu ihren insgesamt 35 Kindern, für die pünktlich um 12 Uhr ein Vollwertessen auf dem Tisch steht.

In Kürze feiert dieses SOS-Kinderdorf sein 25jähriges Bestehen. Manche Mütter haben bereits erwachsene Töchter und sind sogar Großmütter!

Nachmittags trainiere ich Stella im Viereck. Habe ziemlichen Schiß, aber es geht über Erwarten gut, Schritt, Trab, links herum, rechts herum. Ich schöpfe Hoffnung, daß die Pferde tatsächlich für behinderte Kinder geeignet sind.

Abends unser »Mittwoch der offenen Tür« im Seminarzentrum. Thema: »Kleine Tricks beim Handarbeiten bei Tee und Gebäck«, verraten von einer Handarbeitslehrerin aus Battenberg. Das müßte doch nun etwas für die ländliche Bevölkerung sein – um die ich mich so sehr bemühe –, wieder nur fünf Frauen. Wir haben Blätterteigstangen gebacken und Pfefferminztee dazu serviert.

Die gekommen sind, waren zufrieden.

23. Oktober 1989

Ein Journalist (fast möchte ich sagen: natürlich ein Österreicher!) interviewt mich und fragt: »Wie hält man das eigentlich aus, wenn man doch, wie Sie, überwiegend belächelt wird?«

Wie relativ Sorgen sind! Gelesen: »Ich weinte, weil ich keine Schuhe hatte. Bis ich einen traf, der weinte, weil er keine Beine hatte.«

24. Oktober 1989

Sitzung des Fremdenverkehrsverbands im Seminarzentrum. Der Doppendorfer Bürgermeister will nicht länger die 5000 Schilling jährlich für die Aktion »Das gesunde Dorf« ausgeben. Er zeigt sich enttäuscht, weil das Seminarzentrum dem Ort zu wenig Gäste bringt – er hatte mehr Tourismus erwartet.

Und die Hundertwasser-Siedlung hat er abgelehnt aus Angst vor zuviel Tourismus!

Keiner kapiert, was hier Großartiges geleistet wird.

25. Oktober 1989

Meine beiden kleinen Hündinnen machen mir Sorgen, Dackelmädchen Lemmi und die wilde Lilly.

Nachdem sie sich anfangs großartig vertrugen, mehren sich die Beißereien zwischen ihnen, die zunehmend heftiger ausfallen. Der Grund ist Lillys ungeheure Eifersucht. Sie muß immer Mittelpunkt sein, erträgt es nicht, wenn die anderen Hunde gestreichelt werden.

Lemmi ist die Leidtragende, weil sie schwächer ist und ein eher stiller, introvertierter Typ, der sich zurückzieht und leidet.

Für sie ist die Bachblüte »Willow«, Weide, angezeigt, und »Mimulus« gegen Schüchternheit. Lilly bekommt jetzt zusätzlich »Holly«, die Stechpalme, gegen Haß, Neid und Eifersucht, und dazu noch »Heather«, Heidekraut, gut für jemanden, der sich immer in den Vordergrund spielen muß. Daneben erhalten beide 14tätig das homöopathische Mittel Hyoscyamus. Ich hoffe inständig, die Unkenrufe treffen nicht zu, daß Hündinnen, die einander einmal gebissen haben, es immer wieder tun werden.

28. Oktober 1989

Ärgerliches Telefonat mit X., dem berühmten Vertreter des positiven Denkens.

Er hatte dem Verein ein Seminar schenken wollen, nun macht er aber plötzlich eine Teilnehmerzahl von sechzig Personen zur Bedingung. Wie sollen wir sechzig TeilnehmerInnen zusammenbringen?

Wir entschließen uns, auf das »Geschenk« zu verzichten. Auch das Permakultur-Seminar ist zu teuer. Der Referent verlangt 1.000 Mark pro Person, Bedingung ebenfalls sechzig Teilnehmer. Folge: nur fünf Anmeldungen bei einem enormen Aufwand an Briefaussendungen. Was das allein an Porto kostet!

Die Referenten sind zum Teil größenwahnsinnig. Und geldgierig. Und ich mache alles gratis. Auch verkehrt.

3. November 1989 (Göppingen)

Ich »reise« wieder einmal, wie das im Verlagsjargon heißt: Ich stelle meine Bücher in Buchhandlungen vor und halte parallel dazu Vorträge in Volkshochschulen zum Thema »Gesund und bewußt leben mit Vollwertkost«. Über 250 Anfragen liegen beim Verlag vor; ich könnte ein ganzes Jahr damit zubringen, ich, die ich nie Vorträge halten wollte! Gesund und bewußt leben heißt für mich natürlich, daß es nicht nur um meinen eigenen Bauch gehen kann und darf, sondern immer auch die Sorge um andere Lebewesen – Pflanzen, Tiere und Menschen – mit einbezogen sein muß.

»Barbaras Rundumschlag« nennen Freunde diese Abende. Tatsächlich kann ich auf diese Weise ganz unaufdringlich, in homöopathischen Dosen sozusagen, unter dem »Mäntelchen Vollwertkost« auch die anderen Themen an den Mann bzw. an die Frau bringen, die mir am Herzen liegen: Massentierhaltung, Tierversuche, Hunger in der Dritten Welt. Alles hängt zusammen, alles ist vernetzt. Viele begreifen die Zusammenhänge am Beispiel DDT: Bei uns verboten, wird es in die Länder der Dritten Welt exportiert, kommt über die Kakaobohnenplantagen in die Schokolade und findet sich in der Milch unserer stillenden Mütter wieder. Jede schlechte Tat kommt auf den Verursacher zurück, genauso wie jede gute.

So eine Bücherreise ähnelt einer Theatertournee: Tübingen, Reutlingen, Aalen, Bad Waldsee, Balingen, Göppingen, Schwäbisch-Gmünd, Lahr, Freiburg, Nagold. Auto, Hotel, Vortragssaal; Auto, Hotel, Vortragssaal.

Ich genieße die deutschen Laute: Da ist ein A noch ein A, ein O noch ein O. Ich genieße die komfortablen Hotels, die Blumensträuße. Ich genieße es, anerkannt, ja sogar gefeiert zu werden. Und ich bin überglücklich, wenn mir wieder einmal bestätigt wird, daß manchmal ganze Familien dank meiner Bücher gesund und von allen möglichen Krankheiten geheilt worden sind.

In Deutschland wird mein Einsatz geschätzt und gewürdigt. Wie anders in Österreich! Warum nur bin ich in diesem Land gelandet? Warum in Doppendorf?

Nun, es wird seinen, wenn mir bisher auch noch verborgenen, Sinn haben...

9. November 1989 (Hotel Hilton, München)

Nachts um 1 Uhr nach einem Super-Abend in einer kleinen exquisiten Buchhandlung ins Hotel gekommen. Ich will noch kurz die Nachrichten anschauen, dann ins Bett – und höre: Die Mauer ist gefallen!

Wahn-sinn!

Dieses Wort, das immer wieder von tränenüberströmten Menschen in Ostberlin gestammelt wird, drückt am besten aus, was wohl alle empfinden. Wahn-sinn, was im Augenblick in der Welt vor sich geht. Ebenfalls tränenüberströmt bis zum Morgengrauen vor dem Fernsehapparat gesessen.

Ich habe zwei Brüder und eine Schwester mit Familien in der DDR, verbrachte meine Kindheit in der Mark Brandenburg, in Wietstock an der Nuthe.

12. November 1989 (Freiburg)

Viele Interviews unterwegs, im lokalen Fernsehen, Radiosendern, Zeitungen. Einmal sage ich, auf das Problem des Altwerdens angesprochen: »Ich freue mich aufs Sterben!«

Die Reporterin ist verstört.

Ich freue mich natürlich nicht auf die Leiden, die dem Sterben höchstwahrscheinlich vorausgehen. Aber ich vermute, daß ein starkes Glücksgefühl eintritt, sobald die Seele den geplagten Körper verlassen darf. Ja, aufs Sterben freu ich mich.

Die Leute denken immer, jemand, der sich mit Gesundheit beschäftigt, müsse ein robuster, gesunder Mensch sein. Mir scheint eher das Gegenteil der Fall zu sein. Genauso wie alle Psychiater spinnen – wohl spinnen müssen, weil sie andernfalls sich kaum in ihre Patienten hineinfühlen könnten –, genauso sind alle Gesundheitsexperten gesundheitlich gefährdet. Gesundheit und Krankheit sind offensichtlich zwei Seiten einer Medaille. Ich jedenfalls kann mich an kaum einen Tag erinnern, an dem mir nicht irgend etwas weh tat, körperlich oder seelisch, Vollwertkost hin oder her.

15. November 1989

Wieder zu Hause in Sommerholz. Das Wiedersehen mit meinen Tieren – ein Glück, das nicht zu beschreiben ist, das nur verstehen kann, wer selbst mit diesen Wunderwesen lebt oder gelebt hat.

Diese wilde Freude, diese warmfellige Sanftheit dann, wenn alle zufrieden und ruhig daliegen.

Ob ich traurig bin oder Falten bekomme oder altere – sie lieben mich. Sie verlassen mich nur, wenn sie sterben müssen. Sie lieben mich – bis in den Tod.

18. November 1989

Ein Salzburger Volksliedersingkreis – von diesem Abend hatte ich mir Besuche gerade aus der einheimischen Bevölkerung erhofft. Aber nur drei Zuhörer und fast ein Dutzend Sänger!

Nach der Euphorie des Eröffnungstages bin ich, was die Bevölkerung anbetrifft, mehr als ernüchtert. Es interessiert die Leute nicht wirklich, was wir machen. Sie wollen auch nicht, das sich etwas ändert, alles soll beim alten bleiben. Ich müßte ein Schild mit dem Spruch Erich Frieds ans Schwarze Brett hängen, neben die Einladungen zur »Weiberroas« und zum Wildbretessen: »Wer will, daß die Welt so bleibt, wie sie ist, der will nicht, daß sie bleibt« – ach was, auch das würde nichts nützen.

In den SN steht im Wochenhoroskop »für alle, die daran glauben« für den Skorpion: »Sie sollten mehr auf Ihre Gesundheit achten!«

Leicht gesagt. Weiß ich selbst!

21. November 1989

Angeblich bin ich heute 62 Jahre alt geworden.

Als ich um 8 Uhr ins Büro komme, haben Ottilie und die Sekretärin Rosy auf meinem Schreibtisch Kerzen angezündet und einen Skorpion-Blumenstrauß aufgebaut. Ein findiger Geschäftsmann stellt neuerdings Sträuße nach den Sternzeichen zusammmen. Ein daran gehängtes Kärtchen gibt Auskunft über das Geburtstagskind. »Der Skorpion ist ein Wasserzeichen«, lese ich, »beherrscht vom kämpferischen Mars und dem mächtigen Pluto. Manchmal scheint es, daß Skorpion-Geborene noch etwas von einem ›Urdämon‹ in sich haben, denn der Stärke ihres Einflusses kann man sich kaum entziehen. Die Sage berichtet, daß der am Erdboden kriechende Skorpion, wenn er es nur ehrlich will, sich in einen Adler verwandeln kann, der in die Lüfte steigt. Eine solche Möglichkeit der Wandlung billigt die Astrologie keinem anderen Sternzeichen zu. Wer sich mit einem Skorpion-Geborenen einläßt, muß also auf Höhenflüge gefaßt sein! Zum einflußreichen Skorpion passen Blumenkombinationen in ausdrucksstarken Farben: Blau, Rot, Rotviolett, immer mit etwas Stachligem.«

Die Farben der Blumen entsprechen genau den Farben, die ich auch in meiner Kleidung bevorzuge. Nun weiß ich endlich, wie sie sind, die Skorpione!

Bis in den späten Abend hinein haben Ottilie und ich am Frühlingsprogramm gebastelt. Alle Restaurants waren schließlich geschlossen – es reichte gerade noch für eine Pizza.

22. November 1989

Das Salzburger Land plant für das Jahr 1992 in Michaelbeuren eine Ausstellung: »Lebensraum: Irrwege – Auswege«. Ich bin eine der »fünfzig Persönlichkeiten verschiedenster Fachgebiete«, die zur Mitarbeit eingeladen wurden.

Freue mich riesig darüber! Nach all den Demütigungen in Doppendorf ein solcher Auftrag. Das erste zweitägige Symposion wird am 30. November in Michaelbeuren stattfinden.

Und das Abendessen für die sechzig Gäste wird vegetarisch sein – geliefert vom Seminarzentrum!

Irrsinnig glücklich.

25. November 1989

Die Schweizer haben über die Abschaffung der Armee abgestimmt – 35,6 Prozent waren dafür, daß es keine Armee mehr gibt! Unglaublich! In der Schweiz – wo jeder Bürger sein Gewehr im Schrank hat!

Das ist Pluto, sagte ein esoterisch ausgerichteter Seminarteilnehmer – der große Zertrümmerer alter Verkrustungen. Eine wunderbare Zeit, in der wir leben dürfen. So voller Möglichkeiten!

26. November 1989

Eine unglaubliche Woche. Eine Wahn-sinns-woche! Gorbatschow trifft sich mit dem Papst, verspricht Religionsfreiheit in der Sowjetunion!

Der Drahtverhau zwischen der CSSR und Österreich wird weggerissen. Bricht jetzt der globale Frieden aus?

Wahn-sinn, dieses an sich schreckliche Mode gewordene Wort drückt tatsächlich am besten aus, was in der Welt vor sich geht, im Negativen wie im Positiven.

Tengelmann hat aus 3.500 Läden die PVC-Flaschen entfernt.

Wenn das alles der große Zertrümmerer Pluto bewirkt, von dem die Astrologen immer reden, Pluto, der alles Alte und Verkrustete zerstört – dann nur weiter so!

In der DDR, in der CSSR, in Bulgarien – überall ertrotzt sich das Volk durch die »Abstimmung mit den Füßen« immer mehr Rechte, immer mehr Freiheit.

Ich glaube, mein Traumprojekt paßt haargenau in diese neue Zeit.

27. November 1989

Die Öffnung der DDR-Grenze hat zur Folge, daß einer meiner Brüder, den ich seit 1945 nur einmal gesehen habe, nämlich zum Begräbnis meiner Mutter im Jahr 1972, mich zu Weihnachten mit Frau und Kindern besuchen will.

Ich hatte mir mein Weihnachten still und meditativ vorgestellt, sogar mit einer Woche in einem Ashram in Indien geliebäugelt. Wir werden das Seminarhaus über Weihnachten geschlossen halten, weil wir alle von dem sehr intensiven Betrieb der letzten Monate überaus erschöpft sind.

Den Weihnachtsrummel kann ich eh nicht ausstehen. Ich sehne mich nach Ruhe, nach Schweigen, würde so gern nach Ganeshpuri fahren zu Gurumayi.

Nach einer schlaflosen Nacht beschließe ich, Indien zu »opfern«. Einer der vielen Astrologen, die hier ständig aufkreuzen – auf Jobsuche, wie ich vermute, obwohl sie das selbst nicht zugeben –, behauptet, die Woche zwischen Weihnachten und Neujahr würde enorm wichtig für mich bzw. für das Dorfprojekt, was dasselbe ist.

Ich will selbstlos sein und alles tun, was richtig ist. Ich will nichts anders als ein Werkzeug sein für das, was zu geschehen hat.

28. November 1989

Das Leben ist ein Witz. Würde man das bloß nicht immer wieder vergessen.

Die Wasserleitung bei mir daheim führt auf dem Weg von der Quelle bis zum Wohnhaus durch den Teich, wo sie auf dem Grund liegen sollte. Sollte! Heute morgen, ich traue meinen Augen nicht, schwimmt sie auf der Wasseroberfläche! Es beginnt, kalt zu werden, voller Schrecken erspähe ich eine dünne Eisschicht. Eine Katastrophe, wenn die Leitung einfriert!

Was tun? Ich rufe eine Firma an, ob ich für ein paar Stunden ein Schlauchboot ausborgen könne. Der Bootsvermieter am Telefon nach einer Pause vorsichtig: »Sind Sie sicher, daß es ein Schlauchboot ist, was Sie haben wollen – Ende November?«

Mit dem Schlauchboot auf dem Autodach errege ich im ganzen Dorf Kopfschütteln und Sprachlosigkeit. Na ja, die Barbara Rütting, werden sie alle denken...

Das Schlauchboot wird an einen Strick gebunden, das freie Ende knüpft sich meine Haushälterin, die Bauerntochter Frida, welcher der Teich nicht geheuer ist, da sie nicht schwimmen kann, um den Bauch und pflanzt sich am Teichrand auf. Ich klettere ins Schlauchbbot, bewaffnet mit drei Steinen, über die wir eine Klammer aus Drähten montiert haben. Frida stößt mit dem Paddel das Boot ab, das Boot schlittert mit mir über die Eisschicht, und es gelingt mir schließlich, die Steine mit der Drahtklammer über den Schlauch zu stülpen – er sinkt langsam in die Tiefe, hurra!

Wir haben es geschafft – ohne männliche Hilfe!

14. November 1989

Aufgrund der großen Nachfrage werden wir einen Vollkorn-Backtag für Kinder durchführen.

Auf der Einladung steht:

Backe, backe, Kuchen!
Hallo Kinder ab 6 Jahren aufwärts – aufgepaßt!
Am Donnerstag, 14. Dezember, von 15 bis 18 Uhr backen wir
Kuchen und Kekse!
Habt ihr Lust?
Dann bitte mit Schürze und Nudelholz anrücken –
Kochmützen basteln wir gemeinsam!

Wir freuen uns auf Euch im Seminarzentrum!

Rosy hat ein lustiges Plakat gemalt mit nudelholzschwingenden kochmützengeschmückten Kindern.

Apropos Rosy: Die pfiffige, immer modisch-frech angezogene Frau unseres Programm-Layouters, gefragt, ob sie nicht eine Halbtagssekretärin wüßte, da ich die täglich eingehenden Postberge nicht länger bewältigen kann, antwortete prompt: »Ja, mich!« Und so ist Rosy seit einigen Wochen richtig offiziell beim Verein angestellt. Denn geschäftstüchtig ist sie auch, die Rosy, sie verlangt ein angemessenes Gehalt. Recht hat sie.

»Nur ein Narr gibt mehr, als er hat!« bekam ich kürzlich zu hören.

30. November 1989

Gorbatschow, der große Veränderer, soll tranzendentale Meditation praktizieren, mit einem Lehrer aus Regensburg, wird erzählt.

Wundern würde es mich nicht. Nur meditative Menschen können Mauern aufbrechen. »Das weiche Wasser bricht den Stein« war unser Mutlangen-Credo bei den großen Anti-Raketen-Demos. Um Veränderung geht es auch im Symposion für die Ausstellung »Lebensraum: Irrwege – Umwege – Auswege« in Michaelbeuren.

Eröffnet wurde mit einem gemeinsamen Mittagessen, um 15 Uhr dann Beginn der Gespräche im Plenum. Vorstellen der Thematik und Diskussion, anschließend gingen die Arbeitsgruppen ans Werk. Um 19 Uhr 30 dann das gemeinsame Abendessen. Wir vom Seminarzentrum hatten die Tafel »neu« bestückt. Unser Buffet, aufgestellt im prachtvollen Refektorium des Stifts, eine Sensation, ein Gaumen- und Augenschmaus. Ich hatte mir Olga Huber zu Hilfe geholt, mit der ich bereits seit Jahren bei größeren Veranstaltungen zusammengearbeitet habe, ich für die Theorie, sie für die Praxis zuständig war. Wenn sie für mehr als 100 Personen kochen kann, ist Olga erst richtig in ihrem Element. Sie müßte ich für die Kerntruppe rekrutieren! Aber auch sie will angemessen bezahlt werden...

Alles klappte großartig. Viele Teilnehmer machten ihre ersten Erfahrungen mit der Vollwerternährung. Sie hätten ja keine Ahnung gehabt, daß Körndlkost so gut schmecken könne – sie hätten ja gedacht, das staubt einem glatt aus den Ohren heraus... Großes Interesse wird angemeldet für meine Koch- und Backkurse im Seminarzentrum.

Der zweite Tag, der 1. Dezember, beginnt mit einem gemeinsamen Frühstück. Natürlich habe ich für Frischkornbrei, Vollkornsemmeln und Kräutertee gesorgt. Es folgt ein Rundgang durchs Stift, in dem die Kombination von Alt und Neu innenarchitektonisch hervorragend gelöst ist. Dann um 9 Uhr 30 Konstituierung und erste Sitzung der künftigen Projektgruppen zur Vorbereitung der Landesausstellung 1992: 1. Gruppe Raumordnung – 2. Gruppe Landschaft – 3. Gruppe Wirtschaft – 4. Gruppe Wohnen – 5. Gruppe Ernährung.

Beim Mittagessen im Dorfgasthof, das den Abschluß des Symposions bildete, ging's dann wieder »fleischig« zu mit Tafelspitz und Schweinernem.

Meine Arbeitsgruppe »Ernährung« wird sich Anfang des nächsten Jahres wieder treffen. Inzwischen wird jede/r von uns ihre/seine Vorstellungen zu Papier bringen.

Mir erscheint es sehr wichtig, daß diese Landesausstellung nicht nur in Michaelbeuren, sondern dezentral überall im Land unter Mithilfe der Bevölkerung zustande kommt. Es wäre verrückt, ausgerechnet eine Ausstellung, in der es um ökologische

Aspekte geht, mit einem riesigen Aufwand aufzubauen, Hunderttausende dorthin fahren und die Luft verpesten zu lassen und anschließend alles wieder abzureißen.

Jedes Dorf müßte seine eigene Ausstellung mit eigenen Schwerpunkten gestalten können unter dem großen Überbegriff »Umweltschutz-Gesundheitsschutz«, so wie wir das ja in unserem Dreiecksverband »Das gesunde Dorf« bereits anstreben.

Leider liegt Doppendorf in Oberösterreich und nicht im Salzburger Land, sonst könnte ich »mein Dorf« gleich als Anschauungsbeispiel in die Ausstellung einbringen.

Michaelbeuren hat einen sehr fortschrittlichen Bürgermeister und bereits einen Umweltpreis gewonnen. Die Doppendorfer Gemeindevertreter dagegen sind wahrlich hinter dem Mond. Das sagt sogar meine Frida. In meinem Heimatdörfchen, nur ein paar Kilometer von Doppendorf entfernt, ist es ein geflügeltes Wort: Die Doppendorfer? Die leben doch noch im Mittelalter!

Gespräche mit den Öko-Architekten der Arbeitsgruppe »Wohnen«. Großes Glücksgefühl, endlich einmal Menschen zu begegnen, die ähnlich fühlen, denken, planen wie ich, und nicht immer nur verständnislosen Gesichtern, die kaum zu verbergen vermögen, wofür sie mich halten: eine totale Spinnerin.

Ein Doppendorfer Bauer soll gebrummt haben: »Hab ich doch eh, was die Rütting da machen will, die Großfamilie, den Hof mit Tieren, eine gesunde Umwelt, hab ich doch eh!«

Ja, er schon! Aber wie viele Menschen haben das nicht?

Und sogar in Doppendorf kam vor ein paar Monaten eines von zwei alten Geschwistern ins Altersheim, als das andere starb, weil eben keine Großfamilie da war, um es aufzunehmen!

1. Dezember 1989

Honecker ist aus der Partei ausgeschlossen worden. Der Stacheldraht zwischen der CSSR und Österreich wird abgebaut. In Prag Sprechchöre: Das Volk hat gesiegt, das Volk hat gesiegt...

Und ich genieße in vollen Zügen den hinreißenden Gourmet-Kochkurs mit Dr. Devanando Weise, ehemaliger Gießener Geologieprofessor, Sannyasin und heute Leiter eines vegetarischen Feinschmeckerlokals in München. Was für ein Lebenslauf!

Reizende, kultivierte, intelligente Teilnehmerinnen, phantastisch schmeckendes, entzückend anzuschauendes Essen – diesmal komme ich einfach nicht ohne Adjektive aus!

Die Skandalmeldung des Tages: In einem Radio-Gespräch über Diabetes behauptet ein Arzt – ein Arzt! –, der Diabetiker könne ruhig Zucker essen – und zwar 30 Gramm pro Tag –, wenn er Insulin spritzt!

2. Dezember 1989

Morgen ist die Versammlung all derer, die sich bis jetzt für das geplante Öko-Dorf interessieren. Ich werde mitteilen müssen, daß Meister Friedensreich Hundertwasser mit seinem Architekten persönlich in Doppendorf war und unser Dorf gern gebaut hätte – daß aber leider die Gemeindevertretung seine begrünten Häuser ablehnte mit der ungeheuerlichen Begründung, diese »menschenunwürdigen Erdhöhlen« seien niemandem zumutbar.

Wir werden dann gemeinsam versuchen müssen, eine Alternative zu finden. Der Seminarbetrieb hat nur einen Sinn, wenn diese Dorfgemeinschaft entsteht, kann sich ohne diese auch nie rentieren. Seminarbetriebe gibt es wie Sand am Meer, täglich stellen sich mehr Referenten vor, als sich Teilnehmer melden.

Nein, worauf es mir ankommt, ist die Lebensgemeinschaft von gleichgesinnten Menschen, wobei das Wort »gleichgesinnt« auch einer gründlicheren Hinterfragung bedarf, denn was sich unter diesem Begriff hier alles einstellt, ist schon mehr als seltsam: Da sind die Tierfreunde, denen es nur um ihren Fifi geht und um sonst nichts; die Körndl-Freaks, denen nur das Wohl ihres Bauches am Herzen liegt und sonst nichts; die Esoteriker, denen sowohl Ernährung wie auch Tier- wie Umweltschutz schnurz ist, weil sie meinen, das sei alles unwichtig, wenn man/frau »richtig« denke. Vielleicht sollten wir ein Seminar veranstalten, um den Begriff »gleichgesinnt« zu definieren.

Eine Heilerin riet mir, für die Versammlung die Tische im Kreis aufzustellen, Blumen in die Mitte. Ich solle meinen Sitzplatz im Osten haben, und es sei gut, für das Gelingen einer positiven Sache vorher etwas zu opfern, zum Beispiel an allen vier Ecken des Geländes, auf dem die Gemeinschaft einmal leben wird, einen Edelstein einzugraben.

Ich suche also zusammen, was mir die Jahre an Preziosen beschert haben, mehr als bescheiden. Ich finde zwar keine Edel-, wohl aber einige Halbedelsteine, einen Korallenreif aus Indien, die Kralle eines Leoparden (in Gold gefaßt, Andenken an den Fernsehfilm »Heute nacht in Samarkand«), eine alte römische Münze, sogar ein kaum getragenes Armband aus Gold, mit Türkisen und Diamantsplittern besetzt. Dieses für mich viel zu protzige Geschmeide drückte mir in einem Baden-Badener Hotel eine wildfremde Frau in die Hand, mit der Bemerkung, sie verehre mich so glühend. »Ihn« – damit zeigte sie auf einen alten Mann, der einige Meter entfernt in einem Liegestuhl die Zeitung las – »ihn habe ich geheiratet, weil er so reich und so alt war. Ich besitze einen ganzen Arm voll Schmuck. Ich dachte, er stirbt bald. Aber Sie sehen, er lebt immer noch!«

Wohl kein Wunder, daß ich zu diesem Armband nie eine Beziehung fand. Ottilie, vernünftig wie immer, meint allerdings, es sei gescheiter, das gute Stück zu verkaufen oder zu versteigern, statt es in die Erde einzugraben. Von dem Erlös könnten wir nämlich wahrscheinlich einen Monat die Miete für das Seminarhaus bezahlen.

Eine zarte, dünne Mondsichel im Schwarzblau des Abendhimmels. Neumond, oder die Tage kurz danach, soll am günstigsten für Verhandlungen sein.

Vertrauensvoll sehe ich dem morgigen Tag entgegen. Entweder die Idee dieser Öko-Gemeinschaft ist gut – dann wird sie Wirklichkeit werden –, oder sie ist nicht gut, und dann ist es nicht schade drum, wenn sie nicht realisiert wird. Da sie aber gut ist...

3. Dezember 1989

Ich habe kaum geschlafen, die halbe Nacht meditiert. Wir stellten die Tische im Kreis auf, Blumen in die Mitte, und ich hatte meinen Sitzplatz im Osten...

Es war eine wunderbare Versammlung. Etwa drei Dutzend Leute sind gekommen: Kinder, Hunde, junge Ehepaare, alte Menschen – so ist es gut, so ist es richtig, wie ein Bilderbuchquerschnitt der künftigen Dorfgemeinschaft!

Zuerst, wie erwartet, große Betrübnis über die Ablehnung von Hundertwassers grandiosem Plan der begrünten Häuser. Viele hatten sich inzwischen mit Hundertwasser-Gemälden und -Häusern beschäftigt und sich darauf gefreut, in so einem bunten freundlichen Haus selbst einmal wohnen zu können. Was nun? Da vor allem die älteren Interessenten eigentlich lieber eine Wohnung hätten als ein Haus, kommt unserem Vorstandsmitglied Steuerberater *die* Idee: Warum kaufen wir statt des bisher in Erwägung gezogenen Grundstücks nicht die Scheune, die sowieso abgerissen werden muß, und bauen diese zu Wohnungen aus? Wenn der die Scheune umgebende Streifen Grünland zu Bauland umgewidmet werden würde, könnten dort sogar noch einzelne kleine Häuser zusätzlich entstehen!

Alle sind begeistert. Eine Liste geht herum, jede/r trägt ein, wieviel sie/er für die zukünftige Wohnung geben will und kann. Es kommen – zumindest auf dem Papier – über fünf Millionen Schilling zusammen!

Fünfzehn neue Mitglieder gewonnen.

Auch hier ist das von Ottilie liebevoll zusammengestellte vegetarische Buffet ein großer Erfolg. Nur eine der besagten Damen aus der Tierschutzecke rümpft die Nase: »Iiiih, das ist ja alles roh!«

Vor dem Schlafengehen voller Liebe und Hingabe die dicken Winterfelle der Pferde gestriegelt, die Hunde gebürstet. Als »Betthupferl« ein Bhagwan-Satz aus dem orangenen Buch. Ich schlage immer »per Zufall« auf und finde diesmal: »Wenn du das tägliche Leben nicht zur Meditation benutzt, dann wird deine Meditation unweigerlich zu einer Art Weltflucht.« Und weiter: »Wissenschaftler müssen meditieren lernen, sonst ist die Erde zum Untergang verurteilt.«

Man kann sich wohl kaum einen Tierexperimentator vorstellen, der meditiert, oder?

Sehr glücklich über diesen Tag.

4. Dezember 1989

Tag der heiligen Barbara. Barbara, Schutzheilige der Artillerie, der Bergleute. Barbara bedeutet auch die Barbarin, die Fremde. Ich bin nicht katholisch und habe daher nicht die gleiche Beziehung zu Namenstagen wie eine Nachbarin, die mir frisch gepflückte Kirschen- und Forsythienzweige bringt. Heute am Barbaratag in die Vase gesteckt, werden sie zu Weihnachten blühen.

Gorbatschow beim Papst, Religionsfreiheit in der UdSSR in Sicht.

Ich bin dankbar dafür, in dieser Zeit leben zu dürfen, danke dafür jeden Morgen und jeden Abend vor dem Einschlafen.

Dankbar auch so sehr, so sehr, daß mir diese wunderbare Aufgabe in Doppendorf zugeteilt wurde.

»Ich bin entschlossen, die kommenden Jahre zu den schönsten meines Lebens zu machen« – als ich meinen 60. Geburtstag unter diesem Motto gefeiert habe, ausgerechnet zu einem Zeitpunkt, da der Partner meiner letzten zwanzig Lebensjahre und ich uns getrennt hatten, da schien mir das doch schon etwas gewagt. Ich steckte noch so sehr voller Ängste, Angst vor der Zukunft, Angst vor der zu erwartenden Einsamheit. Ich hätte selbst kaum zu hoffen gewagt, daß dieser Satz so schnell Wirklichkeit werden würde.

5. Dezember 1989

»Ich dachte, Sie hätten Dutzende von Helfern hinter sich!« bemerkte eine Seminarteilnehmerin entgeistert, »statt dessen fährt die ›Chefetage‹ mit dem Auto herum und holt persönlich die Leute vom Bahnhof ab!«

Es ist schon absurd. Ich habe fast zwei Stunden lang in eisiger Kälte bei Nacht und Nebel auf den verschiedenen Bahnhöfen eintreffende Seminarteilnehmer eingesammelt, die ich dann auch noch auf die nahen und ferneren Bauernhöfe verfrachten mußte.

»Sie müssen delegieren!« meint die Dame.

Ja, an wen soll ich denn delegieren?

Wir sind drei, die rund um die Uhr unentgeltlich schuften, Ottilie, Veronika und ich. Die meisten, die sich als freiwillige Mitarbeiter anbieten, sind augenblicklich wieder verschwunden, wenn sie kapieren, daß es hier nichts zu verdienen, sondern nur zu rackern gibt. Sie wollen zwar am Nimbus der entstehenden Dorfgemeinschaft teilhaben – soviel wie möglich davon profitieren, aber so wenig wie möglich dafür tun.

Ich konnte wieder ein reizvolles Programm anbieten:

- Vortrag über die Feldenkrais-Therapie (leichtes Training zur Rückgewinnung natürlicher, entspannter Bewegungsabläufe)
- Tänze, Spiele und Lieder aus Findhorn: »Ich bin auf der Welt, um Freude zu erfahren!«
- Farbenberatung: »Farben in uns – Farben um uns«
- Akupunktur und Laser – Versöhnung zwischen östlicher und westlicher Medizin
- Vortrag mit Demonstration: »Ganzheitkosmetik – Schönheit von innen und außen«
- Vortrag und Demonstration: »Anleitungen zur Shiatsu-Partnermassage – Atem- und Entspannungsübungen«
- Vortrag mit Kräuterwanderung: »Gesund mit Heilpflanzen«
- Theorie und Praxis: Gesund und glücklich mit Vollwertkost
- Musikalischer Ausklang in der Dorfkirche oder im Gutshaus.

Alle Vorträge und Demonstrationen sind auch für die Bevölkerung zugänglich, werden aber leider bisher nur sehr spärlich angenommen.

Mein bisher beim Schloßwirt abgehaltener monatlicher Körndlbeißer-Stammtisch ist ins Seminarhaus umgezogen. Wir gehen durchaus mit der Saison. Das Thema »Gesund durch den Winter mit Vollwertkost« lockte ungefähr 60 Interessierte an. Ich bin wirklich bereit, wie alles andere, so auch die Vollwertkost immer wieder zu hinterfragen. Aber – es gibt nichts Besseres! Kann man sich einen Zeitgenossen vorstellen, der sich diesem Menü versagen würde?

Feldsalat mit Orangenfilets
Buchweizenblinis mit Rote-Bete-Gemüse und Thymianlinsen
Bratäpfel mit Weinschaum

Bin, trotz aller Strapazen, sehr guter Dinge.

10. Dezember 1989

Die tschechische Regierung ist zurückgetreten. In der neuen Regierung mehr Oppositionelle als KP-Mitglieder. Vaclav Havel wird als zukünftiger Ministerpräsident diskutiert. Hunderttausende Tschechen und Österreicher feiern an den Grenzen, die noch vor kurzem der eiserne Vorhang versperrte.

Waaaaaahn-sinn!

Im Anschluß an die Nachrichten ein Stück von dem Fellini-Film »Stadt der Frauen« angeschaut; komisch, aber auch ärgerlich. Die Frauen – das ist ein Haufen schwanzabschneidender, aber dennoch geiler Weiber. »Die große Katze (Vagina) hat Hunger!« krächzt die motorradfahrende Mutter, bevor sie den Mastroianni auf den Boden zerrt. Auf beide wird dann noch ein kreischendes Huhn geworfen.

Allmählich können einem die Männer leid tun; nicht nur der Filmheld, sondern auch Fellini, der seine eigene Ratlosigkeit den Frauen gegenüber immer wieder in seinen Filmen aufarbeitet; alle Männer können einem leid tun.

Sie haben Angst vor den Frauen. Sie fühlen insgeheim, daß die Frauen stärker sind als sie, darum müssen sie die Frauen klein machen und unterdrücken. Sie wissen, daß Frauen ohne Männer auskommen, Männer aber nicht ohne Frauen.

Das Retortenbaby hat der Mann ganz sicher erfunden, weil er den Frauen das Kindergebären neidet. Deshalb der Ehrgeiz, den Embryo statt im Bauch der Frau im Reagenzglas heranwachsen zu lassen. Ich begreife euch nicht! sagt Mastroianni.

Sie sind schon sehr anders.

Warum Männer und Frauen aneinander vorbeireden, warum sie einander tatsächlich nicht verstehen *können*, diesem Phänomen geht die amerikanische Autorin Deborah Tannen in ihrem Buch *Du kannst mich einfach nicht verstehen* nach.

Das beste, was ich jemals über den kleinen Unterschied, der eigentlich ein ganz gewaltiger ist, gelesen habe.

Für eine Feministin eine traurige Einsicht, aber es ist wahr –

schon kleine Mädchen spielen anders als kleine Jungen. Das kleine Mädchen macht Vorschläge und freut sich, wenn diese (und es selbst) gemocht werden – der kleine Junge gibt Befehle, denen sich die Schwächeren unterordnen.

Die Frau sucht Bindung und Nähe – der Mann Unabhängigkeit und Distanz. Frauen streben Harmonie an – Männer eine Hierarchie, sie befinden sich immer in Rivalität zueinander.

Aber die symbiotische Beziehung, die eine Frau sich wünscht, ist wohl mit einem Mann, wenn überhaupt, nur vorübergehend zu erreichen; es ist, als ob zwei Züge auf verschiedenen Gleisen fahren. Hat man Glück, fahren sie parallel zueinander und im gleichen Tempo, man kann einander aus den Fenstern heraus vielleicht sogar die Hand reichen – meistens düsen sie in verschiedenen Richtungen davon; was zustandekommt, ist ein kurzes sehnsüchtiges Winken.

Das Paradoxon: wenn man verstanden hat, daß man den anderen nicht verstehen KANN, versteht man ihn besser.

11. Dezember 1989

Ausgerechnet mit dem Referenten des Wochenend-Seminars »Vipassana-Meditation – positive Energien entwickeln zum bewußten Leben im Hier und Jetzt« gab es eine heftige und noch dazu lautstarke Auseinandersetzung.

Grundsätzlich führen wir Seminare nur ab einer Teilnehmerzahl von mindestens zehn durch. Der Aufwand an Zeit und Kraft steht sonst in gar keinem Verhältnis zum Ergebnis. Diesmal hatten nur vier zugesagt, ich wollte das Seminar ausfallen lassen. Der Referent beteuerte, er würde selbst noch zwei Interessenten bringen und bettelte so inständig, daß ich leider weich wurde und sagte o. k., wir machen eine Ausnahme. Schließlich kamen aber doch nur vier Leute, die im Haus verbreitete Stimmung übrigens mehr als trist, von positiver Energie keine Spur. Dennoch bedeutete dieses Wochenende für Ottilie und mich ständiges Da- und Fürsorglichsein.

Bei der Abrechnung, was tut dieser Kerl von einem Referenten? Will ein Honorar für sechs Teilnehmer kassieren!

Mir verschlug es die Sprache, wie immer, wenn ich mich für jemanden schäme. Ottilie jedoch gab nicht nach, zahlte mit stoischer Ruhe das Honorar für vier Teilnehmer.

Des Referenten lärmender Protest muß einen interessanten Kontrast zum Thema des gerade von ihm abgehaltenen Seminars gebildet haben – denn die gerade mit positiven Energien Aufgeladenen bekamen ihn durch die dünne, absolut nicht schalldichte Wand voll mit.

12. Dezember 1989

Leider verstehe ich nichts von Numerologie. Aber die Quersumme des heutigen Datums ist schon außergewöhnlich: 1 + 2 = 3, 1 + 2 = 3, 1 + 9 + 8 + 9 = 27 – alles zusammen ergibt 33. Die Drei, heißt es, sei eine magische Zahl, stehe für Synthese und Gemeinschaft.

Wenn das kein gutes Omen ist!

Heute das erste Treffen seit der Jahreshauptversammlung und gleichzeitig Besprechung eines Vertrages für den Kauf der Scheune mit der Eigentümerin. Sie ist nicht abgeneigt. Alles rückt in den Bereich des Möglichen.

13. Dezember 1989

Zwei tolle Tage: Gestern Vollkorn-Backtag mit 45 Frauen, von morgens 9 Uhr bis abends. Man stelle sich vor: 45 lustige (weil überwiegend mollige?) Frauen mit Nudelhölzern! Heute backen wir Weihnachtsplätzchen mit zwölf Kindern zwischen vier und elf Jahren, dazu ihre jungen, entzückenden Mütter. Welche Hoffnung, diese Generation!

Zwischen den Backarbeiten springe ich mit ihnen Trampolin, und wir spielen Eisenbahn. Alle fassen sich an, und ich rase mit den jubelnden Kleinen im Gänsemarsch durch das ganze Haus. Wir singen und bimmeln mit der großen Glocke und tuten und pfeifen, daß es nur so eine Wonne ist.

Da habe ich mit dem Schicksal gehadert wegen meiner Kinderlosigkeit. Und nun habe ich all die Kinder, die ich mir so sehr wünschte, biologisch aber nicht bekommen durfte.

Ganz sicher sind all die künstlichen Befruchtungen ein Fehler. Es hat seinen Grund, wenn man/frau kinderlos bleibt. Es bedeutet, daß an diesem Leben etwas anderes dran ist als Familiengründung.

Unsere neue Heizung im Flur läuft auf vollen Touren, es ist im ganzen Haus warm, gemütlich und hell. Ottilie hat überall, wo es vorher düster war, Lampen angebracht. Dazu der Duft nach Weihnachstgebäck – traumhaft. Ich bin sehr glücklich.

14. Dezember 1989

Probleme mit Veronika. Sie wirkt deprimiert und wird immer stiller. Die Erklärung: Sie fühlt sich »wie ein Kalfaktor, von Ottilie kommandiert«.

Ich schlage eine Aussprache vor. Jede von uns dreien – ich beginne – versucht darzulegen, was sie sich hier eigentlich erwartet, welche Rechte, welche Pflichten, was an Lebensqualität. Alle diese Bereiche müssen deutlicher abgegrenzt werden, sonst besteht die Gefahr, daß sich jemand ausgenutzt fühlt.

Wir sind einfach zu wenige, die wirklich arbeiten. Die meisten kommen vorbei, finden die Idee toll, schnuppern in der Küche oder im Büro – und sind flugs wieder verschwunden, wenn ihnen klar wird, wie wir schuften. Wer sich hier schon alles als Helfer gemeldet hat, wie viele gestrandete Existenzen hier aufkreuzen! Häufig endet es damit, daß die sogenannten freiwilligen Helfer im Garten Tee trinken – und wir drei Hanseln uns abrackern.

Verzagtheit.

Die Spannung zwischen Veronika und Ottilie tut mir geradezu körperlich weh. Unsere Diskussion hat nicht viel geholfen. Es müßte gelingen, Veronikas Selbstwertgefühl zu stärken. Wenn sie doch begreifen würde, was für ein gerader, wunderbarer Mensch sie ist – wenn sie doch begreifen würde, wie sehr wir alle sie schätzen!

Das Seminarhaus wird zusehends schöner, heller, wärmer, stimmiger, aber mein Leben zu Hause in Sommerholz leidet immer mehr. Meine Frida hat ihren Weihnachtsurlaub. Ich habe neben dem Seminarbetrieb mein Haus, drei Pferde, fünf Hunde und zwei Katzen zu versorgen. Mehr als drei Stunden Schlaf pro Nacht schaffe ich immer noch nicht. Um zwei Uhr falle ich todmüde ins Bett, um fünf Uhr muß ich aufstehen, um alles nur einigermaßen hinzukriegen. Um acht Uhr bin ich im Büro, glücklicherweise benötige ich nur zehn Minuten mit dem Auto, und wenn die anderen ihre Mittagspause genießen, rase ich nach Hause, um dort alles mehr schlecht als recht zu versorgen.

Es reicht gerade noch zu ein paar »Streicheleinheiten« (gräßliches Wort, typisch für das Labordenken der meisten Wissenschaftler) für die Hunde. Das Haus ist schmutzig, verwelkte Blumen in den Vasen, das Katzenklo stinkt, mein Auto bräuchte mehr als dringend eine Wäsche, der Scheibenwischer ist durchgerostet, die Pferde zu dick, weil ich keine Zeit zum Reiten aufbringe. Da es taut, um das Haus herum ein einziger Matsch, den die Hunde auch noch ins Haus tragen. Traurige Hunde- und Katzenaugen. Sogar Auto und Scheibenwischer scheinen mich vorwurfsvoll anzustarren.

Matt und ausgelaugt, wie ich bin, komme ich nicht einmal zum Haarewaschen, die Fingernägel sind vernachlässigt, keine Socken mehr da zum Anziehen, da durchlöchert. Seit Monaten will ich eine alte, geplatzte Cordhose reparieren und dringend benötigte Stiefel kaufen; ich habe kein heiles Nachthemd mehr, die Unterwäsche ist zerschlissen – oje, so geht es auch nicht.

Irgend etwas läuft falsch. Wenn ich so weitermache, ereilt mich über kurz oder lang ein Herzinfarkt. Und das alles im Namen der Gesundheit!

Vielleicht sollte man überhaupt nicht unentgeltlich arbeiten. Witzigerweise glaubt das sowieso niemand, offenbar ist das zu verrückt. Wahrscheinlich denken die Leute sogar noch, daß ich an dem ganzen Unternehmen verdiene!

Unsere Seminare finden hauptsächlich am Wochenende statt. Die ganze Woche der Streß im Büro, die Rennereien zu irgendwelchen Bürokraten, die vielen Menschen, die sich an mir aufladen wollen und an mir saugen wie die Blutegel, nie ein freier Samstag oder Sonntag, stets zuwenig Schlaf – wenn das nicht bald anders wird, gehe ich drauf.

Ich nehme die Bachblüte »Olive« gegen Erschöpfungszustände. Natürlich ist das nur eine Symptombehandlung, die Ursache müßte ausgeschaltet werden!

Heute nachmittag bin ich nicht ins Büro gegangen, sondern habe zu Hause eine Putzmeditation gemacht: die vertrockneten Blumen auf den Misthaufen verfrachtet, im ganzen Haus Staub gesaugt, die Böden gewischt – alles in größtmöglicher Ruhe und mit äußerster Achtsamkeit, ohne zu hetzen. Wie zur Krönung meines Ungemachs hatte mir mein behinderter Assisi-Hund Francescolina auch noch einen gewaltigen Haufen in die Diele gesetzt!

Alle Hunde sorgfältig gebürstet, was sie unwahrscheinlich genießen, die Pferde mit Möhren gefüttert. Da sie zu wenig Bewegung haben, muß ich weniger Heu geben, den Hafer total streichen, was sie nachts mit gewaltigen Protesttritten gegen die Stallwände quittieren. Ich werde versuchen, wenigstens zwei Pferde täglich zu longieren. Aber wann?

Am Abend leiste ich mir die Sauna. Unendlicher Genuß!

Um 9 Uhr falle ich ins Bett, schlafe, ohne aufzuwachen, bis zum nächsten Morgen um 7 Uhr.

Wir müssen es schaffen, daß jede von uns einen freien Tag pro Woche hat, auch bei Seminarbetrieb. Ottilie hätte gern den Montag frei; Veronika könnte dann mittwochs dran sein, ich vielleicht sonntags …

16. Dezember 1989

Es ist nicht zu fassen: Die Gemeinde Doppendorf ist doch tatsächlich zu geizig, die lächerlichen paar Schilling für die Werbung zu zahlen und tritt aus der Gemeinschaft »Das gesunde Dorf« aus!

Der Obmann des Doppendorfer Fremdenverkehrsverbands schreibt:

> Betreffend Ihrem Schreiben vom 11. 12. 1989 wird folgendes mitgeteilt.
>
> Die Fremdenverkehrskommission Doppendorf hat bei der am 7. 12. 1989 stattgefundenen Fremdenverkehrssitzung einstimmig beschlossen, ab sofort aus der Werbegemeinschaft »Das gesunde Dorf« auszutreten.
>
> Bezüglich offener Rechnungen wird jene vom 18. 8. 1989 (ÖS 5.026,–) in den nächsten Tagen überwiesen, alle anderen jedoch werden nicht mehr beglichen.
>
> Mit freundlichen Grüßen
Der Obmann
Neubacher

In was für ein Kaff bin ich bloß geraten!

Tiere sind auch gräßlich. Mein altes, 34jähriges Pferdchen Liwei wird von den beiden jungen Stuten von seinem Futter weggebissen, obwohl genügend Heu für alle drei da ist. Die beiden Hündinnen haben sich wieder einmal blutig gebissen. Ich hatte gehofft, diese Phase läge nun endgültig hinter uns.

Helfen die Bach-Blüten und die homöopathischen Tropfen doch nicht? Oder wäre es ohne sie noch schlimmer?

Lange Zeit gab es keinen derartigen Vorfall mehr; sie scheinen in bestimmten Intervallen aufzutreten. Vielleicht besteht ein Zusammenhang mit der durch die Kastration verhinderten oder unterdrückten Läufigkeit?

Kein Arzt ist wirklich in der Lage, die Frage zu beantworten. Und diese Beißereien passieren, nachdem die beiden wochenlang die dicksten Freunde waren, miteinander gespielt und im selben Bett geschlafen haben! Anschließend leckt Lilly der armen Lemmi, die jedesmal mehr abbekommt, weil sie zarter und älter ist, reumütig und liebevoll die Ohren. Rätselhaft.

Wenn sie doch sprechen könnten, wenigstens in Situationen, da sie Hilfe brauchen, wenn sie wenigstens dann ihre Probleme für uns Menschen hörbar machen könnten!

Bin deprimiert. Habe das Gefühl, je mehr ich leiste, desto mehr wird mir aufgebürdet. Fühle mich kraftlos und ausgepumpt. Wo bleiben die Helfer? Nicht solche, die mal eine Tasse abwaschen oder ein Unkräutlein im Garten zupfen, sondern diejenigen, die mit mir Verantwortung tragen, ja, mir Verantwortung abnehmen? Die leisen Zweifel häufen sich, daß die Astrologie doch nicht zuverlässig ist beziehungsweise daß die Astrologen nicht zuverlässig sind. Wallenstein ist schließlich auch baden gegangen, weil er ihnen vertraute.

Nichts als Sehnsucht nach Ruhe, nach Schlaf. Statt dessen sitzen Ottilie und ich bis in die Nacht hinein an der Zusammenstellung des Programms für das erste Halbjahr 1990, das natürlich längst gedruckt und abgeschickt sein sollte. Aber früher war es einfach nicht zu schaffen.

Anfragen über Anfragen, die geplante Öko-Siedlung betreffend. Die meisten SchreiberInnen sind weder am Umweltschutz noch am Tierschutz, geschweige denn an einer vegetarischen Ernährung interessiert, sondern suchen einen bequemen

Unterschlupf in angenehmer Umgebung, wo sie alle viere von sich strecken können, wollen hineinkriechen in die fertige, wohlige Geborgenheit. Ich soll der große Mutterschoß für alle sein.

Eine Frau kam zu Besuch und war ganz enttäuscht, daß »das Öko-Dorf noch nicht steht!« Sie dachte, sie könne wählen zwischen dem Balkon mit Geranien nach Süden und dem Balkon mit Petunien nach Westen. Auf meine Erwiderung, ich hätte doch in meinem Vortrag ausdrücklich gesagt, es handle sich um ein Projekt, antwortete sie: Ja ja, das stimme schon – aber ich sei selbst so begeistert gewesen, daß sie alles schon leibhaftig vor sich gesehen hätte!

Vielleicht ist das der Nachteil des berühmten positiven Denkens, dem wir ja alle anhängen: Man soll seine Wünsche so artikulieren, als seien sie bereits Wirklichkeit, sie also nicht in die Zukunft projizieren, sondern in der Gegenwart manifestiert sehen; nicht: »Ich könnte, ich würde gern«, sondern »Ich *habe* jetzt dieses Haus, ich *bin* gesund«.

Leider werde ich zunehmend ungeduldiger mit dieser Art Menschen, muß sogar eine aufkommende Wut wahrnehmen. Wie kommt es, daß ich keine dynamischen, wachen, intelligenten, künstlerischen, jungen oder gar schönen Menschen anziehe? Was ich mir doch so sehr wünsche, was ich doch so sehr brauche! Auch die SeminarteilnehmerInnen sind überwiegend vom Schicksal Geschlagene, Verkümmerte, Depressive, Kranke. *Ein edler Mensch zieht edle Menschen an und weiß sie auch zu halten* – Goethe. Was mache ich falsch, was läuft bei mir falsch?

Um mich aufzurichten, lese ich in dem mir gestellten Horoskop. Für mein Leben ist Arbeit angesagt, immer wieder Arbeit; ich hätte schwere karmische Schulden abzutragen, heißt es – Arbeit für Schwache, für Behinderte gar, o Gott, wie soll ich das bloß alles aushalten? Wenn ich die mir gestellte Aufgabe nicht schaffe, heißt es wieder und wieder, drohe mir Versinken in Hoffnungslosigkeit, Trostlosigkeit, Einsamkeit...

All die entzückenden Truthühner, an denen ich täglich auf dem Weg ins Seminarzentrum vorüberfuhr – einen Sommer lang, einen Herbst lang –, sind aus den Bauerngärten verschwunden: geschlachtet für das Weihnachtsfest, für den Weihnachtsbraten; in der Bratpfanne gelandet die Gefährten so vieler schöner Tage.

Statt dessen ein Plakat am Bauernhaus mit dem Bild einer Pute: »Truthahnfleisch – das wahre Kalorienwunder – naturnah und frisch – direkt vom Bauern – alles Gute von der Pute für Feinschmecker und Gesundheitsbewußte!«

Ach ja, Weihnachten steht vor der Tür...

17. Dezember 1989

Große Erschöpfung nach den Anstrengungen der letzten Monate, Ernüchterung nach der Euphorie.

Schiere Hoffnungslosigkeit überkommt mich nach einem Telefongespräch mit Johanna, der Hunderetterin Johanna, deren entsetzliche Überlastung der Auslöser war, daß ich mich – lang scheint es bereits her – so Hals über Kopf in mein Traumprojekt stürzte; daß ich mich so besessen an die Arbeit machte, eine Vision zu verwirklichen, die mir vor etwa einem Dutzend Jahren zuteil geworden war, als ich eine alte Frau im sozialen Altersheim besuchte, eine verbitterte, einsame alte Frau. Damals hat es sich mir ins Gehirn gebrannt: So darf man nicht alt werden und sterben müssen, so nicht!

Aber der Auslöser, diese Vision in die Tat umzusetzen, ist Johanna gewesen.

Ich sehe sie noch irgendwo in Italien im Schneematsch stehen mit ihren durchlöcherten Schuhen. Als ich dann zu ihr in das klapprige stinkende Tierauto stieg, ahnte ich nicht, daß dieser Moment eine Wende in meinem Leben bedeuten würde.

Die alte gelähmte Gräfin in Assisi mit ihren hundert Hunden in dem zerfallenen Bauernhaus – 35 von ihnen, auf die gute Plätze in Deutschland warteten, konnten wir gleich mitnehmen. Den schlimmsten Todeskandidaten wollte die Tierärztin unterwegs einschläfern. Es schien ausgeschlossen, daß dieser Schäferhundkopf, der hinter sich herschleifte, was als Körper kaum noch zu definieren war, ein Skelett mit einem Fell darüber, überleben könnte. Die alte Gräfin jedoch nahm uns unter Tränen das Versprechen ab, daß kein Tier eingeschläfert würde – und so fand dieses Wesen, das als Welpe offensichtlich bereits an der Kette gelegen und nichts zu fressen bekommen hatte, das, unfähig auf seinen kurzen krummen Beinen zu stehen, auf dem Bauch kriechend gierig den Kot der anderen Hunde zu fressen versuchte, bei mir zu Hause eine neue Heimat.

Dem Povero, dem Heiligen Franziskus von Assisi zu Ehren, nannten wir es Francesco und, nachdem es sich als weibliches Wesen entpuppte, Francescolina.

Ja, an diesem Tag entstand der Gedanke, sich zusammenzutun, gemeinsam die Verwirklichung der Vision von einem Lebenszentrum für jung und alt, Mensch und Tier in Angriff zu nehmen. Johanna wollte ihr Haus verkaufen und sich meinem Projekt mit ihrem Geld und ihrer Arbeitskraft anschließen.

Und ich ging auf die Suche, von einem möglichen Objekt zum anderen, von einem Politiker zum anderen, um Unterstützung bettelnd, monatelang, von einer Behörde zur anderen. Ich hatte sogar schon eruiert, in welchem Ort auf deutscher Seite, möglichst nahe der Grenze zu Österreich, Johanna am vorteilhaftesten ihre Lehrerinnentätigkeit ausüben könnte. Aber der Plan ließ sich nicht realisieren. Endlich »hatte« ich Doppendorf – und Johanna baute ein eigenes Tierheim im Schwarzwald.

Ein Leben, dem Tierschutz verschrieben. Über 3.000 Hunde hat Johanna vor dem Tod im Labor gerettet, immer wieder kauft sie Hunde von Tierhändlern frei, geht in Spanien in die Gaskammern, um Hunde zu retten, ist, wie sollte es anders sein, am Entstehen des längst überfälligen Tierheims in Assisi beteiligt.

Nun erzählt sie mir am Telefon, wie abgemagert sie ist, daß ihr die Haare büschelweise ausgehen; daß ein Tierfreund in

Malaga, wie üblich, in die dortige Gaskammer gegangen ist, in die streunende Hunde und Katzen eingeliefert werden, um, wie üblich, wenigstens einige von ihnen zu retten – daß aber eine die beabsichtigte Tötungsaktion begleitende Ärztin nicht zu bewegen war, auch nur einen Hund herauszugeben, es sei zu spät, nicht rechtzeitig darum angesucht worden, lauter fadenscheinige Ausreden. So mußte Michael hilflos mitansehen, wie Hunde und Katzen in ein großes Loch geworfen wurden, in das Gas strömte. 25 Minuten lang hörte er sie im Todeskampf schreien. Diejenigen, die dann immer noch lebten, wurden mit Knüppeln zu Tode geprügelt.

Freu-eu-e dich, freue-e dich, o Christen-heit!

Manchmal, sagt Johanna, manchmal bete ich: Lieber Gott, mach, daß ich nicht mehr aufwache. Am schlimmsten sind die Morgen, das Gefühl, diesen Tag schaffe ich einfach nicht mehr, das ist einfach zuviel.

Irgend etwas stimmt nicht, wenn wir bei unserer Sorge für andere Lebewesen selbst draufgehen. Es ist mit zuviel Anstrengung verbunden, was leicht und mühelos gehen sollte (das behaupten jedenfalls die Geisteswissenschaftler). Ich verstehe sehr gut, daß viele Menschen aus Angst, in diesen Strudel von Mit-leiden hineingerissen zu werden und darin unterzugehen, sich gegen ein solches Übermaß an Leiden verschließen. Und daß nur wenige bereit sind, dieses Kreuz auf sich zu nehmen.

Karma?

Traurigkeit, Ohnmacht, Verzweiflung.

Heute hilft mir auch kein positives Denken, das mir übrigens zunehmend fragwürdiger erscheint.

Leiden wir am Helfersyndrom? Wenn ja, warum?

Andererseits: Francescolina, die nach Ansicht des Arztes wohl infolge der mangelhaften Ernährung als Welpe nicht nur körperlich, sondern auch geistig behindert ist, kann seit einigen Tagen ganz allein, wenn auch unbeholfen, die Treppen hinaufsteigen. Früher habe ich sie hinauf- und hinuntertragen müssen; dann ihr beigebracht, wie sie die Beine benutzen muß, indem ich ihr jede Pfote einzeln, Pfote für Pfote, Stufe für Stufe, aufsetzte. Und nun dieser Erfolg!

Es sieht fast so aus, als würde sie auch noch stubenrein, nach fünf Jahren voller Bemühungen.

Hätte mir die alte Gräfin nicht unter Tränen das Versprechen abgenommen, daß kein einziger Hund eingeschläfert würde – und hätte ich dieses Versprechen, das absolut verrückt schien, nicht gehalten –, Francescolina läge heute nicht glücklich zu meinen Füßen!

Ich glaube, häufig machen wir den Leiden anderer Lebewesen nur deshalb ein Ende, weil wir sie selbst nicht aushalten. Und mehr denn je bin ich überzeugt, daß es alles, was der Mensch zu denken vermag, auch gibt. Da wir uns alle so sehr nach Gott sehnen, muß es auch Gott geben.

In der ehemaligen DDR soll ein Kind seine Mutter gefragt haben: »Mutti, weiß der liebe Gott, daß wir wissen, daß es ihn nicht gibt?«

18. Dezember 1989

Treffen mit Steuerberater, Rechtsanwalt und Gutseigentümerin Mackwitz zur ersten Besprechung der neuen Situation.

Wenn alle bei der Versammlung anwesenden Interessenten bei ihren schriftlich gemachten Zusagen bleiben, haben wir 5,1 Millionen Schilling beisammen; damit könnten wir die Scheune samt umliegendem Land kaufen. Ein Teil davon ist bereits als Bauland ausgewiesen, ein anderer Teil noch Grünland mit Möglichkeit zur Umwidmung, so daß sogar einige kleine Häuser gebaut werden könnten. Die älteren Interessenten scheinen aber mehr an einer Wohnung als an einem Haus interessiert; so ist die Idee, die Scheune zu Wohnungen auszubauen, ganz sicher optimal.

Wenn alles klappt, wird der Vertrag über den Kauf der Scheune noch in diesem Monat unterschrieben!

Österreich ist von Tausenden von Tschechen überschwemmt.

In Deutschland flackert zaghaft Abneigung gegen Ausländer auf.

In Rumänien furchtbare Niederknüppelung von Demonstranten, angeblich 2.000 Tote.

Wie wird das Jahr ausgehen?

Offensichtlich ist alles möglich. Schewardnadse hat der NATO einen Besuch abgestattet und gewitzelt: »Wir sehen uns das mal an, vielleicht treten wir bei!«

19. Dezember 1989

Irgend jemand schickt mir einen Zeitungsausschnitt »Ihr Horoskop für die 90er Jahre«, erstellt von Elisabeth Teissier: »Wiedervereinigung, Friedenssignale aus Ost und West, stabiler Wohlstand bei uns. Aber auch neuer Terror, hohe Arbeitslosigkeit, neue Wohnungsnot, gefährdete Umwelt. In zwölf Tagen beginnen die 90er Jahre – die letzten zehn Jahre vor dem neuen Jahrtausend. Politisch und wirtschaftlich steht uns allen ein aufregendes Jahrzehnt bevor.«

Speziell für den Skorpion heißt es: »Wappnen Sie sich! Sie müssen mit Widerständen und Problemen fertig werden, beruflich oder finanziell. Am besten schneiden Skorpione ab, die nach dem 19. November geboren sind (bin ich!). Im Januar steigen Sie beruflich auf oder finden die große Liebe (nanu, die Kollegin prophezeite doch, meine große Liebe treffe ich erst mit 85!). Sie erreichen ein Ziel, das Sie finanziell unabhängig macht. Für alle: stabile Gesundheit.«

Spaßeshalber vergleiche ich dieses Horoskop für den Skorpion mit jenem in den *Salzburger Nachrichten*. Da lautet es so: »1990: Mit einer Besserung der finanziellen Lage können Sie rechnen (na also!) und brauchen nicht ängstlich beim Geldausgeben zu sein (hab ich eh gewußt, wird mir aber nie geglaubt, sondern als Leichtsinn ausgelegt!). Eine kurzfristige Ortsveränderung wird aktuell (wieso das denn?). Lassen Sie sich in der Liebe nicht beirren!«

Hoffentlich stimmt wenigstens die stabile Gesundheit...

20. Dezember 1989

Im Flugzeug von München nach Frankfurt für eine Weihnachtsfernsehsendung zum Thema Tierschutz.

Wir bekommen in Frankfurt lange keine Landeerlaubnis und müssen über eine Stunde kreisen. Was für eine Umweltverschmutzung!

Früher war mir der Gedanke, mit dem Flugzeug abzustürzen, egal. Heute nicht. Sogar beim Autofahren bin ich vorsichtiger geworden. Wenn mir jetzt etwas passiert, bricht das ganze Projekt zusammen. Ich kann mich erst verabschieden, wenn alles läuft.

Wo aber bleiben die vielen von sämtlichen Astrologen in Aussicht gestellten Helfer und Mitstreiter? Ottilie, Veronika und ich, das ist gemeint, wenn ich »wir« sage. Die übrigen Vorstandsmitglieder, nämlich Rechtsanwalt und Steuerberater, haben soviel mit ihren Kanzleien zu tun, daß sie im Alltag so gut wie gar keine Hilfe bedeuten. Und Margarete Mackwitz ist nur gelegentlich zu Besuch in Doppendorf. Im Grunde bin ich mit meinen Sorgen mutterseelenallein.

Im Flugzeug wieder die übliche Anmache. Mein Nachbar hat erspäht, daß ich in dem Buch *Tausend Ärzte gegen Tierversuche* lese. Und nun kommt der ganze übliche Sermon: Immer noch besser, das Tier wird geopfert als der Mensch – Tierversuche dienen dem Wohle der Menschheit – ohne Tierversuche kein Fortschritt in der Medizin... Entgeisterte Verständnislosigkeit, als ich antworte: »Tierversuche müssen verboten werden, *gerade* zum Wohle der Menschen! Sie schaden Tier *und* Mensch, sie verhindern einen wirklichen Fortschritt in einer wahrhaft humanbezogenen Medizin! Wie kommt es denn, daß trotz der angeblich großen Fortschritte die Menschen nicht gesünder, sondern immer kränker werden?« Darauf weiß der verdutzte Nachbar auch keine Antwort. Aber er scheint nachzudenken.

Überdies: Selbst *wenn* Tierversuche einen Nutzen hätten – es kann niemandem zum Segen gereichen, wenn ein Lebewesen verstümmelt wird, damit man ein anderes rettet.

»Der Mensch ist das einzige Wesen, das erröten kann, und auch das einzige, das es nötig hat.« (Mark Tutin)

21. Dezember 1989

Heute kam nun mein Bruder Volkmar aus der ehemaligen DDR mit seiner Frau und seinen drei Töchtern zu Besuch.

Merkwürdige Gefühlsmischung: Ärger, daß ich meine Indienreise »opfern« mußte, auf die ich mich das ganze Jahr über gefreut hatte – Angst vor weihnachtlicher Gefühlsduselei – die Sorge, es ihnen nicht schön genug machen zu können – Freude, ihnen Freude machen zu können ...

22. Dezember 1989

Es geht besser als erwartet. Die drei Mädchen sind sehr hübsch, die Kleinste gerade fünf Jahre alt, schwarzgelocktes Köpfchen, Augen wie Schattenmorellen. Der Kontakt ist schnell da, nur zu viele Fragen: Warum machst du keine Filme mehr? Kein Theater? Warum soll man keine Milch trinken? Warum opferst du dich für fremde Menschen auf? Bist du sicher, daß es richtig ist, wie du lebst? Und so weiter, und so fort.

Sie wohnen im Seminarzentrum. Da Frida über Weihnachten Urlaub hat, habe ich mein Haus, die Pferde und Hunde zu versorgen. Ottilie ist nach Wien gefahren. Glücklicherweise werden über Weihnachten keine Seminare abgehalten.

Ein Hauptproblem ist für die ehemaligen DDRler der Umgang mit der neugewonnenen Freiheit.

Das Einkaufen meiner Weihnachtsgeschenke für die Familie gerät zur Qual. Welchen Overall soll die Mutter wählen? Das reitende Mädchen steht ratlos vor den vielfarbigen Reithosen. Die Auswahl ist zu groß! höre ich immer wieder. Es dürfte nur drei Gerichte geben! ruft mein Bruder in einem Anfall komischer Verzweiflung angesichts der mehrseitigen Speisenkarte – bei der Vielfalt weiß ich überhaupt nicht mehr, was ich essen soll!

So ist dann auch die schließlich bestellte Forelle geschmacklos und das Gulasch zäh. Eigentlich hätte man gleich zu Hause bleiben können, noch dazu bei den Preisen ... Sätze, die mich an meine von Tante Frida geprägte kleinbürgerliche Kindheit erinnern.

Nachmittags ruft ein Bauer an. Im Ort wird für die Rumänienhilfe gesammelt. Mein Bruder und ich fahren zur Schule, in der Spenden abzuliefern sind. Und ich schäme mich meiner Vorurteile, meiner ewigen Bewertung auch dieser »groben« Bauern, die da zu Weihnachten mit Decken, Kleidung und Geld für den Nachbarn in Not anrücken.

70.000 Schilling hat die Gemeinde in ein paar Stunden gesammelt. Heute nacht werden die Lastwagen losfahren ...

Das Bild der Ceaucescus läßt mich nicht los, das Bild dieser störrischen, wie durchsichtig wirkenden Gesichter, die behaupten, alles sei nicht wahr, kein Hunger in Rumänien, keine Folterungen, keine Toten ...

Im Palast von Ceaucescu wurden unter anderem 6 Nerzmäntel gefunden.

Abends mit der ganzen Familie ins Salzburger Landestheater: Der Räuber Hotzenplotz. Goldig, wie die Kleine mitgeht, sich aufregt, dazwischenruft.

24. Dezember 1989

Ich habe für die Feiertage ein volles Programm vorbereitet, Ausflüge, Theaterbesuche, Essen beim Schloßwirt, heute, Heiligabend, ein Menü im Seminarzentrum: Gemüsestrudel mit Tomatensauce, gefolgt vom Lieblingsgericht unserer Kindheit, Mohnpielen, ein deftiger Nachtisch aus Mohn, Zwiebäcken, Rosinen und Schlagsahne. Ute, die Frau meines Bruders, tritt sogar als Weihnachtsmann verkleidet auf. Der junge Pfarrer des Dorfes kommt mit einer Flasche Wein vorbei. Das freut mich unbändig. Vielleicht ergibt sich wenigstens mit ihm die Zusammenarbeit, die ich mir so sehr wünsche.

Anschließend gehen wir in die Kirche zur Christmette. Leider wird mir nach knapp fünf Minuten schlecht. Kurz bevor ich in Ohnmacht falle, schaffe ich gerade noch den Weg hinaus ins Freie.

Ich bin zu kaputt. Das vergangene Jahr hat ganz schön an meiner Substanz geknabbert.

25. Dezember 1989

Ausflug auf die Postalm. So komme ich doch endlich einmal, nachdem ich mir das zwanzig Jahre lang gewünscht habe, auf die Postalm!

Strahlende Sonne und Pulverschnee – nur haben alle die falschen Schuhe an und im Nu nasse Füße.

Gerade will Verzagtheit in mir hochkriechen, da meint Ute: »Lieber nasse Füße in Österreich als nasse Füße in der DDR!«

Wie stark allen ehemaligen DDRlern nach wie vor die Angst vor den Staatsdienern in den Knochen steckt, beweist der Vorfall, der sich bei der Herfahrt an der Grenze ereignete zwischen Ost- und West-Berlin.

Der Grenzpolizist stellte eine Reihe umständlicher Fragen, da rief die Kleine: »Wir wollen zu Tante Bärbel, du Quatschkopp!« Die ganze Familie zuckte zusammen. Noch vor ein paar

Monaten hätte man womöglich wegen dieses Ausspruchs alle eingelocht.

26. Dezember 1989

Die Familie ist glücklich abgefahren. Und ich bin auch glücklich. Vielleicht bin ich doch nicht eine so schlechte, ungeduldige Schwester, wie ich schon befürchtet habe.

Im Fernsehen: Ceaucescu gestürzt und hingerichtet. Die Bilder von seiner und seiner Frau Erschießung verfolgen mich in den Schlaf. 60.000 Tote in Rumänien. Millionen Dollar hatte Ceaucescu in die Schweiz gebracht – und sein Volk hungerte.

Ich muß an die Kommunistin Rosa Luxemburg denken, an ihre Briefe aus dem Gefängnis, an ihren Brief »Ich sah den Ochsen weinen«. Welche Sensibilität, welche tiefe Liebe zum Mitgeschöpf bei dieser Frau.

Warum pervertieren alle guten Ideen? Das Christentum, der Kommunismus?

Der Bruder von Ceaucescu hat sich aufgehängt. In den Nachrichten heißt es, Rumänien bekäme jetzt endlich wieder mehr zu essen, es gebe Orangen, Zucker und Fleisch!

Alles Dinge, die ich das ganze Jahr über nicht brauche und die natürlich auch wieder nur wenigen in Rumänien zugute kommen.

Es ist in allen sogenannten Hungerländern dasselbe: Überflüssiges wird importiert – die Grundnahrungsmittel dagegen, wie etwa Getreide, Bohnen, Hülsenfrüchte, Kohl, fehlen in der ehemaligen DDR genauso wie in der UdSSR, wie in Polen, Bulgarien, Rumänien. Von diesen Lebensmitteln könnte die gesamte Bevölkerung ausreichend ernährt werden. Aber was wollen sie statt dessen? Fleisch und Zucker!

Alexander von Humboldt hat es schon vor mehr als 150 Jahren gewußt: »Wo ein Jäger leben kann, können zehn Hirten leben, hundert Ackerbauern oder tausend Gärtner!« Warum kapieren die Leute das nicht endlich? An mangelnder Information liegt es sicher nicht. Wer Ohren hat, der hört; wer Augen hat, der sieht: Sieben Kilo pflanzliches Eiweiß werden in etwa verbraucht, bis ein Kilo tierisches Eiweiß entsteht. Mit unserer Fleischfresserei sind wir schuld daran, daß Menschen verhungern. Es wäre genug für alle da. Aber nein, siebzig Prozent der Wissenschaftler weltweit arbeiten an der Zerstörung der Erde – 16mal könnte man sie in die Luft jagen, so viele Vernichtungswaffen gibt es ringsum, als genüge nicht ein einziges Mal. Und jede Minute verhungert ein Kind.

Es ist zum Verzweifeln. Alles wirkt so sinnlos, auch meine ganzen Anstrengungen sind weniger als der Tropfen auf den heißen Stein.

Ist es der Plan der Schöpfung, daß diese Erde zugrunde geht? Auch andere Systeme haben sich schließlich überlebt. Vielleicht sind alle Bemühungen, das zu verhindern, sinnlos.

Ich trinke zuviel Bier. Habe mir das angewöhnt, abends zum Einschlafen. Der Hopfen beruhigt, legt sich wie Balsam über das strapazierte Gehirn. Sicher immer noch besser als Tabletten.

Die Meditation klappt im Moment überhaupt nicht mehr.

Gerade jetzt, wo ich sie so nötig bräuchte.

Verhext alles.

27. Dezember 1989

Ottilies Vater, Ende 70, war nach einem Sturz 7 Stunden bewußtlos. Jetzt liegt er in Wien auf der Intensivstation.

Daneben sind meine Sorgen natürlich lächerlich; meine Überlegungen, wieviel ich persönlich noch zuschießen muß, damit der Verein finanziell über die Runden kommt, bis die Öko-Siedlung steht. Bisher habe ich, außer den vielen »Kleinigkeiten« wie ab und zu eine Fuhre Holz zum Heizen der Öfen, einen Wagen Gemüse für die Küche und und und, 350.000 Schilling hineingesteckt. 700.000 Schilling riskiere ich, habe ich mir schließlich selbst erlaubt.

Ich bereue das Wagnis absolut nicht, keine Sekunde. Bekomme auch in allen Büchern, die ich aufschlage, den Hinweis, daß ich an nichts Materiellem hängen, daß ich alles loslassen, teilen und weitergeben soll.

Ich glaube, unsere Gutsherrin begreift nun endlich die Großartigkeit dieses Projekts. Grete sagte gestern: »Du komponierst eine ganze Symphonie.« Das hat mich sehr gefreut.

Der Vergleich mit der Symphonie ist zutreffend. Ich höre das Konzert, während für die anderen noch jedes Instrument scheinbar unkoordiniert vor sich hin übt und dudelt. Den meisten Menschen mangelt es an Phantasie, sich das fertige Kunstwerk vorzustellen.

Grete fügte hinzu, daß sie eigentlich, bei ihrer Veranlagung zum Zögern, jemanden braucht, der sie mitreißt.

Wir sind eine so gute Ergänzung, die eine für die andere. Ich hoffe, wenn sie sich an ihre neue Situation als Ehefrau gewöhnt hat, wird sie auch mehr Lust bekommen, sich in das Projekt einzubringen, wie das ja anfangs auch gedacht war.

Ich will mir weder ein Denkmal setzen mit dem ganzen Unternehmen noch eine Rolle spielen. Von mir aus kann das alles gern einmal Margarete-Mackwitz-Dorf heißen!

28. Dezember 1989

Panik.

Ottilie deutet am Telefon an, daß sie in Wien bleiben muß, um dem Vater und der ebenfalls alten Mutter beizustehen. Ich versuche, nicht daran zu denken, was an Arbeit auf mich zukommt, wenn Ottilie weggeht...

Habe das Bedürfnis zu schlafen, nächtelang, tagelang. Die Decke über den Kopf zu ziehen, mich unsichtbar zu machen, wie das die Kinder tun...

Abends in die Sauna, die versteckt am Waldrand liegt. Ein sternenübersäter, gnadenloser Himmel. Beim kalten Guß unter diesem sternenübersäten, gnadenlosen Himmel setzt mein Herz plötzlich so komisch aus. Wenn ich jetzt, splitterfasernackt unter diesem sternenübersäten, gnadenlosen Himmel einen Herzinfarkt bekomme, erfriere ich. Denn niemand würde das merken, einen Hilfeschrei würde niemand hören.

Vermaledeit.

Warum bin ich so einsam?

Damit ich genügend leide, um anderen zu helfen?

Es ist verrückt. Ich habe Freunde in der ganzen Welt, Menschen, die mich lieben, Menschen, die ich liebe. Aber – sie sind eben über die ganze Welt verstreut. Und hier sitze ich mutterseelenallein in der Diaspora.

Bekannte überlegen, ob sie nach Florenz ziehen sollen. Vermisse ich das eigentlich, Kultur, Mode? Intellektuelle Gespräche vielleicht, was immer das sein mag. Zuviel Gerede über Frisch-Korn-Brei und Voll-Wert-Kost, wenn Sie verstehen, was ich meine. Intellektuell werde ich verkümmern, wenn das so weitergeht.

Wenn aber alle meine Hunde und Katzen, wie jetzt nachts um Mitternacht, friedlich schlafend um mein Bett herum liegen, überkommt mich ein Glücksgefühl ohne Grenzen.

29. Dezember 1989

Totale physische wie psychische Erschöpfung. Nur Sehnsucht nach Schlaf.

In meiner Verzweiflung schlage ich irgendeine Seite des Buches *Heile dich selbst mit den Bach-Blüten* auf. Und da wird mir die Blüte der Ulme empfohlen, als die heilende Blüte für Menschen, die ihrer Berufung treu folgen und sich zum Wohle anderer verausgaben – bei denen es aber auch Zeiten gibt, in denen sie zu Depressionen neigen, weil sie merken, daß die Aufgabe, die sie sich gestellt haben, zu schwer, sogar übermenschlich ist. Na, das ist es doch!

Eine Pipette voll der Blüte Ulme auf der Zunge, fühle ich mich gleich wohler und beschließe, daß die Botschaft so zu deuten ist: Krise geht vorüber, weitermachen!

Wieder schlage ich »zufällig« eine Seite auf und lese: »Rock Water« (Quellwasser) ist für jene, die in ihrer Lebenseinstellung sehr strikt sind. Diese Typen – o weh! – haben sehr rigide Ansichten über Religion, Ernährung oder ideelle Lebensweisen, versuchen, in Übereinstimmung mit diesen Ideen zu leben, und sind dabei sehr hart zu sich selbst. (Stimmt!)

Der positive Ausdruck von »Rock Water« dagegen zeigt einen Menschen, der zwar hohe Ideale und klare Theorien besitzt, sich aber nicht scheut, diese zu ändern, wenn es nötig ist.

Grundsätzlich geht es bei der Bach-Blüten-Therapie immer darum, daß die Blüte gefunden werden muß, die hilft, eine Untugend durch eine Tugend zu ersetzen.

Ich beispielsweise müßte ganz sicher weniger kämpfen, statt dessen innere Freude und Frieden entwickeln. Über diese innere Freude und diesen Frieden verfüge ich bisher leider nur gelegentlich. Zu oft bin ich abgehetzt und ungeduldig, erwecke wahrscheinlich in meiner näheren Umgebung durch die hohen Ansprüche, die ich an mich selbst und damit auch an andere stelle, bei diesen Schuldgefühle und daraus folgend Aggressionen.

Ich schieße gleich noch die Olivenblüte nach, gegen Erschöpfung, und »Scleranthus« für mehr Gelassenheit, denn man darf mehrere Blüten kombinieren.

Wie kam der Schulmediziner Dr. Edward Bach darauf, sich schließlich nur noch der Suche nach den Heilkräften in wilden Blumen und Blüten zu widmen, und, unter Zuhilfenahme der reinen Sonnenstrahlen, diese Heilkräfte direkt auf das frische Quellwasser zu übertragen? Durch die Beobachtung, daß allen Krankheiten seiner Patienten psychische Ursachen zugrunde liegen, daß es deren 38 Grundmuster gibt, gegen die er, kraft seiner großen Liebe zur Natur und ihren Lebewesen und kraft seiner Intuition, die genau richtigen Heilmittel in Blüten und Blumen fand. Im Krankheitsbild seiner Patienten erkannte er »die Konsolidierung einer bestimmten seelischen Haltung des

Menschen«, einig mit Samuel Hahnemann, dem Vater der Homöopathie, in dem Grundsatz: Behandle die Patienten, und nicht die Krankheit. Krankheit bedeutet immer Disharmonie der Seele. Ersetze eine Untugend durch eine Tugend – und die Blüten wirken in diesem Sinne –, und du wirst gesund.

Bach hat im Grunde die indische Auffassung weiterentwikkelt, wonach Krankheit nicht materiellen Ursprungs, sondern das Ergebnis von falschem Denken und Tun ist, und daß sie aufhört, wenn Denken und Tun in Ordnung gebracht sind – gemäß dem indischen Spruch: »Man beseitigt das Böse nicht, indem man es bekämpft, sondern indem man das Gute fördert.«

Bach folgert – und das bereits vor einem halben Jahrhundert – was für heutige moderne Wissenschaftler, wie zum Beispiel Dr. Deepak Chopra, der den Begriff des quantenmechanischen Körpers kreiert hat, eine Selbstverständlichkeit ist, daß die Medizin sich unweigerlich ändern muß. Sie hat in den letzten zweitausend Jahren Krankheit als materiellen Faktor betrachtet, der durch materielle Mittel eliminiert werden kann. In Wirklichkeit aber – so Bach – »entspringt Krankheit oberhalb der körperlich-materiellen Ebene. Sie ist ganz das Resultat eines Konfliktes zwischen unserem geistigen und dem sterblichen Selbst. Daraus folgt, daß, was uns als Krankheit bekannt ist, einzig und allein auf Fehler in uns selbst zurückzuführen ist, so wie der Tod der Sünde Sold ist«.

Der Tod der Sünde Sold. Demnach sind Krankheit und Tod Sünde. Gilt das auch für die Hungerländer, für die Menschen in Kalkutta? Arbeiten die in Afrika verhungernden Kinder alle nur ihr Karma auf? Warum starb er, Bach, so früh, er, der allen Lebewesen nur Gutes tat?

Vermutlich hat er, nur fünfzig Jahre alt geworden, seine Gesundheit im Dienste der Kranken aufgezehrt. Es heißt, daß er besonders in seinen letzten Lebensjahren oft das Leiden, für das er das Heilmittel suchte, auf sich nehmen mußte und davon erlöst wurde, hatte er die richtige Blume oder Blüte gefunden.

30. Dezember 1989

Dialog zwischen einer niesenden, von Pickeln übersäten Bankangestellten und mir.

Sie: Sie wissen doch soviel über Gesundheit, schauen Sie mich bloß an, das ganze Jahr über bin ich erkältet, und die Pickel werd ich auch nicht los! Wissen Sie einen Rat?

Ich: Essen Sie viel Schweinefleisch?

Sie: (während ein rosiger Schimmer der Freude ihr Gesicht überzieht) O ja!

Ich: Das ist vermutlich der Grund für Ihre Erkältung, der Grund für die Pickel! Lassen Sie mal das Schweinefleisch weg!

Sie: O nein! Ohne Schweinefleisch kann ich nicht leben!

Ich: (mit ganz ungewohnter fröhlicher Grausamkeit) Tja, dann müssen Sie eben Ihre Erkältung und Ihre Pickel behalten!

Den Zusammenhang zwischen starkem Verzehr von Schweinefleisch, überhaupt tierischem Eiweiß, aber ganz besonders Schweinefleisch, und Erkältungskrankheiten und Hautproblemen finde ich immer wieder bestätigt. Speziell Schweinefleisch scheint süchtig zu machen, vermutlich wegen der in ihm enthaltenen Sexualhormone.

Nach dem Buch »Schweinefleisch und Gesundheit« von Dr. Reckeweg wandert jedes verzehrte Stück Schweinefleisch beim Menschen dorthin, wo es vorher beim Schwein saß – der Nacken zum Nacken, das (Eis-)bein an die Wade, der Schinken an den Hintern. Reckeweg, der Landarzt war, hat jahrzehntelang die Eßgewohnheiten und die Krankheiten seiner ländlichen Patienten untersucht und erforscht. Interessant wäre eine Studie über die Eßgewohnheiten der Verkäuferinnen in den Metzgerläden!

Mir fällt auf, daß Menschen, die viel Schweinefleisch essen, schließlich aussehen wie Schweine, nur natürlich nicht so hübsch wie diese. Ein Mensch, der wie ein Schwein aussieht, kann nicht so schön sein wie ein Schwein, das ein Schwein ist.

Im Radio erläutert eine euphorische Frauenstimme die Zubereitung eines Salzburger Schmankerls: gefüllter Schweinskopf. Man soll dem Schweinskopf über Feuer die Borsten absengen, ihn waschen, Essig und Salz in die Schnauze tun, ihn dann in einem Sud aus Wacholderbeeren, Lorbeerblättern etc. drei Stunden garen, bis sich das Fleisch von den Knochen löst. Dazu paßt ein Schnaps und ein kaltes Bier.

31. Dezember 1989

Der letzte Tag des Jahres.

Ich habe eine planetarische Silvesterfeier mitgemacht. Was ich gar nicht wußte, jeden letzten Tag jeden letzten Monats findet weltweit, nach unserer Uhrzeit zwischen 12 Uhr 30 und 16 Uhr, eine Friedensmeditation statt.

Jenseits der Grenze, also in Deutschland (nicht in Österreich, typisch – oder Zufall? –) hatten sich in einer Turnhalle etwa zweihundert Menschen, darunter viele Kinder, versammelt, um gemeinsam zu singen, zu tanzen, zu schweigen, zu meditieren. Und dann singen alle zusammen den, wie es heißt, bei der Schöpfung des Universums entstandenen, Urlaut »*Om*« – gleicher Stamm wie das Wort »*Amen*«. Die Wirkung ist so ungeheuerlich, daß ganze Sturzbäche von Tränen aus meinen Augen brechen.

Zwei typische Vorkommnisse: Alle halten sich im Kreis sitzend an den Händen. Die rechte Hand, Handfläche nach unten, ist jeweils die gebende – die linke Hand, Handfläche nach oben, die nehmende.

Mein linker Nachbar, ein schwerhöriger alter Mann, ist so mit seinem vorsintflutlichen Hörgerät beschäftigt, daß er seinerseits den Kreis nach links unterbricht, womit sich seine linke Nachbarin schließlich abfindet, die Augen schließt und sich der Meditation hingibt.

Das Hörgerät pfeift und zischt und jault. »I versteh kein Wort!« schimpft der alte Mann, und nach endlosen Manipulationsversuchen: »Jetzt ist die Batterie hin, i geh hoam, i versteh eh nix!«

Ich habe nun keinen Nachbarn zur Linken mehr, traue mich auch nicht, seine linke Nachbarin in ihrer Meditation zu stören; kann den Kreis nicht schließen – gebe nur, empfange nicht! Und dann der Clou. Am Schluß werden Luftballons aufgeblasen. Jeder hängt einen Briefumschlag mit Wünschen an den Ballon. Ich bin lila angezogen. Eine Frau ebenfalls in Lila nähert sich mit einem lila Luftballon. 100 Ballons müssen für 200 Menschen reichen. Also heften wir unser beider Wunschzettel an den einen lila Ballon.

Ich schreibe auf meinen Wunschzettel: Möge die Übung gelingen. Vor Jahren habe ich chinesische Akrobaten gesehen, die schier unglaubliche Kunststücke vollbrachten. So fuhr einer auf einem Fahrrad, und auf ihm balancierten in waghalsigen Attitüden 45 weitere Chinesen. Wie die anderen wurde auch diese unvorstellbare Aktion von einer Dame mit den Worten angekündigt: »Möge die Übung gelingen!«

Möge die Übung gelingen – mein Traumprojekt in Doppendorf...

Da kommt eine dritte Frau mit einem Wunschzettel, aber ohne Ballon. Ich binde ihren Zettel ebenfalls an den lila Ballon. Als das Zeichen zum Loslassen ertönt, erheben sich alle 99 Ballons in die Luft – nur unserer nicht. Offensichtlich mit Wünschen überfrachtet, hüpft er mühselig über den Boden.

Typisch für mich, will ich gerade meinen Wunsch opfern, meinen Wunschzettel losbinden. Dann aber denke ich: Nein! Es geht hier ja nicht um mich, sondern um das Projekt! Und reiße von jedem der drei Wunschzettel die Hälfte des Papiers ab, die nicht beschriftet ist, so daß auch unser Ballon sich aufmacht, den anderen nachzufliegen. Wie Kaulquappen wedelnd, fliegen alle in die gleiche Richtung – nur einer, ein lila Ballon, fliegt mutterseelenallein in die entgegengesetzte.

Was für ein schöner Ausklang dieses schwierigen Jahres.

1. Januar 1990

Und was für ein Jahresanfang! Alles ging gut bis zum Abend. Dann, aus heiterem Himmel, eine fürchterliche Beißerei zwischen meinen beiden kleinen Hündinnen. Ich versuche, sie zu trennen, und bekomme einen Biß voll ab. Kann sie nur auseinanderbringen, indem ich, mit meiner verletzten Hand, einen Eimer Wasser über sie gieße.

Enorme Schmerzen. Rufe in meiner Ratlosigkeit »Hunde-Johanna« an. Sie erzählt mir, daß einer unserer aufopferndsten Tierschützerinnen gestern von ihren eigenen Hunden ein Finger abgebissen wurde, und rät mir, unbedingt ins Unfallkrankenhaus zu gehen. Ich fahre also nachts um 10 Uhr im dichten Nebel nach Salzburg ins Unfallkrankenhaus, die wüst blutende, glücklicherweise linke Hand notdürftig mit einem Verband umwickelt.

Es stellt sich heraus, daß ein Stück Fleisch herausgebissen und ein Nerv durchtrennt ist und daß genäht werden muß.

»Haben Sie niemanden, der Sie fahren kann?«

Der Arzt sieht mich fragend an.

Nein, ich habe niemanden, der mich fahren kann.

Um 12 Uhr 30 nachts, immer noch dichter Nebel, bin ich endlich wieder zu Hause.

Mirto, der weiße Abruzzenhund, ist verschwunden!

Fernes Gebell aus dem Wald – mit der Taschenlampe suche ich den Zaun ab, finde das Loch, durch das er entkommen ist, und entdecke schließlich, auf allen vieren beziehungsweise dreien durch das Unterholz kriechend, den Hund im Dickicht einer kleinen Fichtenschonung, wo er, von oben bis unten voller Fichtennadeln, den Mond oder sonst etwas anbellt.

Selbstmitleid übermannt (oder überfraut?) mich. Ich bleibe

einfach da im Dickicht liegen. Vielleicht kommt jemand und holt mich – das ganze Jahr über tue ich etwas für andere. Und habe keinen Menschen, der mich ins Unfallkrankenhaus fahren konnte, keinen, der mich gar trösten würde.

Durchlöcherte Stiefel, weil ich keine Zeit habe, mir neue zu kaufen, Wäsche zerschlissen, Fingernägel in desolatem Zustand, die Hände abgearbeitet. Ich habe mich vor dem die Wunde nähenden Arzt geschämt.

Irgend etwas läuft falsch.

Bisher war es erfolglos, aber ich nehme mir nun vor, im kommenden Jahr endlich mehr für mich selbst zu tun:

Ich werde im kommenden Jahr mehr für mich tun... Ich werde im kommenden Jahr mehr für mich tun... Ich werde im kommenden Jahr mehr für mich tun...

5. Januar 1990

Das nächste Seminar beginnt am 15. Januar. Frida, mein guter Hausgeist in Sommerholz, hat Urlaub, ich habe also Haus und Tiere zu versorgen.

Die »stille Zeit« zwischen Jahresanfang und dem 5. Januar ist tatsächlich bei mir auf dem Land die stillste des Jahres. Ich benutze die Abende, um mir, wie jedes Jahr, mein von der Astrologin auf Kassetten gesprochenes Horoskop anzuhören.

»Widersprüche spannen die Seele ständig auf Folterbetten, denen nur durch Arbeit, Bewegung und neue Pläne im Rahmen größerer Ideen beizukommen ist. Ohne Kanten und Ecken im Wesen keine Spannung; ohne Spannung kein Antrieb für schöpferische Leistungen; ohne schöpferische Leistungen keine Befriedigung im Leben... Venus im eigenen Zeichen, Mars im eigenen Zeichen, Jupiter im eigenen Zeichen bringen sowohl Erfolg auf der künstlerischen Ebene, aber auch Glück bei der Durchführung eigener ehrgeiziger Pläne und Unternehmungen, ebenso bei der Führung Schwächerer, beim Einsatz für öffentliche Belange, für politische, soziale, kulturelle (synergetische) Projekte. Es wurde mit starken karmischen Schulden angetreten, gleichzeitig wurde aber auch der unerschütterliche Wille zur Bewältigung des Karmas beigegeben ... Lebensthema könnte nach der Position der Sonne im Horoskop heißen ›Arbeit‹ ... Härten des Lebens und auch das Arbeitenmüssen, relativ früh, sind angezeigt ... mit einer starken Mars-Stellung kann man mit 100 Mark anfangen, das Empire State Building zu bauen, der Rest folgt schon nach ...«

Wieder und wieder heißt es: Ich muß die Hürden nehmen, die sich mir stellen, sie sind für meine Entwicklung erforderlich – ich *muß* dieses Projekt durchführen, wörtlich: »Egal, mit welchen Mitteln.«

Langsam kommen mir Zweifel, erhebliche Zweifel, ob ein Astrologe das Recht hat, es überhaupt verantworten kann, einen Menschen derartig in eine Aufgabe hineinzupeitschen.

Sollte die Prognose sich als falsch herausstellen, habe ich Jahre meines Lebens verloren.

Noch will ich das nicht glauben. Ich soll gebrannt werden wie gute Keramik, ich höre es doch immer wieder, bis alle Schlakken, alle Unreinheiten weggebrannt sind – und daß dieser Prozeß äußerst schmerzhaft sein muß, ist auch klar. Ich will ja alles aushalten. Geduld wird mir gepredigt, immer wieder Geduld; und Vertrauen, Vertrauen in das höhere Selbst, in mein höheres Selbst, das mich immer richtig führt – ich muß nur hinhören.

Es folgt der Hinweis, daß ich, um später mit vielen, auch behinderten Menschen umgehen zu können, zunächst einmal mein eigenes Zuhause mit meinen eigenen Tieren zu bewältigen habe.

Ganz sicher ist mir auch dieses behinderte Schäferhündchen Francescolina als Aufgabe zugeteilt worden, die ich zu erfüllen habe, ebenso die zänkischen kleinen Hündinnen, die zwischendurch wieder, man glaubt seinen Augen nicht zu trauen, zusammen im Körbchen liegen und sich gegenseitig das Fell lekken.

Geduld, Geduld, Geduld.

Manchmal bin ich doch noch sehr ungeduldig. Da ist Francescolina stundenlang im Garten, ich hole sie ins Haus, und prompt macht sie einen riesigen Haufen oder eine ebensolche Pfütze. Ich hoffe immer noch, daß die Bach-Blüten die Beißereien unterbinden werden, obwohl alle Tierärzte meinen, es gebe kein Rezept, zwei Hündinnen, die sich einmal gebissen hätten, auf Dauer zu versöhnen. Wir werden sehen... Ich gebe die Hoffnung nicht auf.

»Ein glückliches Leben ist ein Leben, das das, was nicht zu ihm paßt, hinter sich läßt, und das, was zu ihm paßt, beherzigt.«

Nun, auf dem Weg dazu bin ich ja wohl.

Und so ist mein Leben wohl auch glücklich.

12. und 13. Januar 1990

Das erste Seminar des neuen Jahres, ein Seminar zum Wiederaufrichten, körperlich wie seelisch, mit Divo Köppen-Weber, Schöpferin der »Alta-Major-Therapie«.

Divo ist mit dieser Herzlichkeit begnadet, die ich bisher überwiegend bei Sannyasins erlebt habe. Ihren Namen – Divo heißt Licht – verdankt sie Bhagwan Shree Rajneesh (später Osho), ist aber auch Maharishi seit vielen Jahren tief verbunden.

In die Mitte der im Kreis sitzenden 25 TeilnehmerInnen hat Divo ein Wirbelsäulenmodell gestellt, daneben eine langstielige rosa Rose. Während ihres Vortrags trifft durch die zugezogenen weißen Gardinen ein Sonnenstrahl zuerst die Rose, wandert dann weiter zum Skelett, wie um dieses zu wärmen, wandert dann am Skelett herunter vom Kopf bis zum Becken, Divos Ausführungen gleichsam begleitend.

Divo setzt mit ihrer Heilmethode bei Rückenproblemen nicht am unteren Bereich der Wirbelsäule an, sondern am Alta-Major-Punkt, dem obersten Punkt der Wirbelsäule.

Fast alle leiden wir an Haltungsschäden. Bei manchen sitzt

der immerhin vier bis fünf Kilo schwere Kopf, wie an den Polaroid-Fotos zu erkennen, bis zu zehn Zentimeter nach vorn vor den Körper geschoben. Das führt, bei gleichzeitig hochgezogenen Schultern, zu einer falschen Statik; die Folge sind Nacken- und Rückenschmerzen, wenn der Impuls zur Wiederaufrichtung fehlt.

Divo richtet nun die Patienten zuerst körperlich, dann aber auch seelisch wieder auf, wobei mit Aufrichten auch ein Aufrichtig-Werden sich selbst gegenüber gemeint ist – ein Prozeß, der häufig von Tränenströmen begleitet ist, wenn gleichzeitig alter seelischer Schmerz an die Oberfläche kommt.

Manche Menschen weinen tatsächlich stundenlang, als habe sich eine Schleuse geöffnet, und ewig Gestautes bricht nun mit Wucht hervor. (Als die Taschentücher vollgeweint sind, trocknen wir die Tränen mit Küchenrollen.)

Dazwischen aber auch wieder Gelächter, Umarmungen, alle trösten sich gegenseitig. Ein unglaublicher Läuterungsprozeß.

Ein Teilnehmer aus der Tierschutzszene ist so begeistert von diesem Seminar und von meinem Vorhaben insgesamt, daß er sein Haus im Rheinland verkaufen und mit Hund und Katzen in das geplante Öko-Dorf ziehen will!

Besonders glücklich macht es mich, daß auch Grete Mackwitz an diesem Seminar teilnimmt, Grete, die noch kurz vorher meinte, sie könne nicht weinen. Wir halten uns gegenseitig eng umschlungen, ich spüre eine unendliche Liebe für sie. Meine Schwester, alles wird gut werden, wir werden gemeinsam ein wunderbares Werk vollbringen.

An denjenigen, die zum zweiten Mal an Divos Seminar teilnehmen, sind bemerkenswerte Veränderungen vorgegangen. Sie sind buchstäblich größer geworden, seit sie sich aufgerichtet haben. Sie mußte den Rückspiegel ihres Autos verstellen, berichtet Andrea, die beim ersten Seminar auf die Frage, was sie an sich liebe, nur stammeln konnte: »Nichts, gar nichts, ich habe nichts Liebenswertes an mir . . .« Hans, mit dem zwischen die Schultern geduckten Kopf, ist im Alter von sechs Monaten von seinen Eltern an fremde Leute abgegeben worden; Gudrun, die vor Kopfschmerzen kaum noch aus den Augen sehen kann und über Lähmungserscheinungen im Nacken klagt, antwortet, als sie gefragt wird, wer sie sei: »Ich bin – das Beiwerk meines Mannes.« – »Gudrun, singst du gern?« fragt Divo sie. Ja, früher habe sie gern gesungen – aber schon lange nicht mehr – »Man sagte mir, ich singe nicht schön« – und die Tränen stürzen hervor.

Später singt sie – wieder tränenüberströmt – und bringt nur mühsam hervor: »Ich bin so glücklich – nie in meinem Leben war ich so glücklich ...«

Ich stelle mir vor, wie die Frauen – denn wie üblich, sind die meisten Teilnehmer weiblichen Geschlechts –, wie die Frauen zu Hause von diesem Seminar berichten: »Es war herrlich, wir haben die ganze Zeit geweint!«

15. Januar 1990

Lilly hat sich wieder auf Lemmi gestürzt und ihr tiefe Wunden zugefügt. Lemmi zitterte am ganzen Körper, stundenlang. So kann es mit den beiden Hündinnen nicht weitergehen.

In meiner Verzweiflung habe ich Lilly erst einmal ins Salzburger Tierheim gebracht. Die Leiterin, mit der ich befreundet bin, meinte wie alle anderen Fachleute, es gebe kaum Aussicht auf eine dauernde Besserung. Sie empfiehlt, für Lilly einen guten Platz zu finden, wo sie »Einzelhund« sein kann. Vorher sollte ich es noch mit einer Hundeschule versuchen ...

Lilly im Tierheim. Ich machte die ganze Nacht kein Auge zu. Am nächsten Tag hielt ich es nicht mehr aus, fuhr nachmittags zu ihr.

Fraglich, wer mehr gelitten hat, sie oder ich. Alle Zwinger voller kläffender, an den Gitterstäben hochspringender, verzweifelt um Liebe und Mitnahme bettelnder Hunde!

Dann sie, hinter diesen Gitterstäben, ganz still, ihre Augen voller Resignation, nach nur einer Nacht; und das Glück dann in dem kleinen schwarzen Gesicht, als ich sie auf den Arm nehme und wir ins Auto steigen.

Dann habe ich noch Mirto in die Tierklinik nach Reichenhall gebracht. Wie im letzten Winter, hat er auch diesmal Blut im Urin. Ich kann es ihm nicht abgewöhnen, auf den kalten Fliesen oder im Schnee zu liegen. Er ist eben ein Hund, der sich in der Kälte wohl fühlt, der in tausend Meter Höhe in den Abruzzen leben und eine Schafherde gegen Wölfe beschützen müßte. Nichts ist mehr artgerecht heutzutage, Wölfe habe ich ihm auch nicht zu bieten, so bellt er offensichtlich imaginäre Wölfe an.

Auch er ein Findelkind; abgemagert zum Skelett, Dornen in Hals und Füßen, fiebernd, zu schwach, um noch auf den Beinen zu stehen, lag er eines Nachts im Mondschein am Strand auf der Insel Sardinien, mit königlicher Gelassenheit auf den Tod wartend.

Zu allem Überfluß verliere ich auf dem Weg nach Reichenhall den Autoschlüssel und habe keinen Ersatzschlüssel; fahre also mit dem Taxi zum Schlüsseldienst, weiß natürlich die Schlüsselnummer nicht. Rufe ich den Autohändler an, bei dem ich das Auto gekauft habe – der weiß sie auch nicht. Schließlich haben wir uns bis zum Importeur in Wien durchtelefoniert – der weiß die Nummer, und es kann ein Ersatzschlüssel angefertigt werden.

Uff!

Die Taxifahrerin, die die ganze Zeit über voller Anteilnahme gewartet hat, betet – tatsächlich, betet! – mit mir, während sie mich mit dem neuen Schlüssel zu meinem Auto zurückfährt, daß dieser neue Schlüssel passen möge. Er paßt!

Das war eine Warnung, dieses Verlieren des Schlüssels. Ich bin zu abgehetzt, ich bin zu erschöpft.

Anschließend Mirto aus der Klinik geholt. Er hat eine Spritze gegen sein Blasenleiden bekommen und muß dreimal täglich homöopathische Tropfen nehmen.

Ich habe die beiden großen und die beiden kleinen Hunde in der Salzburger Hundeschule angemeldet.

Francescolina bleibt zu Hause.

Vielleicht hilft diese Erziehung... Vorläufig muß ich die beiden streitbaren Hündinnen getrennt halten. Ich kann und will nicht zusehen, wie Lemmi kaputtgebissen wird.

Ich wäre so dankbar, dürfte ich Lilly behalten. Sie ist ja auch nur ein Opfer ihrer schlechten Kindheitserlebnisse. Ich liebe sie so sehr, dieses verrückte kleine schwarze Bündel voller heftiger Zärtlichkeit.

Ich muß nur die Kraft haben, durchzuhalten.

16. Januar 1990

Deprimierender Vortrag von Lebensmitteltechniker Udo Pollmer in der Battenberger Festhalle.

Ich kenne Udo von den Bruker-Tagungen her und natürlich durch sein Buch *Iß und stirb*.

Für den kleinen Ort sind verhältnismäßig viele Zuhörer erschienen: Biobauern, Lehrer, der Arzt. Das Thema: »Zusatzstoffe in Lebensmitteln«.

Nicht einmal das Vollkornbrot verdient seinen Namen, so viel ist da außer Vollkorn noch drin; ähnlich ist es mit den sogenannten kaltgepreßten Pflanzenölen und der von den Vegetariern so propagierten pflanzlichen Würze, die wir statt Fleischextrakt empfehlen. Die ist nämlich auch aus tierischem Abfall hergestellt und wird mit Salzsäure ausgefällt!

Makaber: Damit dem Bäcker der Teig beim Keksbacken nicht »schnurrt«, will heißen: zusammenschrumpelt, werden ihm kleingeschnittene Menschenhaare beigemengt, hauptsächlich von Chinesen und Indern, billig zu haben in den Klöstern, wenn Mönche und Nonnen kahlgeschoren werden!

Bleibt nur zu hoffen, daß die Haare wenigstens gewaschen sind...

Gelesen: »Zivilisation. Um das Leben auf diesem Planeten immer angenehmer zu machen, ließ der Mensch wirklich nichts unverseucht.« (Nikolaus Huhn)

17. Januar 1990

In Linz haben Chefin und Begleitschaft einer Firma 60.000 Schilling für das in Assisi geplante Tierheim gesammelt.

Ich war auserkoren, den Scheck in Empfang zu nehmen, um ihn dann an die Organisation in Assisi, der ich, wie sollte es anders sein, natürlich auch angehöre, weiterzuleiten.

Fotograf und Reporter warteten, die Firmenchefin hatte Sekt kaltgestellt – ich kam eine Stunde zu spät, weil ich die verflixte Straße nicht fand. Konnte nur schwer meine Gereiztheit und Nervosität verbergen, geschweige denn überwinden.

Wutgefühle: Warum immer ich? Ich muß lernen, *nein* zu sagen. Ich gehe sonst kaputt!

Wieder Herzstiche. Ich nehme Weißdorn und Magnesium, doch nichts kann wirklich helfen, solange ich die Ursache nicht abstelle: konstante Überanstrengung.

Da ich mir gestern einen Zahn ziehen lassen mußte – den Eckzahn oben –, trug ich ein viel zu helles Provisorium, und mein Grinsen für den Fotografen fiel noch gequälter aus als üblich.

Das Fotografiertwerden habe ich immer gehaßt. Wie konnte ich den Beruf der Schauspielerin nur so lange ertragen, über 30 Jahre!

18. Januar 1990

Der Wochenkurs »Spinnen und Weben« mußte ausfallen; zu wenig Anmeldungen. Und gerade davon hatte ich mir starkes Interesse und als Folge mehr Kontakt zu den Bäuerinnen der Umgebung erhofft. Ein zähes Pflaster, dieses Oberösterreich, das wird mir aber von vielen Seiten bestätigt.

Das gleiche gilt für das Seminar »Gesundheit für Ihr Haustier«. Die Anwendung von Bachblüten auch bei Tieren – das müßte ein sensationeller Erfolg sein! Aber nein, Interesse gleich Null. Eine Anmeldung, und die aus Deutschland!

Auch die meisten Anfragen, die Öko-Siedlung betreffend, kommen aus Deutschland.

Honecker wegen Hochverrats angeklagt – Demonstration gegen Gorbatschow, sie vergleichen ihn mit Stalin – Demonstranten stürmen die Zentrale der »Stasi« in Ost-Berlin – Bürgerkrieg in Aserbeidschan – überall in Deutschland zunehmende Ausländerfeindlichkeit – all diese Meldungen rauben mir auch noch die paar Stunden Schlaf, die mir der Seminarbetrieb übrig läßt.

Habe starke Herzbeschwerden. Ich bin zweimal ohnmächtig geworden. Total ausgelaugt. Und das Jahr beginnt doch erst! Hilfe! Hilfeeeeeeeeeeeee...

Interessanter Abend der Volkshochschule Battenberg, um die Zusammenarbeit zwischen Bauern und Verbrauchern anzukurbeln. Fragen an die Bauern: Was können die Bauern anbieten? Fragen an die Konsumenten: Was wünschen die Konsumenten?

Vereinbarung zwischen Bauern und Konsumenten: Wie werden die Qualitätsmerkmale festgelegt? Wie wird die Qualität kontrolliert? Welcher Preis ist angemessen?

Die Gesprächsrunden zwischen Bauern und Konsumenten – vor allem junge Bäuerinnen und Mütter sind erschienen – sollen regelmäßig fortgesetzt werden. Besonders die jungen Frauen bewegt, daß nichts getan wird, was den Kindern schadet...

Doch wieder ein kleiner Hoffnungsschimmer.

20. Januar 1990

Treffen mit Rechtsanwalt und Steuerberater vom Verein und der Gutsbesitzerin.

Wie zu erwarten, ist sie mit dem von unserer Seite vorgelegten Vertrag nicht einverstanden. Sie will fünf Millionen Schilling für die Scheune, der Verein bietet drei Millionen.

Eine Woche Bedenkzeit für alle. Ich hoffe, wir treffen uns bei vier Millionen, obwohl dieser Preis sicher zu hoch ist. Aber es darf nicht an einer Million scheitern.

Die Ankündigung unseres Pfingstseminars mit dem Titel »Innere Mauern durchbrechen – Ich bin Ich« veranlaßte einen ortsansässigen Handwerker, anzufragen, um welche Art von Mauern es sich handle; er sei am Auftrag interessiert und würde ein Angebot machen!

21. Januar 1990

Bhagwan ist tot.

An Herzversagen gestorben. Das Leben in seinem physischen Leib sei die Hölle gewesen, soll er gesagt haben. Er, der so viele Menschen gelehrt hat, Spaß und Freude an ihren Körpern zu empfinden!

Am Tag nach seinem Tod wurde er bereits verbrannt, in schwarzem Mantel, mit diamantenbesetzter Kappe.

Ich muß viel an ihn denken. Er hat meinem Leben wichtige Impulse gegeben, obwohl ich es nie geschafft habe, nach Poona zu fahren. Besonders seine Bücher *Sprengt den Fels des Unbewußten* und *Die weiße Wolke* haben mir geholfen, ehrlicher mit mir zu sein, auch mutiger; denn ich habe mein Leben lang Angst gehabt.

Vor Jahren hatte ich bereits alle meine Kleider rot eingefärbt und wollte nach Poona – da ging er nach Oregon. Und was sich dort tat, gefiel mir überhaupt nicht, die Geschichte mit den

Dutzenden Rolls-Royce, die Entwicklung zum Polizeistaat, der Skandal mit Sheila und und und.

Ich empfinde eine tiefe merkwürdige Trauer um ihn.

Jemand meldet sich als Mitglied unseres Vereins an. Unter unser Motto – unter den Satz des Bischofs Camara: »Wenn einer träumt, bleibt es ein Traum – wenn viele träumen, beginnt der Traum, Wirklichkeit zu werden« – schreibt der Mann: »Ein gefährliches Motto! Danach wäre 3 mal 0 = 3! Dem ist aber nicht so!«

Der Mann setzt einen Traum einer Null gleich. Wie traurig!

30. Januar 1990

Habe endlich den schönen Hundertwasser-Kalender des vorletzten Jahres mitsamt meiner zunichte gemachten Hoffnung auf ein von Hundertwasser gebautes Öko-Dorf dem Kaminfeuer übergeben. Und Hundertwasser einen Brief geschrieben:

Lieber Meister Friedensreich Hundertwasser!

Mit Betrübnis habe ich eben noch einmal Ihren schönen Kalender mit der Widmung für mich in die Hand genommen. Betrübnis darüber, daß Ihre wunderbare Idee der begrünten Häuser von unseren Gemeindevertretern nicht verstanden und abgelehnt worden ist. Es seien »menschenunwürdige Erdhöhlen«, lautete der Kommentar, vielleicht günstig für den Kriegsfall, weil aus der Luft als Häuser nicht erkennbar...

Traurig, traurig, traurig.

Im Radio hörte ich neulich den Satz: »Wer sich mit der Provinz anlegt, kommt in ihr um.«

Ich hoffe, daß ich nicht vollständig in der Provinz umkommen werde, aber ich bin oft drauf und dran.

Ihre begrünten Häuser werden nun nicht in Doppendorf entstehen, aber sicher einmal irgendwo anders, an einem Ort, der sie – und *Sie*! – verdient.

Viel Glück uns allen.

Ihre Barbara Rütting

3. Februar 1990

Der Vertragsabschluß zieht und zieht sich. Es ist zum Verrücktwerden. Um was geht es eigentlich? Sie feilschen wie die Viehhändler. Da will ich etwas auf die Beine stellen für Menschen, die miteinander und füreinander dasein und leben wollen, und es schleichen sich schon jetzt die gleichen Verhaltensweisen ein, die wir ja gerade auflösen wollen. Jeder wittert, daß er übers Ohr gehauen werden könnte, versucht, irgendeinen Paragraphen hineinzubringen, über den er einen Vorteil ergattern könnte.

Wenn ich daran denke, daß ich das Ganze nicht angefangen hätte, wenn Margarete Mackwitz nicht wiederholt geäußert hätte: »Warum suchst du denn ein Objekt woanders, hier ist doch alles, was du brauchst, vorhanden« – und dann irgendwann der schwerwiegende Satz aus ihrem Mund fiel: »Und wenn ich es (das Haus) euch schenke?«

Eine Annonce im *Salzburger Fenster* kostet – ich falle fast in Ohnmacht – 15.000 Schilling.

Leute, die an uns verdienen wollen, kommen wie die Schmeißfliegen. Eine PR-Frau will 2.500 Mark pro Monat, plus Mehrwertsteuer, dazu Porto für die Aussendung unserer Prospekte, um Werbung für uns zu machen.

Mit vier Zimmern, noch dazu einer Toilette für alle, quer über den Flur, kann man aber kein Seminarhaus führen, ich wiederhole es noch und noch. Seminarteilnehmer haben heutzutage ernorme Ansprüche: eigenes Zimmer, und zwar Einzelzimmer, mit Dusche und Fernsehapparat. Ich muß mich dauernd bei den Ankömmlingen, wegen der unzureichenden Zimmer, entschuldigen, und tröste alle damit, daß dann im Herbst 1992 schöne, komfortable Zimmer im Neubau bereitstehen werden. Aber immer wieder die langen Gesichter der Leute zu sehen, die wir dann in die umliegenden Gasthäuser oder in Privatzimmer der Bauern verfrachten müssen, das ist auf Dauer auch nicht auszuhalten. Abgesehen davon, daß der Verein in diesen Fällen zwar die Vermittlungsarbeit hat, aber keinen Groschen verdient.

Ich zahle erst einmal privat die 15.000 Schilling für die Annonce...

4. Februar 1990

Gestern haben in Moskau 300.000 Menschen für mehr Demokratie demonstriert.

Albanien, des letzte stalinistisch orientierte kommunistische Land, ist nun auch zu Reformen bereit. Faszinierend, zu erleben, wie der Kommunismus überall zusammenbricht. Wie von innen verfault, erledigt sich alles von selbst. Es heißt ja, ein anständiger Mensch müsse in seiner Jugend einmal Kommunist gewesen sein. Ich war es nie. Habe diese Idee immer für eine romantische Illusion gehalten. Der Unterschied zwischen Kapitalisten und Kommunisten ist, daß die einen schon haben, was die anderen noch nicht haben, aber haben wollen.

Verfügt jeder über die Schale Reis, um sich satt zu essen, beginnt der Individualisierungsprozeß. Nach Maos Tod fingen die chinesischen Frauen plötzlich, aber ganz sachte an, sich den Nacken etwas unterschiedlich auszurasieren, versuchten auch die Männer winzige Unterschiede in der blauen Einheitskleidung. Ist die Schale Reis einigermaßen gesichert, beginnt jeder vom Einfamilienhaus zu träumen, vom Fernseher, vom Auto, vom Kühlschrank mit genügend Bier darin.

An der Tankstelle spricht mich ein aufgeregter Mann an. 1958 habe er mich zum ersten Mal gesehen, in München sei ich im offenen weißen Mercedes über eine Kreuzung gefahren, und er habe gedacht: Donnerwetter, was für eine Weltklassefrau! Die Enttäuschung über das Wiedersehen mit dieser Weltklassefrau steht ihm ins Gesicht geschrieben...

1958, fällt mir ein, bin ich zum ersten Mal demonstrieren gegangen, beim Ostermarsch gegen die Aufrüstung in der BRD. Plötzlich befand ich mich in einer Gruppe – und der Verfassungsschutz filmte alles –, die schrie: »Ho-Ho-Ho Tschi Minh – hängt Johnson auf – hängt Johnson auf...«

Mein Anliegen war durchaus nicht, daß Johnson aufgehängt würde, sondern eine friedfertige BRD ohne Waffen!

Von der Masse verehrt zu werden, ist womöglich noch schlimmer, als von ihr verachtet zu werden. Und wie schnell die Verehrung in Verachtung umkippt!

Die Masse will Glanz und Glimmer bei den sogenannten Prominenten, seien es Stars, seien es Politiker. Kommt ein *Mensch* daher, sind sie desillusioniert.

Ein Mann starrte mich völlig entgeistert an, als ich ihm ungeschminkt und im Lodenmantel begegnete. Er vermochte nur noch zu stammeln: »Nein, nein, nein, daß Sie so'n Durchschnitt sind!«

Interessant, wie man als »Promi« von Menschen behandelt wird, je nachdem, ob sie einen erkennen oder nicht. Die Verlogenheit ist erschreckend.

In einem Düsseldorfer Hotel rief mich eines Morgens um 7 Uhr eine Frau an und säuselte: Sie verehre mich so glühend, sie habe ein großes Problem, ob ich ihr helfen könne. Ich bin schon bemüht, ihr bei der Lösung des schwerwiegenden Problems unter die Arme zu greifen, da stellt sich heraus, sie will zwei Karten für die Abendvorstellung der »Ehrbaren Dirne«, die ich spiele.

Ich bin – verständlicherweise, meine ich – sauer, und antwortete: »Liebe Frau, das ist nun wirklich unglaublich, mich deswegen um 7 Uhr morgens zu wecken! Gehen Sie an die Kasse und kaufen Sie sich die Karten, auf Wiedersehen« – und lege den Hörer auf.

Eine Minute später klingelt wieder das Telefon, aus ist es mit dem Geflöte. Sie brüllt: »Sie miese Ziege, lecken Sie mich am Arsch!«

7. Februar 1990

Was für ein Tag!

Die KP der Sowjetunion hat ihren Führungsanspruch aufgegeben – und wir haben unseren Vertrag abgesprochen!

Ich habe in diesem Fall sozusagen gegen den Verein gehandelt, aber das war ich mir als Feministin schuldig. Unsere beiden Vorstandsmitglieder Steuerberater und Rechtsanwalt hatten die Kaufsumme auf drei Millionen Schilling heruntergehandelt – »wenn ich eine Frau als Gegner habe, kann ich mich gleich im Sessel zurücklehnen,« hatte der Rechtsanwalt geäußert; will sagen, dann brauche ich gar nicht zu kämpfen. Grete Mackwitz hingegen fühlte sich übertölpelt. Und ich war traurig, traurig – aber auch wütend. Gerade dieses verkrustete, patriarchalische Denken wollen wir hier ja überwinden!

Ich habe für 3,5 Millionen Schilling (rund 500.000 Mark) plädiert und diese Kaufsumme auch durchgesetzt.

Eine fassungslose, wie es scheint, glückliche Grete.

So, sagte sie, und jetzt gebe ich dem Verein 140.000 Schilling als zinsloses Darlehen!

Loslassen – loslassen – loslassen – es zeigt sich immer wieder. Wenn alles fließt, ist alles möglich. Panta rhei.

Das österreichische Gesundheitsministerium hat das Jahr 1990 zum Jahr des Herzens erklärt. Die Kaffee-Lobby zum – Jahr des Kaffees.

9. Februar 1990

Unser Seminar »Innere Mauern durchbrechen« stellt das ganze Haus auf den Kopf.

Die 20 TeilnehmerInnen, überwiegend exotische Paradiesvögel, haben viele ebenso exotische Kinder mitgebracht, die, zu Ottilies Unmut, bis weit nach Mitternacht durch das Haus toben, als wollten sie die (falsch verstandene) antiautoritäre Erziehung demonstrieren. Im Gegensatz zu der zärtlichen Divo nimmt der Seminarleiter – klinischer Psychologe und spiritueller Therapeut – seine »Patienten« nicht tröstend in die Arme, wenn sie in Tränen ausbrechen; bei ihm kann man nicht unterkriechen wie unter eine schützende Glucke. Er will – darin Bhagwan ähnlich – durchaus keine Richtlinien geben für Verhaltensweisen, was sich die meisten, zumindest unbewußt, jedoch wünschen. Er will erreichen, daß jede/r größtmögliche Ehrlichkeit gegenüber sich selber entwickelt und auch die Verantwortung für sich übernimmt, statt sie, wie wir das ja alle gern tun, anderen Personen – Eltern, Partnern – zuzuschieben.

Das hat zur Folge, daß ausgerechnet derjenige, der dieses Seminar am nötigsten gebraucht hätte – versteinertes Gesicht, zusammengekniffener Mund, chronische Magenschmerzen, total verspannt am ganzen Körper und absolut kontaktarm – sich unverstanden fühlte, das Seminar am zweiten Tag abbrach, statt dessen in die dörfliche Disco ging und sich betrank.

Am ersten Abend des Seminars fand ein Treffen zwischen Steuerberater, Rechtsanwalt, Gutsbesitzerin und mir statt.

Wir sind uns also prinzipiell einig, daß der Verein die Scheune samt umliegendem Land (zum Teil noch Grünland, das aber eventuell zu Bauland umgewidmet werden könnte) zum Preis von 3,5 Millionen Schilling kauft.

Es geht jetzt nur noch um die Art der Bezahlung, wobei irgendwelche Abschreibungsmöglichkeiten eine maßgebliche Rolle spielen; kein Thema, in das einzuarbeiten ich mich bemüßigt fühle. Das sollen nun wirklich die anderen austüfteln. Wozu habe ich Rechtsanwalt und Steuerberater im Vorstand?!

Ich hatte, vorwitzig wie immer, zwei Flaschen Champagner kaltgestellt, die wir dann auch leerten. Glücklich. Sehr.

10. Februar 1990

Die Wiedervereinigung noch in diesem Jahr in Aussicht – Berlin wieder Hauptstadt – man glaubt zu träumen, wenn man die Nachrichten hört!

12. Februar 1990

Wir hatten ein sehr langes und sehr schönes Koch- und Back-Seminar. Unter den TeilnehmerInnen eine Frau »Dr. med. Dr. med. vet.« Bisher Ärztin bei der Bundeswehr, hält sie diesen Dienst im Sinne der Schulmedizin einfach nicht mehr aus. Sie möchte am liebsten dort sofort aufhören und mit fliegenden Fahnen bei uns »einsteigen«. Ich habe es, Gott sei Dank, geschafft, sie von dieser Idee abzubringen. Wir haben hier keine Arbeitsplätze! Die hätten wir bald, würden mir Grundstück und Land gehören . . .

Da das nicht der Fall ist, sind mir dauernd die Hände gebunden. Ich kann immer nur in Aussicht stellen: *Wenn* die Scheune gebaut wird, gibt es Wohnungen, ein Vollwertrestaurant, eine Bäckerei, *wenn* die Eigentümerin einverstanden ist, könnten auf *ihrem* Gewerbegebiet viele alternative Handwerksbetriebe entstehen, eine Reithalle, auch für behinderte Kinder, ein Therapiezentrum und und und, mit Arbeitsplätzen jede Menge!

Für einige war die Vollwertkost total neu. Sie aßen wild durcheinander, weil alles so phantastisch schmeckte. Einige der Damen waren demzufolge abends gebläht wie Luftballons.

Bei Kühen macht man in solchen Fällen einen Stich in den Pansen, meinte die »Dr. med. Dr. vet.«, führt ein Rohr in den Bauch – und dann geht die Luft raus!

Das wäre doch eine tolle Werbung, schlug jemand vor: »Unsere Spezialität: bei Blähungen Pansenstich! Tierärztin im Haus!«

Abends, nachdem alle abgereist sind, in die Sauna, dann acht Stunden geschlafen. Welch eine Gnade.

13. Februar 1990

Um 7 Uhr morgens Anruf, Haushälterin Frida ist krank. Ich miste den Stall aus, füttere Pferde und Hunde, Katzen und Hühner, dusche und wasche mir die Haare und bin erst um 9 Uhr im Büro. Unsere Frauenriege sitzt beim Frischkornbrei, Veronika, Almut, die übers Wochenende aushalf – wie immer in zartes Lila gekleidet, und die Tierärztin.

Frida ist krank, melde ich. »Wieso, frißt sie nicht?« fragt die Tierärztin. Doch! antworte ich, aber ganz sicher zuviel Schweinefleisch. Deshalb hat sie wahrscheinlich die Grippe. Die Grippeviren überwintern bekanntlich im Schweinefleisch – im Frühling erwachen sie zum Leben! Die Tierärztin fassungslos: »Schweinefleisch? Ja frißt denn das Pferd Schweinefleisch?«

Aber im Ernst: Überall in der Umgebung liegen ganze Familien im Frühling mit Grippe im Bett, vor allem Bauern, die ja bekanntlich viel Schweinernes essen.

In seinem Buch *Schweinefleisch und Gesundheit* beschreibt der Landarzt Dr. Reckeweg diese Zusammenhänge sehr eindrucks- und schreckensvoll. Das Schwein, ein äußerst sensibles, intelligentes Tier, wird häufig falsch ernährt. In einem Feldlazarett, schildert Reckeweg, fielen Schweine eines Tages über Container mit eitrigen Mullbinden her und fraßen sie auf. Daraufhin verfütterte man kurzerhand gleich die zukünftig anfallenden eitrigen Binden an die Schweine.

Im Fernsehen diskutierten zwei Ärztinnen, eine Internistin und eine Psychosomatikerin. Beide kamen zu dem Ergebnis, daß es nicht eine einzige Krankheit gibt, die nicht seelisch bedingt ist. Die Psychosomatikerin: Die Frauen werden krank – die Männer sterben!

Im Radio ein Gedicht gehört: »Laß mich die Krähenfüße deines Winters sehen.«

Muß das ein Liebhaber sein, der solches begehrt!

14. Februar 1990

Immer, wenn ich glaube, mein Leben einigermaßen »im Griff« zu haben, kriege ich eins aufs Dach.

Zweimal die Woche fahre ich nun mit vier Hunden in die Hundeschule nach Salzburg.

Herrliches Wetter gestern, alles klappt sehr gut – Fuß, Sitz, Platz, kehrt, Leinegehen. Der Lehrer verabschiedet sich. Ich gehe zur Belohnung noch eine kleine Runde mit den Hunden spazieren, denke ich. Im Nu sind beide Hündinnen wieder in eine entsetzliche Beißerei verwickelt. Die Halsbänder fliegen durch die Luft, schließlich liegen beide keuchend im Schlamm unter dem Auto. Die beiden Rüden begeistert der Kampf auch noch, der schwere Mirto versucht, mir auf den Rücken zu springen, während ich die beiden Kämpfenden zu trennen versuche.

In meiner Verzweiflung lasse ich den Motor an, mit Erfolg. Sie kommen unter dem Auto hervorgekrochen, ich erwische eine am Schwanz, schleudere sie ins Auto und knalle die Tür zu.

Wir sind alle schlamm- und blutbesudelt: die Hunde, ich, das Auto. Statt zu weinen, wozu ich eigentlich Lust hätte, fange ich an »OM« zu singen, singe »OM« während der ganzen Heimfahrt, schaffe es sogar, trotz aller Trauer, den wundervollen Sonnenuntergang zu genießen.

Ich vermute, das ist ein Fortschritt. In dieser Welt zu sein, aber nicht von dieser Welt – hat natürlich wieder mal Bhagwan gesagt.

Werde ich dieses Leben tatsächlich noch volle zwanzig Jahre aushalten (müssen)?

Ununterbrochen »OM« singend, stelle ich mir mein Sterbelager vor und werde plötzlich von enormer Heiterkeit überwältigt. Anna und ihre, nun ja nicht mehr vierjährige, Tochter Maya sitzen an meinem Bett, drum herum tummeln sich andere Kinder, Hunde, Katzen. Musik wird gespielt. Alle sind fröhlich, die Katzen und Hunde balgen sich zärtlich untereinander und mit den Kindern. Den für mich bereitgestellten weißen Sarg bemalen die Kinder ganz bunt. Ich schaue ihnen vergnügt dabei zu. Sie sind alle farbenprächtig angezogen und freuen sich, daß mir ihre Malerei – sie bevorzugen meine geliebten Rottöne – gefällt. Gespielt wird Deuters Musik mit dem Vogelgezwitscher. Auf den Sarg haben die Kinder gemalt: »Hurra, sie hat es geschafft!«

Oder sollte man sich doch lieber verbrennen lassen? Was aber, wenn die Seele angesengt wird? Was ist vom ökologischen Standpunkt aus besser? Der Körper nährt den Wurm und bestenfalls vielleicht einen schönen Birnbaum wie den beim von Ribbeck auf Ribbeck im Havelland.

Asche wiederum kann man in den Garten streuen oder bei Glatteis sogar auf die Straße.

Wahrscheinlich gehupft wie gesprungen.

15. Februar 1990

Heute ist Francescolina kastriert worden.

Irrtümlich wird immer behauptet, bei den männlichen Tieren heiße die Operation Kastration, bei den weiblichen Sterilisation. Falsch. Sterilisation bedeutet nur die Unterbindung der Fortpflanzungsfähigkeit, eventuell Durchtrennung der Eileiter beziehungsweise Samenstränge. Kastration dagegen die Entfernung aller Fortpflanzungsorgane, bei den Weibchen also auch Gebärmutter und Eierstöcke. Ein sterilisierter Hund würde demnach weiterhin alle sexuellen Bedürfnisse erleiden mit dazugehörigem Weglaufen, Streunen und so weiter.

Es sind nun also alle fünf Hunde kastriert. Keine Quälerei mehr mit der Läufigkeit, unter der sie alle gelitten haben, weibliche wie männliche. Dick werden müssen sie deswegen nicht. Sie laufen ja viel, und jeden Freitag ist Fastentag, da gibt es nur Wasser. Wie dagegen die Wirkung auf ihre seelische Befindlichkeit ist, weiß niemand.

Kastration, auch und besonders in den südlichen Ländern, aber ebenso bei uns auf den Bauernhöfen, ist der einzige Ausweg aus dem Dilemma der ungeheuren Vermehrung von Hunden und Katzen. Deshalb haben wir auch in Assisi ein Kastrationsprogramm eingerichtet.

Ein wüster Tag. Um 8 Uhr wie üblich ins Büro, das Wichtigste erledigt oder in Gang gebracht, dann mit Francescolina und Calderon zum Tierarzt nach Reichenhall, denn Calderon hat ein Ekzem am Hals. Francescolina wird operiert, sie kann ich abends wieder abholen, Calderon wird untersucht, behandelt und gleich wieder mitgenommen.

Nachmittags wieder ins Büro, dann nach Reichenhall, Francescolina abholen. Mit der noch von der Narkose Benommenen zu Hause angekommen, sehe ich, daß Calderons Hals blutüberströmt ist, er hat sich das Ekzem blutig gekratzt.

Um 10 Uhr abends endlich erreiche ich die örtliche Tierärztin und fahre sofort mit ihm in die Ordination. Sie entnimmt Blut, um Nieren und Leber zu untersuchen, verpaßt dem wild Widerstrebenden einen starren Plastikkragen, der ihn daran hindern soll, die Wunde ständig aufzukratzen.

Als ich mit ihm nachts um 11 Uhr zu Hause angekommen bin, hat er sich den Kragen wieder abgerissen.

Ich könnte heulen vor Erschöpfung, tue das aber nicht, sondern schneide mit der Schere den Kragen kleiner und schaffe es tatsächlich, das Ding wieder um den Hals herum zu befestigen.

Wo er erscheint, ergreifen alle Katzen und auch die anderen Hunde vor Schreck über seinen Anblick mit dem starren Kragen panikartig die Flucht. Und der arme Kerl weiß gar nicht, warum.

16. Februar 1990

Auf der Esoterik-Messe in Salzburg traf ich einen Mann, der, obwohl von Beruf Heilpraktiker und Augendiagnostiker, überdies Astrologe ist und in Meditation wunderschöne Musik komponiert, und zwar nach dem Horoskop ganz speziell für den jeweiligen Menschen.

Danach war mein vorheriges Leben durch Freiheit, Wildheit und den Intellekt geprägt, Gefühle waren so gut wie nicht ausgebildet, darum müssen diese im jetzigen Leben gelernt werden. Er ist der Meinung, wie viele andere auch, daß sich die Seele genau *das* Leben, genau *den* Körper aussucht, den sie zu ihrer augenblicklichen Weiterentwicklung braucht.

Sandelans Musik für mich beginnt in der großen Wartehalle im Jenseits, wo alles von freudiger Erwartung geprägt ist; dann folgt der Durchgang durch den Geburtskanal, der Eintritt in die oft als feindselig empfundene Welt, die Auseinandersetzungen, der Lernprozeß und schließlich dann – die Heimkehr, sanft und versöhnlich.

Immer wieder durchziehen düstere, symphonische Klänge »meine« Musik, die das Bedrohliche, Schwermütige in meinem Leben versinnbildlichen; dazwischen hat Sandelan aber auch die Spieluhr eingesetzt, um das Kindliche meines Wesens auszudrücken.

Diesem Kind in mir muß ich den ihm gebührenden Spielraum geben; ich muß es schaffen, die kindhafte Neugier auf die Menschen, die kindhafte Lust am Leben zu bewahren, trotz aller Enttäuschungen, aller Wunden, aller Schicksalsschläge. Schaffe ich das nicht, drohen mir Vereinsamung, Umnachtung, Tod.

16. bis 18. Februar 1990

Ein Wochenende für die Schönheit.

Diese Seminare machen am meisten Freude: gut aufgelegte, meistens auch noch hübsche Frauen, die sich etwas Gutes tun wollen.

An diesem Wochenende wird die Zubereitung von Frischkosmetik und das Schminken mit Naturprodukten gelehrt.

Wunderbar heitere, gelöste Stimmung.

Vielleicht sollte einfach jede/r mehr für sich selbst tun und weniger für andere...

19. Februar 1990

Gustav aus dem Rheinland ruft an und teilt mit, daß er sein Haus verkauft hat und im April mit Sack und Pack, Hund und Katzen zu uns ins Seminarzentrum ziehen will.

Er war so glücklich während des Seminars mit Divo.

24. Februar 1990

Beim Kaufmann kann man jetzt Care-Pakete für Rumänien packen lassen. Der Inhalt ist vorgegeben: Dosenfleisch, Zukker, Grieß, Trockenmilch etc. Lauter Unfug, Dinge, die ich das ganze Jahr über nicht anrühre.

Gerade in Rumänien, einem klassischen Agrarland, brauchte niemand zu hungern, wenn die Menschen das essen – und schätzen – würden, was bei ihnen wächst.

Immer wieder zeigt es sich, die Vollwertküche ist das einzig Richtige.

Wir müßten eine alternative Hungerhilfe ins Leben rufen.

Wir müßten – aber wer ist eigentlich »wir«? Wir, das bin immer wieder ich. Kaum einer will wirklich arbeiten. Die Leute kommen, um sich an mir aufzutanken – und wenn es ans Arbeiten geht, sind sie verschwunden.

Von mir wird alles erwartet. Ich soll Tier- und Altenpflegerin sein, Bürofrau und Kinderbetreuerin, Köchin und Medizinmann bzw. -frau; die krebskranken Patientinnen gesund machen, Vorträge halten, die zerrütteten Ehen der TeilnehmerInnen kitten und nebenbei auch noch das ganze Dorf aufbauen.

Ein Vereinsmitglied hatte doch tatsächlich die Stirn, zu mir zu sagen: Um die Buchhaltung kümmerst du dich nicht? Die macht dir keinen Spaß, gib es zu!

Eine Frechheit.

Ich glaube, es ist ein Fehler, daß ich alles umsonst tue. Erstens glaubt es sowieso niemand, zweitens schätzt es niemand. Was nichts kostet, ist nichts wert.

27. Februar 1990

Veronika und ich hörten uns einen Vortrag an »Sind unsere Seen noch zu retten?«

Ergebnis niederschmetternd. Die Seen rundum sind Kloaken. Ein überfüllter Saal, Zigarettendunst. Die »Alternativen« qualmen wie verrückt. Veronika muß sich ein Taschentuch vor den Mund halten, um den Mief zu ertragen.

Die Leute kapieren *Null*!

Da wir noch dazu stehen müssen, gehen wir nach einer halben Stunde. Gut so. Denn Ottilie, die nicht geahnt hatte, welche Begleiterscheinungen die Kastration ihrer beiden Katzen mit sich bringen würde, finden wir ihn Tränen aufgelöst. Muzi und Mizi, um 6 Uhr 30 abends kastriert, sind gerade aus der Narkose aufgewacht und torkeln nun, bei jedem Gehversuch in die Knie brechend, durch die Wohnung.

Nie vorher habe ich so stark empfunden, wie richtig und wie wichtig ist, was ich hier auf die Beine zu stellen versuche. Ottilie ist nicht einsam in ihrem Schmerz. Veronika und ich sind da, um sie zu trösten. Irgendeine/r wird in Zukunft immer da sein, wenn irgendeine/r Hilfe oder Trost braucht. In dieser Lebensgemeinschaft wird niemand mehr einsam sein müssen.

Von meiner Kindheit abgesehen, war ich eigentlich immer einsam; allein, wenn ich traurig oder krank war, wenn mir ein Zahn gezogen wurde, ein Tier starb, wenn ich einen Mißerfolg hatte, als ich in einem Hotel im Sauerland während einer Tournee mit asiatischer Grippe liegen blieb...

Auch ich werde nie mehr einsam sein. Das weiß ich an diesem Abend.

28. Februar 1990

Wie goldrichtig meine Idee ist, daß in unserer zukünftigen Lebensgemeinschaft alte Menschen mit ihren Tieren bis zum Lebensende beisammen bleiben können, zeigt wieder einmal ein Artikel im *Salzburger Fenster*: »Menschliche Tragödien wegen Tier-Verbots in Altersheimen – alte Menschen verlieren ihren letzten treuen Gefährten«.

Nicht nur im Tierheim Salzburg spielen sich erschütternde Szenen ab, wenn Menschen ins Altersheim müssen und ihre vierbeinigen Lieblinge dorthin nicht mitbringen dürfen.

So fährt eine 75jährige Frau täglich bei Wind und Wetter vom Altersheim ins Tierheim, um ihre dort untergebrachten Hunde Uschi und Bärli zu besuchen.

Eines Tages lehnte die alte Frau zusammengesunken am Gittertor des Tierheims und hörte nicht mehr auf zu weinen. Auf die Frage, ob etwas passiert sei, kam die Antwort: »Nein, aber wenn ich komme, und ihr habt meine Hunde weggegeben, sterbe ich.«

Zu Weihnachten nahm die alte Frau ihre beiden Hunde heimlich mit ins Wohnheim. Die Sozialhelferin brachte sie zurück ins Tierheim.

Eine 87jährige Frau kam ins Krankenhaus, ihr 12jähriger Kater Muscha ins Tierheim. Die Frau läßt den Kater, der inzwischen vor Kummer ebenfalls krank geworden ist, in immer anderen Positionen fotografieren, um wenigstens ein Bild von ihm zu haben. Im Krankenbett liegend, küßt sie die Fotos. 12

Jahre, das entspricht wohl in etwa 84 Menschenjahren, hat der Kater mit seinem Frauchen gelebt. Jetzt liegt er teilnahmslos in seinem Körbchen, Kopf und Augen gesenkt.

Tragödien über Tragödien. Veraltete Heimordnungen oder Tierfeindlichkeit sind die Gründe, warum die alten Menschen in den Heimen keine Tiere halten dürfen.

Andere Länder, wie etwa die USA, beweisen, daß Tiere die Seele gerade auch älterer Menschen positiv beeinflussen. Tiere wirken wie Therapeuten. Sie können heilen und lindern – vor allem die Einsamkeit, die Depressionen alter Menschen.

Daß alle diese Gettos, die Kinder-, Alters- und Tierheime, überflüssig werden, das ist ja mein großer Traum.

Wenn überall ähnliche Modelle entstehen würden wie unser geplantes Projekt, *kann* dieser Traum Wirklichkeit werden.

Die Broschüre »Kirche, Tier, Natur« mit Beiträgen des Protestanten Günter Altner, des Katholiken Eugen Drewermann und u. a. Luise Rinser schließt mit folgenden Worten:

Frevel am Tier,
an der Natur,
an der Umwelt –
sind das nicht
die eigentlichen
Todsünden?

1. März 1990

Die Frühlings-Schnupperwoche liegt vor mir wie eine kaum überwindbare Hürde.

Wie werde ich alles schaffen? Wie werde ich es schaffen, so gesund und strahlend zu sein, daß ich alle, die kommen, aufbauen und glücklich machen kann? Es hat sich auch eine Gruppe krebskranker Frauen angemeldet...

Frida ist bereits über eine Woche krank. Das bedeutet für mich: um 5 Uhr aufstehen, Pferde, Hunde, Katzen, Hühner füttern, Stall ausmisten, Haus einigermaßen saubermachen – zu allem Überfluß fängt es auch noch an, wild zu schneien, also vor der Garage Schnee schaufeln, damit ich mit dem Auto herauskomme, dann duschen, um 8 Uhr ins Büro.

Heute morgen um halb 5 Uhr höre ich den Schneepflug. Ein Blick aus dem Fenster – der Schnee auf der Straße einen halben Meter hoch, einen Meter hoch vor der Garage!

Entsetzlicher Orkan. Umgestürzte Bäume liegen kreuz und quer über die Wege verstreut. Im Radio heißt es, der Treibhauseffekt spiele bei dem Desaster eine Rolle, aber hinzu kommt die verrückte Monokultur in den Wäldern.

Um den Schnee vor der Garage wegzuschippen, benötige ich mindestens eine Stunde. Rufe Ottilie an – sie kommt mich abholen, das letzte Stück muß sie ebenfalls zu Fuß gehen, weil querliegende Bäume auch diesen Weg versperren.

Manchmal, immer öfter, komme ich mir vor wie Hiob. Immer noch eins drauf!

Sind das die Prüfungen, die ich bestehen muß? Und wird das ein Leben lang so weitergehen? Wie stehen andere Menschen ihre Prüfungen durch?

Im Radio ein Essay von Maguerite Duras, in dem sie sich mit ihrer Alkoholsucht auseinandersetzt. Sie nennt den Alkoholsüchtigen den interplanetarischen Menschen.

Also, ich weiß nicht …

15. März 1990

Anna ruft an. Sie hat geträumt, ich wäre gestorben.

»Du warst ganz kalt«, sagt sie, »wir haben dann deine Hände geknetet, Maya und ich, sie wurden noch ein bißchen warm, dann war es vorbei. Sie ist an Überanstrengung gestorben, habe ich den Leuten gesagt«, sagt Anna.

21. März 1990

Eine hinreißende Schnupperwoche ist zu Ende gegangen.

Beim Abschiednehmen hatten fast alle Tränen in den Augen. Man hielt mir sogar eine kleine Rede, begleitet von einem riesigen Blumenstrauß.

Der Schmerz ist wohl der Stachel des Lebens.

Nach dem Trommelabend mit Susa, der allen ungeheuer viel Freude machte, laufe ich vergnügt in die Küche, um Ottilie zu melden, daß wir gleich essen können, als im Büro das Telefon klingelt. Die tränenerstickte Stimme von Ottilies Schwester meldet, daß der Vater gestorben ist.

Ich gehe in die Küche, sage es Ottilie. Sie besteht darauf, daß die anderen nichts erfahren, sie möchte die fröhliche Stimmung nicht trüben. Sie steht in der Küche und kocht, während ihr die Tränen über die Backen kullern. Sie bereitet das Essen, besonders die Desserts, so köstlich zu, daß ich den Eindruck habe, sie funktioniert ihre wahnsinnige Trauer um in liebevolle Zuwendung für die Gruppe. Kein Ende der Ahs und Ohs, als die mit Schlagsahne gefüllten Windbeutel auf Erdbeermousse ins Speisezimmer getragen werden, der »Dialog mit Früchten«, eine Mousse aus grünen Kiwis, Brombeeren und Himbeeren, garniert mit Honigschlagsahne.

Vom vielen Weinen ist in Ottilies einem Auge ein Faden gerissen, der von einer Hornhautübertragung herrührt. Mit dem nun auch noch geschwollenen tränenden Auge steht sie unbeirrt am Herd ... Das ist Meditation.

Nicht irgendwann mal auf der Matte sitzen, nicht Meditation getrennt vom Leben – nein, alles muß Meditation werden, alles muß voll und bewußt gelebt – und gelitten werden, das Putzen, das Kochen, die Büroarbeit, die Beziehungen.

Daß mir so ein Mensch geschickt wurde wie Ottilie!

Leider gibt es zunehmend Probleme zwischen ihr und Veronika. Ottilie ist barock und üppig, leiblich und seelisch, Veronika das krasse Gegenteil, von puritanischer Kargheit. Sollte sich gegenseitig gut ergänzen – sollte man meinen. Tut es aber nicht. Veronika ist ungeheuer fleißig, so wie sie putzt keine, aber sie ist jeglicher Ästhetik abhold. Überall will sie sparen, »es geht doch auch ohne«. Natürlich geht es auch ohne Kiwis. Wir sind grundsätzlich bemüht, das zu essen, was am Ort und zur Jahreszeit wächst, getreu dem Spruch, man solle nichts verzehren, was länger als einen Tagesmarsch entfernt gewachsen ist. Ab und zu eine Kiwi oder ein ähnliches Gewächs gibt jedoch dem Frischkornbrei einen Hauch von Exotik und Luxus, enthebt ihn auch des Nimbus von Tümelei, der schon dem Wort selbst anhaftet. Frisch-korn-brei, Voll-wert-kost, gräßliche Wortschöpfungen, es gibt nur keine treffenderen.

Einen zusätzlichen Hauch von Luxus, nach dem ich geradezu dürste, trägt auch Almut bei, zartes graugelocktes Geschöpf mit einem Gesicht, wie von Michelangelo gemeißelt. Almut wird, nach einem halben Dutzend Schnupper-Besuchen, bei uns bleiben. Sie versteht sich sehr gut mit Ottilie, könnte unser Programm mit autogenem Training bereichern, möchte sich auch in der Zubereitung von Frischkosmetik und der Farbenberatung ausbilden lassen. Noch verfügt sie über ein sehr geringes Selbstwertgefühl. Ich mache ihr Mut, und sie wagt es – macht am Schluß der Schnupperwoche mit der ihr inzwischen gut bekannten Gruppe eine Meditation. Wie alle bestätigen, der Höhepunkt der 7 Tage. Almut strahlt.

22. März 1990

Ottilie fuhr zur Beerdigung ihres Vaters. Veronika, Almut und ich bestritten zu dritt erfolgreich den Koch- und Backkurs mit 26 Frauen der »Goldhauben«.

Eins freut mich ganz besonders, initiiert hat diesen Kurs die Frau des Bezirkshauptmanns, selbst Goldhaubenfrau. Dies hatte zur Folge, daß nun auch die Frau unseres Bürgermeisters, ebenfalls Goldhaubenfrau, die bisher keinen Schritt in unser Haus getan hat, mitmachte.

26 mollige Frauen in der Küche, das wogte von Busen und Popos, eine Mordsstimmung, und allen hat es geschmeckt!

Mir scheint, daß ich neuerdings von der Bevölkerung des Elfhundert-Seelenortes Doppendorf anders gegrüßt werde; weniger mißtrauisch, weniger herablassend. Beginnt meine Vision nun endlich, auch für die Einheimischen sichtbar zu werden?

23. März 1990

Die Montagsdemonstrationen in Leipzig, wie sind sie verkommen! Grölende Menschenmassen toben durch die Straßen; ein Wunder, daß sie nicht brüllen. »Ein Volk, ein Reich, ein Führer«. Als ein Sprecher der Grünen erwähnt, daß Deutschland den Krieg begonnen hat, tönt es im Sprechchor: »Lüge, Lüge, Lüge!«

Der Rechtsruck in Deutschland ist gewaltig. Am 18. März haben vor allem die rechten Parteien gewonnen. Da kann einem bange werden vor der Wiedervereinigung. Bednarz zitiert in der Sendung *Monitor* den Satz aus Dantons Tod: »Marat, was ist aus unserer Revolution geworden!«

24. März 1990

Das Gong-Seminar mit Johannes Heimrath, Komponist und Klangtherapeut, ist phantastisch. Er entlockt seinen 17 großen und kleinen Gongs Töne, die, wenn überhaupt, nur mit dem Ausdruck »mark- und beinerschütternd« zu beschreiben sind. Da erlebt man das sanfte Säuseln des Windes in sich wiegenden Grashalmen, Orkane, die Bäume zum Umstürzen bringen könnten, Bombardements und Flugzeugabstürze, Gewitter mit Blitz und Donner, Vulkanausbrüche – die Hölle mit Fegefeuer, schreienden Menschen, den Himmel mit Engelschören und Sphärenklängen.

Wir dürfen auch selbst die Gongs schlagen. Ich gerate völlig außer mir und wundere mich anschließend, daß mir, bei meiner sonstigen Geräuschempfindlichkeit, kein Ton zu laut ist, obwohl einige der anderen Teilnehmer, wie sie mir später erzählten, die Ohren zuhalten oder sogar den Raum verlassen mußten.

Heimrath erklärt das so: Ein gesundes Ohr verträgt die in der Natur vorkommenden Töne, sogar das Krachen eines Blitzschlags direkt neben sich. Zudem gibt es bei den Gongs Ober- und Untertöne, die bei üblicher Musik häufig fehlen.

Nach Gongs kann man süchtig werden. Wenn wir einmal soviel Geld haben, daß wir den Dachboden zum Konzert- und Meditationsraum ausbauen können, müssen unbedingt Gongs darin sein ...

Die Gruppe setzt sich aus zehn sehr komplizierten, sehr introvertierten und problembeladenen Typen zusammen. Noch komplizierter wird es dadurch, daß ein Fernsehteam, das über mein Dorfprojekt berichtet, einen Teil der gruppendynamischen Übungen filmt. Und im Nebenraum führt eine zweite, sehr fröhliche und eher lärmende Gruppe meditatives Malen durch. Irgendwie haut dann aber doch alles hin ... Zum Abschluß dann Arbeit mit dem größten Gong, der einen Durchmesser von über eineinhalb Metern hat. Wir müssen uns auf den Boden legen, Füße zum Gong gerichtet, werden aufgefordert, die Musik durch die Zehen in den Körper einfließen zu lassen. Heimrath bearbeitet sanft mit dem Schlegel den Gong, streichelt ihn beinahe. Der Beginn ist überaus zart, dann steigern sich die Töne langsam bis zum Inferno.

Ich hatte auf ein totales Untertauchen in der Musik gehofft, eine Art Auslöschungsprozeß erwartet, eine Explosion des Bewußtseins, in der sich mein Kopf, mein Verstand auflöst. Aber es kommt ganz anders. Keine Sekunde tauche ich weg, im Gegenteil. Messerscharf beobachte ich alles, was in meinem Körper, in meiner Seele sich abspielt.

Ein scharfer Schmerz durchzuckt alle Stellen meines Leibes, an denen alte Wunden Narben hinterließen. Da habe ich mir als widerspenstiges Käthchen auf der Bühne einen Nagel in den linken Fuß gerammt, über dreißig Jahre ist das her. Ein Stich zunächst an dieser Stelle, so lange, bis ihn die Töne weggespült haben, dann dasselbe am linken Knie – da hat mich ein Pferd, lang ist es her, an die Stallwand gedrückt; irgendein Muskel, irgendeine Sehne hat sich davon nie erholt. Es folgt ein Dolchstoß in die linke Niere, dann in den Magen, dann in die Gegend, wo die Leber sitzt – dann wird mir eiskalt, und mein Körper fängt an zu schlottern, vor allem mein rechter Arm zappelt, als wäre er vom übrigen Körper losgelöst. Die ganze Zeit über schießt mir das Wasser aus den Augen.

So kalt, so eis-, so todeskalt war mir, erkenne ich plötzlich, nach meinem mißglückten Selbstmordversuch, 1965 im schönen Monat Mai in einem New Yorker Hotelzimmer, wo ich vergeblich auf meinen damaligen »Lebens-Phasen-Partner« – diese schöne Wortschöpfung stammt leider nicht von mir – wartete. Eine halbe Flasche Whisky, 15 Valium und beide Handgelenke richtig durchtrennt, ganz nach Vorschrift längs geschnitten, nicht quer – und doch war ich nicht gestorben, sondern bin morgens in einer Blutlache liegend mit einem gräßlichen Schüttelfrost wieder zu mir gekommen.

»It was not your time, Madam«, hatte der chinesische Arzt, die Handgelenke zusammenstickend, kühl erklärt.

Nun wieder diese entsetzliche Kälte. Wenn doch der Gong auf mich fiele und mich erschlüge! Aber dann würde womöglich der arme Heimrath miterschlagen, oder der neben mir liegende Dr. M. aus Wien, der würde das vielleicht gar nicht wollen.

Warum bin ich mit derartig wenig Erdklumpen an den Füßen ausgestattet? Warum leide ich so sehr unter der Erdenschwere? Die Astrologin meint, ich sei eigentlich als Geistin geplant, zu leben nicht auf dieser Erde, sondern in einem luftigeren Zwischenbereich.

Vielleicht war ich tatsächlich in einem früheren Leben höher entwickelt und bin ein gefallener, ein abgestürzter Engel ... auf die Erde strafversetzt.

Ich müßte jetzt aufspringen, zu dem Toben des Gongs selbst toben, schreien, rasen – traue mich aber nicht, um die übrigen Teilnehmer nicht zu stören. Immer diese Rücksichtnahme! Als Folge prompt rasende Kopfschmerzen.

Dann Stille. Der Gong schweigt. Johannes Heimraths sanfte und dabei wunderbarerweise irgendwie teilnahmslose Stimme lädt zu einer Meditation ein, zu der ich nicht fähig bin. Schleppe mich zur Toilette und schluchze dort unter Verschleiß einer halben Rolle Toilettenpapier zum Tränentrocknen weiter.

Die Geräusche und Gerüche des Lebens sind nach diesem Ausflug in andere Sphären fast unerträglich, der Geruch von Zwiebeln aus der Küche, das Geklapper der Töpfe, das Geschilpe der wütenden Spatzen im sonnendurchfluteten Hof. Sie haben sich ganz offensichtlich über den Lärm der Gongs geärgert, sie zetern geradezu vor Zorn.

Als ich mich beruhigt habe, gehe ich wieder zurück in den Seminarraum.

Jede/r wird gebeten, die Frage zu beantworten, was sie/ihn bewogen hat, dieses Seminar mitzumachen, und was es schlußendlich brachte.

Für mich war ausschlaggebend, daß ich an meine Grenzen oder möglichst darüber hinaus gelangen möchte. Da ist das starke und deutliche Gefühl, nur einen winzigen Ausschnitt des Ganzen bisher wahrzunehmen, und die Ahnung – nein, das Wissen, daß es noch soviel »dahinter« gibt.

Hinter dieses »Dahinter« zu kommen, soviel wie möglich zu be-greifen, das ist meine große Antriebsfeder.

Den Abschluß des Seminars bildet ein Konzert in der kleinen Pfarrkirche. Sie ist zwar nicht voll, wie ich eigentlich erhofft und erwartet hatte, aber immerhin sind, neben vielen Freunden aus nah und fern, auch einige Menschen aus dem Dorf erschienen.

Die Gongmusik, in der Kirche noch gewaltiger als im Seminarraum, ist das größte musikalische Ereignis meines Lebens. Wir verabreden mit Heimrath für den Herbst ein 5-Tage-Intensiv-Seminar.

26. März 1990

Die Talkshow am kommenden Wochenende in Berlin liegt mir seit Tagen im Magen: »Fluch oder Segen der Tierversuche.« Um mich auf die Sendung vorzubereiten, muß ich mich wieder in die entsetzliche Thematik der Tier- (und Menschen-!)versuche einarbeiten und merke prompt, wie sich mein Gemüt verdüstert; erkenne daran besonders deutlich, wie richtig es war, daß ich eines Tages meinem Leben eine andere Richtung gegeben habe. Ich wäre draufgegangen, wenn ich weiterhin als Protestlerin gegen Mißstände gelebt hätte, *gegen* Tierversuche, *gegen* die Pershings, *gegen* Wackersdorf, immer *gegen* etwas. Ich wäre draufgegangen, hätte ich nicht ganz bewußt begonnen, meine Kräfte zu dritteln, nur noch ein Drittel *gegen*, aber zwei Drittel *für* etwas einzusetzen. Man beseitigt das Böse nicht, indem man es bekämpft, sondern indem man das Gute fördert – obwohl auch diese Phase des Kämpfens gegen das Böse für mich not-wendig war.

Nur: Man stärkt, was man bekämpft, man stärkt, was man denkt, im Negativen wie im Positiven, wie es ja so einfach und eindrucksvoll der Kinesiologietest beweist. Ein freudiger Gedanke gibt mir Kraft, ein trauriger Gedanke schwächt mich. Theoretisch hätte ich also mein Leben über mein Denken selbst in der Hand.

Vom Standpunkt körperlicher, seelischer und geistiger Hygiene aus gesehen, dürfte ich mich mit diesen Themen nicht mehr beschäftigen, müßte ich zu derartigen Veranstaltungen grundsätzlich nein sagen. Nur: Wer kümmert sich dann, wenn nicht wir paar einzelnen?

Glücklicherweise sprechen sich inzwischen immer mehr Wissenschaftler gegen Tierversuche aus, massenweise Professoren. Ihnen glaubt die Bevölkerung natürlich eher als uns Laien, denen gern Gefühlsduselei und mangelnde Sachkenntnis vorgeworfen wird.

Die Stellungnahmen dieser Ärzte sind in dem Buch *Tausend*

Ärzte gegen Tierversuche zusammengetragen. Ein Saulus, der zum Paulus wurde, ist Professor Pietro Croce, Chefarzt und Pathologe. Jahrelanger Verfechter von Tierversuchen, heute strikter Gegner, antwortet er auf die Frage: Kann man auf Tierversuche verzichten, ohne den medizinischen Fortschritt aufzuhalten?: »Meine Antwort ist nicht, man kann, sondern man muß auf Tierversuche verzichten, um den medizinischen Fortschritt nicht aufzuhalten.«

Beim Internistenkongreß 1976 in Wiesbaden erläuterte Prof. Dr. med. Hoff, daß inzwischen 6 Prozent aller Krankheiten mit Todesfolge und 25 Prozent aller Erkrankungen überhaupt auf Arzneimittelschäden zurückzuführen sind.

Und immer noch wird der Tierversuch gerade auf dem Arzneimittelsektor als Garant für die Unschädlichkeit eines Medikaments angepriesen!

Es ist verbrecherisch, wie mit der Angst der Massen vor Krankheiten, vor Krebs, neuerdings vor Aids, Schindluder getrieben wird. Die künstlich in grauenhafter Isolierhaft gehaltenen krankgemachten Affen sind zwar schließlich irgendwann HIV-positiv – aber sie bekommen kein Aids. Dennoch geht diese verrückte Forscherei weiter. Es mehren sich aber die Stimmen, die fragen: Aids, die Krankheit, die es gar nicht gibt?

Die Menschen kapieren nicht, daß Tierversuche als Alibi dienen, um z. B. die Gifte gefahrloser unter die Leute zu bringen. Und daß die Menschenversuche dennoch stattfinden! Ungeachtet der Tierversuche.

30. März 1990

Im Flugzeug München–Berlin.
Eine gräßliche Nacht gehabt. Nach zwei Stunden peinigenden Schlafes, in denen ich alle den Tieren angetanen Greuel selbst erlebe, wache ich um 2 Uhr nachts auf und muß mich übergeben bis zum Morgen. Es hat mir regelrecht den Magen umgedreht.

Bin nur kurz ins Büro gegangen und dann mit dem Auto nach München gefahren, in einem Zustand, als sei ich ausgeblutet. Wir fliegen über den Wolken, dort, wo die Freiheit wohl grenzenlos ist... Vor Jahren soll ein Mann aus dem Fenster eines Flugzeuges gesaugt worden sein. Wenn mir das jetzt passieren würde, ich hätte nichts dagegen. Was man wohl spürt? Vielleicht glaubt man zu träumen. Der Traum ein Leben, das Leben ein Traum. Oft ein Alptraum.

31. März 1990

Im Flugzeug Berlin München.
Die Talkshow begann um 22 Uhr abends. Ich meine, wir Tierversuchsgegner haben auf der ganzen Linie gesiegt. Den Befürwortern gehen die Argumente aus, unsere sind besser. Es wird für die Sender zusehends schwerer, überhaupt noch Vivisezierer vor die Kamera zu bekommen, zumal unsere Seite nun auch zunehmend über kompetente Wissenschaftler verfügt, Chirurgen, Epilepsieforscher, Ganzheitsmediziner. Es wird immer deutlicher, wie sehr die Medizin von einer Human- zu einer bloßen TÜV-Medizin verkommen ist. Von Kongressen wird lauthals berichtet, wieviel Transplantationen wieder einmal vorgenommen wurden – selten erfährt man, wie viele Menschen eigentlich gesund geworden sind. Im Gegenteil, die Krankheiten, auch und gerade bei den Kindern, nehmen zu, die Allergien, die Hautkrankheiten, der Krebs, Aids.

Vor dem »Sender Freies Berlin« eine Fackel-Mahnwache. Auch der Wahnsinn der Tierversuche wird einmal der Vergangenheit angehören, wie heute die Sklaverei, die Unterdrükkung der Frauen, der Schwarzen, die Ausbeutung der Kinder.

Ich muß mir Vorwürfe anhören, ich setzte mich zu stark für Gesundheit und Ernährung ein und nicht mehr genügend für die Tiere.

Wieder merke ich, daß viele Menschen nicht fähig sind, die Zusammenhänge zu begreifen, die Ziel meines Projektes sind.

Immer wieder zu wenig Verständnis für das Ganzheitliche, das Holistische, das allein zum Heil führen, das heil-machen kann.

Nach einem kurzen Anflug von Resignation überwältigt mich ein Gefühl der Dankbarkeit, daß mir diese wunderbare Aufgabe in Doppendorf gestellt worden ist; daß ich auf dem Land leben, daß ich mit so wundervollen Tieren leben darf.

1. April 1990

Wie schön und richtig es ist, was ich aufbaue! Das Seminarzentrum hat eine Strahlkraft bekommen, die sich auf jeden überträgt, der durch die Tür tritt.

In der Zeitung eine Meldung, daß der Umsatz der Pelzindustrie drastisch zurückgeht. Auch ein Erfolg der Tierschutzarbeit. Endlich zeigen sich die Auswirkungen unserer vielen Demonstrationen.

»Harrods wird zur pelzfreien Zone – das Londoner Nobel-Kaufhaus schließt seine Rauchwarenabteilung.« Diese Überschrift in der Berliner *TAZ* wird jeden Tierfreund frohlocken lassen. In der Bundesrepublik ging der Pelzverkauf um 18 Prozent zurück. Die Berichte über immer mehr vom Aussterben bedrohte Tierarten, auch die Fernsehberichte über die qualvolle Haltung der Nerze und Füchse, haben dazu geführt, daß immer mehr Frauen keine Lust mehr verspüren, sich mit einem Pelzmantel auf die Straße zu wagen.

Sieben von zehn Britinnen lehnen Pelze inzwischen ab, Fotomodelle weigern sich immer häufiger, bei Modeschauen Pelze vorzuführen.

Mich sprach, schon vor einigen Jahren, in einem Hotel ein Pelzhändler an. Wir Tierschützer hätten mit unseren Kampagnen erreicht, daß er auf einer ganzen Ladung Seehundfellen sitzengeblieben sei. Zuerst habe er eine Wut gehabt – sich dann aber auf die Herstellung von Webpelzen umgestellt, und jetzt gehe das Geschäft bombig.

Na also!

Eartha Kitt sang einst: »Männer kommen und gehen – aber ein Pelz ist immer da, wenn du ihn brauchst.«

Ein Webpelz auch!

Ich habe die Genehmigung bekommen, zu Hause in Sommerholz die Garage aufstocken zu lassen.

Nun kann dort eine Wohnung entstehen, in der irgendwelche netten Menschen einmal hier mit mir leben können, Menschen, die zwar noch nicht aufgetaucht sind, die aber sicher kommen werden.

Da mir mein altes Auto sozusagen unter dem Hintern weggerostet ist, muß ich leider ein neues kaufen. Der Zaun ist umgebrochen, ich werde statt des Zauns Büsche pflanzen. Das Dach der Sauna ist durchgefault, muß erneuert werden.

Es regnet ununterbrochen, seit Tagen und Nächten, der richtige Salzburger Schnürlregen. Der Regen hat die von Hunden und Pferden ums Haus herum zertrampelte Grasnarbe in ein Schlammbad verwandelt. Ich muß unbedingt Steine legen lassen, dann wird hoffentlich weniger Dreck ins Haus geschleppt.

Da ich dies schreibe, kriecht die Angst in mir hoch: Wie soll ich alles schaffen? Zur Arbeit im Seminarzentrum, den ewigen Gängen zu allen möglichen Behörden, die Öko-Siedlung betreffend, den Verhandlungen wegen des Umbaus der Scheune, meinen daneben ständig laufenden Aktionen im Tierschutz, den Vorträgen über Ernährung, dem Auffangen der vielen verzweifelten hilfesuchenden Frauen, die zu uns kommen, nun auch noch der Ausbau der Garagenwohnung!

Ich atme tief durch und bitte meinen Schutzengel um Hilfe. Und um Führung. Er sagt, es ist richtig so. Ich gebe dann zwar alles Geld aus, das ich besitze, aber es wird schon neues kommen. Noch gehen meine Bücher sehr gut.

2. April 1990

Ich bin zu den »Fichtelgebirgsgesprächen« eingeladen von einem »meiner» Bäcker.

Fast nicht zu glauben: Noch immer backen Bäcker in Deutschland und Österreich das von mir vor etwa zwanzig Jahren kreierte »Barbara-Rütting-Brot«.

»Zufällig« erzählte ich vor circa 20 Jahren während eines Rundfunk-Interviews in Köln, daß ich Brot backe; 3.500 Hausfrauen – jawohl, dreitausendfünfhundert! – baten daraufhin um das Rezept. Der Sender mußte Studenten engagieren zum Beantworten der »Sauerteig-Post«. »Zufällig« berichtete mir dann jemand, ein Kölner Bäcker verkaufe unter meinem Namen ein ziemlich miserables Brot. Was ich dagegen tun könne, fragte ich die Bäckerinnung. Einen Bäcker suchen, der das Brot in Lizenz bäckt, war die Antwort. Ich schlug das Telefonbuch auf, fand einen interessierten Bäcker – und nach einigen Tagen des Probebackens stellte ich das Ergebnis einem aufgeschlossenen Publikum im »Kaufhof« vor. Die Kunde vom neuen Brot verbreitete sich; flugs war es auch in Hamburg im Handel, und für jedes verkaufte Brot erhielt ich Prozente. Verdiente mir mit dem Brot mein tägliches Brot. Hat mir das einen Spaß gemacht, mich in den »Kaufhof« zu stellen und mit den Hausfrauen über Ernährung zu diskutieren!

Es sollte der Beginn einer neuen Karriere sein, der Karriere als Gesundheitsberaterin und Autorin. Was war dagegen schon das abendliche Theaterspielen! »Wir haben Sie gestern im Theater gesehen«, wurde ich häufig angesprochen, »prima war's, aber sagen Sie, das Brotrezept ist ja phantastisch! Wie aber kriege ich die Kruste etwas weicher?»

Das Thema der diesjährigen »Fichtelgebirgsgespräche«: Der vernachlässigte Markt – die reichsten Senioren aller Zeiten. Professoren von Universitäten sind eingeladen, Markt- und MeinungsforscherInnen, Psychologen und KommunikationsberaterInnen.

Der Anteil der alten Menschen nimmt in der ganzen Welt zu. Im Bundesland Salzburg beispielsweise wird der Anteil der alten Menschen über 60 Jahre von derzeit 15,4 Prozent bis zum Jahr 2030 auf 27,1 Prozent ansteigen – laut Statistik.

Auf alle Fälle wird die Zunahme alter Menschen Probleme im Gesundheitswesen mit sich bringen wie auch im Pflege- und Hilfsdienst im privaten Bereich, ebenso in der sozialen Kranken- und Pensionsversicherung. Wir bräuchten dringend eine Gesundheits- statt einer Krankenkasse, Gesundheitshäuser, in denen die Leute gesund werden, statt Krankenhäusern, in denen sie noch kränker werden als zuvor. Wir bräuchten mehr Aufklärung über wirkliche vorbeugende Gesundheitspflege – wobei wir wieder einmal beim Thema wären, nämlich bei der richtigen Ernährung, und das wäre, von Professor Kollath so wunderbar einfach formuliert: Laßt unsere Nahrung so natürlich wie möglich.

Nun, in Doppendorf wird das Modell einer Lebensgemeinschaft, die all diesen Kriterien entspricht, Wirklichkeit werden...

Von diesem Symposion halte ich folgendes für erinnerungswert: Nur 4 Prozent der Alten leben zur Zeit in Altersheimen, laut einer Statistik von 1987.

Insgesamt sind die Alten aktiver geworden, die »Grauen Panther« mit ihrem Sich-nicht-unterkriegen-Lassen setzen sich immer mehr durch. Alte Leute trinken mehr Mineralwasser, mehr magenfreundlichen (?) Kaffee, verzehren weniger Fast-Food als die Jungen. Senioren geben insgesamt mehr Geld für gesunde Produkte aus.

Diese Situation kann sich aber ändern, ist nicht nur alters- sondern auch generationsspezifisch.

Im Jahr 2020 werden mehr als 70 Prozent der Noch-Bundesrepublik-Einwohner älter sein als 40 Jahre...

3. April 1990

Eine esoterische Zeitung brachte ein langes Interview mit mir, hauptsächlich über das Projekt Doppendorf. Ein prachtvolles Foto von mir und meinem Hund Calderon, daneben in dicken Lettern die Überschrift: »Aufs Sterben freu ich mich.«

Diesen Satz habe ich zwar unter anderem geäußert, hier aber, so herausgestellt, klingt es, als sei es mein Lebensinhalt, mich aufs Sterben zu freuen!

4. April 1990

Ein taufrischer Karfreitag.

Ich liege mit den Hunden auf dem Steg des Badehäuschens und lese in der Zeitung: »12jährige Reiterin erlag ihren Verletzungen noch am selben Tag des Sturzes. Silvia G. ist tot. Das Pferd der Begleiterin hatte gescheut, als ein Auto im Schritt vorbeifuhr – Silvias Pferd war darauf in Panik geraten, gestürzt, Silvia blieb bewußtlos auf der Fahrbahn liegen. Das Pferd rappelte sich auf und galoppierte zum Stall«, steht in der Zeitungsnotiz, und daß Silvia mit dem Rettungshubschrauber ins Krankenhaus gebracht wurde, wo sie noch am selben Abend starb.

Silvia ist die Tochter zweier Schauspieler, mit denen ich gearbeitet habe. Als ich Silvias Mutter kennenlernte, war sie hochschwanger mit Silvia. Jetzt ist Silvia tot.

Ich trauere um Silvia, als hätte ich mein eigenes Kind verloren, und weiß doch, Trauern ist Selbstmitleid, Trauern soll nicht sein.

Wie sind die drei am letzten Morgen auseinandergegangen? Hatten Sie ein gemütliches gemeinsames Frühstück, oder sind alle zur Arbeit gehetzt, Siliva zur Schule, Vater und Mutter zur Probe ins Theater?

Im Spielplan steht: »In den Kammerspielen am Sonntag keine Vorstellung.«

Hat man die Vorstellung wegen des Todesfalls ausfallen lassen? Ein anderes berühmtes Schauspielerehepaar ist aufgetreten kurz nach Erhalt der Nachricht, daß das gemeinsame Kind gestorben war. Könnten diese Eltern das auch, in dieser Situation Theater spielen? The show must go on ... Ich erfuhr um 19 Uhr, daß meine Mutter gestorben war. Eine Stunde später stand ich auf der Bühne, ging der Vorhang hoch, unerbittlich – the show must go on ...

Es heißt – und Psychologen bestätigen es – man braucht etwa fünf Jahre, um nach dem Verlust eines geliebten Menschen wieder in dieser Welt zu »funktionieren«. Frauen, die sowohl einen Partner wie auch ein Kind verloren haben, sagen, der Verlust eines Kindes sei ungleich schwerer zu ertragen.

Ich stelle mir das Aufwachen vor, nachdem man endlich, mit Pillen oder mit Alkohol, oder mit beidem, eingeschlafen ist – das leere Kopfkissen, das Wissen: vorbei, für immer. Nie wieder das geliebte Gesicht.

Soll ich den Eltern schreiben? Aber was? Daß ich für sie bete? Wenn sie katholisch sind, ringen sie sich vielleicht zu einem »Was-Gott-tut-das-ist-wohlgetan« durch. Oder sie hadern mit Gott. Ich lese gerade ein Buch, in dem immer wieder behauptet wird, daß man selbst sein Leben gestaltet, kein Schicksal tut das, kein Gott.

Was war der Sinn von Silvias Leben, hat ihr höheres Selbst dieses Ende bestimmt? Was war der Sinn ihres Sterbens? Ein Entwicklungsprozeß für die Eltern?

Sie soll oft vom Tod gesprochen und sich gewünscht haben, eingeäschert zu werden.

5. April 1990

Heute morgen war ich zum Reiten verabredet. Die Pferde wahnsinnig nervös. Aprilwetter: Mal nieselt es, dann scheint die Sonne, dann wieder weht ein giftiger Wind. Zudem sind sie völlig verrückt auf das frische junge Gras, geradezu hysterisch nur auf Fressen aus. Plötzlich zwei vorbeiknatternde Mopeds – die Pferde gehen durch, alle drei.

Wahrscheinlich habe ich Angst gehabt, heute zu reiten, und die übertrug sich auf die Pferde.

Habe ich in meiner Situation überhaupt das Recht, zu reiten? Die ganze Dorfidee würde zusammenbrechen wie ein Kartenhaus, wenn ich jetzt stürbe. Und wer würde sich um meine Tiere kümmern?

Andererseits kann ich nicht auf Sparflamme leben. Konnte ich noch nie. Habe immer an beiden Seiten der Kerze gebrannt. Fühle mich nur so lebendig.

Ich werde dennoch ein Testament machen. Alles, was mir gehört, wird in die Realisierung des Dorfes gesteckt. Die eine Hälfte soll Menschen, die andere Tieren zugute kommen.

In Österreich können einem »Verunfallten« (welche Wortschöpfung!) ohne weiteres Organe entnommen werden, das ist Gesetz. Ist man damit nicht einverstanden, muß man diesen Einspruch schriftlich bei sich tragen.

Ob sie Silvia Organe entnommen haben?

Von einer Krankenschwester hörte ich, daß Tote, deren Gesichtsausdruck zunächst heiter und friedlich war, schmerzverzerrte Züge zeigten, nachdem ihnen Organe entnommen worden waren...

7. April 1990

Bin unzufrieden mit mir. Ich schaffe es nicht, leidenschaftslos Beobachterin zu sein. Wäre ich tatsächlich als Geistin geplant, müßte mir das doch ein leichtes sein! »Als Engel schuldig geworden und auf die Erde strafversetzt.« War ungeduldig mit meinen geliebten Tieren, habe dem ewig quäkenden Kater einen Fußtritt versetzt, wenn auch einen leichten. Bin auch ungeduldig mit den Menschen. Sie saugen an mir wie die Blutegel, erscheinen einfach bei mir zu Hause, wollen unterhalten werden. Am liebsten würde ich mit dem Gewehr aus dem

Fenster ballern, wenn hier ständig Hinz und Kunz aufkreuzen. Komme mir vor wie eine Bedürfnisanstalt. Jeder kommt und pinkelt mich an. Habe ich denn gar kein Recht auf eine Privatsphäre?

»Auf die Erde strafversetzt.«

Im Fernsehen drei Filme, die alle ein katastrophales Zeugnis für die katholische Kirche ablegen: »Jesus Christ Superstar«, ein Film von Zeffirelli über Franz von Assisi und Audrey Hepburn in »Geschichte einer Nonne«.

Im Futter für die Hunde war der Kopf eines Lämmchens, mit offenen blauen Augen und langen, blonden Wimpern. Hatte den keiner essen wollen?

Wenn es um Christi Ehrentage geht, morden sie am muntersten drauflos, die Christen. Laut Skivers Buch *Verrat der Kirchen an den Tieren* wollte Jesus das Osterlamm-Opfer abschaffen, war Vegetarier, waren die Christen 300 Jahre lang Vegetarier, bis zum Konzil von Nizäa, hätte Jesus sich selbst als Lamm Gottes angeboten, eben weil er das Lämmerschlachten abschaffen wollte! Und weitere 300 Jahre später, unter Justinian, wurde dann, laut Skriver, auch noch die Lehre von der Wiedergeburt ad acta gelegt. Skriver, ehemaliger Pfarrer, konnte es mit seinem Gewissen nicht länger vereinbaren, in der Kirche zu bleiben, die das Morden nicht nur von Tieren zuläßt, sondern sogar noch das Abschlachten von Menschen durch Segnen von Waffen legalisiert.

Neuerdings werden Tierschützer als Antisemiten angegriffen, wenn sie sich gegen das Schächten aussprechen. Es kursiert sogar ein Pamphlet, das Tierschützer mit Nazis gleichsetzt, vor allem wenn sie außerdem noch Vegetarier sind. Leider war Hitler Vegetarier und liebte seinen Schäferhund, und Göring hat ein fortschrittliches Tierschutzgesetz entweder geplant oder sogar verabschiedet.

In einer Glosse »Hunde, wollt ihr ewig leben – 100 Zeilen Haß« behauptet der Autor, Tierschutz sei faschistoid, die Rebellion des kleinen Mannes – »denn natürlich kriecht all dieser Hausmeisterfanatismus und Schauspielerinnen-Elan(!) aus demselben Schoß einer widersinnig dumpfen, kleinbürgerliche-selbstsüchtigen Querulantenfeigheit, die sich immer dann Luft macht, wenn der Aufstand gänzlich risikolos ist.«

Der Autor fragt weiter, warum »die Galionsfiguren und Rädelsführer (des Tierschutzes) immer nur solche Rotarmisten des Geistes wie Barbara Rütting, Günter Strack oder Gert Haucke sind«.

Aha, ein faschistoider Rotarmist bin ich also.

Es ist schon kurios, das Schubladendenken. Trete ich für eine gesunde Ernährung und die damit verbundene Übernahme von Verantwortung für die eigene Gesundheit ein, bin ich darüber hinaus noch der Ansicht, daß bei einer Abtreibung etwas anderes abgetrieben wird als ein bloßer Zellklumpen, nämlich ein bis in alle Einzelheiten festgelegter Mensch – dann bin ich rechtsradikal. Protestiere ich in Mutlangen gegen die Massenvernichtungsmittel Pershing oder in Wackersdorf gegen die Wiederaufbereitungsanlage von Atommüll, marschiere ich beim Ostermarsch mit gegen den Atomtod – bin ich linksradikal. Spreche ich mich gegen das Schächten aus, bin ich Antisemit. Wage ich es, im Tierschutz aktiv zu sein, wird mir geistiges Rotarmistentum bescheinigt.

Auf der Straße fand ich ein Info-Blatt. Jemand lädt zu einem Vortrag ein, Thema: »Hege der Ameise«.

In den Wäldern errichtet man neuerdings Ameisenhaufen. Sie sollen die Fichtenblattwespe, oder wie das Tier heißt, vernichten. Vielleicht ist das die Lösung der Weltprobleme, die Hege der Ameise. »Il faut cultiver le jardin«, Schlußwort von Voltaires *Candide*.

Also hegen wir die Ameise.

Ach ja, in der (ehemaligen) DDR ist die Regierung gebildet worden. Es ist unfaßbar: Pastor Rainer Eppelmann, *der* Pazifist, ist Verteidungsminister geworden!

Wahn-sinn!

Der Sitz des KGB soll zu einer Gedenkstätte für die Opfer des Stalinismus umfunktioniert werden.

9. April 1990

Silvia ist verbrannt worden.

»Sie hat es sich so gewünscht«, heißt es.

Nicht einmal eine Woche ist vergangen, und ein lebenssprühendes, rotlockiges 12jähriges Mädchen, das sein Pferd und das Reiten über alles liebt, wird als ein Häufchen Asche beigesetzt.

»Silvias Eltern spielen sofort wieder Theater«, heißt es. The show must go on.

Muß sie?

Wie lange ich lebe, liegt nicht in meiner Macht; daß ich aber, solange ich lebe, wirklich lebe, hängt von mir ab. (Seneca)

17. April 1990

Der westdeutsche Theologe und Therapeut Eugen Drewermann – auch aktiver Tierschützer und Vegetarier – hat mit seinen Thesen über die Probleme katholischer Geistlicher den Vatikan herausgefordert. Ein Disziplinarverfahren wird eingeleitet, Drewermann soll die Lehrerlaubnis an der Paderborner Universität entzogen werden.

Hans Küng sind 1979 Vorlesungen an der Universität Tübingen untersagt worden, nachdem er die Unfehlbarkeit des Papstes angezweifelt hatte. Nun ist Drewermann dran. In seinem Buch *Kleriker – Psychogramm eines Ideals* hat Drewermann die Motive untersucht, die einen jungen Menschen dazu bewegen, einen kirchlichen Beruf zu wählen, und kommt zu dem Schluß, daß weniger eine »göttliche Berufung«, als vielmehr eine tiefe Verunsicherung über die eigene Existenz dafür ausschlaggebend sei. Rom mache, so Drewermann, durch ein System von Zensur und Strafe die Kleriker zu willenlosen Beamten. Die Priester, Mönche und Nonnen gehörten wegen schwerer Identitätsprobleme eigentlich auf die Couch des Psychoanalytikers.

Drewermann wirft dem Vatikan vor, die Lebensangst der Menschen über Jahrhunderte durch den Begriff »Sünde« ausgenutzt zu haben. Er fordert eine vergebende Kirche, die Angst durch Vertrauen ersetzt. »Ich will Kirche als Asylstätte der Barmherzigkeit.«

Leonardo Boff hält, trotz seiner enormen Schwierigkeiten mit dem Vatikan, noch an der Meinung fest, die Kirche sei ihm schließlich doch wichtiger als seine Theologie. Wie lange wohl noch? Wie lange wird dieser wunderbar mutige Franziskanerpater den Widerspruch zwischen seinem im Sinne Jesu gelebten Christentum und der Doktrin des Vatikans, die er als »gnadenlos« und »ohne Erbarmen« anprangert, noch aushalten?

Seine 66 Bücher sind in 15 Sprachen in Millionenauflagen erschienen. Nicht zu ermessen, wieviel er damit zur Verbreitung der »Befreiungstheologie« beigetragen hat; der Befreiungstheologie, welche die wirtschaftliche und politische Ausbeutung der Menschen »für eine zynische Beleidigung Gottes« hält und davon ausging, daß Jesus gerade die Gemeinschaft mit den sozial Schwachen verwirklicht habe. Wie sehr hat sich die Kirche von diesem Ideal entfernt! Boff versteht sich als »Alliierter der Armen«, streitet gegen die Verelendung in Lateinamerika, wobei er als Ursache für die Verarmung das Vorgehen von Großgrundbesitzern nennt und die Politik internationaler Konzerne.

Wie wunderbar, daß es noch solche Christen gibt!

Ich weiß nicht, ob Boff Vegetarier ist wie Drewermann. Ich

weiß aber, daß dem Elend in der Welt nur über eine Annäherung – ich sage bewußt vorsichtig: eine Annäherung – an eine vegetarische Lebensweise beizukommen ist.

Während der Dreharbeiten auf dem »Traumschiff« sah ich die brasilianische Küste brennen. Warum werden die Wälder abgebrannt, die Kleinbauern aus ihren Hütten vertrieben? Weil dort noch mehr Viehweiden angelegt werden für noch mehr Rinder als Lieferanten für noch mehr Steaks für uns Vollgefressene, die wir mehr oder minder an Eiweißspeicherkrankheiten leiden: ständige Erkältungen, Lymphgefäßprobleme, Diabetes, Gicht, Rheuma, Herzinfarkt, zu einem gewissen Prozentsatz auch der Krebs – alles ernährungsbedingte Zivilisationskrankheiten! Unser geradezu irrsinniger Fleischkonsum ist also schuld an unseren eigenen Krankheiten wie auch an der Massentierhaltung und am Hunger in der sogenannten Dritten Welt. Sogar aus der Sahel-Zone, in der ursprünglich die Einwohner Bohnen und Hirse anbauten, wovon sie leben konnten, importieren wir heute Soja als Futter für unser Vieh.

Das Vieh der Reichen frißt das Brot der Armen!

Zu einem Vortrag, den ich in einer Nachbargemeinde hielt, erschienen witzigerweise 99 LehrerInnen, um über das Thema »Wir müssen anders leben, damit andere leben können« informiert zu werden. Am Schluß äußerte der Schuldirektor ganz verblüfft: »Das sind ja alles christliche Inhalte, die Sie da vertreten!«

Na klar sind sie das!

Auch der Doppendorfer Pfarrer scheint seine Probleme mit dem Vatikan zu haben, wie er einmal kurz andeutete.

20. April 1990

»Führers Geburtstag.« Dieses Datum ist mir eingebrannt ein Leben lang. Neulich hörte ich die Version, auch Hitler sei ein wichtiges Glied im Schöpfungsplan, habe einen wesentlichen Beitrag zur Bewußtwerdung und Entwicklung geleistet. Schwer, diese Einsicht nachzuvollziehen.

Gustav Schrot ist angekommen, mit vielen Möbeln, Hund Lumpi, noch sehr schüchtern, den beiden Katzen Schnurrli und Bärli, die sich sofort eingelebt haben und mit Ottilies Katzen Freundschaft schlossen. Alle Tiere sind kastriert und werden also Gott sei Dank nicht für weiteren Nachwuchs in Doppendorf sorgen.

Auch die ätherische Almut ist eingezogen. Wenn sie, neben dem autogenen Training, eines Tages die Fußreflexmassage, Zubereitung von Frischkosmetik und die Farbenberatungsseminare durchführen wird, wirkt sich das sehr günstig für den Verein aus, wir können uns dann die teure Farbenberaterin und die Kosmetikerin sparen. Alle, die im Seminarhaus mitarbeiten, erhalten selbstverständlich Kost und Logis.

Gustav hat gleich begonnen, sämtliche Türen und Fenster zu streichen, bedient auch gelegentlich das Telefon – wobei sein rheinischer Dialekt oft zu ergötzlichen Fehlmeldungen führt. So hatte sich eine Gruppe von 40 Frauen aus Mürzzuschlag angemeldet. Bei ihm lautete das so: »Es kommen 40 Frauen mit Zuschlag!« Aber auch mit meiner einheimischen durchaus österreichischen Sekretärin Rosy gibt es witzige Übermittlungen. So meldete sich eine Rheuma-Liga aus Laufen zu einem Vortrag mit Kochkurs an – was mir von Rosy folgendermaßen mitgeteilt wurde: »Stell dir vor, da kommt sogar ein Fußball-Verein zum Kochen, die Liga aus Laufen!«

Ich blicke zufrieden auf das erste Halbjahr zurück und frohgemut optimistisch in die Zukunft.

Es ist alles gut und richtig, was geschieht.

24. April 1990

Hochbetrieb im Seminarhaus. Wir bereiten uns auf die Jahreshauptversammlung des Vereins am 30. April vor. Es wird Neuwahlen geben. Zwei Tage lang haben wir den riesigen Dachboden des Seminarhauses entrümpelt, der jetzt aussieht wie eine Tanzdiele. Selbst wenn die Hälfte des Dachbodens zur Meditations- und Konzerthalle ausgebaut wird, bietet die andere Hälfte noch genügend Raum für zum Beispiel ein großes Kinderspielzimmer, eine Bibliothek, einen kleineren Gruppenraum und und und...

Leider gab es eine gräßliche und völlig sinnlose Auseinandersetzung mit der Hauseigentümerin Mackwitz wegen ein paar irrtümlich in ihrem Zimmer abgestellten Kartons.

Sie kann sich von nichts trennen, zerrte immer wieder wertloses Gerümpel aus den Abfallcontainern heraus und ließ schließlich sogar eine Steinplatte, die auf Baumstümpfen ruhend als Gartentisch diente, in aller Eile abtransportieren, als gelte es, einem Diebstahl zuvorzukommen.

Es war so absurd, daß ich in Gelächter ausbrach – was sicher nicht sehr klug war. Immer öfter habe ich das Gefühl, sie kann es nicht ertragen, daß jemand anderer als sie im Haus kreativ ist. Und dabei ist doch jedermanns Kreativität mehr als gefragt!

Wir nehmen diese unerquickliche Szene jedoch zum Anlaß, den Ausbau des Dachbodens vorerst zu verschieben. Vielleicht ist es gescheiter, einen Meditationsraum nicht im gemieteten Seminarhaus zu schaffen, sondern später einmal in der umgebauten Scheune, die hoffentlich bald endgültig Eigentum des Vereins sein wird.

Bin sehr traurig über Gretes Reaktion. Sie schaltet sich fast demonstrativ aus allen Aktivitäten aus.

Außerdem hat die Hälfte der potentiellen Geldgeber einen Rückzieher gemacht, übrigens ohne ein Sterbenswörtchen mitzuteilen, und zwar gerade diejenigen, die am überschwenglichsten und lautesten am meisten Geld in Aussicht gestellt hatten.

Bei telefonischen Nachfragen erfahre ich dann: »Ich habe das Haus doch nicht verkaufen können/wollen«, »Der Sohn ist krank«, »Die Mutter ist gestorben«, »Ich habe mich doch wieder mit dem Ehemann/der Ehefrau versöhnt« und dergleichen mehr.

Wir werden also statt der versprochenen 5,1 Millionen Schilling knapp drei Millionen zusammenbekommen, und diese auch nur mit den 200.000 Mark aus dem Verkaufserlös von Gustavs Haus.

Wie unzuverlässig die Menschen doch sind! Eine Frau hatte zwei Millionen Schilling fest zugesagt!

Und wie verantwortungslos: Aufgrund dieser Zusagen haben wir uns schließlich so weit vorgewagt und die Verhandlungen über den Kauf der Scheune begonnen. Aber schließlich hatte ja auch Grete einmal dem Verein das Haus schenken wollen... Daran erinnert sie sich heute nicht mehr.

Nie hätte ich dieses Wagnis begonnen, wäre jener Satz nicht gefallen.

25. April 1990

Auf Oskar Lafontaine ist ein Attentat verübt worden. Eine Frau im weißen Kleid mit einem Madonnengesicht lauscht während einer Wahlveranstaltung aufmerksam dem Redner – geht dann ruhig mit einem Blumenstrauß zur Tribüne, um sich ein Autogramm geben zu lassen, zieht ein Messer aus dem Blumenstrauß und sticht auf Oskar Lafontaine ein.

Die Nacht verbrachte sie mit Beten.

Welchen Sinn hat dieses Attentat? Warum auf Oskar Lafontaine? Waren Oskar Lafontaines Schwingungen nicht stark, nicht hoch genug, um das zu verhindern?

Zwischendurch erscheint mir die ganze Esoterik absoluter Quatsch.

28. April 1990

Heute kamen zwei Dutzend Zimmervermieterinnen aus der ferneren Umgebung zum Frühstück, ließen sich über den Wert des Frischkornbreis aufklären, verspeisten interessiert die frischgebackenen Dinkelsemmeln und staunten, wie der Rosmarintee den Kreislauf anregen kann.

Auch sie werden in Zukunft ihren Gästen ein solches Frühstück anbieten – wobei großen Wert auf ein Frühstück »ohne Müll«, sprich ohne Verpackung, gelegt wird; den Honig gibt's wieder im Töpfchen, wie früher, und die Butter zur Rose gedreht auf einem Teller. Dem Beispiel des »Schloßwirts« folgend, haben weitere Gasthöfe unsere Spezialitäten in ihren Speisenkarten aufgenommen, klar, daß die Qualität häufig noch zu wünschen übrig läßt.

Das Vollwert-Virus beginnt also zu grassieren, selbst bei Gastgebern, die nicht vom Seminarzentrum profitieren.

Allzu oft ist der Begriff »gesundes Essen« mit der Assoziation »Schonkost« verbunden. Was für ein Frevel, wenn Gesundes fad schmeckt! Vor allem der Gebrauch von Gewürzen beschränkt sich bei uns vornehmlich auf Spurenelemente von Petersilie, wenn es hoch kommt, einige Röllchen Schnittlauch.

Wenn ich an die Raffinesse der indischen Kochkunst denke! Wir sind Barbaren, auch in der Küche.

Und ich staune immer wieder über die Phantasielosigkeit der meisten Menschen (nicht nur in der Küche). »Was, Sie essen kein Fleisch? Ja was kochen Sie denn dann um Himmels willen?« ist ein ständig ausgestoßener Schrei des Entsetzens. Phantasielosigkeit – Bequemlichkeit, die beiden Hauptbremsen bei jeder Veränderung zum Guten.

Calderon, mit seiner starren Halskrause anzuschauen wie ein spanischer Grande, hat sich vollkommen an seine Kostümierung gewöhnt, schläft auf dem Kragen, würde wahrscheinlich klaglos sein Leben damit verbringen. Und die ersten Tage hat ihn das Ding fast verrückt gemacht!

Das Ekzem heilt. Die Hunde bekommen auf Rat der örtlichen Tierärztin vorläufig kein Getreide, sondern Kartoffeln mit Möhren und etwas Öl, dazu Sahne, Haferflocken, Brennesselpulver.

Es scheint mir, daß sie mit dieser Ernährung nachts ruhiger schlafen. Womöglich habe ich sie mit den vielen Haferflocken völlig falsch ernährt. Es ist zum Verzweifeln, was man alles für Fehler macht, trotz großer Mühe.

Eine Frau aus der Umgebung hat es sich zur Aufgabe gemacht, die Natur zu heilen, und zwar mit Gesteinsmehl und Potenzen aller möglichen Pflanzenextrakte. Wir beide haben drei Stunden damit verbracht, die heilenden Substanzen im Garten und auf die umliegenden Wiesen zu verstreuen, zuerst in Doppendorf, dann bei mir zu Hause. Am Schluß war uns beiden schwindlig. Es war ähnlich anstrengend wie das Rutengehen.

Sie bat um zwei rohe Eier, die sie austrank. Ich versuchte, mich mit einem Glas Rotwein zu erfrischen, war aber auch so erledigt, daß ich sofort ins Bett ging und »wie ein Stein« schlief. Sie behauptet, daß durch die Verabreichung dieser heilenden Potenzen negative Energie, ja sogar Karma der Erde frei und erlöst werde.

Nun, schaden kann es nicht...

30. April 1990

Ein Vereinsmitglied hat uns einen Ballen Naturleinen geschenkt und es mit weiteren zwei emsig nähenden Frauen tatsächlich zuwege gebracht, daß zu Beginn der Versammlung schmucke Gardinen den vorher düsteren Speiseraum zierten.

Leider erschienen diesmal vornehmlich ältere Leute, die eigentlich nichts anderes suchen als einen bequemen Altersruhesitz, die aber weder Vegetarier geschweige denn bereit sind, sich – ausgenommen für ihren eigenen Hund, für ihre eigene Katze – im geringsten für Tier- und Umweltschutz einzusetzen.

Ich bin zunehmend fassungslos über die Unverfrorenheit, mit der hier Forderungen gestellt werden, besonders an mich. Als sei ich eine bezahlte Mitarbeiterin einer staatlichen Institution, als gälte es, hier ein kommerziell geführtes Altersheim aufzubauen. Genau das soll ja nicht entstehen, kein neues Getto, sondern ein Miteinander von jung und alt, Kindern, Tieren – inzwischen habe ich diese Ziele schon so oft artikuliert, daß mir meine eigenen Wiederholungen auf die Nerven gehen.

Ich werde im nächsten Rundbrief noch einmal ganz klar herausfiltern, was hier eigentlich entstehen soll bzw. zu entstehen im Begriff ist, eigentlich eine Art Ashram, am ehesten vielleicht mit dem Findhorn-Modell in Schottland zu vergleichen. Dort müssen Menschen, die sich für ein Leben in der Findhorn-Gemeinschaft interessieren, erst einmal beweisen, daß sie dafür geeignet sind, sie müssen einige Monate unentgeltlich mitarbeiten, dafür sogar noch bezahlen. Erst wenn sie diese Probezeit bestanden haben, steht ein weiteres Mitleben überhaupt zur Diskussion. Die Crux ist, das erweist sich ständig, daß wir, daß heißt der Verein, für junge Menschen, für Familien keine Arbeitsplätze haben. Alles gehört der vergeßlichen Margarete, der Grund, die Äcker, der Wald, das Seminarhaus, die Scheune mit dem umliegenden Land, das riesige Gewerbegebiet. Was könnten dort für alternative Produktionsstätten entstehen! Aber sie blockt alles ab. Ich schicke ihr einen Getreidemühlenhersteller, einen anderen Interessenten, der Schafwolle verarbeiten will und dafür eine Produktionsstätte sucht, einen dritten, der sich mit Wind- und Sonnenenergie beschäftigt und dafür ein Gelände benötigt, einen vierten, der einen Reitbetrieb aufmachen möchte. Sie gibt den Leuten einen Termin, erscheint dann aber nicht und läßt sie sogar im Regen stehen.

Manchmal scheint es, als wolle sie das ganze Projekt boykottieren. Aber warum bloß? Es kommt doch alles ihr zugute, was hier entsteht, daß heißt, es *käme* ihr zugute. Ich werbe ständig um ihre Mitarbeit. Sie könnte doch selbst viele ihrer anthroposophisch orientierten Träume wahrmachen, wie wir das ja auch alles einmal geplant hatten, den biologisch-dynamischen Landbau erweitern, neben dem bisher angebauten Getreide auch biologisch gezogenes Gemüse anbauen, das so dringend benötigt wird; man könnte eine Dinkeldarre für das gesamte Dorf errichten und den vielgefragten Dinkel anbauen, dafür die Milchproduktion verringern; man könnte ein Pilot-Projekt mit dem Anbau von Schilfgras zur Gewinnung von Bio-Energie starten – mit allen meinen Vorschlägen stoße ich auf taube Ohren, nichts ist möglich, nichts wird verwirklicht, nichts. Und mir sind die Hände gebunden, weil mir nichts gehört.

Sie ist nicht bereit, ein weiteres Jahr im Vorstand mitzuarbeiten, wird sich in Zukunft kaum noch in Doppendorf, sondern überwiegend auf dem Gut ihres Mannes in Deutschland aufhalten.

Mit fällt die Bemerkung ihres Mannes ein, als ich – über ein Jahr ist das jetzt her – mit berechtigtem Stolz die neugebauten Toiletten vorführte. Da raunte er ihr zu: »Und warum hast *du* das alles nicht gemacht?«

Hat dieser Satz die Wende in ihrem Verhalten ausgelöst? Bin deprimiert.

3. Mai 1990

Ich wage nun wirklich den »Wahn-sinn« – ich starte den Ausbau meiner Garage zu Hause in Sommerholz zu einer Wohnung. Als ob ich nicht schon drunten in Doppendorf mehr als genügend Bauerei am Hals hätte! Aber ich tue es in der Hoffnung, daß der nette meditationserfahrene Mensch kommen wird, der mir in meinem Privatbereich ein wenig zur Hand geht.

Kurzentschlossen habe ich im »Gesundheitsberater« folgende Annonce aufgegeben:

> »HEFTIG GESUCHT! Umsteigerin, unabhängig, tierlieb, ausgegoren (praktiziert womöglich ›Die Fünf Tibeter‹ oder gar die 6. Übung?), gute Reiterin, möglichst Wassermann-Frau, begreift auch Schneeschaufeln, Stallausmisten und Hausarbeit als Meditation – für einen ländlichen Haushalt (3 Pferde, 5 Hunde, 2 Katzen, 5 Hühner, 1 berufstätige Frau), Nähe Salzburg.«

Wer wird sich wohl auf diese Annonce melden?

10. Mai 1990

Die Vorstandsmitglieder Steuerberater und Rechtsanwalt sind der Meinung, der Verein solle eine GmbH gründen, die es ihm ermöglicht, nicht nur ein Restaurant zu führen, sondern auch Produkte wie Getreidemühlen, Bücher, Öl, Wolle, Gemüse und so weiter zu verkaufen; also Dinge, die der Verein in Zukunft ja produzieren sollte. Denn vom Seminarbetrieb allein wird er nie leben können.

Es wäre natürlich ideal, könnten wir unser Restaurant auch öffentlichen Besuchern zugänglich machen. Als gemeinnütziger Verein dürfen wir Speisen und Getränke jedoch nur Vereinsmitgliedern beziehungsweise Seminarteilnehmern zukommen lassen. Leider hat sich bisher noch nicht der geeignete Koch oder die geeignete Köchin eingefunden, der/die bereit wäre, ein wirklich kulinarisches vegetarisches Vollwertrestaurant in eigener Regie zu führen – und das auch tatsächlich kann!

Damit der Verein in den Sommermonaten, in denen erfahrungsgemäß niemand Seminare besuchen oder gar kochen und backen lernen will, nicht ganz ohne Einnahmen dasteht, habe ich mir ein tolles Sommerprogramm ausgedacht und drei Oldtimer-Segelschiffe gechartert, die ich natürlich zuerst einmal selbst bezahlt habe.

Drei Wochen werden wir, mit hoffentlich netten Menschen an Bord, durch die jugoslawische Inselwelt kreuzen.

Das Segeltörn-Angebot wurde an sämtliche potentiellen Interessenten verschickt:

»Liebe Freundinnen und Freunde!
Wer hat Lust?
Unser Verein hat drei herrliche Oldtimer-Segelboote angeheuert, um am 18. Juli mit lauter netten Menschen zu einem 14tägigen Segeltörn durch die jogoslawische Inselwelt zu starten.
Kulinarische Vollwertkost, Massagen und Naturkosmetik werden Körper und Seele verwöhnen.
Kommen Sie mit? Wir freuen uns auf Sie!«

Angeblich ist die Crew fähig, Vollwertkost zuzubereiten. Ich habe vorsichtshalber mein Kochbuch vorausgeschickt, und wir werden auch unsere eigene große Getreidemühle mit an Bord nehmen, für alle Fälle.

Gemüse und Obst wird es in Jugoslawien in Hülle und Fülle geben; Gemüse und Obst, das auch nach dem schmeckt, was zu sein es vorgibt, da es reif geerntet wird.

So können auch wir armen Außenseiter, denen bei festlichen Anlässen immer nur Salat und Käse vorgesetzt wird, auf eine leckere vegetarische Vollwertkost hoffen. Da die Chefin Erika Kosmetikerin ist, kann man/frau sich überdies an Bord mit Naturkosmetik verwöhnen lassen.

Ich hoffe, daß ich, obwohl ich natürlich wieder einmal die Verantwortung für das Gelingen dieses Unternehmens zu tragen habe, auch ein wenig Erholung für mich herausschlagen kann.

Eigentlich habe ich in meinem Leben noch nie einen richtigen Urlaub gemacht. Entweder mußte ich während der Urlaubstage eine Rolle lernen oder ein Buch schreiben – nun stehe ich für die Ernährung grade, die meinem Motto entsprechen soll: Das Essen muß toll schmecken, köstlich aussehen *und* gesund sein.

Ich freue mich sehr auf die drei Wochen.

15. Mai 1990

Ein Schweizer hat die Entdeckung gemacht, daß die Frauen länger leben als die Männer, weil sie durch die Monatsregel mit dem Blut Eisen verlieren. Wirklich ein Witz! Bisher wurde uns Frauen eingeredet, daß wir aus eben diesem Grund Eisen schlucken müssen! Das ganze analytische Denken wackelt. Besonders in der Medizin. Gott sei Dank kapiert das allmählich auch die Bevölkerung. Die Menschen werden immer kränker, die Allergien häufen sich bei den Kindern geradezu katastrophal, immer mehr Menschen wenden sich in ihrer Not von der Schulmedizin ab, gehen zu alternativen Ärzten, Heilpraktikern oder gar Geistheilern, lassen sich homöopathische Mittel und Bach-Blüten verschreiben.

Gerade Bach-Blüten, vor einigen Jahren nur Außenseitern ein Begriff, werden mit zunehmendem Erfolg angewandt.

Genausowenig wie bei Krebs hat die Forschung Heilmittel gegen Aids gefunden, das sich mehr und mehr zur Seuche entwickelt. Sie schaffen es zwar, Affen mit Aids zu infizieren, sie HIV-positiv zu machen – welche Quälerei das für die in Einzelhaft gehaltenen Tiere bedeutet, ist gar nicht zu schildern –, die Krankheit bricht aber nicht aus. Weil dieser spezielle Affe von sich aus eben nicht Aids bekommen hätte! Wie wir alle längst wissen, können Viren und Bakterien nicht greifen, wenn die Abwehrkräfte in Ordnung sind.

Mir fällt der Versuch von Pettenkofer ein. Das waren noch Forscher! In einer Zeit der Choleraepidemie ließ er sich Cholerabazillen schicken und schluckte vor den Augen seiner Studenten ein ganzes Glas davon – außer etwas Durchfall passierte ihm nichts.

Ein interessantes Buch ist erschienen, von Dr. Devanando Weise – unserem Devanando, der das wunderbare, exotische Gourmet-Kochseminar gestaltet hat. Zuerst dachte ich beim Lesen: Nichts Neues, eigentlich kann es auf diesem Gebiet nichts Neues mehr geben, jedenfalls nicht für mich. Devanando stellt zunächst die modernen, sogenannten gesunden Ernährungsformen vor – makrobiotisch, anthroposophisch, vollwertig und so weiter, bringt dann aber auch den Aspekt des Karma zur Sprache. Demnach würden manche Menschen noch Gelüste auf Fleisch haben – und sollten diesen auch nachgeben –, weil sie in ihrem jetzigen Leben noch sehr stark mit der Materie verhaftet sind; andere dagegen können und müssen schon ausschließlich von Früchten und Gemüsen leben. Und auch dabei gibt es, laut Devanando, noch Unterschiede – der eine verträgt mehr, der andere weniger Rohkost, je nachdem, ob der Feuer-, Wasser- oder Luftanteil im Horoskop überwiegt.

Sehr plausibel, vor allem wohltuend undoktrinär. Devanandos Buch *Harmonische Ernährung* fordert, sich häufig auf Rudolf Steiner beziehend, auf, die ganz individuelle Ernährung zu erfühlen. Er selbst ißt nur Rohkost. Bis mittags nur wasserhaltiges Obst wäre nach der »Sonnenkost«, die auf dem Prinzip der chinesischen Organuhr basiert, ideal. Danach hat der Körper vormittags seine Ausscheidungsphase, die unterstützt und nicht durch neue Nahrungsaufnahme gestört werden sollte.

Für den Sommer leuchtet mir das ein. Da greife ich automatisch morgens nach Obst. Was aber im Winter? Da müßten wir uns in unseren Breitengraden mit ein paar verschrumpelten Äpfeln und getrockneten Pflaumen zufriedengeben.

Mein Eßverhalten richtet sich nach der Jahreszeit. Ich fühle in mich hinein. Bei Hitze verlangt mein Körper nach Obst und

Salaten, wird es kalt, habe ich Lust auf eine frisch gebackene Vollkornwaffel, einen warmen Hirsebrei, einen knusprigen Auflauf – und dann folge ich diesem Bedürfnis auch. Das bekommt mir bestens.

Einen interessanten Gedanken bringt im Vorwort der Psychoanalytiker Lukas Moeller zum Ausdruck: Viele Menschen sträuben sich gegen einen Wechsel der konventionellen Ernährung, weil sie diese als eine Art erster liebevoller Zuwendung von der Mutter erfahren haben und ihnen eine Umstellung auf eine andere, neue Ernährungsform wie ein Treuebruch der Mutter gegenüber vorkommt.

Für mich die erste einleuchtende Erklärung für den Umstand, daß besonders die männlichen Menschen sich häufig so schwer mit einer Ernährungsumstellung tun, da sie ja meistens noch stärker auf die Mutter fixiert sind als die Töchter.

16. Mai 1990

Unfaßbar, was Arbeiter so essen. Meine beiden Garagenhaus-Bauer – wir haben angefangen! – verdrücken pro Tag zur Jause 1 Kilo Wurstaufschnitt, daneben noch eine halbe Schlackwurst und ein riesiges Stück Käse. Dann gehen sie aber auch noch um 12 Uhr nach Hause zum Mittagessen – wo es natürlich wieder Schnitzel gibt oder Leberkäs oder Gulasch oder Schweinebraten. Von den Kosten für die Jause zweimal täglich für die zwei lebe ich einen ganzen Monat! Beide sind unmäßig dick, hochrot im Gesicht, haben Probleme mit den Bandscheiben. Der Sohn, der ab und zu mithilft, weiß bereits, daß zuviel Fleisch ungesund ist. Nach dem Buch von Prof. Wendt *Die Eiweißspeicherkrankheiten* beruht ein großer Teil aller Krankheiten wie Gicht, Rheuma, die sogenannten Erkältungskrankheiten und so fort, auf dem Verzehr von zuviel tierischem Eiweiß und könnte durch eine Herabsetzung der Eiweißmenge zumindest gelindert, wenn nicht sogar behoben werden.

Genau diese Erfahrung mache ich bei meinen Vorträgen und

Kochkursen. Wenn die Mütter sich entschließen, die Menge an tierischem Eiweiß auf dem Speisenplan drastisch zu reduzieren – und dazu gehören auch die Milchprodukte –, sind ihre Kinder fast über Nacht von hartnäckigen Erkältungen, Mandel- und Lymphschwellungen befreit. Ich erhalte Dutzende von Briefen überglücklicher Mütter, die dies bestätigen. Ein wundervolles Feedback.

Meine große Hoffnung sind immer wieder die jungen Menschen. Die junge Generation sieht sogar hier auf dem Land schon anders aus als die Eltern, schlanker, durchsichtiger, weniger grob. Aber die Alten... Beim Einkaufen geriet ich vor einigen Tagen in einen Beerdigungszug. Noch nie habe ich so viele armselige Menschen auf einem Haufen gesehen: dick, krummbeinig, spitznasig und schmallippig, ein gespenstischer Zug wie von Hieronymus Bosch zusammengestellt: zum Erbarmen, mir tat das Herz weh.

Tja, der Garagenbau hat begonnen. Zur Zeit sieht es im Garten aus wie nach einem Bombenangriff. Überall Gräben, Löcher wie Erdkrater, Kräne und Zementmaschinen stehen herum, als entstünde hier das Interconti von Sommerholz.

Ich hatte nicht bedacht, daß so viele Leitungen gelegt werden müssen: elektrische Leitungen, die Wasserleitung, ein Kabel für das Telefon, eines für das Fernsehen – soviel Aufwand wie für einen Neubau. Auch die Klärgruben müssen neu gebaut werden, denn die alte Jauchegrube ist nach neuen ökologischen Richtlinien längst überholt; es muß ein Dreikammersystem her, und dafür werden mannshohe Betonringe abgeladen und in die Erdkrater eingelassen.

»Früher hätte ein halbes Dutzend Handwerker mit einer kleinen Maschine die Arbeit bewältigt – heute teilen sich zwei Leute die Arbeit mit sechs Maschinen«, meint einer der Arbeiter.

17. Mai 1990

Ich habe im Seminarzentrum eine Meditation eingeführt, die ich in Indien kennengelernt habe. Fünfmal täglich wird von irgend jemandem die Glocke im Flur in Bewegung gesetzt. Dann verharrt jeder, egal, wo er gerade steht oder sitzt, egal, was er gerade tut, eine Minute vollkommen still und bewegungslos wie in Dornröschens Schloß. Eine wunderbare Entspannung.

Zusätzlich findet jeden Dienstag bei mir zu Hause ein »Runder Tisch« statt für die engeren Mitarbeiter. Zuerst wird Yoga bzw. »Die Fünf Tibeter« geübt, dann gemeinsam gegessen; anschließend besprechen wir die anstehenden Probleme, die jeder von uns mit sich selbst oder mit den anderen die Woche über angesammelt hat. Ich erwarte mir davon eine größere Offenheit und mehr Mut, Konflikte nicht unter den Teppich zu kehren und dadurch riesengroß werden zu lassen, sondern zu diskutieren und damit zu erledigen.

Diesmal war der Abschluß des Abends ein Vogelkonzert, das wir alle gemeinsam auf dem Steg des Badehäuschens anhörten. Ich lausche dem Vogelkonzert, das mir in diesem Frühling besonders wundervoll erscheint, wenn ich irgendwie kann, bis die letzte Amsel auf dem höchsten Fichtenwipfel, die ganz besonders schön flötet, ihren Schnabel gehalten hat.

18. Mai 1990

Ottilie wird den Segeltörn mitmachen, das beruhigt mich. Hoffentlich, hoffentlich kocht die Crew anständig! Ich habe keine Lust, auch noch in der Bordküche zu stehen.

Drei Wochen Segeltörn, dann hat meine Haushälterin Urlaub, ich muß den Bau fertig bekommen in den Sommermonaten und meinen eigenen vernachlässigten Haushalt wieder einigermaßen in Ordnung bringen. Das Dach der Sauna muß neu gedeckt werden; es war so durchgefault, daß bereits kleine

Tännchen darauf wuchsen. Ich brauche einen neuen Rasenmäher, das neue Auto hat viel Geld verschlungen. Obwohl meine Reserven im Moment erschreckend dahinschmelzen, sagt meine innere Stimme, daß es richtig ist, das alles zu tun.

Es muß Frische hinein in mein Leben, auch ins Haus. Ich gebe alles auf den Flohmarkt, was ich im letzten Jahr nicht gebraucht habe: Bücher, Schallplatten, Kleider.

Jeden Morgen und jeden Abend vor dem Schlafengehen bitte ich um Führung – danke ich dafür, nach Doppendorf fahren und dort diese herrliche Aufbauarbeit verrichten zu dürfen, trotz aller Mühe, die oft übergroß erscheint.

19. Mai 1990

Sehr lustiger Workshop mit Marise: »Ich bin auf der Welt, um Freude zu erfahren«, mit Tänzen und Spielen aus Findhorn. Ich bin auf der Welt, um Freude zu erfahren – eine kühne, eine faszinierende Variante von Sinn-Findung. Die meisten von uns, von Kindesbeinen an einen Gekreuzigten vor Augen, dürften, bewußt oder unbewußt, eine andere Information gespeichert haben, nämlich »Ich bin auf der Welt, um Leid zu erfahren«. Wenn irgend möglich, stehle ich mich davon, um bei diesen Workshops ab und zu eine Stunde mitzumachen.

Marise läßt »Die Autowaschanlage« spielen, ein gruppendynamisches Spiel, das gerade kontaktarmen Menschen hilft, Berührungsängste abzubauen: Alle Mitarbeiter bilden, in zwei Reihen einander gegenüberstehend, mit den Händen eine Brücke, die »Waschanlage«, unter der nun das »Auto« durchgeht beziehungsweise auf allen vieren durchkrabbelt, nachdem es vorher artikuliert hat, wie es gerne gewaschen werden möchte, etwa: Ich bin ein rasanter Porsche, wünsche eine kräftige Behandlung mit Unterbodenschutz.

Ich habe, um den anderen Mut zu machen, das erste Auto gespielt: Ich bin ein ganz alter, klappriger VW und möchte eine sehr sanfte Streichelwäsche!

Unglaublich, wie schnell auch die Frustriertesten bei solchen Spielen auftauen.

Fazit: ein wunderschönes Wochenende mit lauter fröhlichen gutgelaunten Menschen.

21. Mai 1990

Apropos Freude, Glück, Sinnfindung: Der Journalist Toni Meissner hat in einem Interview (*Bunte*, 23. 5. 85) den Dichter Herbert Asmodi gefragt: »Was macht Sie glücklich?«

Asmodi antwortete: »Nicht in Unfreiheit leben zu müssen.«

Meissner weiter: »Wann sind Sie glücklich?«

Asmodi: »In Bezauberungen oder gesteigerten Gemütszuständen, wenn das Herz ruft: o ende nie!«

Meissner: »Warum, glauben Sie, sind so wenige Menschen wirklich glücklich?«

Asmodi: »... Glück, wenn es so etwas überhaupt gibt, ist im Weltenplan nicht vorgesehen, die Schöpfung braucht es nicht. Also hat es etwas mit Eigenleistung zu tun und ist eigentlich ein Kunstprodukt. Ähnlich wie das hohe C. Das schaffen auch nur ganz wenige...

Glück ist im Weltenplan nicht vorgesehen...«

22. Mai 1990

»Wenn Sie die Welt verändern wollen, verändern Sie sich selbst –« lese ich in dem Buch *Wunder Nummer II* »– dann werden sich andere zu Ihnen hingezogen fühlen und sich auch ändern.«

Es sei wichtig zu begreifen, daß andere Menschen auf der Stufe sein *müssen*, auf der sie sich befinden, und daß ich nicht nur wahre, universelle Liebe ausdrücke, sondern auch meinen eigenen Fortschritt unterstütze, wenn ich die Realität anderer Menschen voll und ganz akzeptiere, anstatt mich durch Urteilen an die niedrige physische Ebene zu binden: »Beobachten bedeutet Kraft – Beurteilen ist Schwäche ... durch Ihre innere Größe ziehen Sie automatisch alles an, was Sie brauchen.«

Schön wär's! Zur Zeit ziehe ich genau das an, was ich alles nicht brauche. Aber die regelmäßige Meditation wird sicher auch dazu beitragen, dem oben geschilderten Seinszustand näher zu kommen.

Und unter allen Meditationsformen, die ich ausprobiert habe, scheint mir die Transzendentale Meditation am wirkungsvollsten, am praktikabelsten, am modernsten und – am einfachsten. Ich habe vor, auch die Fortsetzungskurse mitzumachen.

Schleierhaft aber, wie ich leben kann, ohne zu urteilen. Ottilie und mir wird nämlich gelegentlich der Vorwurf gemacht, daß wir andere be-urteilten. Dazu sind wir aber gezwungen, wir müssen täglich be-urteilen, ob die Person, die sich als Hilfe anbietet, überhaupt fähig ist, eine Tasse abzuwaschen oder eine Möhre zu bürsten, oder ob sie mit derlei Unterfangen bereits heillos überfordert ist. Täten wir das nicht, hätten wir im Nu hier ein Asyl, in dem sich alles tummelt, was mit seinem So-sein nicht klarkommt. Ist eh schon an der Grenze des Erträglichen!

23. Mai 1990

Ich habe eine Einladung zum ersten esoterischen Kongreß in der UdSSR erhalten, für den September, am Schwarzen Meer. Du meine Güte, würde ich gern dorthinfahren! Einmal auftanken, einmal nicht geben, sondern empfangen dürfen!

Auch die Brahma Khumaris haben mich wieder an die spirituelle Universität in Radjastan eingeladen. Aber ich fürchte, in den nächsten Jahren werde ich mich nicht wegrühren können, wenn nicht endlich Menschen in Erscheinung treten, die nicht nur in Küche und Garten »mal ein bißchen mithelfen«, sondern mir etwas von der Verantwortung abnehmen, die ich zu tragen habe, die auch mitplanen, sich Gedanken machen. Im Grunde bin ich immer noch mutterseelenallein.

Mein Arbeitspensum ist gigantisch. Eigentlich von einem

einzelnen Menschen nicht zu bewältigen. Aber irgendwie geht es immer wieder...

Obwohl ich meistens nicht vor 2 Uhr zum Schlafen komme, stehe ich um 5 Uhr auf, mache »eisern« mein Yoga, dazu seit mehreren Monaten auch »Die Fünf Tibeter«, bringe bei mir zu Hause die Bauarbeiten in Gang, was immer das Besorgen von irgendwelchen Zementsäcken oder anderen Bauutensilien sowie den Einkauf von zig Kisten Bier und enormen Jausenvorräten bedeutet.

Glücklicherweise ist Frida wieder gesund, so daß ich mich nicht um Stall und Haus zu kümmern brauche.

Zwischen 8 Uhr und 8 Uhr 30 bin ich im Seminarzentrum. Der Bürobetrieb ist deshalb so anstrengend, weil ich nie bei einer Tätigkeit bleiben kann, sondern dauernd unterbrochen werde. Entweder stören Telefonanrufe, die ich selbst beantworten muß, oder es schneit jemand herein, der sich über Seminare oder die geplante Öko-Siedlung informieren will, oder Leute bringen Sachen für den Flohmarkt – leider auch viel alten Krempel, der nicht zu verwenden ist. Und alle wollen bei mir ihre Lebensbatterie aufladen. Unser kleines Büro dürfte sich eigentlich nur mit dem Vereins- und Seminarbetrieb beschäftigen, das wäre schon mehr als genug Arbeit. So haben wir aber noch alle die Öko-Siedlung betreffenden Anfragen zu erledigen, die täglich körbeweise eintreffen.

Mittags fahre ich neuerdings nach Hause, komme, was wolle. Versuche, in Ruhe meine Rohkost zu essen, dann zehn bis zwanzig Minuten Autogenes Training oder ein kurzer Schlaf, ohne dessen Erquickung ich das alles nicht durchstehen würde. Nachmittags wieder Büro, Bankbesorgungen, dazwischen Wochenendseminare. Immer häufiger kommen Gruppen von Frauen aus der näheren und ferneren Umgebung, um die Vollwertkost kennenzulernen. Vorträge außerhalb des Seminarzentrums sage ich aus Zeitmangel jetzt grundsätzlich ab.

Dadurch, daß ich in meinem Leben immer wieder in unvorhergesehene schwierige Situationen hineingeworfen wurde, die ich meistern mußte, wollte ich überleben, habe ich wohl ein ziemliches Improvisationstalent erworben, was für die Mitarbeiter manchmal ganz offensichtlich schwer zu ertragen ist. Dabei kommt mir natürlich die jahrzehntelange Erfahrung auf Tourneebühnen zugute. Wenn der Dekorationswagen im Schnee steckenblieb, wurde eben ohne Kostüme gespielt, mit Möbeln, die der Hausmeister schnell irgendwo auftrieb. Ich liebe solche herausfordernden Situationen! Diese Vorstellung von *Wer hat Angst vor Virginia Woolf* irgendwo im hohen Norden, wo wir ohne Dekoration, alle in unseren Privatkleidern spielen mußten, werde ich nie vergessen. Alles war wieder so neu und frisch, alles war wieder in Frage gestellt, man konnte sich auf nichts verlassen, was am Abend vorher noch eine Selbstverständlichkeit gewesen war.

Wir bereiten das Pfingstfest vor. Neben dem Seminar »Innere Mauern durchbrechen« wird ein großer Flohmarkt abgehalten werden. Der Flur sieht aus wie ein Warenlager. Im ganzen Haus eine unwahrscheinlich tolle, fröhliche Stimmung. Soviel Gelächter!

Das Seminarhaus wird zusehends schöner. Und überall werkelt irgendeiner mit Feuereifer. Um so mehr fällt mir die immer deutlicher werdende Vernachlässigung meiner eigenen vier Wände auf. Mein Haus wirkt, als ob es traurig ist über meine häufige Abwesenheit. Ich komme nicht dazu, mit den Blumen, mit den Bäumen zu sprechen – ein kurzes Streicheln im Vorbeigehen und ein Vertrösten auf morgen ...

2. Juni 1990

»Auch dein Garten kann ein Paradies sein« – Titel eines Wochenendseminars, geleitet von dem – wie er sich selbst nicht ohne Koketterie bezeichnet – »ältesten Diplomlandwirt der Welt«.

Heinz Erven, 91 Jahre alt, berichtet aus seiner 40jährigen Praxis als Bio-Landwirt, wie er in der Nähe von Remagen sein

Feiern Sie mit uns!

DAS SEMINARZENTRUM HAT SEINEN
1. GEBURTSTAG

Pfingstsamstag, 2. Juni ab 10.00 Uhr

- Großer Flohmarkt
- Vollwertspezialitäten
- Kinder basteln Handpuppen um 14.00 Uhr
- Musik, Tanz und Spiel für klein und groß um 16.00 Uhr
- und viele Überraschungen
- Verkaufsausstellung mit Originalbildern von Georg Schmidt und Christel Langer

Samstagabend:

- Vortrag 19.30 Uhr:
  »40 Jahre biologischer Landbau« – Es spricht der älteste Dipl.-Landwirt der Welt, *Hein Erven* (91 Jahre)

Kostenbeitrag: 50,– Schilling
Ort: Turnhalle in der VS oder Seminarzentrum
Kartenvorverkauf für Abendvorträge täglich 9.00–12.00 Uhr im Seminarzentrum

Leitung: Barbara Rütting

»Paradies« aufgebaut hat, zu dem heute ganze Scharen von Interessierten aus aller Welt pilgern. Denn nirgendwo tragen die Bäumen so viele Früchte wie bei Heinz Erven, leuchten die Himbeeren so rot und riesig wie bei Heinz Erven. Ich habe mich davon überzeugen können. Denn er hat »die Unterstützung der Natur« – Hunderttausende von Regenwürmern, die »das schwarze Gold« produzieren, nämlich schwarze, humusreiche Erde.

Wir hatten alles besorgt, was nötig ist, um ein Hochbeet – Erfindung von Heinz – zu bauen. So ein Ding faßt 12 mal 2

Meter Erde und ist etwa einen Meter hoch. Das Grundgerüst, Eisenstangen und Ziegelsteine und ein hölzerner Kasten, soll verhindern, daß sich Mäuse im Hochbeet einnisten. Aber das eigentlich Großartige daran ist, daß auch Alte oder Behinderte, ja sogar Menschen im Rollstuhl problemlos an so einem Hochbeet garteln können.

Natürlich wurde auch wieder gemeckert. Sicher ist der Vortragsstil eines 91jährigen nicht so glasklar wie der eines Jungen. Einige Teilnehmer regten sich auf, daß sie »in den Dreck« hinaus sollten, denn wir wollten das Hochbeet ja auch gleich zur Demonstration aufbauen, ist doch klar; wenn das Seminar lautete »Theorie und Praxis«, bringe ich doch wohl Gummistiefel mit!

Den meisten machte es aber doch einen Heidenspaß: der Kontakt mit der Erde und vor allem mit diesem weisen alten Mann, aus dem sie jedes Quentchen Wissen herauszupressen suchten. Heinz demonstriert den Fettgehalt einer Walnuß, indem er eine halbe Walnuß aufspießt und anzündet. Sie brennt fast eine Viertelstunde lang!

Er hat ein ganzes Programm für das Anpflanzen von dreißig Obstbäumen zusammengestellt, die Sorten entsprechend der Höhenlage, frühe und späte Sorten, so daß wir unser Seminarzentrum eines schönen Tages hoffentlich das ganze Jahr über mit eigenem ungespritzten Obst versorgen, vielleicht sogar noch etwas verkaufen können. Die Obstbäume werden im Herbst auf dem Stück Land angepflanzt, das nach der zwar noch nicht offiziell ausgesprochenen, aber doch angekündigten Ablehnung der Baubewilligung nun Grünland bleiben wird.

Heinz gefällt das enorm, was ich hier mache. »Donnerwetter, Donnerwetter, bist du eine Frau! Wenn ich zehn Jahre jünger wäre, würde ich dir einen Heiratsantrag machen!« jubelt er mit leuchtenden Augen.

5. Juni 1990

Uff! Pfingsten ist vorüber, das Seminar »Innere Mauern durchbrechen« und der Flohmarkt waren ein Super-Erfolg. Und wir sind alle geschafft.

Fragt sich, ob der Aufwand an Nerven und Energie im Verhältnis dazu steht. Trotz einiger Helfer hatte natürlich unser »harter Kern« die Hauptlast zu tragen.

Den heutigen »Runden Tisch« benutzten wir zum Durch- und Aufarbeiten alter und neu zutage getretener Probleme. Ich habe die wichtigsten Punkte festgehalten:

1. Zum »Runden Tisch« sollten grundsätzlich *nur* die im Seminarzentrum Aktiven zugelassen sein, damit wirklich die internen Probleme besprochen werden können. Durch das Seminar plus Flohmarkt sind alle sehr erschöpft. Damit Seminare in Zukunft weniger anstrengend für uns verlaufen, wurden folgende Vorschläge gemacht:
2. In jedem Zimmer sollte eine Hausordnung hängen (innen an der Tür), der Referent sollte sie vorher zugeschickt bekommen. Am Begrüßungsabend wird von mir darauf hingewiesen. Die Hausordnung sollte beinhalten:
   a) Jeder hat Hausschuhe mitzubringen und im Haus zu tragen;
   b) die Essenszeiten sind unbedingt einzuhalten: Frühstück von 8 Uhr 30 bis 9 Uhr, wer bis dahin nicht da war, bekommt nichts mehr. Ebenso beim Mittagessen: 12 Uhr präzise. Um 15 Uhr Tee, aber kein Kuchen. Abendessen um 18 Uhr.
   c) Die Mittagsruhe nach dem Essen bis 15 Uhr muß eingehalten werden! Absolute Ruhe, das Haus ist sehr hellhörig.
   d) Die Seminare müssen um 22 Uhr beendet sein. Ab 22 Uhr 30 ist Ruhe im Haus.
   e) Wenn Kinder mitgebracht werden, müssen auch diese vorher angemeldet werden, und es muß eine Aufsichts-

person dabeisein. Oder es wird, nach Absprache, gegen Bezahlung eine Aufsichtsperson von uns gestellt.

f) Das Rauchverbot in Haus und Garten ist absolut einzuhalten! Selbstverständlich sind alle Mitarbeiter befugt, bei Verstößen einzuschreiten.

3. Die Mitarbeiter sollten bei der Begrüßung der Seminarteilnehmer vorgestellt werden. Ebenso sollten die wichtigsten Informationen über die Vollwerternährung mitgeteilt und darauf hingewiesen werden, daß Mithilfe von seiten der Seminarteilnehmer erwünscht ist. Wir sind kein Gasthof – können und wollen also auch keine Extrawünsche erfüllen.
4. An den Öfen müssen Gebrauchsanweisungen angebracht werden, da unterschiedliche Menschen (falsch) heizen. Die Öfen haben gequalmt wie verrückt!
5. Es wurde die oft mangelnde Verständigung untereinander bemängelt. Vorschlag: Almut bringt einen Gong mit. Wenn irgend etwas Wichtiges schnell zu entscheiden ist, werden über den Gong alle im Haus anwesenden Mitarbeiter in der Küche zusammengerufen.
6. Der Kopierer darf nur von Fachleuten bedient werden. Schild anbringen!
7. Ich habe meinen ursprünglichen Vorschlag wieder aufgegriffen, im Eßraum eine »stille Ecke« einzurichten, in der diejenigen sitzen können, die beim Essen nicht reden wollen.
8. Wenn überhaupt noch einmal ein Flohmarkt veranstaltet wird, dann sollte bei Warenannahme bereits eine sorgfältige Auswahl getroffen und »Schrott« gleich abgelehnt werden. Die Mitarbeiter waren physisch und psychisch fast krank durch den vielen Müll (da entrümpeln wir mühselig das Haus und holen uns neuen Müll herein!).

Ach ja. Man sollte meinen, daß zu uns nur Menschen kommen, für die alle diese Punkte selbstverständlich sind. Dem ist aber nicht so. Wir mußten sogar in den Zimmern Zigarettenkippen aus den Toiletten klauben!

Die »stille Ecke« werde ich in Zukunft selbst mit Beschlag belegen. Ich komme nämlich nie zum geruhsamen Essen, weil ich ununterbrochen zum Reden gezwungen werde.

Unbeschreiblich, was die Menschen zusammenquatschen! Sehnsucht nach einem Zen-Wochenende. Da wird nur geschwiegen, herrlich!

10. Juni 1990

Ein Gemälde von van Gogh ist für umgerechnet 950 Millionen Schilling versteigert worden – leider nicht auf unserem Flohmarkt. Wenn ich mich richtig erinnere, hat van Gogh zu seinen Lebzeiten gerade zwei Bilder mit Mühe verkaufen können und ein Hungerleiderleben geführt.

Und nun, zu seinem 100. Todestag, pilgert alle Welt nach Holland. Er wollte Vincent genannt werden, erfahre ich aus einem Radio-Porträt, weil alle Leute seinen Namen falsch aussprechen. Richtig heißt es »van Choch«. Habe ich auch nicht gewußt.

Durch die Bauarbeiten an der Garagenwohnung bin ich gezwungenermaßen mehr zu Hause. Es muß im Seminarzentrum auch mal ohne mich gehen – obwohl sich leider immer wieder herausstellt, daß es eben überhaupt nicht ohne mich geht. Kaum bin ich weg, läuft etwas schief, kommt ein Anruf, und ich muß loshetzen. Niemand, der bereit ist, mir auch nur einen Bruchteil der Verantwortung abzunehmen.

Ich bin fest überzeugt, daß der Ausbau der Garage, obwohl scheinbarer Wahnsinn, jedenfalls meinen das »alle« (»Da baut sie eine Wohnung und weiß gar nicht, für wen!«) sinnvoll ist.

Der richtige Mensch wird kommen!

11. Juni 1990

Wir sind in den vergangenen Monaten ungemein fleißig gewesen. Es haben mehr Seminare stattgefunden als geplant, vor allem die Nachfrage nach den Koch- und Backkursen wächst ständig. Viele kamen nach dem ersten »Schnuppern« ein zweites, ein drittes und ein viertes Mal – »wie nach Hause«, wie ich zu meiner großen Freude öfter vernehmen kann.

Ein Höhepunkt ist das Kochen und Backen mit Kindern im SOS-Kinderdorf Seekirchen. Der Frischkornbrei, das Honigeis, die selbstgemachten Nudeln, auf Hulahoop-Reifen zum Trocknen aufgehängt, lösen jubelnde Begeisterung aus.

Einige der SOS-Kinderdorf-Mütter haben sich bereits für ein Vollwertkost-Seminar im Herbst angemeldet.

Für Mütter der SOS-Kinderdörfer und ähnliche Institutionen mit Zeitproblemen habe ich mir einen Spezial-Service ausgedacht, der sich bereits bestens bewährt hat. Die Mütter treten morgens um 8 Uhr 30 mit Töpfen, Eßgeschirr und Kuchenblechen im Seminarhaus an, es wird gebrutzelt und gekocht und gefachsimpelt, und um 11 Uhr 45 steigen die Mütter mit gefüllten Töpfen ins Auto. Punkt 12 Uhr steht für sämtliche Kinderdorf-Kinder ein komplettes Vollwertmenü samt köstlichem Eis auf dem Tisch.

12. Juni 1990

Die *Medical Tribune* meint, Männer über fünfzig sollten am besten gar keinen Alkohol mehr trinken.

Bisher hieß es doch »Rotwein ist für alte Knaben eine von den besten Gaben!«

Und die Sumerer kannten bereits die Unterversorgung des Organismus mit Vitamin B_2! »Pazufu« den Greifer nannten die Sumerer einen Dämon, der das Gesicht gelb und die Zunge dunkel oder schwarz werden ließ. Dieser Gott verursachte die Vitaminkrankheit, die wir »Pellagra« nennen, also eine Vitamin-B_2-Mangelkrankheit. Vitamin-B_2-Mangel macht sich als Störung des Eisenstoffwechsels bemerkbar, führt zu spröden Fingernägeln, Wachstumshemmungen und Anämie.

Und worin ist B_2 enthalten? In Leber, Hefe, Mandeln, Weizenkeimen, Käse, Milch, Fleisch, Eiern und Fisch, und außerdem im grünen Gemüse.

Na also, haben wir doch alles in der Vollwerternährung!

Bei einer Umfrage der »American Medical Association« unter ihren Mitgliedern erklärten nur 10 Prozent, daß sie an eine Geist-Körper-Verbindung glaubten.

Ein verheerendes Ergebnis. Und das sind nun Mediziner, die kranke Menschen heilen sollen.

13. Juni 1990

Im Fernsehen eine Talkshow, in der ein jüdischer Schriftsteller alles unternahm, um den Antisemitismus zu schüren. Es macht ihm, wie er sagt, ein diabolischen Vergnügen, alle Leute niederzumachen. Kann man sich vorstellen, daß ein Autor eine regelmäßige Kolumne schreibt mit dem Titel »Hundert Zeilen Haß«? Derselbe Titel übrigens, unter dem der Tierfeind seine Schmährede auf die Tierschützer und auf mich speziell als »geistigen Rotarmisten« veröffentlichte.

Da bemühen wir uns hier, Menschen miteinander zu versöhnen. Und dann solche Verstocktheit.

Neulich antwortete mir doch die Frau eines engen weltgewandten jüdischen Freundes auf meine Frage, ob die Freundin ihres Sohnes auch Jüdin sei, entrüstet: »Ja, selbstverständlich! Glaubst du denn, er geht mit einer Schickse?«

14. Juni 1990

Sonntag morgen um 5 Uhr durch bestialischen Gestank mit gräßlichen Kopfschmerzen aufgewacht. Die Hunde haben gestern einen Karton Brekkies erwischt und verschlungen, den jemand als Geschenk für die Katzen mitgebracht hatte. Folge: verheerender Durst – die ganze Nacht lief einer der fünf, um aus der Kloschüssel zu trinken – und mächtige Verdauungsprobleme, die sich besonders bei Calderon in ununterbrochenen stinkenden Blähungen äußerten, begleitet von unaufhörlichem Hecheln. Ich habe schon recht, daß ich nie Fertigfutter füttere. Dem Hunde- und Katzenfutter werden unter anderem süchtigmachende Substanzen zugesetzt, auch das auf dem Boden des Schlachthauses geronnene Blut wird zusammengekratzt und druntergemischt, das noch dazu versetzt ist mit den Angst- und Streßhormonen der getöteten Tiere.

Damit nicht genug, hat Kater Mayoli einen entsetzlichen Schnupfen. Er niest ununterbrochen, es hört sich an wie eine zischende Schlange. Ich gebe Belladonna und Sulfur, in der Hoffnung, das Richtige zu tun, gemäß dem Buch *Unsere Katze – gesund durch Homöopathie*.

Immer stellen sich Krankheiten bei den Tieren am Wochenende ein. Und wenn einem selbst eine Plombe aus dem Zahn bricht, dann garantiert auch am Wochenende.

Vorgestern war zu allem Überfluß auch noch Firstweih. Bei uns ist es Brauch, daß der fertige Firstbalken geklaut wird. Auf einem mit Tannengirlanden geschmückten Leiterwagen, bevölkert von bunt bemalten, wüst verkleideten Bauern und Bäuerinnen, wird er dann unter Geschrei und Glockengeläute durch das Dorf gefahren. Jeder, der dem Zug begegnet, wird aufgehalten und muß einen ausgeben.

Ich hatte massenhaft Schnaps und Likör und Bier und Kuchen und Aufschnitt bereitgestellt, wie das bei diesem Anlaß Sitte ist.

Bei solchen Festivitäten muß ich mich immer anstrengen,

muß ich mich immer vergewaltigen, kann nicht mühelos einfach lustig mitmachen. Ich bin und bleibe eine Außenseiterin, in jeder Gruppe, in jeder Nation, unter allen Menschen, erst recht und besonders unter den Bauern. Mein Kühlschrank, der normalerweise Sahne, Butter, Gemüse und Obst beherbergt, stinkt von all der Wurst, all dem Leberkäs und dem gemischten Aufschnitt nach Tod und Verwesung, nach Leichen. Vielleicht habe ich davon die Kopfschmerzen. Es ist schwer, in dieser Dualität zu leben. Unsere Seminare und schließlich auch die Menschen der geplanten Dorfgemeinschaft bemühen sich um Verfeinerung, Sensibilisierung, Mitgefühl – auf der anderen Seite muß ich mich, gezwungen durch das Landleben, mit soviel Grobem auseinandersetzen.

Ich frage mich allerdings, könnten die Arbeiter diesen schweren Dachfirstbalken auch tatsächlich hochhieven mit Frischkornbrei, Rohkost und Kräutertee im Magen?

15. Juni 1990

Wache auf mit dem Gedanken, daß der Neigungswinkel des Dachstuhls nicht stimmt. Und irgend etwas stimmt auch nicht mit mir und Doppendorf, ist der zweite Gedanke.

Ich stehe auf, gehe in den taunassen Garten, begrüße Katze King-Kong, die mäusebäuchig nach einer jagdreichen Nacht aus dem Wald herbeistreift. Kaum habe ich sie auf den Arm genommen, naht der niesende Kater Mayoli. Prompt knurrt King-Kong, springt mir vom Arm und verpaßt mir eine tiefe blutende Schramme.

Der Neigungswinkel des Dachstuhls stimmt tatsächlich nicht. Das Ganze sieht irgendwie gedrückt aus, verglichen mit dem zierlichen Haupthaus. Früher konnten sie das eben, da hatten sie ein Gespür für Formen, für Farben...

Ottilie, die ich um Rat fragen könnte als Architektin, ist in Wien – wieder zu einer Beerdigung. Diesmal ist der Onkel gestorben, der Lieblingsonkel.

Überall, im neuen Haus, im Garten stehen leere Bierflaschen herum. Sie sind stolz auf ihren Dachstuhl – und mir gefällt er nicht!

Schon habe ich deswegen ein schlechtes Gewissen, und das schlechte Gewissen bereitet mir prompt eine kleine Depression. Warum bin ich eine solche Perfektionistin!

Blitzartig darauf die Erkenntnis, was mit Doppendorf und mir nicht stimmt. Mein Traum ist es, mit gleichgesinnten Menschen (!?!) in einer lockeren Gemeinschaft zusammenzuleben. Nun kommen zwar Menschen, die sich für gleichgesinnt halten, dies aber für mich noch lange nicht sind. Es kommen Schüler, die ich aufbauen soll, die von mir lernen wollen, ich aber suche Partner. Solche kenne ich zwar, doch sind sie in der ganzen Welt verstreut. Und es sind alles Menschen, die selbst hart arbeiten. Was ich zur Zeit hingegen anziehe, sind eher gescheiterte Existenzen, Frauen, die, der Ehe müde, von einem Seminar zum anderen fahren, sich eigentlich scheiden lassen wollen, oder doch wieder nicht – eine Tierärztin, deren einzige Bemerkung beim Anblick von Francescolina lautete: Da gehört eine Spritze her (zum Einschläfern); ihr Freund, ein verkrachter Maler, der säuft und so weiter und so weiter.

Kein Mensch, mit dem ich reden kann.

Plötzlich Angst, das neue Haus wird mir diese Menschen auch nicht bringen ... und statt Besitz loszulassen, häufe ich noch mehr an!

16. Juni 1990

Veronika verbreitet mehr und mehr eine so säuerliche Stimmung, daß die Bäuerin aus der Nachbarschaft nicht mehr zum Putzen erscheint, wenn sie weiß, Veronika ist im Haus. Nicht einmal der rheinisch-leutselige Gustav kommt mit Veronika aus. Es war eigentlich geplant, daß die beiden gemeinsam den Garten betreuen. Davon kann nicht mehr die Rede sein.

Ein großes Unbehagen überfällt mich, als ich neulich in die

Küche komme. Lauter Proleten, denke ich erbarmungslos, wie ich die ganze Gesellschaft griesgrämig beim Frühstück sitzen sehe, noch ergänzt durch drei rumänische Arbeiter, die zuerst fassungslos, dann mit steigendem Mißtrauen auf die Schüssel mit Frischkornbrei starren, die Veronika ihnen gerade kredenzt.

Was in aller Welt habe ich mit all diesen Leute zu schaffen? Sofort schäme ich mich. Wo bleibt die allumfassende urbane Liebe? Wo die Güte, das große Verständnis?

17. Juni 1990

Barfuß stapfe ich durch den Sommerholzer Wiesentau, begutachte die ausgebaute Garage – unglaublich schnell ist das gegangen –, die neu entstandene Wohnung kann sehr hübsch werden. Aber der Neigungswinkel des Daches ist tatsächlich eindeutig falsch. Von innen gesehen, bestätigt sich der Eindruck. Aber woran liegt es? Das Dach ist zu flach, irgendwie drückend, es müßte wohl steiler sein. Aber jetzt ist der First drauf, man kann nichts mehr ändern. Auf dem First thront das kleine Tannenbäumchen; die bunten Bänder hat der nächtliche Regen aufgelöst.

Auf dem Fußboden, der zur Zeit noch aus nicht mehr als einer dicken Schicht vulkanischen Gerölls besteht – sehr ökologisch, sehr körperfreundlich –, hat sich das Regenwasser gestaut. Darin schwimmen die aufgeweichten Papiersäcke von Ich-weiß-nicht-was, hoffentlich Umweltfreundlichem.

Und immer wieder Bierflaschen in der Brühe!

Ach, wenn doch auch Menschen mit einem Mindestmaß an Bildung kämen! Sie brauchten ja gar nicht einmal übermäßig intellektuell zu sein, denke ich voller Selbstmitleid und hätte Lust, ein bißchen zu weinen. Aber da wiehern schon die Pferde im Stall, sie haben mich gehört. Also hinaus und die Pferde gestriegelt. Ich versuche, eine Art Pferdestriegel-Meditation zustande zu bringen, *il faut cultiver le jardin!* Es gelingt auch.

Es ist inzwischen 6 Uhr 30, ihre gewohnte Fütterungszeit. Genüßlich malmen sie ihren Hafer, Neigungswinkel hin oder her, intellektuelle Bedürfnisse her oder hin. Candy hat ein Fenster aus den Angeln gerissen. Gelegenheit für mich zu einer weiteren Meditation. Ganz im Hier und Jetzt lebend, klaube ich die Glasscherben aus den dampfenden Pferdeäpfeln. Fest durchatmen – OM – OM – OM – tief durchatmen, tief durchatmen.

Als ich den Stall ausgemistet habe, unaufhörlich »OM« singend, geht es mir besser. Und noch besser geht es mir, als ich dies zu Papier gebracht habe. Ein glücklicher Mensch würde wohl keine Zeile schreiben.

»Wenn ich die Welt nicht gestalte, zerfällt sie mir in Stücke.« Der das gesagt hat, war Schnitzler.

Auf meine Weise tue ich dasselbe. Indem ich darüber schreibe, bringe ich die mich so unendlich quälenden Puzzle-Stücke dieses wahnwitzigen Lebens in eine Art von Ordnung.

Auf den Straßen Hunderte überfahrener Frösche, die es nicht geschafft haben, den Teich zu erreichen, in dem sie ihren Laich ablegen wollten. Dennoch später im Teich Millionen von Laichkörnchen, die, größer und größer werdend, schließlich als Kaulquappen umherwuseln – eines Tages verschwunden, gefressen, von wem?

Die Natur ist großzügig. Ein Menschenleben gleicht einem Körnchen Froschlaich. Geht eines zugrunde, sind immer noch neunhundertneunundneunzigtausendneunhundertneunundneunzig (?) weitere Froschlaichkörnchen übrig, aus denen ein Fröschlein werden kann – darunter vielleicht sogar ein Froschkönig, den eine liebende Prinzessin einst erlösen wird.

Das kleine Rehkitz, das vor zwei Tagen aus dem Gebüsch schreckte, finde ich heute ein paar Meter weiter tot, offenen Auges.

Zwei unserer Zwerghennen haben sechs Wochen lang auf ihren Eiern gebrütet, ohne zu fressen, kaum getrunken.

Die Eier waren alle unbebrütet und faul. Frida hat sie heute auf den Misthaufen geworfen.

Durch die offenen Fenster dringt der betäubende Duft von Holunder und Heckenrosen. Ich lausche dem Abendkonzert der Vögel. Eine einzige Drossel – *meine* Drossel – singt, nachdem den anderen schon die Schnäbel zugefallen sind, eine halbe Stunde lang ganz allein, jeden Abend, immer auf der höchsten Spitze der höchsten Fichte.

Heute war der 17. Juni.

Vor 37 Jahren fand in Ost-Berlin der Aufstand statt. Gestern im Fernsehen wurde der Abriß von 47 Kilometern Mauer angekündigt, Kosten: 134 Milliarden Mark, inklusive Instandsetzung der alten Straßen.

29. Juni 1990

Ziemliche Anzeichen von Erschöpfung bei Ende der ersten Halbzeit. Aber – Segeltörn in Sicht!

Gestern abend ging unsere Sommer-Schnupperwoche zu Ende. Zum Abschluß hatte ich alle Teilnehmer zu mir nach Hause eingeladen. Bei dieser Gelegenheit eröffnete mir ausgerechnet eine Frau, die in absolut gar keiner Weise, weder mit Gesprächen noch mit einem Lächeln oder gar einer Hilfeleistung zum Gelingen dieser Woche beigetragen hatte, eine Frau, die sich nur durch herablassendes Schweigen und eine undurchdringliche Miene hervorgetan hatte, ihr fehle bei uns »das Göttliche«.

In dem Augenblick habe ich zum ersten Mal bereut, daß ich dieses ganze Unternehmen überhaupt begonnen habe.

Überschattet war die Schnupperwoche durch den endgültigen Bruch mit unserer Mitarbeiterin Veronika. Nachdem sogar der verbindliche Gustav erklärte, mit Veronika könne man nicht arbeiten, und wieder ein Krach über Lappalien in der Küche entbrannte, widersprach ich diesmal nicht, als Veronika, zum wievielten Mal wohl, ausrief: »Ich gehe wohl besser.«

Sie schafft es nicht, ihrer Minderwertigkeitsgefühle Herr zu werden, schafft es nicht, ein gesundes Selbstwertgefühl zu entwickeln; nimmt an keinem Seminar teil, an keinem Gespräch – werkelt ostentativ mit zugeknöpfter Miene, Lappen und Schrubber schwingend, noch nachts um 23 Uhr 30 im Flur, was allen anderen ein schlechtes Gewissen verursacht; sie begreift nicht, daß sie sich selbst ständig in die Situation einer Ausgebeuteten bringt, schafft es nicht, sich aus ihrer seit Jahrzehnten gelebten Opferrolle zu befreien.

Dabei ist sie so ein liebenswerter, grundanständiger Mensch!

Wir müßten alle, die zu uns kommen, ein Formular ausfüllen lassen, und wer die Frage »Kommen Sie mit sich selbst zurecht?« nicht mit ja beantworten kann, muß erst noch üben. Die meisten kommen mit ihrem So-sein nicht zurecht.

Das Überspielenmüssen der unguten Situation den Seminarteilnehmern gegenüber machte die Woche für mich doppelt anstrengend. Ich muß der ewige Strahleputz sein, muß alle anderen mit Energie, Lust und Laune aufladen.

Allerdings soll auch eine extrem schlimme Sternenkonstellation geherrscht haben – behauptete jedenfalls die Astrologin, die extra für ihr Seminar am Dienstag, 26. Juni, »Einführung in astrologisches Denken«, ein Tageshoroskop erstellt hatte; was sie aber nicht davor bewahrte, auf der Fahrt zum Seminarzentrum einen glücklicherweise leichten Autounfall zu verursachen, was zur Folge hatte, daß sie zu spät kam und nur wenige der TeilnehmerInnen noch antraf, da die meisten bei dem herrlichen Sommerwetter die Chance nutzten, sich im nahen See zu tummeln, statt sich in das astrologische Denken einführen zu lassen.

Lag es auch an Pluto und Saturn, die angeblich am Drücker waren, daß dies endlich doch noch durchgeführte Seminar dann als ziemlich langweilig empfunden wurde?

Sicher war die Referentin schlecht bestrahlt, denn alle übrigen Vorträge fanden großen Anklang.

SOMMERSCHNUPPERWOCHE

Freitag: Begrüßung und Kennenlernen beim gemeinsamen Abendessen
Samstag: »Entspannungstraining« (nach Jakobsen)
Sonntag: *Aikido* (japanisches Körpertraining)
Vorstellung der Verjüngungsübungen »Die Fünf Tibeter«
Montag: »Tips und Tricks der Naturkosmetik für ihre Schönheit« (nachmittags Möglichkeit zur individuellen Behandlung mit Naturkosmetik, nicht im Preis inbegriffen)
Dienstag: »Einführung in astrologisches Denken«
Mittwoch: »Spiel der Wandlungen« (Selbsterfahrungsspiel aus Findhorn)
»Ausdrucksmalerei auf Seide« (innere Bilder malen)
abends: Tänze aus Findhorn
Donnerstag: »Tarot – Spiegel der Seele«
Freitag: »Gesund und fit durch die richtigen Heilkräuter«, Vortrag und Kräuterwanderung
Zwischendurch vollwertig kochen und backen mit *Barbara Rütting*
Abschluß: gemeinsames Mittagessen

30. Juni 1990

Neben der Seminararbeit ging bei mir zuhause der Bau weiter, wurde das Dach gedeckt, mußte ich Unmengen von Knack- und Kantwürsten, Leberkäs und gemischtem Aufschnitt herbeischleppen und Dutzende Kisten Bier – absolvierte ich nebenbei noch ein umfassendes Programm beim Zahnarzt, weil mir ein seit Jahren entzündeter Zahn gezogen wurde, was zur Folge hatte, daß alle meine alten Kronen ausgetauscht werden mußten. Eine Messung erwies, ich habe das falsche Metall im Mund, ich brauche hochkarätiges Gold und vertrage nur ganz bestimmte Kunststoffe. Übrigens hat Frida mit ihren ständigen Kopfschmerzen, genervt durch meine monatelangen Überredungsversuche, sich tatsächlich ihre Amalgamfüllungen herausnehmen lassen, sich sogar das Buch über die Heilkraft der Bachblüten ausgeliehen und sich von mir »ihre« Mischung zusammenstellen lassen – unter anderem die Blüte »Water Violet« gewünscht.

Unsere anfänglichen Schwierigkeiten miteinander – sie ist Stier, totaler Erdmensch, hat Probleme mit meiner Luftigkeit, ich mit ihrer Dumpfheit – bekommen wir immer besser in den Griff. Auch bei Lemmi und Lilly scheinen die Bachblüten tatsächlich zu helfen. Bis auf einen kleinen Rückfall haben sie sich seit langem nicht mehr gebissen.

Lemmi bekommt »Cerato« zur Steigerung des Selbstbewußtseins, Lilly »Holly« gegen ihr Dominierenwollen, dazu Hyoscyamus gegen Eifersucht.

Nebenbei empfing ich im Seminarzentrum einen Vertreter der Merkur-Versicherung, dem ich klarzumachen versuchte, daß endlich eine Gesundheitskasse statt der Krankenkassen entstehen müsse; ich habe den Mann zu überzeugen versucht, daß seine Versicherung doch die nötigen 35 Millionen Schilling für den Ausbau der Scheune lockermachen könnte, denn unsere Öko-Siedlung würde eine enorme Reklame für die Versicherung bedeuten, und auch einen Gewinn: Bei richtiger Ernährung würden die Menschen weniger krank sein, weniger Medikamente benötigen, weniger Arztbesuche, die Versicherung weniger kosten etc. etc. etc., ich habe diese Litanei ja nun schon oft genug hergebetet.

In China wurde der Arzt dafür bezahlt, daß die Menschen gesund waren – heute lebt der Arzt von der Krankheit und die Pharmaindustrie ebenfalls; so müssen beide daran interessiert sein, daß alle so krank sind wie möglich – und dies auch bleiben.

Aber die Versicherungen, die müßten doch wenigstens scharf darauf sein, ihre Kosten zu senken! Denkt man. In Holland, tatsächlich, geben Versicherungen TM-Meditierenden 30 Prozent Rabatt, eben weil diese die Kassen weniger in Anspruch nehmen. Man sollte meinen, auch bei uns würde eine

Versicherung aufhorchen, wenn sie solches vernimmt, dem Beispiel folgen und nachziehen. Denkste. Immerhin, die Merkur-Versicherung ist die erste in Österreich, die sowohl Homöopathie wie Akupunktur erstattet.

Ich bekam dann ein nettes Protokoll über die Besprechung mit den Versicherungsvertretern geschickt – und damit hat es sich. (Der Wert der Scheune wurde übrigens von diesen Vertretern auf höchstens 2,5 Millionen Schilling geschätzt.) Beiderseits wurde »Nachdenken und weitere Kommunikation« vereinbart. Tja, und das war's dann wohl, wieder einmal.

1. Juli 1990

Mit den vom Seminar Übriggebliebenen, die sich absolut nicht trennen konnten, ein letztes Mittagessen beim »Schloßwirt«.

Schön, sich einfach bedienen zu lassen, für nichts die Verantwortung tragen zu müssen, nicht einmal für die Mahlzeit. Oh, das gebündelte Elend der SeminarteilnehmerInnen! Alle, die hierherkommen, erhoffen sich von den paar Tagen Klärung und Erlösung aus ihrer Lebenssituation.

Ich schaffe es immer noch nicht, an den Sorgen zwar teilzunehmen, diese dann aber an mir abfließen zu lassen. Ich bin wie gerädert davon, als beträfen sie mich ganz persönlich. Frage mich auch in zunehmendem Maß, wie diese sämtlichen Astrologen, Tarotleiter et cetera eigentlich verantworten können, was sie da treiben, wie sie es verantworten können, jemandem einzureden, er müsse unbedingt sein Haus verkaufen, seinen Beruf aufgeben, eine Beziehung beenden.

Kann *meine* Astrologin es eigentlich verantworten, daß sie mir vor drei Jahren einbleute, ich *müsse* dieses Dorfprojekt durchführen, es bedeute eine karmische Katastrophe, wenn ich es nicht täte? Ohne dieses Orakel im Hinterkopf hätte ich dieses Unternehmen weder begonnen noch durchgehalten. Und manchmal denke ich, es wäre besser gewesen, es zu lassen.

Nach dem Mittagessen, alle sind nun endgültig abgereist, ein kurzes Autogenes Training. Es ist sehr heiß, 38 Grad. Obwohl ich weder Lust noch Kraft habe, meine ich, meine wilde Stella im Viereck trainieren zu müssen. Trotz der späten Stunde schwirren immer noch Bremsen. Ich reibe das Pferd mit Lavendelöl ein, doch auch das hilft nichts. Stella schlägt um sich, nur mit großer Mühe bringe ich den Sattel an. Ich versuche aufzusitzen, da schlägt sie aus und trifft mich zweimal mit voller Wucht am Oberschenkel. Als ich endlich im Sattel sitze, zwar nicht fest, aber immerhin sitze, bricht mir vor Angst und Anstrengung der Schweiß aus allen Poren. Dennoch kleine Fortschritte. Sie läuft die große Tour, die Bögen, sogar einige ganz gute Galopps. Dann bringe ich alle drei Pferde auf die Weide.

Bei der Hitze lasse ich sie nachts draußen und hole sie tagsüber in den Stall. Packe dann meine Schafwolldecken und alle Hunde und ziehe zum Schlafen in die Badehütte, vorher gönne ich mir noch ein kühlendes Bad im endlich algenfreien Teich. Auch das haben wir letzte Woche nebenbei noch fertig gebracht: mit einem riesigen Rechen den Teich einigermaßen von Gräsern und wuchernden Sumpfpflanzen zu befreien.

Nach dem Bad ein kühles Bier – ich freue mich auf eine erquickende Nacht.

Da beginnt es am Horizont zu wettern, Blitz und Donner eine Stunde lang, bis endlich der erlösende Regen losprasselt. Die Pferde stehen jeweils für Bruchteile von Sekunden wie Scherenschnitte ruhig in diesem Inferno, der weiße Hirtenhund Mirto allerdings bellt wie verrückt die Blitze und jeden Donnerschlag an.

Keine Ahnung, wie lange dieses Spektakel gedauert hat. Irgendwann sind wir alle vor Erschöpfung eingeschlafen, ich auf dem Fußboden inmitten der fünf Hunde.

Ich träume den Alptraum meiner Schauspielerzeit. Ich soll auftreten, und zwar in dem Stück *Die Zofen* von Genet, habe aber weder das Textbuch gelesen, geschweige denn meine Rolle gelernt, es ist nicht einmal klar, ob ich eine der Zofen spiele oder die Herrin.

Die Aufführung findet in einem Hotel statt. Ich warte auf den Lift, bin bereits zu spät dran, und nun hält der Lift auch noch statt im 2. Stock, wo ich aussteigen müßte, um mein Kostüm anzuziehen, erst im 5. Stock!

Nach endlosem vergeblichem Warten auf seine Rückkehr ziehe ich die Schuhe aus und renne die Feuertreppe hinunter, um in den zweiten Stock zu gelangen – befinde mich nun aber wieder im Erdgeschoß!

Hechle wieder, auf Strümpfen, Schuhe in der Hand, die Feuertreppe nach oben, werde von einem Herrn angefaucht: »Spielen Sie bloß anständig, ich bin auch im Publikum!«

Mein Kostüm hat jemand offensichtlich im letzten Moment aus irgendeinem Fundus gezerrt. Es ist zerknittert, riecht muffig und nach Mottenpulver. Ich höre das erwartungsvolle Raunen des Publikums durch den Vorhang – und während ein weibliches Wesen, das mit einer Garderobiere aber auch gar nichts jemals zu tun gehabt haben kann, versucht, mit Sicherheitsnadeln das unsägliche Kostüm um mich herum zu drapieren, wird immer noch diskutiert, welche der drei Rollen ich denn nun eigentlich zu spielen habe.

In diesen Horror-Trip dringt Glockengeläute – das Mittagsläuten der Sommerholzer Kirche.

Der Regen fällt jetzt zwar noch geräuschvoll, aber weniger bedrohlich in die kupferne Dachrinne. Die Tropfen bilden kleine Ringe in dem nun unglaublich klaren Wasser des Teichs.

Am beruhigten Horizont stehen friedlich grasend die Pferde. Gegen meinen Rücken hat sich der große Airdale-Terrier Calderon gekuschelt; in meine Kniekehlen und gegen meinen Bauch die beiden kleinen Hündinnen; Mirto und Francescolina liegen auf dem Badesteg.

Dankbar spüre ich die Wärme, Hingabe und Treue der Tiere, dankbar die Seide meines Schlafanzugs, die zuverlässige Weichheit der Schafwolldecken.

Mache eine verspätete Sonntagmorgen-Meditation für die

weltweit gequälten Versuchstiere, die jeden Sonntag zwischen 8 und 9 Uhr stattfindet.

Lieber Gott, hilf uns allen...

10. Juli 1990

Wiederholt wurde von den Kochkurs-Teilnehmerinnen wie auch von den Leserinnen meiner Kochbücher der Wunsch laut, ich solle doch ein Menübuch schreiben. Den kochenden Frauen/Männern mangelt es offenbar an Phantasie oder auch an Zeit, um z. B. ein schickes vegetarisches Menü für ein Fest zusammenzustellen.

Mache ich doch ein Buch, habe ich mir gedacht, in dem ich die schönsten vegetarischen Menüs all meiner kochenden Freunde und befreundeten Köche sammle, nach Jahreszeiten geordnet. Der Vorschlag fand Resonanz beim Verlag, und der Vertrag ist perfekt. Das Buch soll im Herbst 1991 erscheinen. Die Fotos müssen bis Mitte Mai, das Manuskript bis Mitte Februar 1991 vorliegen.

Ich möchte gern, daß unser Universalgenie Ottilie das Styling macht – so wie sie richtet niemand eine Speise an, jedes Gericht ein Kunstwerk – und daß ihr Freund, ein hervorragender Fotograf, fotografiert. Sieben Menüs für jede Jahreszeit haben wir abgesprochen, dazu jeweils ein Buffet.

Wann ich dieses Buch schreiben soll, ist mir zwar noch unklar. Dennoch freue ich mich auf die Arbeit, sie wird uns allen großen Spaß machen. Der Bogen wird gespannt sein von der einfachen Hausmannskost, wie dem Auberginentopf von Emils Großmutter Baba Veska, bis zum raffinierten Gourmet-Gericht des Traumschiff-Kochkünstlers Werner Ultsch.

Aber erst einmal gehen wir auf unseren Segeltörn. Darauf freue ich mich wie ein Kind.

Meine Freundin Anna wird mit ihrer kleinen Tochter Maya derweil mein Haus hüten.

Damit es keine Beißereien zwischen Lemmi und Lilly gibt,

wird meine über alles geliebte Lilly während dieser Wochen bei einem anderen Vereinsmitglied sein, bei Hildegard, die schon einmal während meiner Abwesenheit das Haus gehütet hat und das Tierchen gut kennt.

Auch für Gustav, der – typisch Mann! – gewohnt ist, mittags eine warme Mahlzeit vorgesetzt zu bekommen, ist gesorgt. Almut wird in diesen Wochen für ihn kochen.

Ich blicke zwar k. o., aber zufrieden auf das erste Halbjahr zurück.

4. August 1990

Auf hoher See in der jugoslawischen Inselwelt.

Auch der Segeltörn verläuft nicht ohne Pluto-Aspekte – angeblich soll dieser Himmelskörper noch bis Ende August sein Unwesen treiben.

Kaum waren wir in Jugoslawien angekommen, schnellten die Preise für Gemüse und Obst geradezu katastrophal in die Höhe, was unser Budget erheblich überstrapaziert; prompt ging auch bei einem der Boote der Motor kaputt – was uns einen tagelangen Aufenthalt im Hafen von Split bescherte; und, wie ich befürchtete, hat die Crew von Vollwertkost keine blasse Ahnung.

Ein Glück, daß ich unsere eigene Getreidemühle mitgenommen habe! Trotz der Feuchtigkeit hält sie wacker durch.

Wie überall gibt es auch hier wieder einige Meckerer, die hatten sich vorgestellt, Vollwertkost brächte auch Hummer und Fisch auf den Tisch; die meisten aber sind zufrieden.

Ich stehe also doch wieder in der Küche, meistens im Badeanzug, wegen der brütenden Hitze. Gar nicht so einfach, in so einer engen Bordküche für 30 Leute und die Mannschaft Grünkernlaibchen zu braten, gar nicht so einfach, wenn die Pfannen schief stehen, das Öl steuerbord absackt und backbord die Bouletten mangels Fett anbrennen. Wenn wir aber wirklich segeln, ist der Wonne kein Ende. Das Geräusch des sanft durch die Fluten gleitendes Bootes, der an die Bordwand glucksenden Wellen – der Urlaub auf einem Segelboot ist die absolute Spitze, danach wird man süchtig. Man hat alles, was das Herz begehrt, das Meer und den Wind, die Stille einer abseits gelegenen Bucht, den fröhlichen Lärm des Hafens – kann schwimmen und surfen, herrlich essen, ohne sich groß anziehen zu müssen, weite Landspaziergänge unternehmen – wahrlich ein Traumurlaub, noch gesteigert dadurch, daß an Bord ein komplettes Schönheitsprogramm mit Naturkosmetik geboten wird. Ihren Friseursalon schlägt Erika – (sie und Ehemann Günter sind Eigentümer unserer kleinen Flotte) Friseurmeisterin und Frau für überhaupt alles – im jeweiligen Hafen auf. Unter schattigen Feigenbäumen sitzend, von Oleanderdüften umschmeichelt, von Bordhund Oskar bewacht, kann man sich kostbare Öle in die nach Schönheit dürstende Haut einmassieren lassen, wobei ein erquickender eisgekühlter Weißwein nie fehlt. Gelegentlich gesellt sich auch ein Bauer aus den umliegenden Tomaten- und Paprikafeldern dazu mit der Bitte um eine Rasur, einer Bitte, der Erika prompt nachkommt.

Laufen unsere drei stolzen Oldtimer in die Häfen ein, versammeln sich jedesmal staunende Menschen am Kai.

»Schau mal, Mutti, Piraten!« ruft ein Junge bewundernd.

11. August 1990

Ein glücklicher Mensch schreibt keine Zeile. Die Wellen der Adria hatten all meine Sorgen hinweggespült. Nach Doppendorf zurückgekehrt freilich, schlugen sie mit voller Wucht zurück. Hildegard, der ich während des Segeltörns Lilly anvertraut hatte, gab meinen kleinen Liebling per Zeitungsinserat an fremde Leute.

Mein Schmerz ist unerträglich. Ich bin wie erstarrt, unfähig, zu arbeiten. Ich hatte mir ein spezielles Bachblüten-Programm für die beiden Hündinnen zusammengestellt, den ganzen August freigehalten, um nur für meine Tiere dazusein.

Der Irak ist in Kuwait eingefallen, und ein Weltkrieg droht. Aber ich kann an nichts anderes denken als an dieses kleine Tier, an mein quirliges Sonnenscheinchen.

Und da hilft es gar nichts, wenn mir Hildegard immer wieder versichert, daß Lilly in der neuen Familie sicher glücklich ist.

Erste Reaktion: sofort nach München fahren, sie zurückholen. Sie lebt bei zwei Frauen, Großmutter und Enkelin, in einem Haus mit großem Garten. Dort haben zwei Frauen Zeit für einen kleinen Hund – ich dagegen muß meine Zuwendung auf fünf Hunde, zwei Katzen und drei Pferde verteilen.

Soll ich sie zurückholen? Soll ich sie dort lassen?

Die Oma hat zum ersten Mal seit dem Tod ihres Mannes wieder gelacht, erzählt sie mir am Telefon. Die Enkelin geht mit Lilly spazieren, hat ihr ein Körbchen gekauft. Sie habe nicht geahnt, daß ich Lilly so liebe, meint Hildegard, und ist noch beleidigt, weil ich ihr einen ungeheuren Vertrauensbruch vorwerfe.

Zwischendurch raffe ich mich zu seelischer Größe auf, nur an Lillys Wohl denken, nicht egoisitisch sein! Aber dann sehe ich ihr Bällchen vereinsamt im Garten liegen, dem sie wie ein kleiner schwarzer Teufel nachjagte, und das Elend schnürt mir wieder Kehle und Herz zusammen. Nachvollziehen kann dies nur, wer selbst ein Tier geliebt und verloren hat.

13. August 1990

»Sie dürfen uns den Hund nicht wieder wegnehmen, wir lieben Lilly so!« sagt die Oma am Telefon, als ich mich nach meinem Liebling erkundige.

Ich antworte, leicht gereizt: »Sie lieben ihn seit zwei Wochen – ich liebe ihn seit einem Jahr!«

»Wir sind alle so glücklich, und Lilly auch!« sagt die Oma. Ja, alle sind glücklich. Die einzige, die unglücklich ist, bin ich, denke ich verbittert.

Auf jeden Fall werde ich mir den Platz ansehen, an dem Lilly lebt, also gut – am kommenden Donnerstag.

15. August 1990

Seit einigen Tagen unerträgliche Schmerzen beim Auftreten im rechten Fuß.

Gehe ich in die falsche Richtung? Oder was bedeutet dieses Signal? Das Nichtauftretenkönnen, hat das mit meinem Nichtauftreten im Falle Lilly zu tun?

Von Hinz und Kunz höre ich mir gute Ratschläge an. Man appelliert an meine Vernunft, rät zum Loslassen. Auch mein Rücken ist so mies wie nie. Alle Knochen tun mir weh. Der Fall Lilly wächst sich zu einer Lebenskrise aus.

Da fällt mir ein, meine Mitarbeiter im Seminarhaus haben mir den Spitznamen »Barbara-wie-findet-ihr-das« gegeben. Sie möchten eine »Chefin«, die anschafft, was zu tun ist. Statt dessen komme ich mit meinen unerschöpflichen Ideen und frage sie: »Wie findet ihr das?«

Mir fällt allmählich selbst auf, daß ich in geradezu übertriebenem Maße um Konsens und Harmonie bemüht bin. Als ältestes von fünf Kindern war ich immer diejenige, die Verantwortung für die anderen hatte, mußte ich Vorbild sein, hatte ich meine eigenen Wünsche zurückzustecken. »Die Barbara ist dabei? Dann dürft ihr mitgehen!« sagten die Eltern meiner Mitschüler. In der Kindheit eingeübte Verhaltensmuster ziehen sich durch das ganze Leben, wenn man nicht aufpaßt.

Ich muß endlich lernen, meinem Gefühl zu folgen, nur noch meinem Gefühl.

Anfall nervöser Angina pectoris, endlose Telefonate mit einer Tierheilpraktikerin, mit meiner Hunde-Johanna. Beide finden das Vorgehen von Hildegard skandalös.

Nun nehme ich selbst die Bachblüten, die ich Lilly verabreichte – gegen Schock und zum Loslassen. Verrückt, aber ausgerechnet die immer wieder von ihr gebissene Lemmi scheint am meisten um den Verlust ihrer Freundin zu trauern. Wenn sie sich nicht gerade bissen, haben die beiden ja auch herrlich miteinander gespielt.

Das Schlimme ist, daß Hildegard auch noch gelogen, der Familie erzählt hat, ich wäre mit dem Zeitungsinserat einverstanden gewesen. Das hat die Oma natürlich gewundert, eine so bekannte Tierfreundin wie ich inseriert ihren Hund und schaut sich nicht einmal den Platz an, wo er leben wird.

Sie habe so handeln müssen, sagt wiederum Hildegard, sie habe um Führung gebetet und so handeln müssen, ich hätte sonst nie eingewilligt...

Allmählich hängt mir unsere ganze Um-Führung-Beterei zum Hals heraus: Astrologen fragen, die Tarotkarten fragen, das höhere Selbst befragen – vermutlich alles ein Schmarrn.

Dennoch bete und meditiere ich die ganze Nacht, bitte um Hilfe, die richtige Entscheidung zu treffen.

16. August 1990

»Die guten Freunde« rieten: Nun überstürze nichts, beruhige dich erst einmal, schlaf erst mal drüber, sei nicht so egoistisch, denk an das Wohl des Hundes et cetera et cetera.

Das hat dazu geführt, daß ich fast zwei Wochen verstreichen ließ, überfordert noch dazu durch die Bauarbeiten.

Heute sieht es aus wie im Krieg. Vom Haupthaus zur Garagenwohnung müssen Wasserleitung und Elektrizität gelegt werden. Der aufgerissene Erdboden läßt an Schützengräben denken, dazwischen riesige Krater, in die mit Hilfe zweier monströser Bagger Betonbehälter für das 3-Kammer-System der Sickergrube gehievt werden.

»Na, na, na, so große Löcher für ein Scheißhäusl«, meint der Sepp, ehemaliger Besitzer meines Hauses, kopfschüttelnd.

17. August 1990

Auch im Seminarzentrum nichts als Ärger. Der rheinisch-joviale Gustav und die somnambule Almut haben sich während des Segeltörns total zerstritten. Er wirft ihr vor, sie habe mittags nicht regelmäßig für ihn gekocht, der Abwasch habe tagelang in der Küche herumgestanden, sie habe für Gäste ständig Kuchen gebacken etc. etc. etc. – sie hingegen erklärt, sie habe diese Tortur, ständig für ihn kochen und sich mit ihm unterhalten zu müssen, fast nicht mehr ertragen können. Jaja, die Gleichgesinnten!

Außerdem steht das so mühselig eingerichtete teure – viel zu teure – Hochbeet einige Meter weit auf Mackwitzschem, von uns nicht gepachtetem Grund.

Das ist nun wirklich mein Fehler. Beim Gartenseminar hatten wir mit der Rute den besten Standort gesucht, und ich habe dabei die Grenze übersehen.

Der Wutausbruch von Margarete Mackwitz aber steht in keinem Verhältnis zum Auslöser des Ärgernisses.

Die paar Grashalme, die ihr da schon verlorengehen, du meine Güte! Hickhack um Kleinkram das alles!

21. August 1990

Seit Tagen strömender Regen, der Salzburger Schnürlregen, bekannt dafür, daß er nie aufhört. Ums Sommerholzer Haus herum ein einziger Matsch. Dazu der Lärm von zwei Baggern und einem Kompressor.

In der Nacht hat sich die Brücke gelöst, die mir der Zahnarzt gestern provisorisch einzementiert hat. Sie sollte bis Ende September halten. Der Zahnarzt fährt morgen in Urlaub ...

Gleich früh um 7 Uhr 30 fahre ich Jause einkaufen, 7 Paar Speckwürste, 7 Scheiben Leberkäs, 1 Kilo gemischten Aufschnitt, 1 Kiste Bier, 1 Kiste Apfelsaft, Käse, Brot und Butter. Der Zahnarzt gibt mir einen Termin für 11 Uhr in seiner Salzburger Praxis. Anschließend könnte ich dann gleich weiterfahren nach München.

Die Arbeiter sind rührend. Im prasselnden Regen errichten sie einen provisorischen Zaun, damit die Hunde während meiner Abwesenheit nicht in den Wald laufen können. Die Pferde habe ich auf die Weide gebracht, sie lieben Regen.

Wir vereinbaren genau, wo die Nachmittagsjause hingestellt wird, damit die Katzen nicht drankommen können, wo und wie die Arbeiter beim Nachhausegehen das Haus abschließen – und ich fahre tatsächlich kurz nach 10 Uhr los, zunächst einmal zum Zahnarzt, ungewaschen und ziemlich lädiert. Im Rückspiegel sehe ich aus, als wäre ich neunzig.

Leider stand das Autofenster offen, und die Sitze sind klatschnaß, vollgesogen wie ein Schwamm. Meine als Folge ebenfalls nassen Jeans hinterlassen auf der Zahnarztliege feuchte Spuren, so daß ich mich bemüßigt fühle, der Zahnarzthelferin den Sachverhalt zu erklären, damit sie nicht argwöhnt, ich hätte womöglich – aber sie winkt ab, ich sei sowieso die letzte Patientin heute.

Die Brücke ist wieder fixiert, und ich gehe ins Café, meine Sinne mit einem kleinen Braunen zu beleben. Die nette Kellnerin serviert diesen kleinen Braunen mit einem Schlagsahnehäubchen, das eigentlich gar nicht dazu gehört, und das hat sie überdies mit einem Hauch von Kakao besprenkelt. Ich genieße diesen kleinen Braunen dermaßen, daß ein neben mir sitzender – junger und hübscher – Mann fragt: »Sagen Sie mal, haben Sie einen Kaffeetick? Das gibt's doch nicht, daß ein Kaffee einen derartigen Genuß bereiten kann! Also, ich liebe selbstbewußte und schöne Frauen!« fügt er noch hinzu.

Ach, haben deine Worte meine wunde Seele gestreichelt, hübscher fremder Mann, ich danke dir! Wenn du wüßtest, wie mir zumute ist! Schön und selbstbewußt, hahaha – und ich muß derartig lachen, daß ich fast vom Hocker falle in meinen immer noch feuchten Jeans. Nun hält er mich bestimmt für total überkandidelt.

Vielleicht ein Heiratsschwindler. Die gehen doch auf so einsame ältere Frauen los! Und ich muß noch mehr lachen. Trotzdem: danke, danke, danke!

Dann auf nach München.

Regen, Scheibenwischer auf Höchsttour, ein Stau nach dem anderen. Wochenendreiseverkehr.

Wozu habe ich die Bach-Blüten in der Tasche? Jetzt ist »Scleranthus« angezeigt für Gelassenheit.

Von einer Raststätte aus rufe ich noch einmal die Nummer der durch Lilly so glücklich gewordenen Oma an und lasse mir erklären, wie ich zu fahren habe, um die kleine Straße in München-Perlach zu finden.

Um 15 Uhr 30 stehe ich vor dem Haus. Mir zittern die Knie. Ich setze mich auf eine Bank und bete. Lieber Gott, laß mich richtig entscheiden – nicht, wie ich möchte, sondern wie es für alle am besten ist!

Um 4 Uhr, nehme ich mir vor, werde ich klingeln.

Eine Minute vor 4 Uhr öffnet sich die Haustür, heraus stürmt Lilly, danach folgt eine ältere Dame, offenbar die Oma. Lilly springt an ihr hoch, sie gehen hinters Haus, in den Garten, gelegentlich sehe ich Lillys schwarzes Körperchen zwischen den Büschen auftauchen, die Oma wirft wohl Stöckchen oder Bällchen.

Zehn Minuten vergehen, dann öffnet sich zum zweiten Mal die Haustür, und heraus tritt ein sehr schönes Mädchen mit langem, mahagonifarbenem Haar. Das Mädchen sieht mich da wie eine Bettlerin hinter einem Busch vor der Gartentür stehen und sagt: »Kommen Sie doch herein!«

Mein Herz, das mir in den letzten Tagen wieder einige Anfälle nervöser Angina pectoris beschert hat, schlägt wie rasend. Ich möchte mich noch ein bißchen beruhigen, bitte ich. Das Mädchen geht ins Haus zurück, und ich werde tatsächlich schlagartig vollkommen ruhig. Die Menschen scheinen nett zu sein, es geht Lilly gut hier, sie soll wohl hierbleiben.

Etwa gegen 16 Uhr 30 kommen Oma und Lilly aus dem

Garten zum Haus zurück. Beide sehen mich, und Lilly stößt ein Freudengeheul aus. Als wir ins Haus hineingehen, weicht sie nicht von meiner Seite, leckt mir das Gesicht, bohrt ihre kleine spitze Schnauze in meine Augen.

Die Enkelin kocht Kaffee. Aufs Sofa der penibel sauberen Wohnung darf Lilly nicht, das hat sie schon gelernt, erfahre ich, und verrate nicht, daß sie bei mir zu Hause im Bett schläft.

Überlassen wir Lilly die Entscheidung, schlage ich vor. Und plötzlich kein Zaudern mehr, kein Überlegen. Schließen wir einen Kompromiß, höre ich mich sagen, ich versuche noch einmal ganz konzentriert vier Wochen lang die Bachblüten-Therapie mit den beiden Hündinnen – wenn es nichts hilft, wenn wieder eine Beißerei passiert, bleibt Lilly bei Ihnen!

Als wir das Haus verlassen, schaut Lilly nicht einmal zurück, will nichts anderes als zu mir in das vertraute Auto steigen. Ich habe das von der Oma für Lilly gekaufte Körbchen bezahlt und den von einer der Beißereien blutbesudelten Hundepaß zurückerhalten, und wir fahren los.

»Wir haben geweint«, erzählt mir später die Oma am Telefon. Und wir beide wiederum waren so glücklich, Lilly und ich.

22. August 1990

Es wäre zu schön, wenn sich die zwischenzeitlich bereits erreichte und überwiegend ja auch schon gelebte Harmonie zwischen den Tieren stabilisieren würde.

Jetzt jedenfalls, Sonntag morgen, liegen sie alle so friedlich nebeneinander in und neben meinem Bett, als könnten sie kein Wässerchen trüben, beruhigt auch durch die Meditationsmusik, die alle Tiere lieben.

Draußen Regen, Regen, Regen. Mein Glücksgefühl ist unbeschreiblich.

Manche Leute finden mein Leben chaotisch. Ich wundere mich darüber, weil ich doch, bei aller Überforderung, letzten Endes sehr diszipliniert bin. Mein Dasein ist wohl durch seine unglaubliche Fülle und Buntheit für die anderen so erschrekkend, bedrohlich für sie vermutlich auch meine Risikobereitschaft, die Bedingungslosigkeit, mit der ich mich ausliefere.

Die Menschen wollen immer, daß man so ist, wie man ist – nur ein kleines bißchen anders.

Besonders kraß fiel mir das auf, als ein Jungianer den von mir heißgeliebten Thomas Bernhard kritisierte: Ein großer Schriftsteller – ja, aber nach einer psychoanalytischen Behandlung würde er noch viel besser sein!

Womöglich hätte Bernhard nach einer psychoanalytischen Behandlung überhaupt nicht mehr geschrieben oder viel weniger originell. Wobei sich die Frage stellt, ob er dann eventuell glücklicher gewesen wäre, und ob es wichtiger ist, daß ein Mensch ein Kunstwerk schafft, wie zum Beispiel ein gutes Buch, oder daß er glücklich ist, und ob das eine das andere ausschließt.

Ein glücklicher Mensch schreibt wohl keine Zeile, der lebt einfach.

Wie immer auch diese Geschichte mit Lilly ausgeht, eins habe ich daraus gelernt: mich nie wieder von Menschen bestimmen zu lassen! Mein ganzes Leben ist fremdbestimmt verlaufen, damit muß nun Schluß sein. Ich hoffe, daß ich meine Lektion gelernt habe, daß ich in Zukunft nur noch auf meine innere Stimme hören und ihr folgen werde.

Wenn ich nicht täte, was ich tue, wäre ich nicht die, die ich bin – und die ihr doch angeblich so liebt und bewundert, meine Freunde!

Also laßt und nehmt mich auch so, wie ich bin!

23. August 1990

Der Werkvertrag für meine Mitwirkung bei der Salzburger Ausstellung »Lebensraum: Irrwege – Auswege« ist eingetroffen. Bis Mitte Oktober muß ich mein Konzept für die Gestaltung einer gesunden Ernährung im Rahmen einer ganzheitlichen Lebensweise einreichen.

Die 24.000 Schilling Honorar könnte ich zwar selbst ganz gut gebrauchen, habe sie aber dennoch auf das Vereinskonto überweisen lassen. Es ist gut, immer wieder mal etwas zu opfern; allerdings gebe ich generell mehr als den berühmten Zehnten.

Viel Arbeit, aber auch ein starkes Gefühl von Lebendigsein. Überall in der Welt sind gerade jetzt so viele Ansätze für eine Veränderung zum Guten zu spüren!

Auch unser Körndlbeißer-Stammtisch war wieder ein Knüller. Eine Psychologin referierte über das Thema »Tarot – Spiegel der Seele«. Es gab erstaunliche Ergebnisse, auch und gerade bei denjenigen, die über Tarot und »den ganzen esoterischen Blödsinn« (verständlicherweise) zunächst nur witzelten.

Tolle Stimmung, angeregte, intelligente Gespräche – ich bin schon stolz, so gute Kräfte nach Doppendorf zu bringen –, von den Doppendorfern selbst nicht einer anwesend; daran habe ich mich inzwischen gewöhnt.

Das Menü ebenfalls ein gelungener Wurf:

Rohkostsalat mit Wildkräutern
Hirsespinatauflauf mit Käse überbacken
Obststrudel mit Honigschlagsahne

Glücklich.

24. August 1990

Jemand schickt mir einen Text über Edelsteine, beigelegt ein kleiner Malachit:

> Der Malachit ist ein opaker grüner Stein, durchzogen mit dunkelgrünen Streifen, kreis- und spiralförmigen Mustern. Mit seinem Hell- und Dunkelgrün bringt er uns mit der Polarität der Kraft der Liebe in Berührung, durch seine Muster mit grundlegenden Energieformen des Lebens, mit Beweglichkeit, Lebendigkeit, Ordnung, Vitalität, Freude, Geborgenheit und ihren möglichen Blockaden.
>
> Es ist ein Stein der Nächstenliebe. Mit ihm wird unsere Liebe zum Mitmenschen angeregt und unterstützt. Der Malachit hilft uns, Verständnis und Nachsicht gegenüber eigenen Schwächen und Fehlern aufzubringen. Damit lernen wir auch, für unsere Mitmenschen mehr Toleranz und Liebe zu entwickeln. Wir machen für eigene Schwierigkeiten nicht mehr länger unsere Umwelt – Partner, Kinder, Verwandte, Kollegen, Vorgesetzte, Politiker – verantwortlich. Vielmehr erkennen wir es als Folge unseres eigenen Verhaltens, daß wir uns krank, elend, müde, ärgerlich, wütend ... fühlen – und wie wir es ändern können.
>
> Solche Veränderungen wirken dann auch recht bald entspannend auf den ganzen Körper und bieten eine große Hilfe besonders bei Herzschmerzen, sofern sie dadurch entstanden sind, daß wir dazu neigen, Menschen in unserer Umgebung abzulehnen oder sogar, sie zu bekämpfen.

Ein grüner Stein soll generell wohltuend auf das Herzchakra wirken. Woher weiß die Absenderin, daß mir so oft das Herz weh tut? Der Malachit ist auch der Stein des Schlangen-Menschen; nach dem chinesischen Horoskop, erfahre ich, bin ich ein Schlangen-Mensch – da während des Mondes der ersten Fröste, am 21. November, geboren.

25. August 1990

Eine Bekannte, die, wie sie sagt, mit Wesen aus der geistigen Welt Kontakt hat, sandte mir einen Seher.

Ich solle ihn doch einmal fragen, was man im Jenseits von meinem beabsichtigten Dorfprojekt hält.

Ich sehe mich zwar durchaus als Werkzeug einer höheren Intelligenz, habe durchaus den Eindruck, daß ich einen Auftrag auszuführen habe – aber natürlich kann das alles auf Einbildung beruhen. Könnte ja sein, ich bin viel zu unbedeutend, zu durchschnittlich, als daß mir eine solche Aufgabe zugedacht und anvertraut würde.

Der Mann kam ins Seminarhaus – er wollte im übrigen kein Geld für seine Arbeit – und forderte mich auf, meine Fragen zu Papier zu bringen:

Ich schrieb also:

1) Sind die Ziele richtig?
2) Wenn nein, was soll geändert werden?
3) Soll der Verein zum Ausbau der Wohnungen Bankkredite aufnehmen?
4) Soll ich mit meinem Privateigentum, sprich: meinem Haus, für den Bankkredit bürgen?
5) Sollen und werden wir, wie geplant, im Mai 1991 mit dem Bau beginnen?
6) Wenn das Projekt von »drüben« gewünscht wird und realisiert werden soll, was kann ich tun, damit die »richtigen« Menschen kommen?

Die Antworten waren alles andere als ermutigend, für mich allerdings auch ziemlich verschlüsselt:

1) Nein, die Endziele sollten anders konzipiert werden. Weder inhaltlich noch formal ist die vorgesehene Vorgangsweise zu empfehlen.

2) Das Ziel, die vorhandenen Gebäude umzustrukturieren, möge nicht verfolgt werden, da weder geeignete Personen sich für die Wohnungen wahrhaft interessieren werden noch die Ziele dadurch zu verwirklichen sind. Die Endziele sollten mehr und höhere Ansprüche stellen. Damit werden andere Personen sich manifestieren. Die jetzigen Ziele haben zu geringe Ansprüche. Die Beantwortung der anderen Fragen erübrigt sich dadurch.

Wie bitte? Zu geringe Ansprüche? Ich habe sie eher als zu hoch empfunden, diese Ansprüche, ein Lebenszentrum für jung und alt, mit ökologischem Landbau, Vollwertbäckerei, Vollwertrestaurant, Seminarbetrieb und Begegnungsstätte für Menschen aller Glaubensrichtungen, Meditationsräumen, Gesundheitszentrum für alternative Heilwesen, Reitmöglichkeiten für behinderte Kinder und, last not least, einem »Gnadenhof« für alte ausgestoßene Tiere – all das genügt immer noch nicht? Ja, was denn noch?

Weitere Auskünfte sind im Moment nicht zu erwarten, bescheidet mich der Seher. Wenn ich mehr wissen wolle, müsse man sich später noch einmal kurzschließen.

Wie auch immer, ich kann sowieso nicht mehr zurück, selbst wenn ich wollte. Der Vertrag zum Kauf der Scheune ist abgeschlossen, das nötige Geld auf der Bank, der Mietvertrag für das Seminarhaus bis zum Jahr 2025 verlängert. Ich kann nicht zurück, und ich will auch nicht zurück. Noch glaube ich daran, daß, wenn viele träumen, der Traum Wirklichkeit wird.

26. August 1990

Ein Tiroler Bäcker will mein Brot backen.

Ich wurde großartig zur Neueröffnung eines seiner Geschäfte eingeladen.

So einen Flop habe ich selten erlebt. Presse kam – aber kein Publikum. Ich stand da mutterseelenallein mit den Inhabern und einigen ihrer Freunde herum! Eine Tortur.

In Deutschland arten solche Anlässe zu einem regelrechten Happening aus, die Leute reißen sich um die Kostproben, wollen dabeisein, sind neugierig auf Neues, vor allem auf Neues, was mit Gesundheit zu tun hat. In Österreich ist alles anders.

Was hab ich bloß in diesem Land verloren, ich Saupreiß(in)!

27. August 1990

In den *Salzburger Nachrichten* ein Bericht über die Wirkung der Hippotherapie auf behinderte Kinder. Besonders wohltuend wirkt auf die Kinder allein die Atmosphäre. Es riecht im Stall nicht nach Krankenhaus, sondern nach Pferd...

Einer der Therapeuten: »Ein Kind, das beispielsweise aus dem Rollstuhl auf den warmen Rücken eines Pferdes gehoben wird, kann erstmals auf jemanden herunterschauen, erfährt, daß ihm das Pferd gehorcht, erlebt eine neue Mobilität und daß es etwas ohne Mutti schafft.«

Die Therapieeinheit für ein Kind dauert etwa 20 Minuten. Eine besonders geschulte Reitlehrerin (wie meine Freundin Anna!) führt das Pferd dabei an der Longe, eine Physiotherapeutin geht neben dem Pferd her und steht dem kleinen Reiter oder der kleinen Reiterin bei.

Meine Pferde sind ganz sicher für eine Ausbildung geeignet. Sie mögen Kinder, sie könnten in Doppendorf im Stall stehen; auf dem Mackwitzschen Gewerbegebiet, das zur Zeit so gut wie ungenutzt ist, könnte ein Reitstall errichtet werden, ohne den man in unserem Klima ganz sicher nicht auskommt.

Meine Pferdekutsche und den Pferdeschlitten habe ich bereits nach Doppendorf transportieren lassen und in der Scheune untergestellt. Ich stelle mir vor, wie die Kinder, aber auch die alten Menschen, im Winter die Schlittenfahrten mit Glockengebimmel im verschneiten Wald genießen werden.

Eine unbekannte Frau sendet mir einen Artikel aus *Psychologie heute*:

> »Einsame Frauen mit Hund – weniger Tabletten«: Witwen, die einen Hund besitzen, nehmen sehr viel weniger Medikamente ein als verwitwete Frauen ohne Haustiere. Das ergab eine Untersuchung der amerikanischen Universität von Colorado. Denn Tiere als Hausgenossen helfen sehr oft, Trauer und seelische Verstimmungen besser zu überwinden, so daß der Griff zur Tablette als »Seelen-Tröster« unterbleibt, berichtet darüber das Fachblatt *Therapie der Gegenwart* in seiner jüngsten Ausgabe.

Und *Bild am Sonntag* bringt einen großen Artikel »Tiere als Medizin – Terry wacht im Krankenhaus – in England erlaubt, bald auch bei uns?«

Wenn mein Modell Schule macht, wird die Trennung Kinderheim/Altenheim/Tierheim wegfallen; werden Junge mit Alten, mit Tieren, werden Nichtbehinderte mit Behinderten leben; wird niemand mehr abgeschoben werden, wenn er alt wird, kein Mensch, kein Tier; alle werden aufgefangen in einer liebevollen Gemeinschaft, auf die sie sich verlassen können, in der einer für den anderen da ist.

Das muß doch realisierbar sein!

Aber dazu braucht es Platz.

Den Stock für das Alter schnitzt man sich in der Jugend, sagt ein chinesisches Sprichwort. Und natürlich dürfen die Menschen nicht erst dann kommen, wenn sie alt und gebrechlich und nicht mehr änderungsbereit, nicht mehr neugierig sind. Das muß immer wieder betont werden.

Meine Freundin Anna ist ausgebildete Behindertenreittherapeutin, Heilpraktikerin und Waldorflehrerin. Sie steht sozusagen bereit zum Einsatz – und was tut sie statt dessen? Muß auf dem Markt Laugenbrezeln verkaufen, um sich und ihre kleine Tochter durchzubringen!

14. September 1990

Offiziell fehlt zwar noch die Bestätigung, aber inoffiziell steht so gut wie fest, daß die Doppendorfer Gemeinde das Ansuchen um eine Umwidmung des Streifens Grünland in Bauland ablehnen wird. In einem Brief teilt Margarete Mackwitz mit, daß sie diesen Streifen Grünland aus unserem Kaufvertrag herausnehmen und lieber an uns verpachten möchte. »Ich finde diese Lösung gut beziehungsweise besser in jeder Hinsicht... der Blick aufs Gutshaus bleibt unverbaut, was doch ganz wichtig ist, wenn man die Dorfgestaltung in Betracht zieht... Also, ich finde, wir können es uns beide nicht leisten, dort zu verbauen, solange wir für eine bessere (Um-)Welt kämpfen.«

Tatsächlich haben wir gemeinsam, sie und ich, im letzten Jahr in einer Bürgerinitiative einen umweltunfreundlichen Bau neben dem Kindergarten zumindest mitvereitelt.

Ich persönlich finde es auch schöner, wenn der Grünstreifen Grünstreifen bleibt – aber nun werden die Verhandlungen aufs neue beginnen, denn Grünland ist billiger als Bauland.

25. September 1990

Im ORF-Studio in Salzburg eine Diskussion zum Thema »Gentechnologie – Fluch oder Segen?«

Die Befürworter der Gentechnologie, darunter der Vertreter des Chemiekonzerns Immuno in Wien, uns hinlänglich auch als Befürworter von Tierversuchen bekannt, wurden im Laufe des Abends total unglaubhaft.

Die Verlogenheit war nicht zu ertragen, so daß ich mich, als besagter Immuno-Vertreter die Ethik der Wissenschaftler beschwor, zu einem Zwischenruf hinreißen ließ: »Wir haben kein Vertrauen in die Wissenschaftler mehr, wenn nachgewiesenermaßen 60 Prozent von ihnen an der Zerstörung der Menschheit arbeiten!« Herr Dr. E. schlug mit der Faust auf den Tisch und schrie: »Dann müssen Sie es eben lernen!«

Die Herren Wissenschaftler bringen Gene von Fröschen und Mäusen in die Gene von Fischen, damit diese resistenter gegen Umweltgifte werden.

Zuerst wird der Fisch resistent gemacht, dann der Mensch, damit die Konzere ihre Giftmengen erhöhen können.

Geschäftemacherei, genau wie in den Tierversuchslabors, deklariert als »zum Wohle des Menschen«.

26. September 1990

Saddam Hussein droht, die ausländischen Diplomaten aufzuhängen. Präsident Bush hat inzwischen 150.000 amerikanische Soldaten in das Krisengebiet am Golf geschickt.

An einer Wand in Heidelberg las ich einmal ein Graffiti: »Das ist Krieg: Menschen, die einander nicht kennen, töten einander – auf Befehl von Menschen, die einander kennen, aber nicht töten.«

Vor Jahren habe ich folgende Geschichte gehört: Ein Reporter ist von einem großen Zeitungskonzern nach Kuba gesandt worden, um über angebliche Unruhen dort zu berichten. »Es gibt hier keine Unruhen«, kabelt (so hieß das damals!) der Korrespondent zurück, »ich komme nach Hause.« – »Bleiben Sie da«, antwortet der Zeitungskönig, »für die Unruhen werden wir sorgen!«

Kriege werden gemacht. Und das dumme aufgehetzte Volk marschiert.

Hier in Österreich geht es dauernd um einen Waffenskandal, wer hat oder hat nicht gewußt, daß Österreich Waffen an den Irak lieferte? Man darf keine Waffen an ein kriegführendes Land liefern. Ja warum denn nicht, und wohin denn sonst? Sind Waffen nicht zum Töten da?

Verdammte Heuchelei.

27. September 1990

Das Bundesministerium für Umwelt, Jugend und Familie hat mich als Referentin zu einem Symposion eingeladen, für das ich meine Reise zum esoterischen Kongreß in Rußland schweren Herzens opfern mußte.

Titel des Symposions: »Gesünder leben – ethische, ökologische und gesundheitliche Aspekte des Fleischkonsums«.

Die Ministerin Marielis Flemming ist die große Hoffnung der Tierschützer, also konnte ich nicht absagen. Sie stellte mich mit den Worten vor: »Unsere verehrte und geliebte Barbara Rütting...«

Österreichs Umweltministerin verehrt mich, Doppendorfs Bürgermeister verachtet mich. Solange es nicht umgekehrt ist...

Schon seltsam. Von einfältigen Menschen werde ich lächerlich gemacht und abgelehnt, von klugen Menschen anerkannt, sogar verehrt. Nie vergesse ich, wie Divo für mich litt...

Es war Anfang 1989, das Seminarzentrum war noch nicht eröffnet; Divo und ich trafen uns zum ersten Mal. Wo sich heute die blitzsauberen Toiletten befinden, gähnten gerade tiefe Krater, Rohre wurden gelegt; Dreck, ein höllischer Lärm. Wir saßen in der damals noch so düsteren, ungemütlichen Küche des jetzigen Seminarhauses, und der Bürgermeister behandelte mich mit seinem geringschätzigen Grinsen wie eine lästige Bittstellerin.

Auf der Fahrt zu mir nach Hause war Divo ganz still; dann meinte sie: »Ich glaube, du solltest den Plan aufgeben. Es ist zu schwer, nicht zu schaffen, zu viele Widerstände – halt an«, rief sie plötzlich, »halte sofort an!«

Ich stoppte verblüfft mitten in den Wiesen mein Auto. Sie riß die Tür auf, stürzte hinaus und schrie aus Leibeskräften: »Ich will nicht, daß die Barbara so schlecht behandelt wird, ich will nicht, daß die Barbara so schlecht behandelt wird – ich lasse es nicht zu!« Wir mußten beide lachen.

Dann stieg sie wieder ins Auto, umarmte mich und sagte liebevoll: »Du mußt es wohl machen...«

Ja, ich muß es wohl machen.

28. September 1990

Mit meinem Wiener Vortrag »Wir müssen anders leben, damit andere leben können« konnte ich einen kleinen Triumph erringen. Eine Zuhörerin nachher: »Ich habe zum ersten Mal die Zusammenhänge verstanden, daß ich mich nicht nur selbst krank esse mit dem ewigen Fleisch, sondern daß ich dadurch auch zur Massentierhaltung beitrage und letzten Endes mitschuldig werde am Elend der Dritten Welt – daß wirklich das Vieh der Reichen das Brot der Armen frißt...«

Alle Beiträge waren hervorragend, besonders wichtig erschien mir der von Jakobus Langerhorst aus Oberösterreich: »Gartenbau ohne tierischen Dünger, Grundlage: das Mischkultursystem von Gertrud Franck, die Ernährung ohne tierische Produkte.«

Jakobus Langerhorst, Absolvent einer Land- und Gartenbauschule in Holland, betreibt seit 16 Jahren biologischen Obst- und Gemüsebau ohne tierischen Dünger mit Lehrbetrieb in Gugerling-Waizenkirchen in Oberösterreich. Er berichtete auch über die von ihm und seiner Familie praktizierte rein pflanzliche Vegan-Ernährung, ohne jedes tierische Produkt, ohne Fleisch, ohne Eier, ohne Milchprodukte – und widerlegte damit die immer wieder von Anthroposophen geäußerte Behauptung, ohne tierischen Dünger ginge es in der Landwirtschaft nicht, die Kuh sei gewissermaßen dazu da, um Milch, Fleisch und Dünger für die Menschheit zu produzieren.

Bei der Rückfahrt ging mir das Benzin aus. Mit dem letzten Tropfen konnte ich gerade noch bis vor das Seminarhaus rollen und im Lichtkegel der Laterne Benzin aus meinem Reservekanister nachfüllen.

Das dunkle Haus sah so friedlich aus, um halb zwei Uhr nachts. Und ich wurde ergriffen von einem Strom gewaltiger Liebe zu allen meinen schlafenden »Kindern«.

Dankbar, daß mir diese Aufgabe zuteil geworden ist; dankbar für alle Aufgaben, die mir aufgebürdet werden. Ich werde die Kräfte erhalten, die ich brauche, um alles zu bewältigen.

29. September 1990

Meine immer häufiger werdenden Anfälle nervöser Angina pectoris haben mich nun doch zum Arzt gezwungen. Er diagnostiziert, was ich ja selbst weiß, absolute Überanstrengung.

Wo bleiben sie denn, die von der Astrologin prophezeiten Kräfte, zu einer unerschöpflichen Quelle würde ich werden, die um so mehr Wasser gibt, je mehr sie angezapft wird ... Bin auch wieder vollkommen schief, meine alte Beckenblockade, herrührend von Stürzen vom Pferd und Unfällen auf der Bühne, bräuchte regelmäßige liebevolle Zuwendung in Form von Massagen, aber woher die Zeit nehmen?

Mein Leben ist mit zuviel Kampf verbunden, das kann nicht in Ordnung sein. Ich sehe und höre die Signale. Vor allem morgens kann ich mit dem rechten Fuß nicht auftreten, sind die Muskeln des gesamten Körpers steif und verspannt – und das bei mir, die ich im November ein Seminar zu leiten habe: »Gesund und schön von innen und außen«!

Ich leg mich einfach ins Bett, ich kann ja nicht auftreten (hübscher Doppelsinn in diesem Wort!), ziehe die Decke über den Kopf und mach mich unsichtbar, wie früher als Kind. Und an die Seminartür hefte ich ein Schild: Bin weder gesund noch schön – mußt anderswo seminaren gehn!

Es ist ganz sicher falsch, nur für andere dazusein und sich selbst zu vernachlässigen.

Der Arzt spritzt Mukor in die Muskelverhärtungen. Das soll eine Art Ur-Materie sein, ein Ur-Pilz, höre ich. Ferner gibt es Mineralsalze zu schlucken, Magnesium, Zink und Selen, an dem unverständlicherweise bei mir Mangel herrschen soll, wie die bröselnden Fingernägel beweisen – und das trotz Vollwertkost! Der Arzt rät mir, mich zu schonen. Schön und gut, nur wie? Ich kann doch nicht mittendrin auf Sparflamme umschalten!

Ums Sommerholzer Haus herum immer noch ein Schlachtfeld durch Baggerarbeiten und Nässe. Immerhin, im Garagenhaus sind die Fenster eingebaut. Und Hausgeist Frida ist auch wieder da.

30. September 1990

Die September-Schnupperwoche hat mich vollkommen ausgelaugt. Keine Reserven mehr. Ich muß mich ungeheuer zusammennehmen, um mir geduldig all die Sorgen und Kümmernisse anzuhören, die täglich bei mir abgeladen werden. Eine Psychotherapeutin wäre damit voll ausgelastet.

Große Zweifel, ob es richtig war, das alles anzufangen.

In Deutschland haben sich die SPD Westdeutschlands und die der ehemaligen DDR vereint, nach 44 Jahren der Trennung. Im Bundestag brach Rührung aus. Sie sangen: »Wir wollen sein ein einig Volk von Brüdern...«

An dem Tag, als die Pershing sanktioniert wurde – für uns ein Trauertag –, haben sie ebenfalls gesungen: »So ein Tag, so wunderschön wie heute...«

Beim Oktoberfest sind über zwei Millionen Maß Bier getrunken worden. Und im Jahr 2000 werden weltweit zehn Millionen Kinder an Aids erkrankt sein.

3. Oktober 1990

Tja, nun ist sie da, die Wiedervereinigung.

Obwohl ich eigentlich einigermaßen früh ins Bett wollte, verfolgte ich das Spektakel dann doch am Fernsehschirm; die Menschenmassen in Berlin am Brandenburger Tor, am Reichstagsgebäude – in diesem Gebäude, damals zerstört, habe ich 1952 meinen zweiten Film gedreht, »Die Spur führt nach Berlin«.

Die für mich immer erschreckenden Menschenmassen, das Gebrüll, ein unglaublich schönes Feuerwerk; 1945 sah es ähnlich aus, bloß damals verbargen sich die Bomben in dem Feuerwerk, fielen sie vom Himmel wie strahlende Weihnachtsbäume; eine gespenstische Ähnlichkeit.

Glocken, die Wachablösung – immer wieder lächerlich der Paradeschritt, ist der jemals abzuschaffen? Die einen kommen, die anderen gehen – da tritt eine Staatsmacht einfach ab, ohne Kampf, das ist schon toll. Was mag Honecker heute denken?

Kohl, Genscher, der kleine de Maizière – ich empfinde fast ein schwesterliches Mitgefühl –, sie blicken hinter der Absperrung wie besorgte Väter in die Menge. Der kleine de Maizière mit seinem S-Fehler, heute wegen der Aufregung besonders hörbar, ist sicher ein integrer Mann, jedenfalls wirkt er so. Eppelmann wird mit der Stasi in Verbindung gebracht – ich halte es für vollkommen ausgeschlossen, daß er für die Stasi gearbeitet hat, *unser* Widerstands-Eppelmann – ausgeschlossen!

Dann die Nationalhymne. Sie singen zwar gar nicht die Strophe »Deutschland, Deutschland über alles«, dennoch höre ich »Von der Etsch bis an den Belt, über alles in der Welt«, und gleich, denke ich, folgt das Horst-Wessel-Lied, »Die Fahne hoch, die Reihen fest geschlossen, SA marschiert mit ruhig festem Schritt...«

Unbehagen.

Mir fällt auf, daß ich alles mit einigem Abstand beobachte.

Die Stimmung insgesamt ist, auch am Bildschirm deutlich erkennbar, viel nüchterner als im November vor einem Jahr, als – »Wahnsinn!« – plötzlich die Grenze offen war und man einfach »nach drüben« konnte, ein Bier trinken.

8. Oktober 1990

Den farbenprächtigen Hahn Othello hat offenbar der Habicht geholt. Immer wieder erschreckend, die Brutalität in der Tierwelt. Einer frißt den anderen. Zum Trost der verstörten Hennen habe ich in der Nachbarschaft einen jungen Zwerggockel besorgt, der jedoch nicht mit Freude empfangen, sondern aus dem Stall gejagt wurde! Die Natur überrascht immer wieder. Ich hoffe, sie werden sich aneinander gewöhnen.

10. Oktober 1990

Ein Brief von Margarete Mackwitz mit einer neuen Forderung für die Scheune, die man nur als kurios bezeichnen kann. Sie verlangt den gleichen Preis, 3,5 Millionen Schilling, obwohl auf Grund der zu erwartenden Ablehnung der Umwidmung nun weniger Bauland dazugehört: sie macht einfach das Bauland teurer!

Sie argumentiert wie jemand, der ein Kleid verkauft hat, und es stellt sich heraus, daß dieses Kleid statt zwei Ärmeln nur einen hat. Statt den Preis herabzusetzen, sage ich einfach, dafür ist der eine Ärmel teurer – und verlange die gleiche Summe!

Ich habe diesen absurden Vorschlag an den Vereinsrechtsanwalt weitergegeben, er wird sich der Sache annehmen.

Frau Mackwitz mahnt eine Bankgarantie für die 3,5 Millionen Schilling an, was ja auch nur ein Mißverständnis sein kann – eine Bankgarantie brauche ich ja nicht, wenn das Geld bereits auf der Bank liegt!

Wir haben übrigens weitere Zusagen für 10 Millionen Schilling und Anfragen über Anfragen für Wohnungen.

11. Oktober 1990

Im Radio preist ein Beppi Soundso die Freuden der Jagd an, begleitet von den Jodlern anderer Beppis und Seppis, die von der Pirsch auf den Gamsbock schwärmen.

Höhepunkt ist der ekstatische Bericht des Beppi über den Abschuß eines brünstigen Hirsches.

Wenn er den schreien hört, läuft es dem Beppi kalt über den Rücken, erfahre ich; dann ist der Brunftschrei des Hirsches zu vernehmen, darauf der Beppi: »Ja, da kann man nur noch abdrücken, und wenn der Rivale dann zusammenbricht, etwas Schöneres gibt es nicht...«

Wenn der Rivale dann zusammenbricht!

Bei den Jägern, die ich rundherum erlebe, habe ich schon längst den Eindruck gewonnen, das Schießen – Gewehr gleich Phallus, was herausspritzt, entspricht der Ejakulation – kommt einem Orgasmus gleich. Und dann wühlen sie noch in dem warmen Blut, weiden das Opfer, weiden »den Rivalen« aus.

Alles über den Jäger hat einmal Bernhard Wicki gesagt, selbst Jäger, damals schon unförmig schwer, außer Atem schaffte er kaum ein paar Treppenstufen. Über den Grund für seine Jagdleidenschaft befragt, antwortete er mir: »Ich sehe den Hirsch – der ist stark, der ist jung – der muß weg!«

12. Oktober 1990

In der Oktoberausgabe der Zeitschrift *Wiener* ist ein Artikel über Soldatinnen in Saddam Husseins Armee. Fotos zum Fürchten: Aufmarsch einer irakischen Frauentruppe; Khakiuniform, rotes Kopftuch, Gewehr geschultert. Elitetruppe aus 15.000 schwerbewaffneten und bestens ausgebildeten Frauen und Mädchen, die schon im Krieg gegen den Iran im Einsatz waren. Anführerin der Killer-Einheit ist eine 36jährige Frau, Mutter zweier Kinder. Sie hat das Kommando über die 150.000 Soldatinnen, wenn es am Golf »zum großen Blutbad kommt«.

30.000 Tote, erklärt diese Maryam Rajavi, seien im Irankrieg auf ihr Konto gegangen. »Meine Truppe hat in einer einzigen Schlacht mehr als 4.000 Perser niedergemacht und 60 Panzer erbeutet.«

Ihr »Schlachtruf«: »Wenn es soweit ist, werden wir keinen einzigen Amerikaner gefangennehmen. Wir werden sie alle abschlachten – es wäre zu teuer, sie in Gefangenenlagern auch noch durchzufüttern.«

In die Schlacht ziehen, abschlachten – »solange es ›Schlachthöfe‹ gibt, wird es ›Schlachtfelder‹ geben ...«, ein Satz von Tolstoi.

13. Oktober 1990

Deprimierend, mit was für Kleinkram ich mich im Seminarzentrum auseinandersetzen muß. Wie im Großen, so im Kleinen, beziehungsweise umgekehrt – wie oben, so unten, wie innen, so außen. Da geht es um zuviel und zu teuer gekauftes Obst, um einen für Gäste gebackenen Kuchen, da wird die Butter im Kühlschrank auseinanderdividiert. »Das war aber meine Butter, das da ist deine ...«

Probleme bereiten vor allem die Menschen, denen es an Selbstwertgefühl mangelt. War es zuerst Veronika, so ist es nun Gustav. Er schleppt bis zur Erschöpfung Steine, um ein Blumenbeet einzurahmen – Ergebnis: eine Schleimbeutelentzündung im Arm. Bei Louise Hay *(Heile deinen Körper)* habe ich gerade gelesen, eine Schleimbeutelentzündung bedeutet unterdrückte Wut. Zum Arzt geht er aber nicht. Eines Nachmittags tragen Leute sein Klavier aus dem Haus – zu Nachbarn.

»Damit ich endlich mal Klavier spielen kann!« erzählt er im ganzen Dorf.

»Kannst du denn hier nicht spielen?« frage ich ihn.

»Hier traue ich mich nicht«, ist die Antwort. »Und von dir bin ich auch enttäuscht, Barbara.«

»So! Und warum?«

»Du hast Günter gefragt, wo der Überlauf der Quelle ist, nicht mich!«

Eigentlich kann man nur lachen. Aber all diese kleinlichen Vorkommnisse vergiften die Atmosphäre.

Das Wort »gleichgesinnt« ist sehr dehnbar.

Im Seminarzentrum stellen sich drei Gruppen von Menschen ein:

1. Gruppe: die Tierfreunde. Denen geht es weder um Ernährung noch um Spiritualität, sondern allein um ihren Dackel.

2. Gruppe: die Ernährungs-Freaks. Sie sind nur an ihrem Bauch interessiert und an ihren Birkenstockschuhen, verabscheuen alles, was nicht unbedingt nötig ist (essen kann man auch aus dem Papier, Kosmetik ist ein Greuel und so weiter).

3. Gruppe: die New-Ageler. Diese Vertreter wandern von einem Seminar zum anderen, sind bei Sunbear und bei Dethlefsen, gehen channeln und besuchen Geistheiler. Denen ist die Ernährung wurscht – ganz egal, was du ißt, Hauptsache, du denkst richtig – und der Tierschutz ist ihnen ebenso schnuppe. Alles Karma! Von denen höre ich am Ende einer Schnupperwoche, in die ich mein Herzblut gepumpt habe, es sei bei uns »zu wenig göttlich«.

Und das alles trifft sich unter dem Schlagwort »gleichgesinnt«.

Von einem Familienleben kann allerdings wirklich nicht die Rede sein. Ottilie, Almut und ich sind durch unseren enormen Arbeitseinsatz abends so fertig, daß wir nicht das Bedürfnis haben, auch noch unsere karge Freizeit miteinander zu verbringen. Da sehen wir, wenn überhaupt, lieber andere Menschen. Ich zum Beispiel gehe gern reiten mit irgendwelchen problemlosen Bekannten, sonst nirgends hin, am liebsten sofort nach Hause, Tiere streicheln, Musik hören, ein warmes Bad nehmen und ins Bett.

Ich hoffe, es wird einfacher werden, wenn einmal mehr Menschen hier leben. Dann werden sich Interessengruppen bilden, die Schachspieler mit den Schachspielern fachsimpeln, die Bio-Gärtner mit den Bio-Gärtnern, die Esoteriker mit den Esoterikern – ich hoffe, daß es so werden wird, daß sich dann nicht wieder die Gruppen bekriegen!

Bei dem wieder sehr guten, sehr liebevollen Wirbelsäulenseminar mit Divo, bei dem erneut viel geweint wurde, bemerkte eine Teilnehmerin: »Die Barbara hat ein Baby bekommen!«

Mit dem »Baby« ist das Projekt gemeint.

Ich fühlte mich während des ganzen Seminars sehr geschätzt, bewundert und geliebt. Das tat mir gut. Wie gut mir das tat!

Abmachung mit Ottilie und Almut, daß ich morgen, und in Zukunft möglichst jeden Sonntag, zu Hause bleibe. Sonst erliege ich wirklich über kurz oder lang einem Herzinfarkt.

Divo läßt am Schluß Lose ziehen, von denen jedes einen Spruch enthält. In meinem Los steht:

Gott betrachtet sich in dir,
gib acht, verunstalte ihn nicht!

14. Oktober 1990

Sonntag. Heute ein freier Tag in Sommerholz.

Geschlafen bis 8 Uhr. Sogar die Pferde, die ja unter dem selben Dach stehen, haben Verständnis und verhalten sich ruhig.

Rot geht die Sonne auf. Ich füttere die Pferde, bringe sie auf die Weide. Das Herbstlaub schimmert in allen Rot-Gelb-Braun-Tönen, klarer blauer Himmel.

Zurück ins Bett, Frühstück bei Kerzen und Meditationsmusik: frischgequetschte Haferflocken, dazu eben vom Baum geschüttelte honigsüße Zwetschgen, vom Spalier gepflückte goldgelbe Birnen, unpasteurisierte Sahne – aus dem Glas! – und Mangoblütentee. Die Hunde sind von schier unglaublicher Friedfertigkeit. Sie lieben die meditative Musik. Nach dem Frühstück dösen wir im kuscheligen Schafwollbett, rechts im

Arm der Kater, in der Kniekehle Lilly, am Fußende die Dackelin Lemmi, ab und zu wedelt Airdale-Terrier Calderon mir sanft mit dem Schwanz übers Gesicht. Am Fußende ein großer weißer Fellhaufen – der »pastore maremmano abruzzese« Mirto, auf Sardinien vor dem Tod gerettet.

Unhygienisch? Egal.

Mir fällt ein Satz von D. H. Lawrence ein, den ich nie vergessen werde, obwohl ich ihn vor mehr als 40 Jahren gelesen haben muß; als ich *Lady Chatterley* verschlang und die Kurzgeschichten, in denen eine unvergeßliche Prinzessin in einer orangefarbenen Reithose vorkam. Irgendwo stand da, ich glaube, ich zitiere sogar wörtlich: *Sleep is, inspite of all hygienists, still most perfect beside of a beloved.*

Na also!

Eine seltsame Entwicklung durchläuft ein Mensch. Als Kind konnte ich ein Tier nicht einmal anfassen, so pingelig war ich!

Plötzlich scheint die Sonne genau auf mein Kopfkissen, vergoldet die Schnurrhaare des Katers, verwandelt seine Öhrchen in schimmernde Rosenblätter.

Ich vermag es nun, Wonne aus jeder Winzigkeit zu saugen, dem Anblick der Rohrkolben im Teich, der vorübersurrenden schillernden Libelle, der im fahlen Mondlicht ums Haus huschenden Fledermaus, den – für kurze Zeit in die Freiheit entlassenen – Kühen des Nachbarn, wie sie gelassen im Morgennebel grasen; dem schweren Duft der Petunien, die bald – es ist Mitte Oktober – sterben müssen, denn der Oktobervollmond bringt sie um, jedes Jahr; aus der mir dargebotenen Pfote eines meiner Hunde, dem fröhlichen Begrüßungsgewieher der Pferde, wenn ich nach Hause komme.

Dann das Nötigste im Haus saubergemacht, ein Spaziergang mit den Hunden durch den Herbstwald. Es duftet nach Pilzen und feuchtem Laub. Das Gelächter der Kinder auf den fernen Bauernhöfen klingt in der tragenden Herbstluft sehr nah. Im Garten Spinat gepflückt und ein paar reife Tomaten, dazu Eier meiner freilaufenden Hühner gesammelt – Mittagessen auf dem Badesteg am Teich. Es ist so heiß, daß ich dann noch zwei Stunden splitterfasernackt in der Sonne liegen kann.

Nachmittags kommt eine Bekannte zum Reiten. Die Pferde genießen das gründliche Striegeln, freuen sich auf den Ritt. Unterwegs gibt es ein Bad für sie im Bach; genießerisch schlagen sie sich mit den Hufen das kalte Wasser unter den Bauch.

Vollkommener kann Glück nicht sein als an diesem göttlichen Tag. Später stehen alle satt und zufrieden im Stall. Ich leiste mir noch die Sauna und beschließe den Tag mit einem kleinen Spaziergang unter diesem unwahrscheinlichen Sternenhimmel, den ich sonst nur von Schiffsreisen kenne.

Gute-Nacht gesagt meinen toten Tieren, die unter dem Holunderstrauch ruhen: Schäferhund Rüpel, Airdale-Terrierin Amina, Zwergziege Olympia mit ihren beiden ungeborenen Jungen, Kater Fettucini, Kätzchen Olbia.

Vor dem Schlafengehen greife ich eine Kassette heraus, die ich noch nie gehört habe, vom Eckankar-Zentrum: *The Struggle of The Emperor Moth.*

Offensichtlich handelt es sich bei dieser »Emperor Moth« um eine besonders schöne Fliegenart. Ein Biologe beobachtet eine dieser Fliegen beim Kampf ums Ausschlüpfen und sieht, wie sie große Mühe hat, aus ihrem Kokon herauszukommen, der, flaschenhalsartig verengt, am Ausgang noch dazu von einer Art dicker Hülle verstopft ist. Nachdem der Biologe der Fliege behilflich ist, indem er die Öffnung freimacht, kommt heraus – eine behinderte Fliege, mit kurzen Flügeln auf einem unförmig dicken Körper, die bald darauf stirbt.

Diese Beobachtung veranlaßt den Biologen, sich bei Kollegen zu erkundigen, ob sie ähnliches beobachtet hatten. Und tatsächlich: Überall, wo der Fliege Hilfe beim Ausschlüpfen zuteil wurde, dasselbe Phänomen. Statt des schlanken, stromlinienförmigen Körpers mit den wunderschönen langen Flügeln ein behindertes Wesen, unfähig zu überleben.

Und die Moral von der Geschicht? Hilf keiner Fliege – oder sonst jemandem – beim Ausschlüpfen?

21. Oktober 1990

Stella macht große Fortschritte.

Mittags kommt der Reitlehrer. Wir können es wagen, meint er, der bereits über Erfahrung im Behindertenreiten verfügt. Wir können die Kinder für den kommenden Sonntag einladen.

Ich platze fast vor Glück.

Abends im Seminarzentrum Besuch eines Ehepaares, beide Mitglieder unseres Vereins. Der Mann ist schwerbehindert nach einer Kinderlähmung, die Frau hat uns eine ganze Woche lang beim Renovieren geholfen, Fliesen gelegt, Wände gestrichen, die Dusche und obendrein noch Geld gespendet. Sie lassen 30.000 Schilling da!

Ich bin dabei, das Programm für das erste Halbjahr 1991 zusammenzustellen. Im letzten Programm habe ich meine eigenen Kochkurse vergessen, sprich: verdrängt.

Das Wunderbare ist, alle bisherigen SeminarteilnehmerInnen haben sich ungeheuer wohl gefühlt, sind geradezu aufgetankt nach Hause gefahren, erfüllt von Harmonie und Freude. Wenn kurz wegen der primitiven Zimmer gemeckert wurde, so tröstete ich schnell mit blumigen Beschreibungen all dessen, was wir ja zu bauen vorhaben...

Soviel Gelächter wie beim letzten Farbenseminar habe ich in meinem ganzen Leben noch nicht gehört. Gudrun, eine Teilnehmerin, die bereits das Wirbelsäulenseminar mitgemacht hatte, bei dem alle soviel alten Kummer aus sich herausweinten: »Damals haben wir alle stundenlang geheult – diesmal stundenlang gelacht! Herrlich!«

Und gesungen haben wir, gesungen! Eine Gesangslehrerin übte mit uns einen 6-stimmigen Kanon ein, der das Motto des Vereins zum Inhalt hat: »Wenn einer träumt, bleibt es ein Traum, wenn viele träumen, beginnt der Traum, Wirklichkeit zu werden.«

Kann sich mal sehr schön anhören – wenn es klappt...

25. Oktober 1990

Vortrag in Graz, auf Einladung der großartigen Lehrerin Charlotte Probst, Initiatorin der Organisation »Der Tierbefreier«. Meine Vernetzung »Ernährung – Tierschutz – Dritte-Welt-Probleme« stößt hier auf besonders großes Verständnis. Er habe, sagt mir diesmal ein Mann anschließend, bei diesem »Rundumschlag« zum ersten Mal die Zusammenhänge begriffen.

Um 1 Uhr im Bett nach Vortrag und Diskussion, um 6 Uhr morgens bereits im Auto unterwegs nach Hause. Phantastisches Herbstwetter, aber eine Gluthitze wie im August.

Kurz nach 12 Uhr mittags treffe ich zu Hause ein, um halb eins unser erstes Reiten mit den Kindern des Salzburger Montessori-Kindergartens. In diesem Kindergarten, den ein evangelischer Pfarrer leitet, habe ich vor etwa sechs Jahren einen Vollwertkochkurs mit den Kindern durchgeführt. Gerade bei Behinderten wirkt sich die Ernährungsumstellung besonders positiv aus.

Vier behinderte und sechs gesunde Kinder sind mit ihren Eltern gekommen. Ich bin sehr aufgeregt, denn der Reitlehrer hat ausgerechnet meine wilde Stella von meinen drei Pferden ausgewählt – aber sie macht es großartig, und der Reitlehrer ebenfalls. Es ist erschütternd zu erleben, wie ein verstörtes, angsterfülltes behindertes Kind sich auf dem warmen Pferderücken entkrampft und zu lächeln beginnt.

Ich bewundere die tapferen und fröhlichen Mütter der Kinder. Und schäme mich, daß ich jemals unzufrieden mit meinem Leben war.

Im Schatten der Apfelbäume essen wir dann alle zusammen Apfelkuchen mit Honigschlagsahne, von Ottilie und einer Besucherin in großen Körben aus dem Seminarzentrum herbeigeschafft.

Das war ein guter Anfang! Ich bin sehr glücklich.

Anschließend noch ins Landestheater. Dort findet eine Ausstellung zum Thema Umweltschutz statt. Ottilie hat einen abstrakten Baum gebastelt, an den sie all unsere Informationen über die geplante Öko-Siedlung gehängt hat, samt bisher geknipster Fotos. Viel Interesse an unserem Info-Stand. Todmüde um 1 Uhr ins Bett. Ein wunderbarer Tag. So dankbar.

30. Oktober 1990

Gute Nacht, meine schönen Blümchen!
Morgen früh
seid ihr erfroren.
Guten Morgen
meine toten Blümchen!

1. November 1990

Kreuzfahrt auf der »MS Europa«. Ich bin zwar als Gesundheitsberaterin engagiert, um während der Reise Vorträge über gesunde Ernährung zu halten, habe also einen sogenannten Arbeitsvertrag – aber dennoch habe ich mich auf diese Reise gefreut wie ein Kind. Und sie ist wahrlich eine Traumreise geworden! Wie auch bei den vorangegangenen Kreuzfahrten kochte Küchenmeister Werner Ultsch. Baldur Preiml und seine drei Sportlehrer sorgten für das Fitneß-Training, die erprobte alte Mannschaft war also wieder beisammen.

Neun Tage unbeschreiblicher Luxus!

Die »MS Europa« faßt 600 Passagiere, dazu kommen 300 Mann Beatzung. Abfahrt in Venedig bei strahlendem Sonnenschein zu den Klängen der unwahrscheinlich an die Tränendrüsen rührenden »Traumschiff«-Melodie von James Last – Kitsch as Kitsch can –; das türkisblaue Meer mit seinen weißen Schaumkronen; gutgelaunte, erwartungsvolle Passagiere; phantastisches Essen; Musik...

Einfahrt in Istanbul in der Abenddämmerung, Sternenhimmel wie in Tausendundeiner Nacht.

Sechs Stunden Marathonspaziergang durch Istanbul. Diese wundervollen Moscheen!

Vor einem Bazar spricht mich in fließendem Deutsch ein etwa 20jähriger Türke an. Fan meiner Filme – er ist in Deutschland aufgewachsen –, lädt er meine Freundin und mich zu einem Kaffee in sein Teppichgeschäft ein und – macht mir einen Heiratsantrag. Meine Schönheit, mein Ruhm – dazu seine Jugend und seine vielköpfige Sippe! Ich solle es mir doch überlegen...

Ich habe diese Reise mit jeder Faser genossen.

Was für ein Wechselbad, mein Leben!

2. November 1990

MacDonald's wird in Zukunft seine Bouletten nicht mehr in Plastik, sondern in umweltfreundlichem Papier liefern, in Amerika wenigstens. In Amerika vertilgen täglich 22 Millionen Konsumenten diese gräßlichen Fleischklopse.

Genauso viele getötete Tiere wie bisher, genausoviel zugunsten von Viehweiden abgeholzter Regenwald wie bisher – aber immerhin 22 Millionen Stück Plastikverpackungsmüll täglich weniger...

4. November 1990

Es ist schon witzig. Kaum rühre ich mich vom Fleck, weg von Doppendorf, zum Segeltörn, zu einer Lesung oder wie jetzt zu einer Kreuzfahrt – wie verhext ist es, daß Grete, die sich überwiegend bei ihrem Mann in Deutschland aufhält, ausgerechnet in diesen Tagen hier im Seminarzentrum auftaucht. Und jedesmal gibt es Ärger.

Wieder einmal ist das Hochbeet der Grund. Wir müssen es entfernen, eine Wahnsinnsarbeit – alles wieder auseinanderzuschrauben, abzumontieren und die Erdmassen abzutransportieren – zu mir nach Hause, was bleibt mir anderes übrig.

Zweitens ist sie empört, daß die im Frühlingsseminar mit Heinz Erven ausgewählten 30 Obstbäume gepflanzt wurden, und zwar genau auf dem Grünstreifen, der nicht zu Bauland umgewidmet worden ist, uns laut Vertrag aber gehört.

Ich darf doch wohl immer noch davon ausgehen, daß der Vertrag bestehen bleibt und es nur noch um das Aushandeln von ein paar läppischen Schillingen geht.

Grete hat gewußt, daß ich auf dieser Kreuzfahrt bin. Ich muß ja schließlich auch mal Geld verdienen. Verrückt genug, dieser Luxus, den ich mir da leiste, seit Jahren unbezahlte Arbeit für den Verein – und schließlich für ihr Haus, das täglich schöner wird.

Aber was ich auch in Angriff nehme, es wird abgelehnt.

6. November 1990

Almut hat, nach ihrem gelungenen Abend während der Schnupperwoche, Mut bekommen und ein Programm über Autogenes Training zusammengestellt, das heute abend beginnt und über vier Wochen jeden Dienstag stattfinden wird. Diese Abende werden ihr Selbstbewußtsein weiterhin stärken.

Erfreulich viele Anmeldungen, wie üblich, überwiegend von Frauen, denen ihre Männer aber auch jedes Fünkchen Selbstwertgefühl geraubt haben.

Der umgekehrte Fall ist eher selten.

10. November 1990

Für den 21. November ist ein Vorbegutachtungsverfahren zur Bauverhandlung für den Umbau der Scheune angesetzt worden. Wir haben immer noch keinen endgültigen Kaufpreis aushandeln können.

Der Rechtsanwalt des Vereins hat leider Gretes Kaufangebot vom 4. Oktober noch nicht beantwortet. Das ist wirklich ärgerlich. Außerdem hat sie immer noch nicht die gewünschte Bankgarantie erhalten, beziehungsweise einen Schrieb, daß das Geld auf der Bank liegt.

Ich entschuldige mich am Telefon, versichere ihr, das Geld *liege* auf der Bank, sie könne es sofort abheben, sie möge doch nicht wegen eines Formfehlers diese so wichtige Verhandlung in Frage stellen oder gar platzen lassen, noch dazu in einem so fortgeschrittenen Stadium, nach einem so enormen, für jeden sichtbaren Arbeitseinsatz, wo wir noch dazu so gut wie alle Bewilligungen inklusive Parkmöglichkeiten für die zukünftigen Bewohner durchgefochten haben – kaum jemand kann ermessen, was das alles bedeutet!

Sie stellt sich auf den Standpunkt, die Bauverhandlung müsse abgesagt werden, da die Kaufsumme immer noch nicht endgültig ausgehandelt sei.

Ich flehe sie geradezu an, zu dieser Bauverhandlung zu kommen, wir könnten *vorher* den endgültigen Vertrag aushandeln, es ginge doch nur noch um eine Kleinigkeit, 3,5 Millionen minus einer Lächerlichkeit in Anbetracht dessen, was geplant ist. Sie habe wenig Zeit, läßt sie am Telefon verlauten, aber sie wolle es sich überlegen, ob sie komme . . .

Der 21. November ist mein Geburtstag. Das muß doch Glück bringen!

11. November 1990

Ich habe mein Konzept für die Salzburger Landesausstellung »Irrwege – Umwege – Auswege« abgeliefert: 13 engbeschriebene Seiten mit Vorschlägen, die natürlich auf meinen Erfahrungen in Doppendorf fußen, vom empfohlenen Frischkornbrei und der Kollath-Tabelle – »Laßt unsere Nahrung so natürlich wie möglich« – über die Edelsteintherapie bis zum Läusevertilger Ohrwurm. Gesundheit ist ein Informationsproblem.

Es wäre wunderbar, würde mein Vorschlag aufgegriffen und die beabsichtigte Ausstellung dezentral auf alle Städte und

Dörfer des Landes verteilt, so daß alle miteinander um »Das gesunde Dorf – die gesunde Stadt« wetteifern könnten.

Die Gesundheit der Gesellschaft hängt ab von der Gesundheit der einzelnen Menschen, wir sind alle in einem ganzheitlichen System miteinander verbunden wie die Zellen im menschlichen Organismus. »Die Summe der Qualitäten des einzelnen bestimmt die Qualität der Gesellschaft.« (Maharishi)

Je gesünder und glücklicher der einzelne Mensch, desto gesünder und glücklicher die Gesellschaft.

18. November 1990

Neueste Hiobsbotschaft: Die Gemeinde will das Feuerwehrhaus vergrößern!

Und dieses liegt genau zwischen dem Seminarhaus und der umzubauenden Scheune. Ein enormer Störfaktor schon jetzt, die Feuerwehrleute mit ihren Übungen und noch mehr mit ihren montäglichen Grill- und Bierparties.

Also hin zum Bürgermeister und gefragt, ob er dem Verein das Feuerwehrhaus verkaufen würde.

Wahrscheinlich hat der Gemeinderat darauf spekuliert; man sei nicht abgeneigt, eigentlich würde man sowieso lieber an einem anderen Platz ein neues, ein größeres Feuerwehrhaus bauen...

In dem zur Diskussion stehenden Feuerwehrhaus könnten Läden eingerichtet werden für unser biologisch gezogenes Gemüse, Getreide, Mühlen, Gesundheitsliteratur – sogar eine Wohnung für den potentiellen Gärtner oder die Gärtnerin wäre bezugsfertig!

Natürlich hat dieser Kauf nur einen Sinn, wenn wir die Scheune ausbauen können. Aber davon gehe ich nach wie vor aus.

20. November 1990

Als »Geste des guten Willens und konstruktive Maßnahme im Dienst des Friedens« läßt der irakische Präsident Saddam Hussein zwischen Weihnachten und dem 25. März seine ausländischen Gäste »heimreisen«, allerdings nur, »solange nichts geschieht, was die Atmosphäre des Friedens stört«. Die Zahl der irakischen Soldaten in Kuwait wird, wie der Irak bekanntgab, von 250.000 auf 500.000 erhöht.

Beim KSZE-Gipfel in Paris gibt man sich euphorisch: Ost und West seien nicht länger Gegner; in Europa beginne ein neues Zeitalter. Na, da bin ich aber gespannt!

21. November 1990

Bis zum letzten Augenblick ließ Margarete Mackwitz uns zappeln: Kommt sie – kommt sie nicht?

Sie kam nicht. Das »Vorbegutachtungsverfahren zur Bauverhandlung« lief ohne sie über die Bühne – ohne endgültigen Vertrag.

Andererseits wäre es eine Idiotie gewesen, es zu stoppen, wo wir endlich soweit waren, daß die Verantwortlichen sich die Ehre gaben – daß Bürgermeister, ein Herr Hofrat, die Gemeindevertretung, ein Herr vom Wildbach- und Lawinenschutz sich neben unseren Leuten – Architekt, Steuerberater, Rechtsanwalt und dem übrigen Vorstand – im Seminarhaus versammelt hatten.

Und es verlief positiv! Die Pläne des Architekten sind so gut wie abgesegnet. Nur einige kleine Schönheitsfehler im Bauplan müssen noch bereinigt werden, dann folgt die richtige Bauverhandlung, und dem Umbau der Scheune im Frühling 1991 steht von behördlicher Seite nichts mehr im Wege.

Die Gemeinde ist bereit, uns das Feuerwehrhaus zu verkaufen. Das Geld hierfür, 1,2 Millionen Schilling, muß allerdings noch aufgebracht werden.

Wir stoßen alle mit Sekt an – doch ich werde ein mulmiges Gefühl nicht los. Ich kann Gretes Motive einfach nicht mehr begreifen. Das unselige Hochbeet, ein paar Meter verkehrt aufgebaut, die Obstbäume, immerhin auf einem Grund gepflanzt, der laut Kaufvertrag dem Verein gehört – das alles sind doch Lappalien! Heute morgen am Telefon warf sie mir wieder vor, ich machte immer den zweiten Schritt vor dem ersten. Was sicher auch zutrifft, aber wenn sie den ersten immer verhindert?

Sie fühlt sich übergangen, nicht wertgeschätzt, dabei habe ich sie geradezu angefleht, zu diesem Termin zu kommen, damit der Vertrag endgültig wird.

»Wenn Sie Ihren ersten Geburtstag feiern«, hatte die Astrologin vor drei Jahren geäußert, »dann können Sie aufatmen, dann können Sie sagen: So, jetzt sind alle drin (im Haus)!«

Gewissermaßen sind nach dieser Verhandlung auch alle »drin«, wenn auch noch nicht leiblich.

Die Freude über den heutigen Erfolg ist getrübt.

2. Dezember 1990

Menschen, die in zwei Welten zu Hause sind, sind nie ganz glücklich, schreibt Marcel Reich-Ranicki zum Tode Hilde Spiels.

7. Dezember 1990

Am 5. Dezember wurde im Armenviertel von La Paz ein junger Mann erschossen, der, aus Bozen stammend, 19jährig zunächst bei Missionaren Philosophie und Theologie studiert hatte und schließlich zum Chef einer bolivianischen Guerillatruppe avancierte.

»Ich bin ausgezogen, um mitten in Elend und Dreck, in Ungerechtigkleit und Leid den neuen Menschen, den *homus novus*, wie Ché Guevara sagte, anzutreffen, ihn kennenzulernen, an seiner Heranbildung selbst teilzunehmen«, schrieb dieser Michael Nothdurfter 1985 aus Südamerika.

Das Foto zeigt einen sensiblen, wunderschönen jungen Mann.

Und mir fällt ein Satz von Ché Guevara ein: »Auch auf die Gefahr hin, lächerlich zu wirken, erlauben Sie mir, Ihnen zu sagen, daß der echte Revolutionär immer aus großer Liebe handelt.«

13. Dezember 1990

Nun liegt er also vor, der offizielle Bescheid des Gemeindeamtes Doppendorf:

Betr. Ansuchen vom 2. 1. 90 um Änderung des Flächenwidmungsplanes für einen Teil des Grundstückes Nr. Soundso.

In obiger Angelegenheit wird mitgeteilt, daß der Gemeinderat in der Sitzung vom 6. 12. 1990 Ihr Ansuchen behandelt und abgelehnt hat usw. usw. usw.

14. Dezember 1989

Mit der Winter-Schnupperwoche beenden wir für dieses Jahr den Seminarbetrieb.

15. Dezember 1990

Heute eröffnet mir der halbe Vorstand, nämlich Ottilie, die Sekretärin Rosy und Gerda, die Doppendorferin, die gelegentlich in der Buchhaltung hilft, daß sie ihre Ämter zurückgeben müßten, da ihnen erst nach der Vorstandssitzung am 21. November klar geworden sei, welche Verantwortung die Vorstandsmitglieder nicht nur in bezug auf das Projekt Scheune, sondern auch in bezug auf das Seminarzentrum tragen, und daß sie – nach Rücksprache mit Partner, Anwälten etc. – weder die Verantwortung für das eine noch für das andere weiterhin übernehmen könnten.

WINTERSCHNUPPERWOCHE

bietet Ihnen wieder einen reizvollen Querschnitt durch ganzheitliche Themen. Sie können:

- vollwertig kochen und backen – selbstverständlich auch gesundes Weihnachtsgebäck und köstliche Pralinen;
- den Bauchtanz erlernen:
  Achtung, Feministinnen! Auch dies kann eine Form der Selbstverwirklichung sein! Für Frauen jeden Alters und jeder Figur! Wichtig ist die Neugierde, neue – uralte – Bewegungsformen wiederzuentdecken. Bitte leichte Gymnastikkleidung mitbringen und ein Tuch, das um die Hüften geschlungen werden kann;
- sich in *Aikido* üben:
  Aikido, eine *Meditation in Bewegung*, entstand aus den Bewegungskünsten der Samurai und zeichnet sich durch große Eleganz und Dynamik, gepaart mit Natürlichkeit, aus;
- Ihren Körper mit Yoga-Übungen stärken und mit *Reiki* entspannen. Durch Energie und Liebe wollen wir die Selbstheilungskräfte in uns entdecken und bei anderen aktivieren;
- das *Tarot* als geistigen Übungsweg erfahren:
  Die Tarotkarten werden nicht zum Kartenlegen, sondern zur inneren Weiterbildung benutzt;
- die Zubereitung von Frischkosmetik probieren (nach Stephanie Faber). Theorie und Praxis;
- und schließlich über die berühmten »Lindes« – Helmut und Renate – das positive Denken üben: »Positiv leben – aber wie?«
  »Wenn *Sie* sich nichts zutrauen – warum sollen es dann die *anderen*? Wenn *Sie* sich nicht anerkennen und lieben – wie sollen es dann die *anderen*?
  Sie können Ihr Leben verbessern – durch systematische Steigerung Ihres Selbstbewußtseins in allen Lebenslagen!«
- Jeden Abend autogenes Training

Ich frage mich, woran es liegt, daß zwar viele gern »dabei« sein wollen – »Ich arbeite bei dem Projekt von der Barbara Rütting mit« –, sich aber darum drücken, wenn es gilt, Verantwortung mitzutragen.

Genauso können mich eines Tages die beiden übrigen Vorstandsmitglieder, Steuerberater und Rechtsanwalt, im Stich lassen. Alle Vorstandsmitglieder waren schließlich mit dem bisherigen Procedere einverstanden, haben es abgesegnet; ich fasse ja nicht eigenmächtig Beschlüsse!

Wenn aber der Vorstand nicht einmal bereit ist, Verantwortung zu übernehmen, kann man den ganzen Verein in Frage stellen. Vermutlich engagiert sich wirklich total, auch finanziell, nur jemand, wenn er oder sie auch »etwas davon hat«, etwa eine Wohnung oder einen bezahlten Arbeitsplatz.

Betrübt hat mich vor allem die Art und Weise, wie die drei Frauen mir ihren Entschluß mitgeteilt haben. Wären sie spontan gekommen und hätten gesagt: »Du, Barbara, ich krieg es mit der Angst, ich kann einfach nicht soviel riskieren« – aber so haben sie sich untereinander abgesprochen, um eine Unterredung ersucht und mich vor die vollendete Tatsache gestellt.

Habe die größte Lust, alles hinzuschmeißen.

16. Dezember 1990

Swedenborg findet während seiner Besuche auf anderen Himmelskörpern, daß die Erde der häßlichste aller Planeten ist, weil die Menschen dort nicht sagen, was sie denken, oder anderes sagen, als sie denken.

Swedenborg hat doch nicht etwa Doppendorf besucht?

Ein Einheimischer, der es wissen muß, charakterisiert die Leute hier folgendermaßen: »Sie hassen alles Fremde, alle Fremden, besonders die Piefkes, die Deutschen. Sie wollen aber deren Geld. Also müssen sie in den sauren Apfel beißen und die Touristen anlocken. Aber: Die Jäger wollen nicht, daß Touristen im Wald spazieren, die Bauern wollen nicht, daß sie auf den Wiesenwegen wandern, die Fischer wollen nicht, daß sie in den Seen schwimmen. Am besten wäre es«, meint der, der es wissen muß, »sie würden den Scheck abliefern und dann – schleich di!«

Meint der Einheimische, der es wissen muß.

Gelegentlich sickert durch, daß eigentlich ganz Doppendorf hofft, daß dieses Projekt scheitert. Wer weiß, was da für Leute kommen (so auch Margarete Mackwitz); lauter Hundebesitzer, die Köter scheißen in die Wiesen, und daran krepieren unsere Kühe; lauter Behinderte – manche sehen schon Hunderte von Rollstuhlfahrern durch Doppendorf rasen; lauter Langhaarige, arbeitsscheues Gesindel, lauter Grüne, die wollen alles verändern und wählen dann den Bürgermeister und den Gemeinderat ab.

Gar nicht so dumm, diese Idee!

Eigentlich lassen sie mich alle ins Messer laufen, alle; aber ins Gesicht hinein tun sie schön.

Die Frau, die sich darum gerissen hatte, ehrenamtlich die Vereinsbuchhaltung zu führen, aber täglich jammerte, daß sie nicht einen Schilling dafür zu sehen bekommt, teilte mir eines Tages mit, daß sie sich den Anforderungen nicht mehr gewachsen fühle. Ich war unsäglich erleichtert und sagte ihr, daß ich ihr auch den Vorschlag habe unterbreiten wollen, diesen Job aufzugeben. Daraufhin war sie beleidigt, und die Sekretärin Rosy meinte, ein so unmenschliches Verhalten wie meines sei ihr in ihrem ganzen 30jährigen Arbeitsleben noch nicht begegnet: Ich hätte doch wenigstens behaupten können, es täte mir leid, daß Gerda ginge; zu dieser frommen Lüge hätte ich mich doch aufraffen können.

»Ja, wollt ihr denn alle nur belogen werden?« fragte ich sie. Da wurde sie nachdenklich und meinte, vielleicht hätte ich recht.

Strindberg schreibt in seinem *Okkulten Tagebuch*: »Neulich verbrannte ich ein Drama, weil es so aufrichtig war, daß mir graute.

Das ist es, was ich nicht begreife: ob man das Elend verbergen und den Menschen schönreden soll. Ich möchte licht und schön schreiben, bin aber nicht imstande dazu, kann es nicht; ich halte es für eine furchtbare Pflicht, wahrhaftig zu sein, und das Leben ist unbeschreiblich häßlich.«

Swedenborg soll mir doch mal durchgeben, auf welchem Planeten es besser ist, dann versuche ich beim nächsten Umlauf, diesen als Lernziel zu kriegen. Angeblich soll ja Atlantis wieder auftauchen, nach dem großen Polsprung...

17. Dezember 1990

Das Amt der oberösterreichischen Landesregierung teilt dem Verein mit, daß Doppendorf als Dorfentwicklungsgemeinde in Frage kommt.

Insgesamt haben sich 25 Gemeinden um Aufnahme beworben. Da der Doppendorfer Bürgermeister nicht interessiert war, hatte der Verein, unterstützt von ein paar Anrainern, den Antrag auf Aufnahme gestellt. Unser Projekt wird nun geprüft, und dann wird entschieden, ob dem Ansuchen stattgegeben wird.

Es müßte schon mit dem Teufel zugehen, würde es abgelehnt!

Die Salzburger Landesregierung wiederum meldet in bezug auf die 1992 geplante Landesausstellung »Irrwege – Auswege«, daß das nächste Symposion noch einmal verschoben wird, also auf das Frühjahr 1991.

19. Dezember 1990

Eine befreundete Astrologin bestätigte genau das, was ihre Kollegin mir vor drei Jahren prophezeit hatte: Mit starkem Mars und Jupiter *muß* ich es schaffen! Sie nannte mir die günstigsten Daten für Besprechungen, und ich habe die Mitgliederversammlung auf den 1. März 1991 festgesetzt. Januar/Februar soll ich auf meine Gesundheit achten, Gefahr von Lugenentzündung.

Na servus, und husten tu ich bereits.

Der Garagenausbau wird so teuer wie ein Neubau, und ich will den Kredit so schnell wie möglich abbezahlen. So lebe ich extrem billig überwiegend von Kohl, Sauerkraut, Kartoffeln und Getreide. Den Leserinnen meiner doch recht kulinarischen Kochbücher würden die Haare zu Berge stehen. Da raffiniert gewürzt, schmeckt aber auch die russische Kohlsuppe Schtschi delikat. Wenn das nur alle wüßten!

Ich genieße diese Sparflammenlebeweise auf materieller Basis sogar. Ideell bin ich unglaublich reich. Und immer wieder kommt der Auftrag, daß ich teilen, sofort abgeben muß, wenn ich etwas erhalte; teilen und abgeben schon zu Lebzeiten, nicht erst nach dem Tod.

20. Dezember 1990

Schewardnadse zurückgetreten.

Es ist entsetzlich.

Grauenvolle Berichte aus dem Krankenhaus in Temeshvar. Aus den Kliniken in der Nähe Tschernobyls Filme, die strahlenverseuchte Kinder zeigen. Auf der Titelseite der *Salzburger Nachrichten* die Überschrift: »Risiko von Unglück mit Atomwaffen ist größer als gedacht«. Die merken auch alles.

Weiter unten steht: »Jedes dritte Kinder der Welt ist unterernährt.«

Ja, wissen wir auch längst. Warum steht nicht da, daß global so viele Waffen existieren, daß man die Welt 16mal in die Luft sprengen könnte?

Verzweiflung.

Alles, was man tut, was ich auch tue, ist nicht einmal der berühmte Tropfen auf den heißen Stein.

21. Dezember 1990

Lech Walesa wurde polnischer Staatspräsident.

Zuerst Vaclav Havel, nun Walesa. Unfaßbar!

Die Kriegsgefahr im Irak gilt als unvermeidbar, heißt es allgemein.

Ich will und kann es nicht glauben. Soviel Wahnsinn darf einfach nicht sein.

24. Dezember 1990

20 Uhr abends.

Milliarden Christen verschlingen gerade Milliarden hingemetzelter Tiere, um die Geburt des Erlösers zu feiern. Das größte Schlachtfest des Jahres findet seinen Abschluß. Jedes Jahr die gleiche Farce. Die einen fressen sich voll, die anderen verhungern.

Das Hungerproblem ist nur über eine Annäherung an den Vegetarismus zu lösen. Ich sage bewußt vorsichtig »eine Annäherung«, denn dieser Entwicklungsprozeß braucht Zeit, und die Menschen werden dafür erst bereit sein – falls überhaupt –, wenn sie am Verhungern sind.

Ich habe einen Brief an Franz Alt geschrieben. Er könnte über seine Sendungen im Fernsehen vielleicht eine Revolution in der Hungerhilfe bewirken, er könnte vielleicht vorantreiben, was Pythagoras nicht geschafft hat: die westliche Welt zu Vegetariern zu machen...

Wärmendes Feuer im Kamin, ein Glas Rotwein; Hunde und Katzen friedlich um mich herum gelagert, auch die Pferde im Stall ruhig.

Es gelingt mir immer besser, mein Leben total zu akzeptieren. Ich weiß, ich habe mir mein Schicksal selbst gewählt, um daran zu wachsen. Es gelingt mir immer besser, auch die kleinen tückischen Dinge des Alltags als zu bewältigende Aufgabe, als Meditation, zu begreifen und zu meistern: die Roßäpfel der

Pferde auf der Koppel, die gesammelt und auf den Misthaufen gebracht werden müssen; den ewigen Hunger von Pferden, Katzen, Hunden; die ständig um meine Füße kreisende behinderte Francescolina – eigentlich habe ich es jetzt erst richtig geschafft, sie zu lieben.

Es war nicht einfach. Hysterisch winselnd vor Glück, wenn sie mich sieht, tappt sie – sogar der Laut dieser auf dem Boden scharrenden Krallen nervt – wie besessen im Kreis um mich herum, wie ein Kind um Zärtlichkeit bettelnd; noch immer nicht stubenrein; nichts anderes im Sinn als Fressen, Fressen, Fressen; Francescolina beißt sogar in die Haferflocken hinein; entreißt mir das Stück Brot und erwischt dabei vor lauter Gier immer wieder meine Hand; ihre Absonderungen sind gigantisch: die Seen, die ich immer wieder wegputze, die Kothaufen, die sie nicht, wie die anderen Hunde, irgendwo in einer Gartenecke hinterläßt, sondern direkt vor der Haustür oder in den Flur pflanzt; in jede auf dem Boden stehende Schüssel stolpert sie hinein mit ihren behinderten Beinen; bringt mich umkreisend zu Fall, wenn ich den schweren Korb mit dem Holz für den Kamin trage – und dennoch: Wenn sie, wie gerade jetzt, kommt und sich an mich schmiegt, merke ich, wie sehr ich dieses Tier mit seinem ewig räudigen Fell liebe.

25. Dezember 1990

Schon um halb zehn ins Bett. Vorher Spaziergang im knirschenden Schnee. Der Halbmond lag auf dem Rücken, darunter in dem gleißenden Weiß schwarzäugig der Teich, von Rohrkolben bewimpert.

Welche Gnade, so leben zu dürfen!

29. Dezember 1990

Die Amerikaner schicken weitere 2.000 Panzer und 16.000 US-Soldaten in den Irak. Damit werden dort 400.000 US-Soldaten stationiert sein.

Die Briten verteilen an ihre Leute Gasmasken und lassen sie impfen – gegen biologische Waffen, die angeblich in einer Fabrik nahe Bagdad hergestellt werden.

Israelis haben im Gaza-Streifen Palästinenser erschosssen, die wiederum haben Israelis angegriffen.

Ein Wahnsinn.

Es wird im allgemeinen mit Krieg gerechnet. Ich glaube es nicht. Will es nicht glauben.

Am 31. findet wieder die weltweite Meditation zur Heilung der Erde statt.

Es sind immer noch zu wenige, die meditieren. Nach der Studie von Maharishi braucht jedes Land so viele fortgeschrittene Meditierende, wie der Wurzel aus 1 Prozent entsprechen. Ich bin fest überzeugt, daß solche Kohärenzgruppen es schaffen würden, Negatives zu mindern und sogar zu vermeiden.

Ein unglaublicher Sonnenuntergang, das blaueste Blau, das goldenste Gold, das orangeste Orange – Minuten später vorbei, als wäre alles geträumt.

30. Dezember 1990

38 Milliarden Dollar sollen die Kriegsvorbereitungen bisher gekostet haben. Die Rüstungsindustrie kann sich ins Fäustchen lachen.

Saddam Hussein droht, daß im Falle eines Krieges auf dem ganzen Globus irakische Terrrorkommandos Attentate ausführen würden.

In Israel wird mit Gasmasken trainiert; man bereitet sich auf einen Angriff der Iraker mit biologischen Waffen vor.

Entsetzlicher Bericht über den Hunger in Angola: verhungerte Kinder; Menschen, mit Schwären übersät; Krankenhäuser, in denen alles fehlt – der *Weltspiegel* brachte als Kontrast zu all dem Elend einen Bericht von den Pariser »Hallen«, in denen Unmengen an Hummer und anderem Meeresgetier zu Weihnachten und Silvester verschlungen werden.

Und ich sollte eigentlich an meinem Menübuch arbeiten!

Ich zwinge mich, ein paar Rezepte zu schreiben, Rezepte von der »Traumschiff«-Kreuzfahrt...

Ein kleines Grüppchen internationaler Menschen, meist Frauen, ist in Bagdad eingetroffen und hat ein Friedenscamp errichtet. Sie wollen dort für den Frieden beten.

31. Dezember 1990

Habe stark mit Depressionen zu kämpfen. Es scheint doch Krieg am Golf zu geben. Und als heute nachmittag bei der weltweiten Friedensmeditation Almut und ihr Sohn einerseits, Gustav und ich andererseits zusammentrafen, war nicht einmal in dieser Stunde eine Versöhnung zwischen Almut und Gustav möglich. Sie gingen grußlos auseinander, in ein neues Jahr.

Und das sind nun zwei von den fünf Menschen, die die Keimzelle von dem Organismus bilden, dessen Ziel es ist, daß Menschen liebevoller miteinander umgehen...

Es ist zum Verzweifeln.

Eigentlich müßten wir alle, alle, alles stehen und liegen lassen, nach Bagdad und weiter in die Wüste, in das Friedenscamp fahren. Wenn Millionen sich dort hinsetzen würden, der Krieg wäre vereitelt.

Ich versuche, Licht in das Camp zu senden, zu den Frauen und Männern, die dort für den Frieden beten.

1. Januar 1991

Lange geschlafen, Frühstück im Bett, mit allen Hunden und Katzen, Kerzen, Musik...

Dann wieder alle Bänder angehört, die vor drei Jahren die Astrologin besprochen hat. Demnach *muß* ich das Werk durchführen, sie sagt sogar, »ganz gleich, mit welchen Mitteln«; und ich wäre fähig, mit 100 Mark das Empire State Building aufzubauen; die richtigen Menschen würden nur so aus dem Boden schießen, Geld hinzufließen, und, und, und – wenn, ja wenn ich selbst so gebrannt wäre, daß kein Schlacken, nichts Unreines, Ungeduldiges mehr an mir ist.

Ich bilde mir ein, daß ich bereits einen großen Sprung in dieser Richtung geschafft habe; aber das ist wohl immer noch zu wenig. Ich dürfte nicht Einzelmenschen verpflichtet sein, sondern nur dem Kollektiv, doch das ist eigentlich schon der Fall: Ich habe niemanden besonders lieb und verabscheue auch niemanden mehr, wie ich das früher oft tat; ich habe ein riesiges Mitgefühl für alle. Es ist mir tatsächlich auch gelungen, immer mehr Liebe für meinen behinderten Hund zu spüren. Wenn dieses verkrüppelte Tier seinen Kopf in meine Hände schmiegt, durchschießt mich ein Strom von Liebe; früher war es physische Abneigung und – mit Schuldgefühlen verbunden – Ekel.

Aber ich habe wohl gerade die erste Stufe des dornigen und steinigen Weges hinter mich gebracht; es geht erst los, die Prüfungen, die wirklich harten, kommen erst.

Natürlich mache ich weiter!

Am 8. Januar ist Vorstandssitzung. Wir werden die Finanzierungsmöglichkeiten durchsprechen.

3. Januar 1991

Die österreichische Regierung verteilt zuerst an Kinder, dann auch an Erwachsene, Kaliumjod – für den Fall eines neuen Tschernobyl.

Täglich wird über die katastrophalen Zustände im tschechischen Kernkraftwerk Bohounice berichtet. Und endlich sieht man nun auch im Fernsehen, was immer geleugnet und totgeschwiegen wurde: wie entsetzlich die Tschernobyl-Opfer vor sich hinsterben. Ihr 10jähriger Junge hat sich über die Zukunftsaussichten der Kinder dieser Welt so aufgeregt, erzählt mir eine Frau beim Zeitungskauf am Kiosk, daß er eine Beruhigungsspritze bekommen mußte.

Ein großartiger Film im Fernsehen gegen die Gen-Manipulation, mit dem Titel »Marys Baby«.

Mary ist ein Gorillaweibchen, dem ein Forscher sein Sperma injiziert hat. Nach einigen Versuchen wird tatsächlich ein Hybride geboren – HNO 7 –, den der Wissenschaftler nicht, wie er sollte, vernichtet, sondern aufwachsen läßt und schließlich, als angebliches Waisenkind, adoptiert.

Der kleine Gor hat nur einen Fehler: Sein Kehlkopf gleicht dem eines Affen, er kann nichts als »Na« sagen. Eine Operation behebt auch dieses Handikap, und Gors Karriere als Durchschnittsamerikaner scheint nichts mehr im Wege zu stehen. Als Soldat ist er fabelhaft, vor allem was Geschicklichkeitsübungen im Gelände betrifft – bis es ans Töten geht, da versagt er. Während die »menschlichen« Kameraden tapfer drauflosstechen auf den Sandsack, der einen Menschen darstellen soll, weigert sich der Affenanteil in Gor, dies zu tun: Er kann nicht töten.

Daraufhin will er nicht mehr Soldat, sondern Priester werden. Leider hat er sich in die hübsche blonde Tochter des Forschers verliebt, und diese sich in ihn. Der Vater schenkt Gor reinen Wein ein, dieser dreht durch, flüchtet sich in die Kirche und bittet den Pater um seinen Segen, den dieser verweigert: Er komme nur Menschen zu, nicht aber einem Wesen, das halb Tier, halb Mensch sei.

Gor zwingt seinen Vater, den Experimentator, ihm die Mutter zu zeigen. Er wird daraufhin ins Versuchslabor geführt und seiner Mutter, eben dem Gorillaweibchen Mary, vorgestellt. Er kriecht zu ihr in den Käfig, wird zunächst auch zärtlich mit liebevollen Lauten von ihr empfangen, bis sie offensichtlich erkennt, daß sie da eine Mißgeburt geboren hat; keinen Affen, sondern ein Wesen halb Affe, halb Mensch – und diese Mißgeburt, ihren Sohn, zerfleischt.

Schlußpointe: Die blonde Tochter des Experimentators bekommt ein Kind vom toten Gor, vom toten Affen-Menschen. Taufe, die Kamera fährt groß auf das schreiende Baby, das nur einen Laut ausstößt, einen Affenlaut: »Na«. Der Fluch setzt sich fort.

Interessant fand ich besonders den Gedanken, daß der Affenmensch der einzige unter den Soldaten ist, der nicht töten will und kann. Der Priester verweigert den Segen – weil dieses um Segen bettelnde Wesen zur Hälfte ein Tier ist.

Gors Träume beinhalten die Alpträume von Mensch *und* Tier, kollektive Alpträume: die Fratzen von Dschungelwesen, Tigern, Krokodilen, vor denen die äffischen Vorfahren, aber auch die Urwaldbewohner Angst hatten und haben mußten – und immer wieder die Visage des ihn zum Töten anfeuernden Vorgesetzten vom Typ der Green Berets.

Und schließlich: Daß ihr Kind ein halber Mensch ist, bedeutet für das Gorillaweibchen Mary, eine »Mißgeburt«. Diese Mißgeburt muß sterben.

Eigentlich ein Wunder, daß die Haustiere uns Mißgeburten, uns Menschen, so lieben ...

Die Meldungen häufen sich bei den Insidern, daß Vivisektoren immer öfter in Depressionen versinken, den Beruf nicht länger ausüben können, Schlaganfällen erliegen, gelähmt werden (Barnards Hände, die vermutlich zum ersten Mal einem nicht narkotisierten Affen das Herz aus dem Leibe gerissen haben, sind von Rheuma verunstaltet, was ihm das Operieren unmöglich machte. Professor Br., der Experimentator, der mich überhaupt auf das Thema Tierversuche gebracht hat, ist langsam und qualvoll an einem Gehirntumor zugrunde gegangen.)

Herr, vergib ihnen, *obwohl* sie wissen, was sie tun.

6. Januar 1991

Vorstandssitzung. Frau Mackwitz läßt durch ihren Rechtsanwalt – ihren Rechtsanwalt! – übermitteln, daß neu verhandelt werden muß, da die vom Verein im Vertrag ausbedungene Umwidmung eines Stückes Grünland in Bauland von der Gemeinde abgelehnt wurde.

Jetzt wird uns noch unsere eigene Bedingung zum Verhängnis! Pikanterie am Rande: Der Bürgermeister ließ – im Vertrauen – durchblicken, daß Margarete Mackwitz selbst ihn – im Vertrauen – ersucht hatte, diese Umwidmung abzulehnen!

Nun benutzt sie diese Ablehnung, den Vertrag für ungültig zu erklären und neue Verhandlungen zu verlangen. Und das zu einem Zeitpunkt, wo alles so günstig ausschaut wie noch nie. Der Architekt hat Pläne vorgelegt, wonach die Scheune akkurat wieder so aufgebaut wird, wie sie jetzt dasteht, sehr detailliert ausgearbeitet. Unser Haus wird 25 Wohnungen mit zwischen 36 und 38 Quadratmetern Wohnnutzfläche haben. Trotz erstklassiger Ausstattung werden die Baukosten bei nur etwa 19.000 Schilling pro Quadratmeter liegen (ca. 2.720 Mark). Die Wohnungen können deshalb so günstig sein, weil wir die Finanzierung vorwiegend aus Einzelmitteln tätigen wollen, indem der künftige Wohnungsinhaber dem Verein jeweils ein zweckgebundenes zinsloses Darlehen zur Verfügung stellt.

Vor Baubeginn sollte mindestens die Hälfte der für die Gesamtkosten veranschlagten vierzig Millionen Schilling (rund 600.000 Mark) vorhanden sein. Für etwa 10 Millionen Schilling liegen bereits Zusagen von Interessenten vor. Das ist doch nicht schlecht!

Das Modell des geplanten Öko-Hauses.

Das »AUS«.

Um der Phantasie der Interessenten auf die Sprünge zu helfen, hat der Architekt ein fast meterlanges Modell der zum Wohnhaus umfunktionierten Scheune ausarbeiten lassen.

(Kostenpunkt 40.000 Schilling) Das Modell mit dem lustigen roten Dach steht, unter einem Plastikschutz, im Hausflur. Jeder, der es sieht, ist begeistert. Alle können sich nun viel besser vorstellen, wie wunderschön der Ortskern einmal aussehen wird.

Die Einrichtungen des Gesundheitszentrums werden nach Norden untergebracht, weil sie weniger Sonne benötigen, alle Wohnungen werden durch Lichtschächte hell und freundlich sein; neben den Wohneinheiten wird es kleine Läden geben, eine Vollwertbäckerei, auf dem baumbepflanzten Dorfplatz Tische und Stühle um einen Springbrunnen gruppiert, so daß bei schönem Wetter, umschmeichelt vom Duft der frischgebakkenen Brote und Kuchen, die Vollwertköstlichkeiten auch gleich an Ort und Stelle verzehrt werden können, vielleicht begleitet von einem aromatischen Tee... Ich habe Farbpostkarten vom Modell anfertigen und mit der Einladung zur Jahreshauptversammlung am 1. März jedem Vereinsmitglied zuschicken lassen.

Nachdem mich der halbe Vorstand im Stich ließ, das große Wunder. Ein sehr nettes älteres Ehepaar, Hartmut und Sigrun Fröhlich, beide Österreicher, ist bereit, die Posten zu übernehmen. Die beiden haben selbst ein Darlehen gegeben und sind von der Idee begeistert, obwohl sie alle bisherigen Widerstände und Unzulänglichkeiten, auch von seiten des Vereins, miterlebt haben. Noch dazu sind sie Geschäftsleute, bewandert in Sachen Buchhaltung und all den Dingen, die Geschäftsleute halt können.

Es ist wahr: »Wenn der liebe Gott eine Tür zuschlägt, dann öffnet er woanders ein Fenster...«

13. Januar 1991

Die oberösterreichische Landesregierung, zu der Doppendorf gehört, lädt das Seminarzentrum ein, anläßlich einer Ortsbildmesse mit dem Titel »Zukunft für unsere Dörfer« am 1. und 2. Juni unser Projekt vorzustellen, und bietet einen kostenlosen Informationsstand an. Ich habe natürlich mit Freuden zugesagt. Wäre wunderbar, wenn der Verein doch noch in den Genuß der Unterstützung – mehr ideeller als finanzieller Natur – durch das der Landesregierung unterstellte Amt der »Dorf- und Stadterneuerung« kommen würde.

14. Januar 1991

Die Rote Armee hat in Litauen ein Blutbad angerichtet. Mehr als 100.000 unbewaffnete Litauer verteidigten ihre Führung im Parlament in Wilna, wie damals in der Tschechoslowakei, Menschen, die sich mit ihren Leibern den sowjetischen Panzern in den Weg stellen.

Ich müßte an meinem Buch arbeiten, bin aber wie gelähmt. Dieser allgemeine Kriegswahnsinn überschattet alles. Unruhen nicht nur in den baltischen Ländern, Kämpfe in Jugoslawien, in Mogadischu ...

Ottilies Kater ist überfahren worden. Ich leide mit ihr. Ich kenne das ja: Überall steht etwas von ihm, sein Freßnapf, sein Klo – automatisch stellt man weiterhin Dinge, die er nicht anlangen soll, hoch, und muß sich sagen, ich brauche das nicht mehr hochzustellen, er kommt nicht mehr – wenn er doch nur käme und die Gardinen zerreißt oder die Polstermöbel, ganz egal wäre das – aber er kommt nicht, kommt nie wieder.

Der Tod der anderen ist jedesmal entsetzlich. Auf meinen eigenen freue ich mich ja komischerweise, nicht auf das Sterben, aber auf das, was danach kommt. Vielleicht aber gibt es die große Überraschung, und das Paradies ist gar kein Paradies – das wäre noch ein Witz!

Am Wochenende steht ein Seminar mit 35 Teilnehmern bevor, Ayurveda und Transzendentale Meditation. Darauf freue ich mich sehr. Vielleicht finde ich Zeit, ein bißchen davon mitzukriegen.

Das junge Hähnchen hat heute zum ersten Mal gekräht und stolziert majestätisch mit den Hühnern im Garten einher. Ein Hühnchen lag gestern tot im Stall. Gestorben an Altersschwäche? Wie habe ich um das erste tote, vom Habicht geholte Hühnchen geweint! Damals hatte jedes einen Namen, die schöne schneeweiße Frau Holle hat sich selbst unter einem umgestürzten Topf begraben und ist darunter erstickt.

Ist es der Sinn des Lebens, daß man abstumpfen soll gegen Schmerz?

Liebe, liebe Ottilie...

15. Januar 1991

Morgen früh um 6 Uhr ist die »deadline«, das Ultimatum für Saddam Hussein läuft ab; Deadline, ein makabres Wort für ein makabres Ereignis: Todeslinie.

Ein Wahnsinn, was sich da zusammenballt. Die Kamera zeigte einen GI in der Wüste. Es begann plötzlich zu regnen, ein regelrechter Wolkenbruch; er schien das gleiche zu denken wie ich: Ist das Allah, der den Arabern zu Hilfe kommt? Er murmelte nur fassungslos: »Crazy!«

Ein Wunder, daß wir nicht alle den Verstand verlieren. Jaja, ich weiß, der Weise beobachtet nur und nimmt nicht teil am Geschehen. Wie aber soll man hier nicht teilnehmen?

Bis 1 Uhr nachts Fernsehnachrichten geschaut.

Danach bis 2 Uhr gebetet. Wecker auf 5 Uhr gestellt, wieder eine Stunde gebetet. Um 6 Uhr die ersten Nachrichten im Fernsehen. Noch ist Ruhe... obwohl das Ultimatum abgelaufen und Hussein nicht abgezogen ist...

Bilder von Betenden, die in allen Ländern der Welt die Nacht über ausgeharrt haben, Transparente: No blood for oil.

Arafats engster Vertrauter und noch ein paar PLO-Leute sind ermordet worden – vom Leibwächter. Wer steckt nun wieder dahinter? Die Israelis? Diese Männergesellschaft versteht nur Drohungen und Gewalt.

Morgens um 6 Uhr wird ein Journalist von der *Zeit* zum Geschehen interviewt. Die Moderatorin stellt ihn als Mitarbeiter der *Zeit* vor, darauf verbessert er: Redakteur!

In dieser Situation! So lächerlich kann sich wohl nur ein Mann verhalten. Was ist los mit diesem Geschlecht? Warum hat es solche Ängste, warum derartige Minderwertigkeitskomplexe, warum solche Aggressionen? Immer noch die alte Platzhirschmentalität.

Im Seminarzentrum am Wochenende ein TM-Fortbildungsseminar, eine geschlossene Gruppe, 45 Teilnehmer. Meine Mitarbeiterinnen in der Küche beschwerten sich über die unfreundliche Behandlung sogar von seiten zweier TM-Lehrer! Kein Guten-Morgengruß, kein Lächeln, keine Fröhlichkeit.

Der Irrtum ist wohl, anzunehmen, Meditierende seien grundsätzlich schon bessere Menschen. Ich hatte mich so sehr gerade auf dieses Wochenende gefreut. Erschöpft, müde. Keine Lust mehr, ewig Apfelbäumchen zu pflanzen, wenn morgen die Welt untergeht.

18. Januar 1991

Gerade in dem Moment gestern nacht, als ich beruhigt ins Bett ging um 0 Uhr 30, begann die »Aktion Wüstensturm«, der Angriff auf den Irak.

In zwei Tagen, so wird berichtet, seien zwanzigmal so viele Sprengkörper abgeworfen worden wie damals in Dresden.

Alles Beten, alle Tränen haben nichts genützt. Krieg, obwohl eine ökologische Katastrophe vorausgesagt ist, wenn, wie zu erwarten, Saddam Hussein die Ölfelder in Kuwait irgendwann in Brand setzen wird und die US-Soldaten in ihren Anzügen nicht einmal gegen Giftgas geschützt sind, wie gestern mitgeteilt wurde.

Das Vokabular der Berichterstatter ist teilweise grauenhaft. Von Menschen, die zu Schaden kommen oder getötet werden, ist grundsätzlich nicht die Rede. Man hat »nur ein Flugzeug verloren«, und Bagdad sei »erleuchtet gewesen wie ein Weihnachtsbaum«, erklärt einer der Bomberpiloten nach dem Angriff.

»Die Mutter der Schlachten« habe begonnen, äußert Saddam Hussein; »America, the finest country of the world«, so Präsident Bush; ein Militär, geradezu berauscht nach den ersten Luftangriffen, spricht begeistert von einer »neuen Ära im Luftkampf«. Weiter vernimmt man, daß die Guys einfach nicht länger hätten warten können. Versteht sich, die drehen durch, nächtelang auf Abruf in den Maschinen sitzen, da muß man irgendwann los und Bomben werfen. Da muß ein Adrenalinstoß her. Die Männerwelt blüht regelrecht auf und kann das auf dem Fernsehschirm nur schlecht verhehlen. Endlich ist wieder mal was los; man muß nicht länger ins Kino, um sich am »Weißen Hai« sein Abenteuer zu holen; jetzt gibt es endlich wieder Wildwest pur.

Die Stimmen mancher Berichterstatter beben geradezu vor mühsam unterdrückter Kriegsgeilheit. Und wieder erhärtet sich der Verdacht, daß die ganze Kriegsführerei, so vornehm »Waffengang« tituliert, mit der männlichen Sexualität zu tun hat. All diese Raketen, Kanonen, sogar die Düsenjäger, all dieses todbringende Gerät gleicht gigantischen Phalli, der noch dazu ständig erigiert sind. Diese verlängerten, ständig erigierten Phalli hätten sie gern, und so eine totale Ejakulation hätten sie gern wie die um sich spritzenden Bomben und Raketen!

19. Januar 1991

Heute hat der vorauszusehende Angriff des Irak auf Israel stattgefunden.

Nur wenige Verletzte, zwei indirekte Tote: Ein Mann erlag einem Herzinfarkt, ein kleines Mädchen hatte sich gewehrt, die Gasmaske aufzusetzen, die Eltern kämpften mit dem Kind, das Kind ist an der Gasmaske erstickt.

Die USA bitten Israel, auf einen Vergeltungsschlag zu verzichten. Wenn Hussein die Ölfelder anzündet, wird eine riesige kilometerlange Rauchwolke mehrmals um den gesamten Globus ziehen, berichten die Zeitungen, ihn verdunkeln, und die Temperatur wird um 10 Grad sinken.

Die Apokalypse.

Ich frage mich rückblickend, was die ganze Beterei genützt hat. Gar nichts. Vielleicht waren es immer noch zu wenige, die gebetet haben. Maharishi behauptet, wenn in jedem Land ständig die Wurzel aus einem Prozent der Bevölkerung meditieren würde, bräche sozusagen der Himmel auf Erden aus. Wenn vielleicht auch nicht gleich der Himmel auf Erden, so wäre ganz sicher ein großer Schritt in Richtung Friedfertigkeit getan.

Sehr deprimiert. Unfähig, an meinem Buch weiterzuarbeiten. Am 1. März ist mein Abgabetermin!

21. Januar 1991

Die beiden neuen Vorstandsmitglieder, die versierten Geschäftsleute Hartmut und Sigrun, haben gleich die Buchhaltung auf den neuesten Stand gebracht und in Eigeninitiative, nach Absprache mit dem übrigen Vorstand, einen Brief an die Vereinsmitglieder geschrieben, in dem sie darlegen, wie sehr ihnen, die selbst ein Darlehen gegeben haben und einmal in der Öko-Siedlung leben möchten, die Verwirklichung dieses Projekts am Herzen liegt. »Die Öko-Siedlung könnte zu einer vitalen Lebensgemeinschaft werden, in der sich Menschen aller

Altersgruppen wohl fühlen ... etwas Gleichartiges gibt es bisher nirgendwo ...« Wahrlich, etwas Gleichartiges gibt es bisher nirgendwo. Vermutlich ist deshalb der Widerstand so stark.

24. Januar 1991

Der Bürgermeister und die Gemeinde scheinen ja nun tatsächlich hinter den Plänen des Vereins zu stehen.

Die oberösterreichischen Nachrichten bringen ein Interview, in dem der Bürgermeister erklärt, die geplante Revitalisierung des Gutshofbereiches stößt auf seine Zustimmung!

Heute mündliche Absprache mit dem Bürgermeister, richtig mit Handschlag, wie beim Pferdekauf, daß uns die Gemeinde das Feuerwehrhaus verkauft, vorausgesetzt natürlich, der Kaufpreis für die Scheune wird endlich durchgefochten. Nach allem, was wir nun auch in der Öffentlichkeit erreicht haben, bin ich zuversichtlich, daß es beim nächsten Besuch von Margarete Mackwitz klappen wird. Sie hat ein Gespräch zu Ostern vorgeschlagen.

2. Februar 1991

14 Tage Golfkrieg. Wie angeblich die meisten Kriege, begann auch dieser bei Neumond. Niemand weiß, wie viele Tote es bisher gab. Im Fernsehen ist nur ein Computer-Krieg zu bewundern, sauber, schnell, lautlos. Aber die Ölpest hat bereits katastrophale Ausmaße erreicht, wie die vielen ölverschmutzten sterbenden Wasservögel zeigen.

Präsident Bush bezeichnet den Golfkrieg als Chance für eine neue Weltordnung. Sind denn nur Verrückte an der Macht? Wie kann eine neue Weltordnung über ein derartiges Gemetzel entstehen?

Das Kinderhilfswerk UNICEF spricht bereits von einer verlorenen Generation in Nahost. Dieser Krieg stürzt eine Million Kinder ins Elend.

General Schwarzkopf, gefeierter Held der »Operation Wüstensturm«, auf die Frage, wie viele Tote es auf der irakischen Seite gegeben habe: »Mein Job ist es nicht, Leichen zu zählen.«

3. Februar 1991

Ein paar Dutzend Kinder mußten in Österreich operiert werden, weil sie nach der eigentlich als Schutz gegen Tbc gedachten Impfung an eitrigen Lymphknotenentzündungen litten. Wegen der Nebenwirkungen war empfohlen worden, nur dann zu impfen, wenn das Risiko, an Tbc zu erkranken, gegeben war. Trotzdem wurden in Tirol weiter »alle Kinder durchgeimpft«.

Immer mehr Menschen zeigen, Gott sei Dank, Skepsis gegenüber der herkömmlichen Schulmedizin, wie auch der rege Besuch einer Wochenendtagung über »Heilkünste fremder Kulturen« in einer Wiener Volkshochschule zeigte.

Es ist noch nicht allzu lange her, daß »anerkannte« medizinische Größen selbst die Akupunktur als Schwindel abtaten. Aber obwohl sich immer mehr Menschen den alternativen Heilmethoden zuwenden, werden diese oft von den Kassen nicht oder nur teilweise bezahlt.

Gesundheit ist ein Informationsproblem. Wann endlich wird es eine Gesundheitskasse statt der Krankenkasse geben?

Wegen der zu hohen und ständig weiter steigenden Kosten wird die heute praktizierte Apparate-TÜV-Medizin von selbst zusammenbrechen.

Wenn sich doch die Denkweise des Ayurveda durchsetzen würde! Der Körper ist ein Lebewesen, wie das Universum ein Lebewesen ist. Ich als Mensch bin eine Zelle des Universums. Bin ich krank, ist das Universum krank, und umgekehrt.

6. Februar 1991

Interessant in diesem Zusammenhang unser Körndlbeißer-Stammtisch mit Vortrag »Astrologie und Homöopathie – Hilfen zur Lebensbewältigung«.

Ein feines Menü: Rohkostteller, Maisbällchen auf Brokkolicreme, Karottentorte und Tee.

Auch heute bestätigen mir Stammkunden des Seminarzentrums, daß sie durch unsere Vorträge und Kurse zu besserer Gesundheit und damit zu mehr Lebensfreude gefunden haben. Das freut mich schon sehr. Und hat mir auch gleich wieder Spaß an meinem Menübuch gemacht. Die ganze Nacht Rezepte zusammengestellt und hübsche Einfälle gehabt.

Wie schön kann das Leben sein! Könnte das Leben sein...

13. Februar 1991

Sprachlos. Sprachlos vor Entsetzen.

Vier Wochen Golfkrieg. Über 50.000 (fünfzigtausend) Einsätze sind geflogen worden.

Ich habe aufgehört, um Frieden zu beten. Offensichtlich gehört diese Menschheit ausgerottet. Es scheint zunehmend sinnloser, das berühmte Apfelbäumchen zu pflanzen, wenn die sogenannten Großen dieser Welt nichts anderes zu tun haben, als alles zu zerstören.

Die erste moderne Öko-Terroraktion war die Entlaubungsaktion der Amerikaner in Vietnam, nicht Husseins Ölpest. Öko-Terror gibt es wohl, seit die Menschheit existiert. In der Antike bedeutete Krieg die Verwüstung der Kulturen, die Feldherren kannten keine ökologischen Skrupel, vernichteten Ernten, holzten Fruchtbäume ab, zerstörten Weinberge. »Wir werden euer Land zur Schafweide machen«, diese Drohung gehörte damals zu feindseligen Unternehmungen. Nichts hat sich seitdem geändert. Dem einzelnen Brunnenvergifter haftet das Odium eines Übeltäters an, auch heute noch. Wird das Verbrechen staatlich legalisiert und sanktioniert, feiert man es als Heldentat.

Saddam Hussein ließ immer wieder Scud-Raketen nach Israel abschießen. Es gab dort Alarm während eines Konzerts von Isaak Stern. Unvergeßliche Szene, die das Fernsehen zeigt: Das Orchester verläßt fluchtartig das Podium, auch ein Teil der Zuschauer stürzt aus dem Konzertsaal, andere setzen sich Gasmasken auf, bleiben sitzen, die Gasmasken auf dem Kopf. Auf der Bühne spielt inzwischen der kleine Isaak Stern ganz allein weiter, ohne Gasmaske spielt er Bach, seelenruhig.

24. Februar 1991

Ist es gleich Wahnsinn, hat es doch Methode – Hamlet.

Die Alliierten haben mit der Bodenoffensive begonnen.

Saddam Hussein hat das Ultimatum der UNO nicht angenommen. Es hat keinen Sinn mehr, um Frieden zu beten. Anscheinend hat die kosmische Intelligenz etwas anderes vor, vielleicht tatsächlich das Ende der Menschheit auf dieser Erde.

Auch gut.

Ich bete nur noch darum, daß *mir* die Einsicht und Kraft zuteil werden möge, zu tun, was die schöpferische Intelligenz von mir erwartet.

1. März 1991

Zur Jahreshauptversammlung kamen erstaunlich viele, und, wie es scheint, auch zuverlässige, liebe Menschen.

Ein Ehepaar möchte sofort 400.000 Mark hinblättern, zunächst als Darlehen für den Kauf der Scheune, in der die beiden gern eine Wohnung hätten. Nach ihrem Tod soll diese dann in den Besitz des Vereins übergehen. Dank der Pläne und des Modells können sich alle nun viel besser vorstellen, wie schön das Wohngebäude mit dem gemütlichen Dorfplatz einmal aussehen wird. Eifrig wird gerechnet und gemessen. Ich muß die

Leute regelrecht bremsen, gleich ihre Scheckhefte zu zücken. Denn wir haben immer noch keinen endgültigen Vertrag! Es ist zum Verzweifeln. Ein Wunder, daß nicht alle das Vertrauen und die Geduld verlieren. Aber dafür ist die von uns bisher geleistete Arbeit doch zu sichtbar und eindrucksvoll.

Gustav, dessen rheinländischer Dialekt immer wieder für die köstlichsten Mißverstänisse sorgt, hat sich eine Eckwohnung ausgesucht, die besonders geeignet auch für Hündin Lumpi und die beiden Katzen scheint.

Ottilie hat ein grandioses Buffet gezaubert.

Margarete Mackwitz ließ am Telefon anklingen, daß es ihr mit einer neuen Verhandlung nicht eile, stellte aber ein klärendes Gespräch am 10. März in Aussicht.

15. März 1991

Freundschaftliches Gespräch zwischen Hartmut, Sigrun, mir und Margarete Mackwitz, die ihre Bereitschaft bekundet, den Vertrag zu erfüllen, nachdem »unsere Seite« sich bereit erklärt hat, auf eine wesentliche Preisminderung zu verzichten. Hartmut arbeitet einen Brief an Frau Mackwitz' Rechtsanwalt aus, entschuldigt sich noch einmal für die bereits erwähnten Versäumnisse des Vereins und schlägt als neuen Kaufpreis 3.530.000 Schilling vor, mit dem Vermerk, daß der Verein bereit ist, für den Zeitraum von Oktober 1990 bis März 1991 an entgangenen Zinsen acht Prozent zu ersetzen, die in dieser Summe enthalten sind.

Ich schreibe Margarete noch einen extra Brief, in dem ich auf das freundschaftliche Gespräch zurückkomme und noch einmal an sie appelliere, alles in ihren Kräften Stehende zu tun, damit dieses doch so schöne Projekt in Doppendorf verwirklicht wird. Am Schluß bringe ich meine Vorfreude auf die nächste Unterredung zum Ausdruck, weil wir unbedingt bis Ende März zu einem Abschluß kommen müssen.

Unfaßbar, die Menschen, mit denen wir während des Segeltörns vor gerade einem Jahr aßen und tranken und lachten, bekriegen und zerfleischen einander. Jugoslawien bricht entzwei.

Ganz und gar unbeschreiblich das entsetzliche Elend der Kurdenflüchtlinge.

16. März 1991

So unwahrscheinlich es auch klingt, ich habe tatsächlich das Manuskript für mein Menü-Buch beim Verlag abgeliefert – und bin wieder einmal auf Buchsignier- und Vortragstournee.

Jeden Abend erlebe ich begeisterte Menschen, die über Erfolge nach der Umstellung ihrer Ernährung berichten; Lobeshymnen in den Zeitungen, die mich allerdings auch wieder beklommen machen: »Ex-Schauspielerin hält in ihrem österreichischen Bio-Dorf (!) Seminare für Umweltbewußte ab – Bei mir lernen die Menschen wieder die Natur lieben – Bis vor zwölf Jahren ein gefeierter Filmstar, warf sie für ihre Idee vom gesunden Leben alles über Bord: Karriere, Ruhm, ihre große Liebe ...«

Jetzt das nächste Klischee: »Als Körner, Umwelt und Tierschutz für Barbara immer wichtiger wurden, hat ihre große Liebe sie verlassen. Ein hoher Preis, sagt die Skorpionfrau nachdenklich (!), aber ich würde alles genauso noch einmal machen«.

Habe ich alles *nie* gesagt!

Warum sind die Journalisten nicht fähig, die Tatsachen zu berichten, zum Beispiel, daß zwei Menschen sich nach zwanzig Jahren trennen, weil ihrer beider Leben sich auseinander bewegen? Weil – wieder einmal – ein Klischee bedient werden muß, in dem Fall dies: Junger Mann verläßt ältere Geliebte. Denn an diesem Klischee werden sich die Leserinnen der yellow-press »Karierte Frau« delektieren: Ätsch, das hat sie nun davon, mit einem jüngeren Mann in wilder Ehe zu leben, ätsch! Hab ich doch recht, daß ich bei meinem Alten bleibe, bis daß der Tod uns scheidet – auch wenn der Stumpfsinn über unseren Tagen – und Nächten – brütet und wir uns nichts, aber auch rein gar nichts mehr zu sagen haben, von Entwicklungen bei ihm oder bei mir gar nicht zu reden!

Aber es gibt auch andere Schreiberlinge. Meine große Hoffnung ist auch auf diesem Gebiet die junge Generation.

Ein Mädchen nämlich, eine Anfängerin in Sachen Journalismus in dem Städtchen Aalen, hat so ziemlich das beste Interview meiner 30jährigen Karriere in der Öffentlichkeit mit mir gemacht, bar jeden Klischees, engagiert, aber sachlich. Und sie konnte eins: zuhören!

Die junge Journalistin schließt mit dem Satz:

»Sie wünscht sich, die Barbara Rütting, daß einmal das Motto der Friedensbewegung ›Das weiche Wasser bricht den Stein‹ wahr wird; daß sich die Sanften durchsetzen gegen die Macht- und Karrierebesessenen, daß die Welt lebenswerter für alle wird.«

Nach Jahren der Kaufabstinenz habe ich mir Sachen zum Anziehen gekauft und dabei viel zuviel Geld ausgegeben, finde jedenfalls ich – im Gegensatz zu der mir vom Verlag gestellten Begleiterin. Schlechtes Gewissen. Eigentlich dürfte ich mir gar nichts Modisches mehr leisten, dünkt mich, irgendeine Kutte, etwas Sackartiges überstülpen, und damit hat sich's.

Andererseits habe ich das Bedürfnis nach schönen Dingen. Ambivalenter Zustand. Ambivalent – wie das ganze Leben.

Die Vortragsabende bauen mich auf. Erfolge machen glücklich.

25. März 1991

Im Anschluß an die Signiertournee wieder ein Wochenende in Lahnstein bei der Frühjahrstagung von Dr. Brukers »Gesellschaft für Gesundheitsberatung«, in der ich Vorstandsmitglied bin. Thema diesmal: »Ausweg aus der Krise«.

Till Bastian spricht über »Verelendung und Naturzerstörung als Ursachen künftiger Kriege«, Dr. Wolfgang Ständer über »Energieprobleme in Zukunft gelöst«, mittels seiner Idee der Anpflanzung von Schilfgras als Biomasse; Dr. Gerhard Buchwald, der selbst seinen Sohn infolge eines Impfschadens verloren hat, über »Impfen – sind Impfungen angesichts der heutigen Seuchensituation noch notwendig, sind sie in Anbetracht der vielen Impfschäden ärztlich zu verantworten?«

Dr. Bruker gibt seinen »ärztlichen Rat aus ganzheitlicher Sicht«, und dann wie immer der Höhepunkt, Franz Alt mit seinem Vortrag »Zeit für Religion«.

Ich zitiere: »Du sollst nicht töten« ist das Grundgesetz aller Religionen. Aber: In Indien töten sich Indus und Moslems, Hindus und Sikhs. In Nordirland töten sich Katholiken und Protestanten. In Israel Juden und Moslems. In der arabischen Welt bekriegen sich Sunniten und Schiiten... vor wenigen Jahrzehnten schlachteten sich Millionen von Christen im Zweiten Weltkrieg ab. »Gott mit uns« stand auf dem Koppel der deutschen Soldaten. Auschwitz wäre ohne das zur Gehorsamsideologie degenerierte Christentum nicht möglich gewesen. Und ein katholischer Priester hat die Bomberpiloten von Hiroshima gesegnet.

In den indischen Veden heißt es: Gott schläft in Steinen, atmet in Pflanzen, träumt in Tieren und erwacht in Menschen.

Dieses Bild verdeutlicht mir Gott, ob ich nun Christ bin oder Hindu, Jude oder Moslem, Buddhist oder Konfuzianer, oder ob ich mich einfach als Humanist verstehe. Zwischen dem achtfachen Pfad des Buddha und den acht Seligpreisungen Jesu in der Bergpredigt sehe ich tiefe innere Zusammenhänge.

Die Einheit in der Vielfalt kennzeichnet alle Weltreligionen:

- »Die goldene Regel ist, in Angelegenheiten anderer das zu tun, was du für dich tust.« (Hinduismus)
- »Man sollte für andere das Glück suchen, das man sich selbst wünscht.« (Buddhismus)

- »Lasset keinen von euch einen Bruder so behandeln, wie er nicht selbst behandelt werden möchte.« (Islam)
- »Was du nicht wünschest, daß dir dein Nächster tue, das tue du ihm nicht.« (Judentum)
- »Es ist menschenfreundlich, andere so zu behandeln, wie man sich selbst behandelt.« (Konfuzius)
- »Alles nun, was ihr wollt, daß euch die Menschen tun, das sollt ebenso auch ihr ihnen tun.« (Jesus)

Die gleichen Leitsätze finden wir in den Heiligen Schriften des Jainismus, des Sikhismus, der Bahaireligion und der Zoroastrischen Religion. Sie zeigen: Die vielen Religionen sind wie Blumen in dem einen Garten Gottes. Religionsfrieden wäre ein Meilenstein zum Weltfrieden.«

Bei den Vorträgen von Franz Alt weine ich von Anfang bis Ende, jedesmal, noch dazu wenn ich spüre, wie auch der neben mir sitzende Dr. Bruker sich die Tränen abwischt, dieser großartige acht Jahrzehnte junge Mann, der nicht müde wird, die Wahrheit zu verbreiten, und dessen Lebensmaxime lautet: Die beste Arznei aber ist die Liebe.

26. März 1991

»Nichts als strömen, nichts als brennen,
blindlings in das Feuer rennen,
hingerissen, hingegeben
der unendlichen Flamme Leben.«

Diese Sätze hat Hermann Hesse wahrscheinlich geschrieben, als er jung war. Darf man so »prometheus-ig« auch noch reden, wenn man alt ist?

Zu mir hat Kortner einmal gesagt: »Sie toben durch das Leben.«

Ich habe allzu lange geströmt und gebrannt, bin blindlings in das Feuer gerannt, der unendlichen Flamme Leben hingegeben

– zu lange, meine ich. Irgendwann dürfte die Lektion eine andere sein.

27. März 1991

Hervorragender Bericht über unser Projekt in den *Salzburger Nachrichten.*

Neben dem Foto des Modells die Überschrift: »Barbara Rüttings Öko-Projekt baureif. Noch junge Familien gesucht...«

Leider meldeten sich daraufhin wieder Leute, die das sogenannte ganzheitliche Denken nicht die Spur interessiert, die nur ganz einfach ein schönes Dach über dem Kopf haben wollen.

Ich wurde behandelt wie eine Immobilienmaklerin!

Offenbar kann sich niemand vorstellen, daß ich erstens weder einen Verdienst suche bei diesem Projekt noch zweitens eine Behausung noch drittens einen Job noch viertens eine Möglichkeit, mich zu produzieren oder mir gar das berühmte Denkmal zu setzen.

Niemand kann sich vorstellen, daß ich das »einfach so« mache, für andere Menschen, so verrückt kann doch keiner sein, da muß doch etwas dahinterstecken!

28. März 1991

Die Doppendorfer Behörden-Groteske nimmt zusehends groteskere Züge an.

Bürgermeister und Gemeinde haben die Hundertwasser-Siedlung als zu progressiv abgelehnt, diese Ablehnung natürlich in andere Worte gekleidet: Die Hundertwasserbehausungen seien menschenunwürdige Erdhöhlen.

Nun liefert unser Architekt einen Plan, wonach die Scheune zwar wegen baufälliger Substanz nicht erhalten, aber, haargenau wieder so aufgebaut, zur Schönheit des Ortskerns ungemein beitragen und dem dörflichen Charakter entsprechen würde – was übrigens alle, inklusive Bürgermeister, Postbotin, Bankangestellte und sonstige Normalbürger befinden.

Da unser Verein um Unterstützung der oberösterreichischen Landesregierung im Rahmen der Dorf- und Stadterneuerung angesucht hat, erhielt ich den Besuch einer Frau Hofrat und eines Herrn Dipl.-Ing., für diese Belange zuständig. Heute nun der Antwortschrieb, eine Absage mit folgender Begründung:

»Die alte Scheune war als Nebengebäude wegen der Schlichtheit in der Materialwahl und Gestaltung trotz ihrer Größe dem Hauptgebäude untergeordnet. Anstelle der Holzständerkonstruktion der Scheunenwand ist (nun) ein Mauerwerk geplant, das mit historisierenden Schmuckelementen – von der Fasche bis zum Erker – einen Altbestand vortäuschen soll. Die zahlreichen Balkons zeigen aber den wahren Charakter, den eines neuzeitlichen Apartmenthauses.« Im Nebensatz dann noch die Bestätigung, daß unser Modell aus fachlicher Sicht den Ansprüchen der Bauordnung weitestgehend entspricht.

Da haben wir den Anspruch erfüllt, nämlich einem »architektonisch wertvollen Ensemble sein Erscheinungsbild bei gleichzeitiger Revitalisierung zu bewahren«, die Pläne entsprechen den Ansprüchen der Bauordnung – und trotzdem Ablehnung!

Eine Unterstützung im Rahmen der Dorf- und Stadterneuerung wäre zwar mehr ideeller als finanzieller Natur gewesen. Dennoch bin ich maßlos enttäuscht.

29. März 1991 (Karfreitag)

»Wo Unrecht Recht ist, wird Widerstand zur Pflicht.« Diese Worte des amerikanischen Bischofs Hunthausen waren Leitsatz unserer Mutlangen-Blockaden.

Ich war nicht arm genug, um als Blockiererin ins Gefängnis gesteckt zu werden, mir wurde damals nur Geld abgenommen. Eine Salzburgerin aber, Erzieherin und Religionspädagogin, sitzt nun wegen des gleichen Delikts für 10 Tage in der Justizvollzugsanstalt Traunstein, wo ich sie besuche.

»Gemeinschaftliche Nötigung« heißt unser beider Vergehen. Richter Mayerhöffer vom Landgericht Schwäbisch Gmünd hat in meinem Fall – ich wurde von Otto Schily vertreten – argumentiert: »Das Gericht hat zugunsten der Betroffenen berücksichtigt, daß die Betroffene sich zu dieser Tat entschlossen hat, weil sie durch die stationierten Raketen eine zusätzliche Gefährdung des Friedens sieht und sie anders als die ältere Generation vor dem Zweiten Weltkrieg alles tun will, damit von deutschem Boden nie wieder Krieg ausgeht.«

Als mich in Mutlangen der Polizist wie eine Schwerverbrecherin in den Gefangenenwagen stieß, schnaubte er verächtlich: »Und so was wie Sie habe ich mal verehrt!«

Reinhilde Pellinger hat bewußt die Karwoche ausgewählt, um ihre Strafe abzusitzen, und in ihre Einzelzelle als Lektüre Schriften von Mahatma Gandhi und die Bibel mitgenommen.

»Die Passionsgeschichte liest sich im Gefängnis ganz anders, Ablenkungen fehlen. Man lebt in die Tiefe. Die Tage in der Haft gestalten sich zur inneren Einkehr und zur Wüstenerfahrung.« Reinhildes Besucher geben einander die Türklinke, in diesem Fall symbolisch gesehen, in die Hand, Freunde, Bekannte, Mitdemonstranten, auch Ursulinerinnen, bei denen Reinhilde als Erzieherin tätig ist, bezeugen ihre Solidarität. Die Wärterinnen fühlen sich unbehaglich angesichts der Besucher, angesichts der Inhaftierten, von der sie nicht wissen, wie sie sie behandeln sollen.

»Viele Gesetze, die wir heute genießen«, meint Reinhilde, und da spricht sie mir aus der Seele, »wurden erst durch Gesetzesübertretungen möglich, man denke nur an das Wahlrecht. Auch die Demonstrationen in den Ostblockstaaten waren gesetzeswidrig. Die Demonstranten von Mutlangen und Wakkersdorf waren Wegbereiter für den Umsturz in Europa.«

30. März 1991

Der Golfkrieg ist beendet: Für Amerika ist Saddam Hussein der Alleinschuldige.

In seiner Siegesrede vor dem Kongreß fand Präsident Bush einen einzigen Satz für die gegnerischen Opfer, die Zehntausende toten Soldaten und die, laut UNO-Bericht, fast apokalyptischen Auswirkungen der Bomben auf die irakischen Städte: »Ja, wir trauern für das irakische Volk.«

Nach dem UNO-Bericht sei der Irak »in ein vorindustrielles Zeitalter zurückbombardiert worden«.

Wie viele im Land- und Luftkrieg umkamen, will man gar nicht wissen. »Diese Zahl interessiert mich wirklich nicht sehr«, meint Generalstabschef Powell. Seine Voraussage, die irakische Armee werde »abgeschnitten und getötet«, hat sich wörtlich erfüllt. Bis zu 100.000 Mann starben laut Auskunft alliierter Offiziere, die Allianz zählte samt Unfallopfern 400 Tote.

»100.000 Menschen zu töten«, schreibt ein Kolumnist im Nachrichtenmagazin *Time*, »und darob keinen Schmerz zu empfinden, gefährdet jene, die das Töten besorgen – ihre Menschlichkeit nimmt Schaden.«

Für einen Harvard-Historiker ist die entscheidende Frage nicht, ob viele Tote beim Feind gerechtfertigt, sondern ob sie vermeidbar waren. Zweifel meldet er vor allem beim Bombardement der Truppen an, die aus Kuwait abzuziehen versuchten: wären sie nicht bereit gewesen, sich zu ergeben?

Sie wurden aus den Flugzeugen heraus regelrecht abgeknallt. Einer der Bomberpiloten verglich das Gemetzel bezeichnenderweise mit einer Truthahnjagd.

Es heißt, daß die Amerikaner für das Verschrotten ihrer alten Waffen mehr Geld hätten ausgeben müssen, als sie dieser Krieg kostete; also ein im wahrsten Sinne des Wortes Bomben-Geschäft. Und die Rüstungsindustrie kann neue Waffen bauen.

42 Milliarden Dollar hat der Golfkrieg insgesamt verschlungen, wird mitgeteilt; und daß Saddam Hussein eineinhalb Milliarden Dollar für sich in Sicherheit brachte, die er seinem Volk abgeknöpft hat.

Die über 500 brennenden Ölquellen in Kuwait werden Umweltschäden verursachen, die nur mit den Folgen der Reaktorkatastrophe von Tschernobyl zu vergleichen sind.

31. März 1991

Nach 46 Jahren kommunistischer Herrschaft finden heute im letzten noch kommunistisch regierten Land, in Albanien, freie Wahlen statt.

50.000 Menschen waren zu einer Demonstration in Tirana auf der Straße!

Ein Grazer Jäger wurde wegen Tierquälerei verurteilt.

Er hatte Hunde erschossen und Katzen »gestreckt«, so heißt das in der Jägersprache, wenn eine Katze in der Mitte auseinandergerissen wird.

Das für die Ostertage verabredete Gespräch mit Frau Mackwitz fand nicht statt. Sie ist wieder abgefahren, ohne sich zu melden.

4. April 1991

Beim heutigen Körndlbeißer-Stammtisch, geleitet von einem Gemmologen, einem Edelsteinforscher, ging es um die Edelsteinmedizin der Heiligen Hildegard von Bingen.

Was für ungenutzte Schätze liegen da verborgen, die sich die Medizin zunutze machen könnte! Wenn die Wissenschaftler doch endlich in einer Richtung forschen würden, die der Menschheit Heil = Heilung bringt!

Sehr gut, daß ein Arzt assistierte, mit einem Meßgerät die Wirkung der Edelsteine auf die Versuchspersonen nachweisen konnte. Das überzeugt auch den ungläubigsten Thomas, wenn etwas meß- oder wiegbar ist.

Wie alles in der Natur, so besteht auch der Stein aus Schwingungen. Kluge Menschen wußten diese Schwingungen seit jeher zu nutzen. So soll der Bergkristall Erdstrahlen unschädlich machen und die Augen stärken; eine Kette aus Blutkorallen soll gegen Blutarmut schützen; der schwarze Onyx soll das abstrakte Denken, den Ernst und die Selbstbeherrschung stärken und die Melancholie vertreiben, ebenso wie der Granat.

Alles gar nicht so unwahrscheinlich; der Bergkristall z. B. besteht aus Kieselsäure, die bekanntlich zur Festigung von Rücken und Bandscheiben nötig ist, andere Steine wiederum enthalten Herz und Leber stärkendes Magnesium. Eine Perlenkette wäre der ideale Kalklieferant – nach Hildegard muß es aber eine Flußperle sein. Jade, einer meiner Lieblingssteine, der schon 5000 v. Chr. in Ägypten verwendet wurde, ist der Stein der Liebe, des inneren Friedens, der Harmonie und Ausgeglichenheit, galt in China sogar als der beste aller Edelsteine. In ihm sah man das Sinnbild der fünf Haupttugenden: Weisheit, Gerechtigkeit, Barmherzigkeit, Bescheidenheit und Mut.

Die mit Juwelen behängten Könige und Königinnen waren vermutlich eine regelrechte Kraftbatterie für das Volk.

8. April 1991

Für ungefähr 800.000 hungernde und frierende Kurden, die vor den irakischen Truppen in die Türkei und in den Iran fliehen, laufen jetzt internationale Hilfsaktionen an. 1.500 Menschen sollen bereits an Entkräftung, Kälte und Durchfallerkrankungen gestorben sein. US-Transportflugzeuge werfen Hilfsgüter ab.

Die Bilder brennen sich in die Seele ein. Weinende, im Schnee barfuß laufende Kinder, eine Großmutter mit versteinertem Gesicht hält ihr totes Enkelkind auf dem Schoß...

9. April 1991

Ottilie hat in einem einzigen Jahr fünf ihrer nächsten Verwandten an den Tod verloren, darunter ihren geliebten Vater, und ihre beiden Katzen sind in Doppendorf überfahren worden. Um näher bei ihrer kranken Mutter zu sein, wird sie nach Wien ziehen.

Obwohl von Anfang an klar war, daß sie nur vorübergehend bei uns sein würde, ist ihr Weggehen ein großer Verlust, wenn auch seit ihrem Ausscheiden aus dem Vorstand eine leise Verstimmung geblieben ist. Wir haben dennoch abgemacht, daß sie das Styling für mein Menü-Buch machen und ihr Freund die Gerichte fotografieren wird.

Ich hatte die grandiose Idee, Olga Huber, mit der zusammen ich ja schon viele Vollwertkochkurse bestritten habe, zu fragen, ob sie über den Sommer im Seminarhaus ein Vollwertrestaurant leiten würde. Sie will! Und wird bereits in der Mai-Schnupperwoche für die Seminarteilnehmer kochen, dies noch dazu gratis, als Geschenk für mich!

Ich bin sehr gerührt. Ich muß sagen, die Mormonen – Hubers gehören der mormonischen Glaubensrichtung an – habe ich bisher als sehr hilfsbereite, sehr noble Menschen kennengelernt. Sie geben übrigens den Zehnten ihres Einkommens ab, wie sich das ja eigentlich gehört...

10. April 1991

Zusätzlich zu den bereits ausgesiedelten 116.000 Menschen sollen bis 1991 weitere 219.000 das Katastrophengebiet von Tschernobyl verlassen.

Aber die Atom-Mafia macht weiter.

Die Prawda meldet, daß in der UdSSR die Brotversorgung zusammengebrochen sei.

Albanische Flüchtlinge in Italien – Österreichs Grenzen von Soldaten abgesperrt gegen Flüchtlinge aus Ungarn – polnische

Flüchtlinge, Flüchtlinge aus Afrika, im Irak, aus der ehemaligen DDR – eine Vökerwanderung riesigen Ausmaßes.

Flüchtlinge überall, jeder scheint vor jedem zu flüchten. Zu wem? »Wenn ich die Welt nicht gestalte, zerfällt sie mir in Stücke...«

Eine halbe Stunde, Kätzchen King-Kong im Arm, dem Abendkonzert der Vögel gelauscht, bei offenem Fenster, Kälteschauer von draußen, die Wärme des Kamins im Rücken. Ich muß an die Kurden denken, die hungernd und frierend auf der Flucht sind. Gestern im Fernsehen machtlose Ärzte, keine Lebensmittel, keine Medikamente, eine vor Erschöpfung zusammenbrechende Frau...

Ich kann nicht mehr beten.

Hilf ihnen, Herr – was für eine Anmaßung, was für eine Einmischung! *Er* läßt das zu – ist es an mir, *Ihn* zu bitten, das Elend zu verhindern?

Sein Wille geschehe...

Als der letzte Vogel verstummt, beginnt ein Käuzchen zu klagen, sofort Gebell aus fünf Hundekehlen, entsetzt davonstiebendes Kätzchen King-Kong, Geknurre, weil unten am Stamm des Birnbaumes Kater Mayoli naht.

»In dieser Welt sein, aber nicht von dieser Welt« – Bhagwan. Oh, wie tut es mir leid, daß ich ihn nicht in Poona erleben konnte! Seine Sannyasins sind von allen Menschen, die ich treffe, die fröhlichsten und die überzeugendsten.

Gorbatschow ist mit seiner Perestroika gescheitert, berichten die Gazetten. Gescheitert nur in den Augen derer, die nicht wissen, wie lange ein Samenkorn zum Aufgehen braucht.

Max Frisch ist gestorben. Fast 80 Jahre alt. Lebte sehr zurückgezogen. Ingeborg Bachmann ist schon lange tot, in ihrem Bett verbrannt. Eines Abends, in Berlin, sagte sie zu mir, als mein Freund mich von der Party abholte: »Ich habe nie jemanden, der mich abholt...«

Unvergeßlicher Satz. Eine so große Dichterin, und hatte nie jemanden, der sie abholte...

Frischs Romane gehören nach wie vor zu meinen Lieblingsbüchern. Von seinen Theaterstücken hat mich am meisten »Biographie« fasziniert. Eine Party, alle sind gegangen, bis auf eine Frau – diese letzte Gästin raucht eine Zigarette, und dann entwickelt sich Schicksal, die Frau bleibt. (Ingeborg Bachmann?) Hätte sie diese Zigarette nicht geraucht, alles wäre anders gekommen...

Wie vertraut. Ein Telefongespräch, ganz harmlos, ein Satz, einfach so hingeworfen – und das Leben hat sich verändert. Mirto bellt seit einer halben Stunde ununterbrochen. Gegen irgendeinen imaginären Feind bewacht er im Regen einen vergrabenen Knochen.

Das Käuzchen klagt noch immer.

13. April 1991

Wieder eine Aussprache mit Margarte Mackwitz, um den Kaufvertrag doch noch mit einem für beide Teile, Verkäuferin und Verein, befriedigenden Ergebnis über die Bühne zu bringen.

Inzwischen liegen die Genehmigung der Grundverkehrskommission und eine erstellte Vermessungsurkunde vor sowie die offizielle Umwidmungsablehnung seitens der Gemeinde vom 11. 12. 1990.

Verhandlungen mit der Bundes-Straßenverwaltung und der Gemeinde Doppendorf haben ergeben, daß die Realisierung des geplanten Wohnprojekts auch ohne diese Umwidmung möglich ist.

Margarete zeigt sich zunächst geradezu hingerissen von unserem Modell der umgebauten Scheune. Hartmut und ich schildern die Situation des Vereins mit allen Problemen, sehr offen und ehrlich. Wir entschuldigen uns auch für den seitens unseres Rechtsanwaltes nicht beantworteten Brief, ich mich speziell für die Aufstellung des Hochbeetes ein paar Meter zu weit auf nicht gekauftem Grund – und plötzlich, kein Mensch könnte rekonstruieren, weshalb, artet das Gespräch in eine wüste Beschimpfung aus: Ich sei unfähig, Menschen zu führen (will ich ja gar nicht, irgendeinen Menschen führen, um Himmels willen!), unfähig, dieses Projekt durchzuführen, sei mehr an »aller Welt« interessiert als an dem geplanten Dorf, mache zuviel und unqualifizierte Werbung für das Projekt in der Presse und und und.

Tatsache ist nun aber, daß ich neben der Arbeit an diesem Projekt, zu dem nun einmal auch Gesundheitsvorsorge, Tierschutz und Pressearbeit gehören, und in das mein ganzes Herzblut fließt, überhaupt kein Privatleben mehr habe, ein geradezu klösterliches Leben führe, das nur aus ora et labora besteht, etwas zuviel labora, würde ich meinen. Einmal im Jahr eine Schiffsreise als Gesundheitsberaterin, einmal im Jahr eine Signiertournee mit meinen Büchern, bedeutet auch Arbeit. Schließlich muß ich ja gelegentlich auch etwas tun, um meinen Lebensunterhalt zu verdienen. Es ist wenig genug.

Es gibt keine Verständigungsbrücken zwischen uns, ich merke es immer wieder. Warum in aller Welt wollte sie unbedingt, daß ich dieses Projekt auf ihrem Gutshof beginne? Warum ist sie unfähig, unsere, meine Erfolge zu sehen und zu ertragen?

Himmelkruzitürken, die Mitteilung, daß die Kaufsumme auf der Bank liegt, ist versäumt worden, sie weiß das doch aber, das ganze Dorf weiß es, lächerlich sind doch diese Vorwürfe, Kinkerlitzchen, Verkettung von Unzulänglichkeiten, die aber allmählich schicksalhaft anmuten.

Warum ich so milde und gelassen Grete gegenüber bleibe, auch diesmal wieder angesichts dieser Vereinsvorsitzenden-Beschimpfung, ist nicht nur allen Beteiligten, sondern auch mir selbst ein Rätsel.

Nach drei Stunden steht sie auf mit der Bemerkung, es sei sowieso ein Brief ihres Anwalts an den Verein unterwegs, und sie fordere nun 4,5 Millionen Schilling.

Aha, so läuft die Sache!

Der geradezu für seine Höflichkeit und Selbstbeherrschung

bekannte Hartmut bekommt, verständlicherweise, einen Zornesausbruch.

Ich laufe ins Büro, um zu sehen, ob besagter Brief inzwischen eingetroffen ist. Später stellt sich heraus, daß er weder abgeschickt noch überhaupt geschrieben wurde. So gehen wir auseinander.

14. April 1991

»Ob mich der andere beleidigt hat, bestimme ich – oder wie Aggressivität vermieden werden kann.«

Ob mich der andere beleidigt hat, bestimme ich – eine gute Idee, offensichtlich lebe ich bereits nach dieser Devise; kein Wunder nach etwa 30jähriger Schauspieltätigkeit und den Attacken, die dieser Beruf nun einmal mit sich bringt. Der Sprachwissenschaftler Siegbert Berthold der Universität Bonn hat mit seinen Schülern einen ausführlichen, überschau- und anwendbaren Überblick erarbeitet, wie im Gespräch mit Beleidigungen umgegangen und Aggressivität vermieden werden kann.

Berthold kam auf zwanzig mögliche Reaktionen auf Beleidigungen. Je nach Selbstwertgefühl wird man/frau also antworten, wenn einem gesagt wird, daß man doof, unfähig, ein Schwachkopf sei: »Stimmt!« – »Wie Sie meinen!« – »Darauf bin ich aber stolz!« – »Das möchte ich schriftlich haben!« – »Das hört man gerne!« etc. Wahrscheinlich reizt es den Beleidiger aber noch zusätzlich, wenn man sich die Beschimpfungen gelassen anhört, so wie ich gestern.

Wahrscheinlich bin ich unerträglich für meine Mitmenschen. Eine stetige Mahnung, eine stetige Schuldgefühlzuweisung, ein stetiges Ärgernis. Wenn sie wissen, ich arbeite, während sie sonntags schwimmen gehen oder skifahren, haben sie ein schlechtes Gewissen – und das erzeugt Haß.

Über Petra Kelly sagte der Moderator in einer Fernsehsendung einmal, sie verschleiße ihre Mitarbeiter. Dasselbe sagt man auch von mir. Wir haben beide einen dampftopfartigen

Überdruck in unserer Arbeitsweise, die angst macht und als unmenschlich empfunden wird, obwohl für uns beide gilt, daß wir von den anderen nur einen Bruchteil von dem erwarten, was wir uns selbst abverlangen.

Vielleicht sterben wir bald, Petra und ich, und sind so arbeitswütig, um einigermaßen das zu verwirklichen, was uns aufgetragen ist.

15. April 1991

Ein dpa-Foto zeigt im Hintergrund die Rauchwolken der brennenden Ölquellen Kuwaits, im Vordergrund apathische Kühe, die nach Wasser suchen.

Die Einwohner der Stadt Ahmadi berichten, daß der Rauch in Form eines dichten schwarzen Nebels neben ihren Häusern niedergegangen sei. Eine Ärztin teilt mit, daß die Menschen an Atembeschwerden leiden, bei Kindern die Ekzeme zunehmen und den Frauen das Haar ausfällt.

19. April 1991

Mit Datum 17. April trifft ein Brief von Frau Mackwitz' Rechtsanwalt ein, des Inhalts, daß seine Mandantin zum jetzigen Zeitpunkt *innerlich* (innerlich unterstrichen) zu neuen Verhandlungen nicht bereit sei, sich besonders durch das befremdliche Verhalten des Herrn Fröhlich (Hartmut) im Zuge der Besprechung am 13. April schwer irritiert fühle. Das Hochbeet müsse entfernt und die durch das Hochbeet widerrechtlich belastete Wiese wiederhergestellt werden, da »aufgrund dieser widerrechtlichen Baumaßnahmen ein Nutzungsausfall gegenständlicher Wiese für den Zeitraum von zwei bis drei Jahren eingetreten ist, müßte hierfür ein angemessenes Benützungsentgelt (= Schadenersatz) geleistet werden, hinsichtlich dessen noch das Einvernehnmen herzustellen wäre ... die ohne Zustimmung meiner Mandantin gepflanzten Obstbäume können auf dem gegenständlichen Grundstück stehen bleiben, sofern der VFL für diese ›Obstbaumplantage‹ monatlich einen Bestandzins in Höhe von 2,80 Schilling je Quadratmeter (wertgesichert) zu zahlen bereit ist. Bei Beendigung dieses Obstbaumplantagen-Bestandsvertrages müßten diese Obstbäume jedoch auf der Liegenschaft verbleiben, ohne daß der VFL hierfür eine Ablöse zu fordern berechtigt ist.«

Kleinlicher und lächerlicher geht's nun wohl kaum noch.

Abschluß des Briefes die typische Mackwitzsche Verzögerungstaktik: »Bezüglich des von Ihnen gewünschten Vorkaufsrechts für die Scheune und das umliegende Land ist sich meine Mandantin dzt. noch sehr unschlüssig bzw. muß ich diesen Punkt mit meiner Mandantin noch abklären.«

Mit Brief vom 19. April gibt der Verein bekannt, dennoch weiterhin am Erwerb der Liegenschaft interessiert zu sein. Gleichzeitig wird Frau Mackwitz davon in Kenntnis gesetzt, daß der Verein bei der Hypo-Bank Vöcklabruck eine Promesse bestellt hat, die für den Fall des Nichtzustandekommens des Projektes sicherstellen soll, daß die Bank die Liegenschaft zu einem zuvor vereinbarten Kaufpreis übernimmt. Dieses Angebot liegt bei größerem Entgegenkommen nur bei maximal 2.528.000 Schilling abzüglich Abbruchkosten für das alte Wirtschaftsgebäude (sprich Scheune). Mit der Bitte um Stellungnahme bis 15. Mai.

Also höchstens 2,5 Millionen ist die ganze Scheune wert. Und sie verlangt 4,5 Millionen. Ist aber »zum jetzigen Zeitpunkt schwer irritiert, nicht zu Verhandlungen bereit.«

Ja, wann denn wohl, wenn man fragen darf, gnädige Frau Gutsherrin und Anthroposophin?

22. April 1991

In einem Artikel über die Anthroposophie und die von Rudolf Steiner in den zwanziger Jahren ins Leben gerufene biologisch-dynamische Anbauweise in der Landwirtschaft lese ich unter anderem über anthroposophisch geführte Höfe:

»Fernab vom Marktlärm der kommerziellen Bio-Szene, aber auch für den Streit um Fortentwicklung, Neuansätze und Öffnung nicht wirklich erreichbar, verharren sie in ebenso würdevoller wie weltfremder Zurückgezogenheit... man muß bedenken, daß die Anthroposophie in der sterbenden Monarchie verwurzelt ist. Dieser Gutshofcharakter mit seinem spezifischen Herr-und-Knecht-Verhältnis, das hat sich in der biologisch-dynamischen Landwirtschaft sogar besser gehalten als auf technisierten konventionellen Höfen. Biologisch-dynamische Landwirtschaft auf der personellen Grundlage der Kleinfamilie oder des Gutshofes, das halte ich nicht für zukunftsfähig. Die dafür notwendige Vielfalt und Vielseitigkeit läßt sich langfristig nur über gemeinschaftliche Sozial- und Arbeitsformen herstellen.«

Wie wahr. Der dies ausspricht, stammt allerdings aus der Sozialarbeiterszene und ist kein geborener Gutsherr, der, im Herr-und-Knecht-Verhältnis erstarrt, sich daraus nicht lösen kann. Eine hervorragende Analyse; trifft den Nagel genau auf den Kopf. In der Tat, dieses spezifische Herr-Knecht-Verhältnis ist mir auf dem Mackwitzschen Gutshof mehrmals aufgefallen.

»Du behandelst die ausländischen Arbeiter, als seien sie Leibeigene und du die Zarin von Rußland!« habe ich einmal zu Margarete Mackwitz gesagt; und daß ich mich vor den Arbeitern für sie geschämt habe. Dieser Vorfall dürfte zur Trübung unserer Beziehung beigetragen haben.

Auffällig der Mangel an Flexibilität bei den Anthroposophen, das geradezu fanatische Festhalten an des Meisters Thesen, die dieser heute ganz sicher weiterentwickeln würde; aber nein, jeder Millimeter Abweichung vom Dogma bedeutet für den richtigen Anthroposophen einen unverzeihlichen Frevel. Ärgerlich auch diese ständig zur Schau getragene Hochnäsigkeit, das »Wir-sind-was-Besseres-Gehabe«.

Sie sind ver-steiner-t.

»Das Schlimme an der Anthroposophie sind die Anthroposophen«, soll Steiner selbst geäußert haben.

1. Mai 1991

Ottilies Weggang veranlaßt nun wiederum die problematische Almut, einzusehen, daß unser Seminarzentrum doch wohl nicht das Richtige für sie ist.

Sie konnte leider nicht annähernd halten, was sie an Leistungen für den Verein in Aussicht gestellt hatte, Naturkosmetikkurse, Farbenberatung. Immerhin wurde ihr eine eigene Wohnung mit extra für die Kosmetikzubereitung eingebauter Küche zur Verfügung gestellt. Ein einziger Kosmetikkurs kam zustande, die Teilnehmerinnen waren aber danach so wenig angetörnt, als hätten sie gerade eine Beerdigung hinter sich. Keine Power, absolut keine. Die wenigen Abende autogenes Training waren sehr gut – alles Stille liegt ihr –, aber das ist zuwenig. (Und das Honorar hat sie selbst kassiert.)

Wir werden nun also plötzlich zwei Wohnungen zur Verfügung haben, die wir für Seminarteilnehmer verwenden können. Ich muß sie nur noch – nur noch! *uff!* – möblieren.

Almuts Auszug veranlaßt wiederum Gustav, der sich mit Almut zerstritten hatte, als guter Geist wie früher im Hause zu werkeln, Hündin Lumpi und die Katzen Schnurrli und Bärli im Gefolge. Er lebt auf, fühlt sich wieder gefordert und glücklich, streicht die Türen, macht Gardinen an, richtet den Frischkornbrei her, serviert und ist fröhlich. Ich habe ungeheuer unter den Spannungen zwischen ihm und Almut gelitten.

Es ist merkwürdig, daß sich in diesem Haus die Menschen so schlecht miteinander vertragen. Die Bäuerin kommt nicht zum Putzen, wenn Olga Huber in der Küche das Zepter schwingt,

Olga hat sich mit Gustav entzweit und Gustav mit Almut und Veronika, Veronika wieder mit Ottilie, dazu die Probleme mit Margarete Mackwitz.

Manchmal habe ich das Gefühl, es weht kein guter Geist in diesen alten Mauern, es gelingt nur unter größtem Kräfteeinsatz, eine harmonische Schwingung zustande zu bringen; alles ist mit Kampf verbunden, erfordert Anstrengung, das »Camussche Dennoch«.

2. Mai 1991

Wenigstens einmal etwas Erfreuliches: Die Bodenschätze der Antarktis sollen – vorerst – nicht angetastet werden, vorläufig jedenfalls wird ein Verbot über kommerziellen Rohstoffabbau in der Antarktis erlassen. Dieses generelle Verbot, beschlossen auf einer Sonderkonferenz in Madrid, kann erst nach fünfzig Jahren mit einer Dreiviertel-Mehrheit der 39 Antarktis-Staaten revidiert werden.

Ein großer Erfolg für Greenpeace, das die Antarktis gern zu einem »Weltpark« erklärt haben möchte.

Das *Journal of the National Cancer Institute* berichtet über krebshemmende Substanzen in der Sojabohne.

Bei Brust- und Dickdarmkrebs seien Wechselwirkungen durch die Ernährung inzwischen anerkannt – eine überwiegend pflanzliche Ernährung, reich an Getreide, Hülsenfrüchen, Gemüse und Früchten, könne vor Krebs schützen.

Eieiei, wer hätte das gedacht!!!!

Sojabohnen enthalten in hoher Konzentration Isoflavine, die auch als pflanzliche Östrogene bezeichnet werden, außerdem Saponine, die die Immunlage verbessern und für bestimmte Krebszellen tödlich sind.

Interessant, eine Vegetarierstudie berichtet, daß auch Osteoporose in den Länden, in denen viel Sojaprodukte verzehrt werden, so gut wie unbekannt ist. Ein Zusammenhang?

Die Kindernothilfe, für die ich seit einigen Jahrzehnten regelmäßig Geld überweise, teilt mit, daß mein letztes indisches Patenkind nun, wie die vorhergehenden, auf eigenen Beinen stehen kann, und ein neues Kind meine Hilfe braucht.

Diese kleine Neethi stammt aus einer sehr armen Familie. Ihre Mutter starb an Krebs, der Vater hat wieder geheiratet und lebt in einem anderen Dorf. Neethis Traum ist es, einmal Lehrerin zu werden. Sie hat mir ihr Foto geschickt und einen mit Blumengirlanden bemalten Brief. Sie betet täglich für mich – und bittet mich, für sie zu beten. Unterschrieben: your fosterchild Neethi.

3. Mai 1991

Auf meinem Teich in Sommerholz ist vor einigen Tagen ein Entenpärchen gelandet. Sie haben bereits ihre Namen erhalten, Philemon und Baucis. Angeblich sind Enten ja monogam, treu bis in den Tod.

Das am Teichrand stehende Entenhäuschen verschmähen sie bisher. Hoffentlich bleiben sie. Kleine Entenkinder wären zu niedlich! Gestern landete, während Philemon und Baucis ihre Abendrunde schwammen, ein zweites Entenpärchen. Philemon stürzt sich auf den Eindringling, dann auf die neue Entenfrau. Ein wildes Gerangel entsteht, die neue Entenfrau flüchtet aus dem Teich, die Erpel hinterher, ein wildes Knäuel von Leibern wälzt sich über die Wiese, den Hang hoch. Die Entenfrau versucht zu entkommen, die beiden Männchen hinterher, abwechselnd hacken sie aufeinander ein und vergewaltigen sie die Entenfrau.

Baucis steht am Teich, schnattert zwischendurch kurz, tut sich aber überwiegend am frischen Gras gütlich.

Wieder versucht das Entenweibchen zu flüchten, kaum noch fähig zu krauchen oder gar zu fliegen, wieder hacken die beiden Männchen aufeinander ein, wieder Vergewaltigung. Sie kämpfen und bumsen bis zur totalen Erschöpfung, bis die letzten Vögel zu zwitschern aufhören, bis es dunkelt und das Käuzchen seine Sehnsuchtsschreie ausstößt.

Die Treue der Enten – auch ein Gerücht.

4. Mai 1991

War das ein lustiges Wochenende! Zwei Dutzend Frauen hatten sich zur Farb- und Schminkberatung eingefunden, eine Fotografin von *Frau mit Herz* begleitete das Abenteuer.

Eine wahre Freude, mitzuerleben, wie eine Frau aufblüht, wenn sie die richtigen Farben am Körper oder im Gesicht trägt. Seit jeher hat sich das weibliche Geschlecht bemüht, diesen Tempel der Seele mit schönen Stoffen, Schminke, Düften und edlen Steinen zu schmücken. Wenn wir – und da meine ich auch mich – uns doch nur mehr Zeit nehmen würden für so etwas Wichtiges!

Krassestes Beispiel: Eine sehr griesgrämige Frau in fahlen Farben. Als die Farbenberaterin ihr einen rosa Schal um den Hals legt und alle übrigen Teilnehmerinnen ihre Zustimmung durch Ahs und Ohs und Beifallklatschen zum Ausdruck bringen, bricht sie in Tränen aus. Ihr Leben lang hatte die Arme sich in Erdtöne gekleidet, die dem Herbsttyp schmeicheln, sie aber fad erscheinen ließen. Nun, mit den zu ihrem Sommertyp passenden Farben, sah sie erst, wie schön sie sein konnte.

Eine Woche später rief sie mich an, Jubel in der Stimme: »Ich habe mir einen rosa Mantel gekauft, ich bin ein anderer Mensch, dank euch!«

Das sind Erfolge, die glücklich machen. Viele berichten, daß die Tage im Seminarzentrum für sie zu einer Lebenswende führten, daß sie Selbstvertrauen und Lebensmut (zurück-)gewonnen haben.

Toll wäre ein kleiner Laden, in dem schöne Kleider nach den Farbtypen verkauft oder sogar getauscht werden können. Denn oft möchten die Frauen nach der Farbenberatung gleich ihren ganzen Kleiderschrank ausräumen, wenn sie gesehen haben, um wieviel schöner und strahlender sie in »ihren« typgerechten Farben wirken. So ein kleiner Tauschladen – in unserem fertiggestellten Ökohaus – wäre nicht übel.

Mit Farben und Schönheit angehen gegen die Tristesse der Welt...

8. Mai 1991

Beim wieder sehr gut besuchtem Körndlbeißer-Stammtisch wird die »Aromatherapie«, ihre heilenden Wirkungen auf Körper, Geist und Seele vorgestellt.

Die Duftfläschchen werden zum Schnuppern herumgereicht, und am Ende riecht es wie in einem orientalischen Bazar. Der Vortragende schwärmt gerade in den höchsten Tönen von Ylang-Ylang als Aphrodisiakum, da ruft ein Teilnehmer: »Also, das kann ich überhaupt nicht leiden, wenn meine Frau Ylang-Ylang in der Duftlampe hat!«

Ein Super-Menü:
Frühlingssalat mit gartenfrischem Bärlauch
Weizenbraten gefüllt mit bunten Gemüsen auf Krensauce
Haselnuß-Schnitte mit Honig-Schlagobers.

An solchen Abenden bin ich so glücklich, so glücklich.

Wie liebe ich dieses Haus, wie liebe ich meine Aufgabe, wie sehr macht es mir Freude, anderen Freude zu machen, wie sehr wünsche ich mir, daß sich alles zum Guten wendet!

Gustav gibt einen Bio-Witz zum besten: »Wißt ihr, woher der Ausdruck ›Adamsapfel‹ kommt? Von dem ersten vegetarischen Gericht, das dem Manne, heute noch sichtbar, im Halse steckengeblieben ist, und dessentwegen er sogar aus dem Paradies vertrieben wurde!«

Im Ort wird herumerzählt, ich könne nicht mit Geld umgehen, und das gerade von Leuten, denen alles unter den Händen zerfällt, die gar nichts zustande gebracht haben. Es ist ein Witz.

Natürlich kann man der Meinung sein, eine ist beknackt, ehrenamtlich zu arbeiten und noch dazu 700.000 Schilling sprich 100.000 Mark für ein gemeinnütziges Projekt zu riskieren. Denn das habe ich von Anfang an gesagt, diese Summe riskiere ich. Na gut, vielmehr: na schlecht, es ist etwas mehr geworden, Pech.

Und was habe ich in diesen Jahren geleistet? Ein verkommenes Haus aufgemöbelt und mit einem Seminarangebot, das sich sehen lassen kann, zu einer Attraktion für die nähere und auch fernere Umgebung gemacht. Immerhin haben wir uns mit unserer Arbeit bisher selbst getragen!

Daneben habe ich ein komplettes Einfamilienhaus gebaut, dafür, wie jeder normale Mensch, einen Kredit aufgenommen, den ich in zwei Jahren bereits abbezahlt haben werde. Das soll mir doch erst mal einer nachmachen!

Ich habe keinen Gutshof geerbt; ich habe nicht einmal eine Ausbildung erhalten. Nach dem Krieg stand ich, einen Rucksack auf dem Rücken, mutterseelenallein in Flensburg auf dem Marktplatz; hab mich beim Roten Kreuz gemeldet, erhielt zuerst eine Stelle als Dienstmädchen bei einer dänischen Familie, dann eine als Bibliotheksgehilfin in der dänischen Bibliothek, lernte ein paar Wochen Dänisch und dänische Stenografie und Schreibmaschine, büffelte eisern Fremdsprachen ohne einen Groschen Unterstützung von irgendeiner Seite – und war dann Fremdsprachenkorrespondentin in Kopenhagen.

Mit allem, was ich anpacke, habe ich sofort und viel Geld verdient, und so habe ich meiner Mutter und meinen vier kleineren Geschwistern nach dem Krieg helfen können zu überleben.

Ich habe viel Geld mit meinen Filmen verdient, mit meinen

Theatertourneen, dem von mir erfundenen Brot, meinen über eine Million Mal verkauften Büchern. Allerdings einen sehr großen Teil davon für wohltätige Zwecke ausgegeben. Jawohl, ich habe einer armen gelähmten Frau, die ich gar nicht kannte, für 2.000 Mark einen Rollstuhl gekauft, und das zu einem Zeitpunkt, wo ich noch wenig verdiente und mir sehr gern etwas Hübsches zum Anziehen gekauft hätte (denn es gab auch Zeiten, wo ich froh war, für einen halben Liter beim Roten Kreuz gespendetes Blut 30 Mark und ein warmes Mittagessen zu kriegen). Wenn das heißt, jemand kann nicht mit Geld umgehen, dann bin ich gern dieser Jemand.

Aber einen Stich gibt es mir schon, wenn mir eine derartige Bemerkung zugetragen wird, und wenn du, liebe Grete, deine anthroposophische Malgruppe durchs Seminarhaus führst, als hättest du das alles bewerkstelligt.

Vielleicht bin ich nur als Kanalarbeiter geplant, als Katalysator. Ich muß die Drecksarbeit machen, werde dafür auch noch verspottet – und die anderen ernten die Früchte.

Wenn dies aber meine Aufgabe ist – so sei es.

Und da fällt mir eine wunderbare Zen-Geschichte ein: Einem frommen Einsiedler wird eines Tages ein kleines Kind vor die Tür gelegt. »Du bist der Vater!« behauptet eine junge Frau und ist verschwunden.

»So?« antwortet der Einsiedler, und zieht das Mädchen auf, ohne sich um Spott und Hohn der Menschen zu kümmern.

Das Mädchen ist erwachsen, da naht die reuige Mutter: »Verzeih, ich habe gelogen, es ist nicht dein Kind!« und verschwindet wieder, diesmal mit ihrer Tochter.

»So?« antwortet der Einsiedler.

Das muß ich schaffen, so gleichmütig und weise zu werden wie dieser Mann. Und ich werde es schaffen.

Und so muß ich auch den Brief einer Frau Ellen H. ertragen: »Sehr geehrte Frau Rütting! Bis heute war ich nicht imstande, meine tiefe Enttäuschung über die Art und Weise, *wie* Sie Ihr Projekt ›Senioren mit ihren Tieren‹ beiseite geschoben haben, zum Ausdruck bringen, ohne bitter zu reagieren. Wissen Sie eigentlich, *was* Sie da bei einigen älteren Menschen angerichtet haben? Dazu die große Enttäuschung *junger* Menschen, die sich mit mir freuten, begeisterten, auch mithelfen wollten! Mit so etwas experimentiert man doch nicht! *So schnell* aufzugeben! Interessiert Sie das Thema ›Alte Menschen und ihre Haustiere‹ überhaupt noch? Sie haben sie ja eigentlich verraten! Wieder einmal hat man die Alten mit ihren Tieren allein gelassen ... es wäre ein Beispiel gewesen, geworden, Ansporn, Ähnliches ›flächendeckend‹ zu machen, dazu Entlastung üblicher Altersheime ...« Weder diese Frau noch die angeblich so begeisterten jungen Menschen haben auch nur einen Finger gerührt, um bei diesem Projekt mitzuhelfen, haben sich nicht einmal sehen lassen.

Ich versuche, mit einer Meditation meines Kummers Herr zu werden.

»So?«

14. Mai 1991

Meine drei Hennen in Sommerholz haben fünf goldige Küken ausgebrütet, so klein wie Golfbälle, ein schwarzes darunter. Die Mütter sitzen neben- und übereinander auf den Kleinen, heute zum ersten Mal unter einem Drahtgitter im Garten in der Sonne. Der kleine Vater, das Zwerggockelchen, stolziert aufgeregt und voller Stolz um die Schar herum.

Heute morgen sprang Lilly an dem alten Bauern hoch, der am Haus vorüber in den Wald zur Arbeit ging. Die Hunde mögen ihn nicht; seine hohe kreischende Stimme, seinen gebückten Gang, und natürlich trägt er immer irgendwelche unheilvoll aussehenden Arbeitsgeräte auf dem Rücken. »Wenn der Köter mich beißt, derschlag ich ihn!« schimpfte er.

Den ganzen Morgen über verfolgt mich diese Vorstellung. Ich werde morgen versuchen, ihm zu erklären, daß er mein Kind umbringt, wenn er Lilly erschlägt.

Übrigens keine Rückfälle in bezug auf Beißereien zwischen Lemmi und Lilly. Lilly bekommt täglich die Bach-Blüten »Holly« und »Heather«, alle Hunde 14tägig das homöopathische Mittel Hyoscyamus (gegen Eifersucht).

Das Weiß der Kirschblüten vor dem Hintergrund der unterschiedlichen Grüntöne der Bäume des Waldes – zu dieser Jahreszeit besonders eindrucksvoll der Kontrast zwischen dem zarten Lind der jungen Buchenblätter und dem dunklen Grün der Fichten, an deren Spitzen wiederum die neuen Triebe sichtbar werden; die Wiese löwenzahnbesprenkelt; eine Drossel singt, und der Kuckuck ruft ... und soeben holt sich ein eleganter Reiher einen Fisch aus dem Teich.

Wir haben die Pflicht, glücklich zu sein. Ach ja ...

15. Mai 1991

Unser letztes Angebot mit der Bitte um Stellungnahme bis 15. Mai blieb bis heute unbeantwortet.

Das Hochbeet haben wir inzwischen abmontiert und, noch dazu bei einem wahnwitzigen Salzburger Schnürlregen, in meinem eigenen Garten aufgestellt, der nun wieder aussieht wie ein Schlammbad. Das hieß: alles auseinandernehmen, den Holzkasten, der sich verzogen hatte, neu anpassen, die verrosteten Eisenstangen neu einschleifen, die teilweise einzementierten Ziegelsteine aus dem Boden stemmen, die 12 mal 2 Meter Erde mit Ladewagen transportieren, alles wieder zusammensetzen und -schrauben, die Erde hineinfüllen und so weiter.

Ein Schildbürgerstreich.

Auch meinen in der Mackwitzschen Scheune bereits untergestellten Pferdeschlitten und die Kutsche habe ich wieder abholen und zu einem Bauern bringen lassen. Ein trauriges Bild, wie der Traktor mit dem angehängten Kipper, darauf die leere Kutsche und der leere Pferdeschlitten, durch die verregnete Mailandschaft zuckelte.

Wenn nicht endlich – wirklich endlich – ein neuer Vertrag abgeschlossen wird, werden wir die gepflanzten Obstbäume ebenfalls wieder herausreißen müssen, und ich werde mit dem Seminarbetrieb aufhören, aufhören müssen. Von dem Geld, das ich in das Seminarhaus gesteckt habe, werde ich dann allerdings kaum etwas herausbekommen. Vielleicht nimmt sie an, daß ich aus diesem Grund schon in den sauren Apfel beißen und den Mietvertrag für das Seminarhaus, auch ohne Öko-Siedlung, weiter durchhalten werde?

Der Architekt und das Modell sind – natürlich – von den für den Kauf der Scheune zur Verfügung gestellten zinslosen Darlehen bezahlt worden, wovon denn sonst. Kommt das Projekt nicht zustande, müssen die Darlehen an die Darlehensgeber zurückgezahlt werden – und dann fehlen die etwa 700.000 Schilling. Eine Summe, für die – wie sollte es anders sein – der Vorstand geradezustehen hat, das heißt letzten Endes die Vorsitzende, also ich.

Schöne Aussichten. Wenn ich Pech habe, lande ich noch im Knast, wegen »betrügerischer Krida«, oder wie das Ding heißt – und das nach über vier Jahren unermüdlicher unbezahlter Arbeit für die Verwirklichung einer Idee, die alle Welt toll findet!

Dort, wo das Hochbeet stand, wurde sofort eingesät. In einem Monat wird bereits Gras darüber gewachsen sein.

16. Mai 1991

Geträumt: Wenn ein Blatt vom Baum fallen will, dann fällt es vom Baum.

Da kann man doch nicht sagen: Bitte bleib hängen! Da muß man dieses Blatt doch fallen lassen! (Die Irokesen haben einen Spruch: Er hat es geträumt, also ist es wahr...)

Das hört sich an wie ein Kommentar zu meinen Bestrebungen, mit dem offenen Brief an einen befreundeten bulgarischen Arzt eine alternative Hungerhilfe zu initiieren.

Drücke ich mich, meinen ureigensten Entwicklungsweg zu gehen? Staple ich (schon wieder) zu hoch?

Eine Frau schrieb mir einmal bitterböse: »Warum müssen Sie dauernd auffallen?«

Ich muß nicht dauernd auffallen, mir fällt nur dauernd etwas (Gutes) ein, was auffällt!

Es scheint, ich leide am Helfersyndrom.

Zu große Anstrengung ist wohl immer ungut.

Unvergeßlich der Blick von Maharishi Mahesh Yogi am Schluß eines Videos. Er schien direkt für mich bestimmt; seine Worte: »Take it easy!«

Dennoch: »Wer die Wahrheit nicht brüllt, obwohl er sie kennt, macht sich zum Helfer der Schuldigen«.

Das sagt wiederum Charles Peguy. Und Jeremias Gotthelf meint: »Es ist nichts auf Erden, welches des Menschen Leben so bedeutsam macht, als die innige Teilnahme an allem Lebendigen.«

Übrigens habe ich einem netten Rentnerehepaar, Dora und Heinz, Anwärtern auf eine Wohnung in der Öko-Siedlung, angeboten, daß die beiden bis zur Fertigstellung der Wohnungen in mein Sommerholzer Garagenhäuschen ziehen können, das nun doch sehr hübsch wird.

Sie sagen, sie mögen Hunde. Das ist doch schon mal sehr schön.

26. Mai 1991

Ich habe lange nicht geschrieben, mir hat es die Sprache verschlagen. Zuviel, zuviel Schreckliches, der entsetzliche Leidensweg der Kurden, Rajiv Gandhi ermordet, ein Flugzeug der Lauda-Air über Thailand abgestürzt mit 233 Toten – ausgerechnet vor der Schnupperwoche wurde zuerst meine Sekretärin Rosy krank und dann meine Frida, ich total überanstrengt.

Es war fast zu erwarten. Als alle Gäste der Schnupperwoche untergebracht waren und ich die Begrüßungszeremonie beendet hatte, klappte ich zusammen; Kopfschmerzen, Rückenschmerzen, Schüttelfrost, stockheiser, Stimme weg. Ich wurde regelrecht nach Hause ins Bett geschickt. Da habe ich dann erst mal zwei Tage und zwei Nächte durchgeschlafen.

Ein Warnsignal! Ich muß diese Ausbeutung des Körpers, meiner Nerven stoppen, ich *muß!* Wir werden in Zukunft das Seminarhaus sonntags geschlossen halten, es geht nicht anders, auch wenn noch so sehr gemeckert wird, damit wir wenigstens einen Tag zur Erholung haben.

Zu meiner Aufmunterung lese ich mir die Speisenkarte der Schnupperwoche durch und koste in Gedanken, was Olga Feines zubereitet hat.

31. Mai 1991

Zum Abschluß der Schnupperwoche habe ich dann doch noch meinen Vortrag über die Vorteile der Vollwertkost gehalten und alle TeilnehmerInnen zu mir nach Hause eingeladen.

Die Woche war ein voller Erfolg, glückliche Gesichter, alle loben Olgas Kochkünste.

Sie hat die Lizenz, um ein Restaurant zu führen. Wir können nun also tatsächlich Vollwertkost auch für Gäste »von draußen« anbieten.

Unser Sommerprogramm kann sich sehen lassen: auf allgemeinen Wunsch Wiederholung des Arbeitskreises für Osteoporosebetroffene, Einführungsseminar zu den Blütenessenzen von Dr. Bach, unsere beliebte Farbenberatung »Machen Sie das Beste aus Ihrem Typ«, Körndlbeißer-Stammtisch mit Vortrag eines Astrologen »Wer paßt zu wem?« – daneben die Koch- und Backkurse, Kräuterwanderungen und die Frauenstammtische »Jetzt red ich«.

Im August bieten wir eine 7-Tage-Vollreis-Diät-Kur an und ein Wochenende kreatives Heilfasten.

Und am 7. und 8. Juli feiern wir mit einem Sommerfest etwas verspätet den zweiten Geburtstag des Seminarzentrums.

FRÜHLINGSSCHNUPPERWOCHE

Freitag

Abends: Salatbuffet, Kartoffelfondue, Nougatkugeln

Samstag

Mittags: Rohkost, Brie im Kräutermantel mit Blattsalat, gefüllte Linzerkekse

Abends: Kochkurs: Salate, Gemüsestrudel mit Käsesauce, Dinkelbiskuitschnitte

Sonntag

Mittags: Salatteller Amor, Spinat-Blinis mit Tomatenblume und Knoblauchdip, Brombeertopfencreme

Abends: Vorspeisenteller, Brote, Dinkelsuppe, Apfelstrudel

Montag

Mittags: Bunter Salatteller, Wildkräuternockerl mit Frühlingsgemüsen, Mohn-Nußeis

Abends: Salat-Cocktail, Minestrone, Zwiebel-Lauchschnitte

Dienstag

Mittags: Salat-Vital mit Keimen, Pilzsauce an Wildreis, Beerenstreuselkuchen

Abends: Salate, Käsekipferl, Brötchen mit Knoblauchbutter, Kürbiscremesuppe

Mittwoch

Mittags: Salatbuffet, Gerstensteak mit Gurkensauce, Bananenkuchen

Abends: Paprika gefüllt auf grünem Salat, Wildkräuterbrötchen, Knoblauchsuppe, Apfeltraum

Donnerstag

Mittags: Rohkost, Gemüseschnitzerl mit Sauce Orientale, Zwetschgen-Crumble

Abends: Salatteller, grüne Topfennockerl an Rahmsauce, Dinkelpudding mit Erdbeersauce

Freitag

Mittags: Käse-Apfelsalat, Frühlingszwiebel-Kartoffelauflauf mit Currysauce, Hirsemarillenschnitte

1. Juni 1991

Das Vollwertrestaurant ist eröffnet!

Ich hätte heulen können vor Glück, als ich die Gäste, bei traumhaftem Sommerwetter, auf den Holzstühlen an den blaßlila gedeckten Tischen unter den blaßlila Sonnenschirmen im Garten sitzen und Olgas köstliche Kuchen mampfen sah.

Olgas Mann Otti hat den Untergrund mit Kies hergerichtet und baut noch zwei Schaukeln, Kinderstühlchen sind schon aufgestellt.

Die Kleinen fühlen sich hier pudelwohl, können herumtoben unter Aufsicht der entspannten Eltern.

Das Essen ist prima!

Morgen werden wir siebzig Gäste haben, Farbenberatung und daneben noch eine Gruppe zum Kochen und Backen. Ein Rätsel, wie immer wieder alles geschafft wird...

Am 10. kommt Margarete Mackwitz. Sie hat immer noch nicht auf unseren Brief mit dem Angebot vom 19. April geantwortet, hat aber über eine gemeinsame Freundin um ein Gespräch ersucht.

Vielleicht, hoffentlich, macht sie nun endlich Gegenvorschläge. Diese Frau ist mir ein Rätsel. Ich habe es aufgegeben, sie zu verstehen.

»Zwei Tragödien gibt es im Leben: Die eine, nicht zu bekommen, was das Herz sich wünscht, die andere, es zu bekommen.« (G. B. Shaw) Gerade jetzt muß mir dieser Spruch in die Hände fallen!

2. Juni 1991

Wer mir alles Informationsmaterial zuschickt: Jehovas Zeugen, die Adventisten, die Anhänger vom Universellen Leben, Helene von Blavatskys und des »Tibeters«, die von Fiat Lux und vom Heiligen Gral, die Anthroposophen, die Brama Khumaris, dazu die ganz »normalen« Christen, Protestanten wie

Katholiken. Alle sind sich darin einige, daß die große Reinigung des blauen Planeten kurz bevorsteht. Manche stellen sich vor, daß die guten Erdenbürger von Außerirdischen in Raumschiffen abgeholt und auf einen besseren Planeten befördert werden. Die Guten ins Töpfchen, die Schlechten ins Kröpfchen – die krepieren unter gellendem Gebrüll auf der sich verdunkelnden verwüsteten Erde. Die meisten sind sich einig, daß wir unsere Leiden auf dieser Erde selbst gewählt haben, um uns zu entwickeln. Das Neueste ist »Die Weisheit von Ramala«, einem Wesen aus dem Jenseits. Nach Ramala haben auch die Nationen ein Karma abzutragen, ein kollektives Karma, das sie selbst abarbeiten müssen; andere können ihnen dabei nicht helfen. Ich zitiere: »Es ist so leicht, euer eigenes Leiden in die Außenwelt zu projizieren, eure eigene Lektion, euren eigenen Entwicklungsweg im Leiden anderer zu sehen, nur weil ihr nicht euren eigenen Weg gehen wollt und euren eigenen Kampf kämpft. Es gibt heute viele Menschen, die ihren eigenen Entwicklungsweg verlassen, weil sie sich auf den Weg anderer begeben . . .«

6. Juni 1991

Leider habe ich meine Ernährung zu Hause in letzter Zeit sehr vernachlässigt, die jährliche Frühjahrsfastenkur ausfallen lassen – glaubte, keine Zeit zu haben, genausowenig für das Sammeln von Löwenzahnblättern, Brunnenkresse und Brennnesseln. Ich merke bereits die Folgen. So miserabel wie in diesem Jahr war mein Rücken lange nicht. Alle Knochen tun mir weh.

Weil niemand mir den Rücken stärkt, ich zuviel am Hals habe, und, und, und – der Volksmund weiß schon, wovon er spricht! Da habe ich mir nun vor einigen Jahren zu Silvester einen Aktenordner *ICH* – großgeschrieben – angelegt – und tue dennoch nichts für mich.

Muß geändert werden.

7. Juni 1991

Als ich gestern abend vom Seminarzentrum nach Hause kam, blieb das Pferd Candy wiehernd oben auf dem Hügel stehen, statt, wie üblich, herbeizugaloppieren.

Ich rannte hin – glücklicherweise kein Bein gebrochen, wie ich schon befürchtete. Sie hatte sich mit der rechten Hinterhand das rechte vordere Hufeisen halb abgerissen und sich einen der Nägel ins »Leben« gerammt, aus dem nun das Blut tropfte.

Irgendwie schaffte ich es, das schwere Pferd den Hügel herunter und bis in den Stall zu schleppen und mit dem Hammer das Hufeisen vollends abzulösen.

Obwohl es bereits nach 9 Uhr war, kam doch noch der Hufschmied mit einem Blechdeckel, den er, nachdem die Wunde mit Arnika gereinigt worden war, über die Fußsohle schraubte.

Sechs Wochen lang etwa müssen wir nun diesen Deckel täglich abschrauben, die Wunde reinigen und den Deckel wieder draufschrauben, Frida und ich.

Lieber Gott, wie soll mein Rücken das bloß auch noch aushalten! Seit mir dauernd jemand in den Rücken fällt, steht es mit diesem Körperteil täglich ärger im argen. Morgens bin ich krumm wie eine Sichel. Nur mit Hilfe meiner mit eiserner (!?) Disziplin täglich durchgeführten Wirbelsäulenübungen kriege ich mein Skelett wieder verhältnismäßig gerade, so daß ich den Tag einigermaßen aufrecht durchstehe.

Die Leute meinen immer, Menschen, die sich mit Gesundheit beschäftigen, müßten selbst sehr gesund sein. Das Gegenteil scheint mir der Fall. Ich jedenfalls kann mich an kaum einen Tag ohne Schmerzen erinnern.

8. Juni 1991

An einer Wegkreuzung muß ich die Parade etwa zwei Dutzend am Straßenrand pinkelnder Soldaten abnehmen, die auch noch grinsen, als ich vorbeifahre.

Hundert Meter weiter gäbe es ein nettes, Schutz bietendes Wäldchen – aber nein, sie müssen sich für alle sichtbar aufpflanzen, Hand am Lieblingsorgan.

Was für ein Schwachsinn von Freud, den Frauen Penisneid anzudichten! Ich kenne keine, die sich so ein Ding wünscht.

Eigentlich hätte ich anhalten, Hosen runterziehen und mich danebenhocken müssen, fällt mir nachher ein. Eine Frau soll das mal gemacht haben und wäre fast gesteinigt worden, weniger von den Männern, als von den vorbeikommenden Geschlechtsgenossinnen.

Man stelle sich ein Dutzend am Straßenrand urinierender Frauen vor!

Was spielt sich bloß in Männerköpfen ab?

Bert Brecht dürfte einer Erklärung männlicher Pinkelwonnen am nächsten kommen. Er läßt seinen Herrn Puntila zum Knecht Matti (beide lassen ihr Wasser) sagen:

»Ich könnt nicht in der Stadt leben. Warum, ich will zu ebener Erd herausgehn und mein Wasser im Freien lassen, unterm Sternenhimmel, was hab ich sonst davon? Ich hör, auf'm Land ist's primitiv, aber ich nenn's primitiv in ein Porzellan hinein.«

Matti antwortet: »Ich versteh, Sie wollen's als einen Sport«.

Gespenstisch, daß der Mann zum Pinkeln wie für den Liebesakt sich ein und desselben Instruments bedienen muß.

Vor mir soll sich über dieses Phänomen unter anderen auch schon – Hegel gewundert haben.

10. Juni 1991

Ein älterer Unternehmer, der aus dem Nichts anfing, über seinen Weg zum Erfolg:

»Ich habe nie gesagt, das sind die Pferde meines Herrn oder das sind unsere Pferde – sondern ich habe immer gesagt, das sind meine Pferde!«

Aus solchem Holz muß man wohl geschnitzt sein.

Wie zum Trost, daß ich aus solchem Holz nun aber auch gar nicht geschnitzt bin – ich betone immer »wir«, selten »ich« –, schreibt mir eine Frau:

»Ein chinesisches Sprichwort sagt: ›Wenn ich einen grünen Zweig im Herzen trage, wird sich ein Singvogel darauf niederlassen.‹ In Ihrem Herzen, liebe Frau Barbara, singt er bestimmt!«

13. Juni 1991

Das war nun das Gespräch, in das ich so große Hoffunungen gesetzt, um das Grete selbst über eine gemeinsame Freundin gebeten hatte.

Wieder eine stundenlange Diskussion ohne irgendein Ergebnis. Nicht nur kam kein Vorschlag von ihr – sie behauptete zunächst, unser Angebot vom 19. April mit Bitte um Stellungnahme bis zum 15. Mai nicht erhalten zu haben, später meinte sie dann, sich zu erinnern, sie habe den Brief wohl erhalten, aber keine Zeit gehabt, ihn zu lesen.

Im Verlauf von fast zwei Monaten will sie keine Zeit gehabt haben, den Brief zu lesen, von dem das Schicksal des Vereins, das Überleben oder Ende meiner Idee abhängt!

Nach drei Stunden Gerede, in denen immer wieder die alten Vorwürfe zur Sprache kamen – das falsch plazierte Hochbeet, die Obstbaumpflanzung, der eine (!) von uns nicht rechtzeitig beantwortete Brief, meine totale Unfähigkeit in jeder Beziehung – kein endgültiges Nein von ihr, kein endgültiges Ja.

Seltsamerweise nahm ich sie dennoch am Schluß in den Arm. Es war eine Umarmung in Trauer, in Trauer über unser gemeinsames Versagen. Ihr Kommentar: »Was, das bringst du noch fertig? Du hast wirklich ein großes Herz!«

Ich kann nicht glauben, daß alles umsonst gewesen sein soll. Ich kann es nicht. Wir haben alle nötigen Genehmigungen der Behörden, das Geld für den Kauf der Scheune liegt auf der Bank, wir haben Anfragen noch und noch für Wohnungen, im Frühling könnten wir anfangen zu bauen, Weihnachten 1992 wären die Wohnungen bezugsbereit – das Restaurant läuft ausgezeichnet, wir haben internationale Gäste, da wird italienisch, französisch und englisch gesprochen, die Kinder toben im Garten, dazwischen tollen Hunde, während die Eltern gemütlich ihr Essen genießen – es ist alles so traumhaft...

Ich will nicht glauben, daß alles umsonst gewesen sein soll. Privatleute und auch Banken bieten dem Verein bereits alle möglichen anderen Grundstücke an; es spricht sich herum, daß es »in Doppendorf wohl nichts wird mit der Öko-Siedlung«.

Aber all das noch einmal von vorn, das Gerenne zu Bürgermeistern und Politikern und Ämtern?

Ich glaube, einen solchen Krafteinsatz, wie ich ihn hinter mir habe, bringt ein Mensch nur einmal im Leben zustande.

Fühle mich zutiefst enttäuscht und ausgelaugt.

Oft muß ich viermal am Tag zwischen dem Seminarhaus und meinem Zuhause hin- und herfahren, um meine Tiere zu versorgen, die viel zuviel allein gelassen sind. Gestern abend dauerte der Vortrag mit Diskussion so lange, daß ich die Pferde erst nachts um 1 Uhr von der Weide in den Stall holen konnte, und das während eines wüsten Gewitters.

Noch einmal das Ganze von vorn?

Nein, nein, nein!

15. Juni 1991

Zusammen mit dem katholischen Pfarrer Betzwieser, einem großen Verfechter der Tierrechte, habe ich in München als Vertreterin der Organisation »Animal 2000« Landwirtschaftsminister Kiechle 46.000 Unterschriften von Bürgern allein in Bayern übergeben, die eine Verbesserung des Tierschutzes fordern, unter anderem ein Verbot von Transporten lebender Schlachttiere über längere Strecken, ein Verbot für die Batteriehaltung von Hühnern und schließlich in bezug auf die Tierversuche eine Umkehr der Rechtslage insofern, daß Tierversuche grundsätzlich verboten werden, mit vorläufigen Ausnahmegenehmigungen.

Solange der Tierschutz im Ressort Landwirtschaft untergebracht ist, wird das Tierschutzgesetz immer ein Tiernutzgesetz bleiben. Deshalb fordern wir, daß der Tierschutz mit dem Ressort Umwelt- und Naturschutz gekoppelt wird. Unsere aktuelle Forderung lautet: *Tierschutz als Staatsziel ins Grundgesetz!*

Wir haben dem Landwirtschaftsminister Kiechle ferner das »Glauberger Schuldbekenntnis« überreicht, das bereits von über 600 Theologen unterzeichnet worden ist:

GLAUBERGER SCHULDBEKENNTNIS
Glauberg, Frühjahr 1988

- Wir bekennen vor Gott, dem Schöpfer der Tiere, und vor unseren Mitmenschen:
- Wir haben als *Christen* versagt, weil wir in unserem Glauben die Tiere vergessen haben.
- Wir waren als *Theologen* nicht bereit, lebensfeindlichen Tendenzen in Naturwissenschaft und Philosophie die Theologie der Schöpfung entgegenzuhalten.
- Wir haben den *diakonischen Auftrag* Jesu verraten und unseren geringsten Brüdern, den Tieren, nicht gedient.

- Wir haben als *Pfarrer* Angst, Tieren in unseren Kirchen und Gemeinden Raum zu geben.
- Wir waren als *Kirche* taub für das Seufzen der mißhandelten und ausgebeuteten Kreatur.

- Wir begründen das Glauberger Schuldbekenntnis theologisch. Wir lesen die Aussagen der Bibel zur Schöpfung und Mitgeschöpflichkeit mit neuen Augen und neuem Interesse. Wir wissen, wie sehr wir mitten drin sind in der Natur, verbunden mit allem, was lebt – und in gleicher Weise bedroht. Die Neuentdeckung der Schöpfungstheologie hat unseren Blick auch auf die Tiere gelenkt, unsere geringsten Brüder und Schwestern. Wir merken, daß wir ihnen als theologisch denkende und arbeitende Christen eine Umkehr schulden.
- Wir begründen unser Schuldbekenntnis seelsorgerisch. Seit Jahren erwarten viele Menschen, die im Tierschutz aktiv sind, von uns Pfarrern, daß wir uns für die Rechte der Tiere einsetzen. Enttäuscht haben sich viele von ihnen von der Kirche abgewandt, weil in Theologie, Diakonie und Gemeinde weder in Wort noch in Tat ein deutliches Zeugnis für die Tiere abgegeben wurde. Das Vertrauen dieser Menschen wiederzugewinnen, die Zeit, Geld, Kraft und zum Teil ihre Gesundheit für die Versöhnung mit den Tieren einsetzen, ist eine seelsorgerliche Herausforderung für uns.
- Wir begründen unser Schuldbekenntnis ökumenisch. Besonders am Beispiel der »Tiersegnungen« ist uns aufgefallen, wie schwer sich die evangelische Kirche mit den Tieren tut. Die katholische Kirche hat da weniger Scheu, und wir möchten gerne von ihr an diesem Punkt lernen. Wenn »oikumenos« den gesamten »bewohnten Erdkreis« bezeichnet, dann ist darüber hinaus auch der Zusammenhang alles Lebendigen gemeint. Katholiken und Protestanten haben hier eine gemeinsame Verantwortung, und deswegen schicken wir dieses Schreiben auch an die katholischen Amtskollegen mit der Bitte, die Sorge für die Tiere zu einem ökumenischen Anliegen zu machen.
- Das Glauberger Schuldbekenntnis ist politisch begründet. In

unseren Augen verfügt Kirche nicht über reale gesellschaftliche Macht, die sie gegen naturfeindliche Wirtschaftsverbände oder tierquälerische Produktionszweige einsetzen könnte. Wir erfahren aber immer wieder, daß Kirche eine moralische Autorität hat, deren Zeugnis in Wort und Tat in die Gesellschaft hinein wirkt. Wenn wir als Theologen und Pfarrer uns nun zu einem politisch brisanten Thema in Form eines Schuldbekenntnisses äußern, dann hat das Signalwirkung: Wir setzen ein Zeichen dafür, daß es bei jeder Veränderung zuallererst nicht aufs Machen ankommt, sondern auf das Eingeständnis der Schuld. Das gilt im Umgang mit den Tieren genauso wie für jede andere politische Veränderung. »Ohne Schuldbekenntnis ist Versöhnung nicht möglich« – das ist für uns ein politischer Glaubenssatz.

Sonntag, 16. Juni 1991

Francescolina ist von den Pferden erschlagen worden. Gestern abend.

Mit einer Reittherapeutin hatte ich die Pferde trainiert, ließ sie anschließend im Garten weiden und fütterte im Stall die Hunde. Ein kleines Versehen, die Stalltür war nicht richtig geschlossen – Francescolina lief mit ihrem Fleischbrocken in den Garten, eine Minute später fürchterliches Geschrei, sie liegt in Demutsgebärde auf dem Rücken, aber die beiden Stuten bearbeiten sie mit den Vorderhufen, springen regelrecht auf sie drauf, immer wieder. Der Kopf war zertrümmert, das Blut schoß aus ihrem Maul, schaumiges Blut, offensichtlich waren alle inneren Organe verletzt. Ich streichelte sie und hoffte, sie würde gleich sterben – aber das Herz war anscheinend so stark, daß sie sich weiter quälte; ohne Bewußtsein lag sie mit gebrochenen Augen in einer Blutlache im Gras.

Der Tierarzt kam endlich um 10 Uhr, ich war die ganze Zeit bei ihr geblieben. Fünfmal mußte er mit der Nadel zustechen, bis er eine blutgefüllte Ader fand, so matt war der Kreislauf. Dann die Erlösung.

Warum so ein Ende dieses so armseligen kleinen Tierlebens? Nachmittags hatte sie noch so zutraulich neben mir auf dem Badesteg gelegen, sich dann wieder so maßlos auf ihr Fressen gefreut. Warum nur, warum?

Ich bin schuld. Überanstrengt und deprimiert über meine Situation, war ich wahrscheinlich auf einem niedrigen Energieniveau, sonst hätte ich die Tür richtig geschlossen.

Die ersten Stunden wie gelähmt, konnte nicht mal weinen.

Vielleicht mußte ich dies erleben, damit ich es bin, die an Francescolinas Tod »schuld« ist, nicht Frida, nicht Dora und Heinz – nein, ich. Wenn es ihnen passiert wäre, hätte ich ihnen vielleicht Vorwürfe gemacht – mußte der kleine Kerl sterben, damit ich mich weiterentwickle??????

Heute morgen habe ich unter dem Holunderbusch, unter dem schon Schäferhund Rüpel, Airdale-Terrierin Amina, Ziege Olympia, Kater Fettucini und Kätzchen Oliba ruhen, versucht ein Grab zu graben, kam aber nicht tief genug, weil ich überall auf Steine und Lehm stieß, und werde nun doch Fridas Rat folgen und Francescolinas Körper abholen lassen. Seit Rüpel vor über zehn Jahren gestorben ist, habe ich eine andere Einstellung zum Tod gewonnen.

Ich wollte ihn nicht gehen lassen, lag nächtelang schluchzend auf seinem Grab. Das kann nur verstehen, wer selbst einen Hund geliebt hat.

Für Francescolina war der Tod sicher eine Erlösung, ihre verkrüppelten Beine, ihr kaputter Rücken haben ihr Schmerzen bereitet; ich hatte den Eindruck, daß sie auch nicht mehr richtig sehen konnte, vor kurzem fiel sie in den Teich, als sie sich auf dem Badesteg umdrehen wollte. Nur – ich hätte ihr ein anderes Ende gewünscht...

Ich weiß nicht, wie ich dieses Dasein noch zwanzig Jahre aushalten soll, nach Auskunft der Astrologin werde ich mindestens 80. Aber diese Vorhersage stimmt vermutlich ebensowenig wie alle anderen.

Ein Gewitter bahnt sich an; am Teich blühen die Schwertlilien, gelbe und blaue. Ein Urlaub wäre schön, ein Urlaub zu Hause. Einfach mal in der Sonne liegen, tagelang nichts tun müssen ...

Aber die Fotos für das Menübuch müssen gemacht werden, ich muß die Korrektur meines Manuskriptes lesen, einen Rundbrief an die Vereinsmitglieder schreiben, ihnen mitteilen, daß es nun doch nichts wird mit dem Bau (jemand soll bereits geäußert haben: »Barbara Rüttung? Alles Schaumschlägerei ...«).

Ich habe eine Unmenge Post zu beantworten, müßte ein Drehbuch für einen Fernsehfilm lesen, der mir viel Geld bringen würde, das ich dringend brauche – ich kann den Film aber gar nicht machen, weil ich nicht monatelang, vor allem in dieser Situation, vom Seminarzentrum weg sein kann. Meine Sekretärin hat Urlaub, ich *muß* um halb neun im Büro sein, und, und, und ...

Francescolina liegt in ihrem kleinen improvisierten Grab unter dem Holunderbusch, zugedeckt mit Grasbüscheln, darüber Bretter, damit die Füchse sie nicht ausgraben können.

Morgen früh muß ich als erstes die Tierverwertungsstelle anrufen.

»Tod, wo ist dein Stachel, Hölle, wo ist dein Sieg?« fällt mir ein; aber was bedeuten diese Worte eigentlich?

Seit Wochen kann ich nicht mehr meditieren.

17. Juni 1991

Kleinere Tierkadaver werden von der Tierverwertungsstelle nicht abgeholt, erfahre ich bei der zugehörigen Stelle, diese müßten beim Fleischhauer abgeliefert werden, dort stünden im Hinterhof zu diesem Zweck Container.

Beim Fleischer, ausgerechnet.

Ich grabe Francescolinas steifen Körper – woher kommt eigentlich die Leichenstarre, warum und wann hört sie wieder auf? – aus dem improvisierten Grab. Blut tropft immer noch aus allen Körperöffnungen.

Frida ist fabelhaft. Sie hat zwei Plastiksäcke besorgt, in die wir Francescolina einwickeln. Schnur drum, wie ein Paket.

Beim Fleischer gibt man mir den Schlüssel zum Kühlraum. Darin mehrere Container. Frida meint, mit dem Kopf nach unten hineinstecken, falls der steife Körper nicht ganz hineingeht, könnten die Beine herausragen; aber so kopfüber in die Tonne – es ist zu furchtbar. Wir schaffen es, sie mit den Beinen zuerst hineinzubringen, Kopf oben.

Ich muß an Becketts *Endspiel* denken, an die beiden Alten, die, jeder in einer Mülltonne steckend, über das Leben und über den Tod sinnieren. Das Stück war damals eine Sensation, hat auch auf mich einen unauslöschlichen Eindruck gemacht.

Irgendwann stecken wir alle in der Mülltonne. Wenn wir Glück haben, mit dem Kopf nach oben...

18. Juni 1991

Wie sehr ich sie vermisse.

Bei jedem Aus-dem-Bett-Steigen das vorsichtige Abtasten mit den Füßen, um sie nicht zu treten – sie ist nicht mehr da. Nicht mehr das schreckliche Geräusch ihrer über den Boden scharrenden Krallen, die einen zu lang, die anderen zu kurz an den verkrüppelten Füßen. Nie wieder dieses verrückte Im-Kreis-Herumrasen, wenn ich nach Hause komme. Daß sie beim Fressen sterben mußte, einen Fetzen Fleisch in der Schnauze; und im Container im Hinterhof gerade des Fleischers landete, von dem ich ihr immer das geliebte Fressen holte.

Bekannte mutmaßen, ihr Tod sei als Befreiung für mich gedacht. Aber kann man sich Engel vorstellen, die ein argloses Tier mittels vier gewaltsamer Pferdehufe holen? Hätte diese Befreiung nicht anders vor sich gehen können?

Einer meint sogar, ich würde ein Tier nach dem anderen verlieren, wenn ich nicht endlich lernen würde, loszulassen.

Natürlich werde ich ein Tier nach dem anderen verlieren; Tiere, und vor allem Hunde, leben nicht lange, darum höre ich häufig den Ausspruch nach dem Verlust so eines Lebensgefährten, denn das sind sie, Lebensgefährten, die durch dick und dünn mit dir gehen: Nie wieder einen Hund, nie wieder, so etwas will ich nicht noch einmal durchmachen müssen.

Ich soll lernen, loszulassen. Aber ich habe doch schon so vieles losgelassen! Ich habe den Wunsch loslassen müssen, eine eigene Familie zu haben; ich lasse auch meinen Traum von einer Öko-Siedlung los, wenn es sein muß – aber darf ich nicht einmal mehr meine Tiere lieben?

Wie kann ich leidenschaftsloser Betrachter bleiben, wenn mir ein geliebtes Wesen durch den Tod, und noch dazu auf so eine furchtbare Art, entrissen wird?

19. Juni 1991

Die Küken dürfen heute zum ersten Mal im Garten frei laufen, ein schwarzes und vier braune golfballgroße, aufgeregt piepsende, durcheinanderwuselnde Energiebündel, beaufsichtigt von den drei stolzen Glucken, zwei braunen und einer kleinen schwarzen. Sie sind grandiose Mütter. Einmal kam die neugierige Lilly den Kleinen zu nahe, da rasten die Mütter wie Furien auf sie los, gefolgt vom kleinen Vater Gockel. Lilly ergriff mit eingezogenem Schwanz die Flucht.

Ein Anruf, ob ich an einem Weltfriedenslauf teilnehmen würde. Natürlich hab ich ja gesagt.

Dieser »Peace-run« hat inzwischen Tradition. Eine Fackel des Friedens wird um die ganze Welt getragen.

Durch die Öffnung des Ostens wird zum ersten Mal eine Laufroute auch durch die UdSSR und Länder des ehemaligen Ostblocks führen. 500.000 Menschen aus ganz Europa und teilweise auch aus anderen Kontinenten werden für den Frieden laufen.

Ich wurde gebeten, mich in Freilassing einzufinden, dort eine der Fackeln zu übernehmen und mit der Fackel über die Grenze nach Österreich zu laufen, später bei der Abschlußfeier in Salzburg am alten Markt ein paar Worte zum Weltfrieden zu sprechen.

Erst in Freilassing wurde mir klar, daß es hier nicht um einen Spaziergang, sondern um Laufen ging. Ich also die Fackel geschnappt und losgerannt – ich konnte gar nicht mehr aufhören, obwohl völlig untrainiert, rannte ich dann vor lauter Begeisterung mit den anderen weiter durch ganz Salzburg zum alten Markt.

Ansprache des Vizebürgermeisters, Schüler, die Flaggen aller teilnehmenden Staaten schwenkend, singen Friedenslieder, tragen Friedensgedichte vor; Luftballons mit Friedensbotschaften für alle Länder dieser Erde werden fliegen gelassen und eine Schar Friedenstauben. Vor ein paar Tagen hörte ich, daß Tauben besonders zänkische Vögel seien. Die friedfertige Taube, die friedfertige Frau – alles Gerüchte.

Na ja, man hat immerhin ein angenehmes Gefühl, nach so einem Peace-run.

20. Juni 1991

Ein arabischer Professor schreibt, daß er sich über mein erstes Kochbuch geärgert hat.

Die darin vorgestellten arabischen Rezepte hätten überhaupt nichts mit der arabischen Küche zu tun, und die Anekdote, daß ich »die legendären kleinen Haschischkuchen und das Dessert, das mit einem Tropfen Blut aus dem linken Zeigefinger der Hausfrau gewürzt wird«, nicht probierte, trüge dazu bei, die Araber »durch unwahre Geschichten immer wieder als geistig zurückgebliebenes Volk abzustempeln«.

Ich bin ganz bestürzt; ich fand diese kleine Geschichte amüsant, eine Anekdote eben, nichts lag mir ferner, als die Araber in irgendeiner Form zu beleidigen.

Wie leicht man doch, ohne es zu wollen, Menschen verletzt! Ich habe dem Professor einen Brief geschrieben und mich entschuldigt. Seine Einladung, ihn in Jordanien zu besuchen, dort arabische Menschen und echt arabische Rezepte ohne Haschisch und Blut kennenzulernen, hat er daraufhin leider nicht wiederholt.

24. Juni 1991

Das Seminar »Verlorenes betrauern – neues Leben finden« scheint mir genau das Richtige zur Bewältigung all meiner Traurigkeiten.

Untertitel des Workshops: »Unser Leben, ein ständiges Abschiednehmen – Trauerfähigkeit als notwendige Psychohygiene«. Leiter: Professor Doktor Jorgos Canacakis, Begründer der »Europäischen Trauerseminare«.

Die meisten Teilnehmer hatten einen nahen Menschen durch den Tod verloren, so ein junges Mädchen seinen Freund durch einen Autounfall. Alle kamen zu diesem Seminar, um einen erlittenen Schock zu verarbeiten. Wir erhielten die Aufgabe, Trauer auszudrücken, Trauer, die üblicherweise verdrängt wird, und zwar bis zum Exzeß.

Als die Reihe an mich kam, wählte ich, ohne zu überlegen, den Marsch der Kurden – ich *wurde* eine der Kurdinnen, vielleicht war ich die Großmutter, die ihr totes Enkelkind betrauerte, ich war aber auch Francescolina, von den Hufen der Pferde zermalmt. Die übrigen Teilnehmer sitzen im Kreis, summen oder machen leise Geräusche mit ihren Musikinstrumenten, und derjenige, der dran ist, gestaltet innerhalb des Kreises seine Trauer.

Ich geriet derartig außer mir, habe so gebrüllt, um Hilfe gebrüllt angesichts der so absolut hoffnungslosen Hilflosigkeit der kurdischen Flüchtlinge, daß eine Teilnehmerin es nicht mehr aushielt.

Sie schrie: »Aufhören, aufhören, ihr seid ja Sadisten«, riß

mich in die Arme – und das war nun das Falscheste, was sie tun konnte, wie ein »coitus interruptus«, wie eine andere sehr treffend bemerkte.

Wenn es stimmt, daß wir alle Zellen des lebendigen Organismus Mutter Erde sind, dann ist meine Art, zu fühlen, eigentlich die normale. Dann *bin* ich auch die kurdische Großmutter, dann fühle ich auch körperlich und seelisch ihren Schmerz.

Jorgos ist ein wunderbarer Psychologe, der genau weiß, wann er eigreifen muß. Er erzählte uns, daß sein Sohn blind, gelähmt und geistig behindert sei, Folge einer Fruchtwasserentnahme während der Schwangerschaft der Mutter.

Ein Zwischenfall gibt mir sehr zu denken. Ein Teilnehmer fiel plötzlich mit einem epileptischen Anfall zu Boden. Wir waren alle so erschrocken, daß wir hilflos um ihn herumstanden, auch in dem Moment, als er wieder zu sich kam, was auf ihn sehr bedrohlich gewirkt haben muß, die vielen Gesichter hoch über ihm, die ihn anstarrten. Wie gedankenlos von uns.

Auf dem Rückweg nach Salzburg hatte das ORF-Team einen Autounfall. Eine junge Mitarbeiterin, die auf dem Rücksitz Literatur zum Thema »Schmerz, Stachel des Lebens« gelesen hatte, war sofort tot.

25. Juni 1991

Es hat sich ein Mensch eingestellt, dessen Bedeutung ich noch nicht einschätzen kann.

Entweder ist er ein Engel – oder er ist ein Scharlatan.

Gibt es Engel, die in Gestalt eines mächtigen Mannes in Salzburger Tracht mit Hosenträgern, begleitet von zierlicher Ehefrau und vier niedlichen kleinen Kindern, alle ebenfalls im Trachtenlook, einherkommt? Ein Scharlatan tritt auf diese Weise aber wohl auch kaum auf. Der Herr Broda sei steinreich, wird in der Küche gemunkelt, Schriftsteller und Philosoph, an einem Zimmer für seine ebenfalls schreibende Gattin, eine Architektin, interessiert. Und so ein guter Gast! Klar, bringt viel Geld ins Restaurant, kommt beinahe täglich. Er verwickelt alle Leute in Gespräche, hört stundenlang zu, scheint endlos Zeit zu haben. Wer hat das schon, heutzutage, Zeit?

Mit etwas Sorge bemerke ich, wie jeder ihm die intimsten Geheimnisse anvertraut. Er flößt tatsächlich ein enormes Vertrauen ein. Dann wieder scheint es mir, als untergrabe er mit dieser Ausfragerei unsere eh schon recht brüchige Gesellschaft.

Seine Privatsekretärin ersucht um ein Gespräch von mindestens zwei Stunden Dauer, er brauche zwei bis drei Zimmer, weil er eine Privatschule gründen wolle.

»Ein Gespräch von zwei Stunden, bei meinem Arbeitspensum – ausgeschlossen!« antworte ich.

»Oh, Ludwig der Vierzehnte! Ein unsympathischer Kerl!« lautet der Kommentar einer Besucherin (wieder mal einer Astrologin), als der Balzac-Typ in die Bibliothek stampft. Die Privatsekretärin schreibt jedes seiner Worte mit, was mir absurd und angeberisch vorkommt.

Das Gespräch nimmt eine seltsame Wendung. Mindestens zwei Seelen der geistigen Welt weinten um mich, sagt er, weil ich mich von den Menschen so ausnutzen ließe, und, nach einigem Drängen, gibt er preis, welche Seelen: die meines Vaters und die der Mutter meiner Mutter, meiner Lieblingsgroßmutter.

Ich würde zu einer Karikatur meiner selbst werden, vernehme ich weiter, wenn ich mich ständig mit so unwürdigen Menschen abgebe – und dann gibt er Einzelheiten aus meinem Leben kund, die ich selbst schon längst vergessen habe.

Sehr eindrucksvoll.

Christel Langer kommt hinzu und wird sofort als meine getreueste Freundin apostrophiert. Die Astrologie-Frau – (oh, Ludwig der Vierzehnte, was für ein unsympathischer Kerl!) – schmilzt ebenfalls dahin, als ihr erklärt wird, sie habe die Aufgabe, meine Wächterin zu sein, mich vor den Menschen zu schützen.

Zwischendurch denke ich: Der spinnt total! Er malt ein Bild

von mir, das schon fast dem einer Heiligen entspricht, die anderen beginnen bereits, mich ehrfürchtig anzustarren. Kokolores! Plötzlich bin ich totale Ablehnung. Er stellt sich als Philosoph »zu Salzburg« vor. Tut das ein wahrer Philosoph? Gibt sich ein Philosoph derartig bombastisch? Seine Schrift ähnelt Hieroglyphen. Alles irgendwie verrückt. Könnte aber auch genial sein.

Am Sonntagnachmittag sitze ich zu Hause auf dem Steg meiner Badehütte und denke über meine Situation und die des Seminarzentrums nach. Wer erscheint unangemeldet? Er. Nichts hasse ich so sehr wie unangemeldete Besuche. »Ich möchte Ihnen helfen«, sagt er, steht da in seiner ganzen Masse und sagt sanft: »Ich möchte Ihnen helfen.«

Wieder wurde es ein stundenlanges Gespräch. Schwerpunkt die Situation mit den Darlehensgebern. Er macht sofort den Vorschlag, daß man den Darlehensgebern ihr Geld zurückbezahlt, weiß auch bereits, daß wir einen Teil dieses Geldes an den Architekten bezahlt haben, in dem felsenfesten Glauben, daß der Baubeginn nur eine Frage der Zeit sei.

Plötzlich wieder aufkeimendes Mißtrauen, eine mir völlig ungewohnte Regung. Ich sage ihm das, ganz direkt. »Sind Sie ein Scharlatan?« – Darauf er: »Wenn Sie meinen, ich bin ein Scharlatan, dann bin ich einer!«

Eine entwaffnende Antwort. Wenn wir beide, er und ich, Terroristen wären, äußert er dann, und das kommt nun gänzlich unerwartet, dann würden wir alles in Schutt und Asche legen.

Ich schließe daraus, daß umgekehrt wir beide mit unserer gebündelten Energie Großes zustande bringen könnten. Ja, so habe er es gemeint.

Er verabreicht seelische Kneipp-Bäder; charakterisiert sein Gegenüber zunächst total negativ, aber auf eine Art, die nicht verletzt, sondern eher zum Nachdenken anregt – tatsächlich, so mies bin ich ja wirklich (auch); im nächsten Augenblick folgt die warme Gefühlsdusche, baut er das kleingemachte Opfer zu übersteigerter Größe auf, so daß haften bleibt: Tatsächlich, so toll bin ich ja wirklich (auch)!

Eine raffinierte Art, mit Menschen umzugehen. Raffiniert auch, wie er sein unangenehmes Erscheinungsbild selbstkritisch hinterfragt. »Ich leide unter meinem Äußeren. Meine Frau sagt immer, dieser Körper paßt gar nicht zu deiner schönen Seele!«

Ein Mann, der eine so entzückende Frau hat, kann kein mieser Typ sein.

Vorsichtig frage ich dennoch, wieso er soviel Zeit hat.

Sein Verlag in Salzburg (– Kommen Sie mich besuchen, wenn Sie Zweifel haben!) gehe sehr gut, und seine Einnahmen als freier Schriftsteller seien ebenfalls beträchtlich, er schreibe aber unter einem Pseudonym. Unter welchem? Geheimnisvolles Lächeln.

Sein Leben lang habe er, Philosoph und Nachfahre einer alten deutschen Denkerfamilie, von einem Projekt wie dem meinen geträumt. Es würde das höchste Glück für ihn bedeuten, daran mitarbeiten zu dürfen – seine Frau sei auch ganz hingerissen von dieser Idee.

Alle möglichen Leute vermuten natürlich alle möglichen hinterhältigen Absichten bei dem Mann.

Du meine Güte, was soll schon passieren! Da kommt einer, dem die Idee gefällt, einer, der – endlich einmal – auch zu intensiver Mitarbeit bereit ist – was soll schon passieren!

Ich will nicht so mißtrauisch werden, wie außer mir offenbar alle Menschen sind; Menschen, die sich ständig bemüßigt fühlen, mir gute Ratschläge zu geben wie: »Sei nicht immer so emotionell! Umarme doch die Leute nicht so spontan! Zeige keine Tränen vor den anderen! Sei nicht so gutgläubig!« etc. etc.

Auf dieses Niveau von Mißtrauen, auf dem anscheinend die übrige Menschheit ständig dahinlebt, werde ich mich nicht begeben. Ich werde immer wieder in jedem Menschen das Gute suchen – und auch finden.

DAS SEMINARZENTRUM
FEIERT SEINEN 2. GEBURTSTAG

- Köstliches aus der Vollwertküche
- Kasperltheater – Samstag und Sonntag um 15.00 Uhr
- Töpfern leicht gemacht – praktische Arbeit und Verkauf
- Kräuterwanderung – Samstag und Sonntag um 11.00 Uhr bei schönem Wetter, sonst Vortrag über die heilsame Wirkung von Feld-, Wald- und Wiesenkräutern
- Reigentänze aus aller Welt – Samstag 17.00 Uhr
- Lernen Sie Puppen selbst herstellen
- Entfalten Sie Ihre Kreativität auf Stoff! Malen Sie sich ein Sommerkissen oder bemalen Sie Ihren Regenschirm
- Naturkosmetik und Beratung
  Lassen Sie sich schminken nach Ihrem Typ (Farbenberatung möglich nach Absprache)
- Astrologische Kurzanalyse – Sonntag ab 10.00 Uhr
- Video-Film u. Gesprächsrunde zum Thema »Besser leben mit Vollwertkost«
- Die Paracelsus Buchhandlung, Salzburg, stellt Bücher aus zu allen Themen ganzheitlicher Lebensweise
- Das Salzburger Gesundheitshaus stellt aus: »Das gesunde Bett« – Samstag 15.00 Uhr

Ich weiß gar nicht, ob meine Triebfeder Liebe ist; eher wohl ein unendliches Mitgefühl und das Bedürfnis, beizustehen und zu helfen, das Leben ein bißchen erträglicher zu machen.

Am Wochenende 6. und 7. Juli feierten wir, etwas verspätet, den zweiten Geburtstag des Seminarzentrums. Leider war das Wetter zu schön, so schön, daß die Familien zum Schwimmen an die Seen fuhren und unser Programm gar nicht so viele Besucher anlockte, wie es verdient hätte.

Gleich zwei bei dem Fest anwesende Astrologinnen errechneten Brodas Horoskop und urteilten unabhängig voneinander, etwas so Großartiges hätten sie noch nicht zu Gesicht bekommen. Bei diesem Wesen müsse es sich tatsächlich um einen Engel handeln! Dazu könne man mir nur gratulieren...

8. Juli 1991

»Es ist phantastisch, wie der Mensch, durch immer neue Schicksalsschläge gedemütigt, sich immer mehr bescheidet und auf den Tod vorbereitet.

Irgendwann ist er schon glücklich, wenn ihm nachts nicht der Regen auf den Kopf tropft und ihm ein Eiszapfen an der Nase wächst.«

Der dieses von sich gab, war der russische Dichter Gogol. Und nun lese ich einen Bericht von Vladimir Nabokov, in dem das Ende Gogols beschrieben wird und eben jene riesige Nase, eines seiner markantesten Merkmale, eine makabre Rolle spielt. Nabokov spricht von Gogols »Nasenbewußtsein«, das schließlich sogar eine Geschichte, betitelt »Die Nase«, hervorbrachte.

Gogol starb 1852, dreiundvierzig Jahre alt, total abgemagert nach einem Hungerstreik, mit dem seine krankhafte Melancholie versucht hatte, den Teufel zu bannen.

Seine Ärzte setzten ihn in ein warmes Bad, übergossen seinen Kopf mit kaltem Wasser, »worauf er mit einem halben Dutzend feister Blutegel, die man an seiner Nase angesetzt hatte, zu Bett gebracht wurde; er schlotterte, als er nackt im Bett lag, und flehte unablässig, die Blutegel zu entfernen; sie baumelten ihm von der Nase in den Mund. »Nehmt sie weg, weg mit ihnen«, flehte er und versuchte, sie wegzuwischen, so daß der stramme Assistent des robusten Arztes ihm die Hände festhalten mußte.«

Dem Grauen dieser Welt kann man wohl nur mit der Komödie beikommen.

10. Juli 1991

Meister Broda hat gemeinsam mit seiner Sekretärin die Einnahmen und Ausgaben des Vereins in den beiden vergangenen Jahren durchgerechnet und bestätigt, was ich von Anfang an betont habe: Wenn wir die Scheune nicht bekommen, hat es keinen Sinn, das Seminarhaus weiter zu führen, mit den wenigen Zimmern. Ich laufe mir die Hacken ab, um die übrigen Gäste bei Bauern und in Pensionen unterzubringen, und muß mir ständig die Beschwerden anhören: Die Zimmer sind nicht geheizt, vollgestellt mit Eingemachtem und Marmeladengläsern, im Schrank hängen die Klamotten der Oma – eine Unmenge Arbeit, Telefonkosten etc., und kein Verdienst für den Verein.

Broda erklärt, sein Freundeskreis von insgesamt etwa 200 Personen, die meisten gut betucht, sei daran interessiert, daß er, Broda, eine Privatschule aufmache, etwa im Montessorischen Sinn; außerdem könne er den ganzen oberen Stock mieten, weil er beabsichtige, eine neue Zeitschrift herauszugeben, *Die Zeitenwende*; er sei auch bereit, unsere Sekretärin Rosy zu übernehmen – das Gehalt wird ein Jahr im voraus bezahlt –, außerdem möchte er ein Budget von 800.000 Schilling zur Verfügung stellen, damit der Verein andere Initiativen starten könne – er habe ja von meiner Idee des Tauschladens nach Farbtypen gehört (warmes gütiges Lächeln) – und von Seminaren unabhängig würde. Und seinen diplomatischen Fähigkeiten, ließ er durchblicken, würde es überdies gelingen, den Vertrag nun endlich unter Dach und Fach zu bringen.

Broda hat Jura studiert und kennt sich gut in Gesetzen aus, allerdings auch in allen möglichen Tricks, wie man diese Gesetze umgehen kann. Einmal gesteht er: »Ich habe schon soviel Mist in meinem Leben gebaut, das können Sie sich gar nicht vorstellen. Ich bin oft in meine Hütte in den Bergen gegangen und habe nächtelang nur über mich geweint...«

Soviel Freimütigkeit beeindruckt und rührt natürlich, jedenfalls mich, dazu wieder das vertrauliche Geständnis, wie sehr er unter seinem Äußeren leide, dem aufgeschwemmten Körper, dem gedunsenen Gesicht, den Wurstfingern – wie das alles mit seiner Seele kontrastiere. Bis Oktober will er das alles weghaben, mindestens 20 Kilo.

Da bin ich aber gespannt!

11. Juli 1991

Ich sage mir, höre endlich auf, Menschen nach ihrem Äußeren zu beurteilen, höre überhaupt auf, andere zu beurteilen. Laß dem Mann seine Chance, auch wenn ich meine, daß man ab vierzig für sein Gesicht verantwortlich ist. Nun gut, er ist Mitte vierzig, und mancher Saulus braucht vielleicht etwas länger, um sich zum Paulus zu mausern.

Seine Frau, zart, dunkelhaarig, ebenfalls immer in Salzburger Tracht, genauso wie die süßen Orgelpfeifenkinder in ihren Miniaturlederhosen, betont, daß sie sich in nichts einmische, was ihr Mann tut, sie vertraue ihm durchaus, jaja, er sei schon ein sehr ungewöhnlicher Mensch.

Merkwürdigerweise sagt mir eine innere Stimme, daß ich mich mit diesem Mann nie duzen, ihn nie zum Vertrauten machen darf: Für mich offenen und gutgläubigen Menschen sehr seltsam. Ideen hat er jedenfalls eine Menge. Außer seiner Schriftenreihe *Die Zeitenwende* und dem Projekt »Vorschule« möchte er regelmäßige Friedensgespräche durchführen, jeden Sonntag müsse eine Matinee stattfinden, es ist angeblich gar kein Problem, den Dichter Süßkind, einen guten Freund, zu einer Lesung ins Seminarhaus zu holen, das Buch *Das Parfüm* habe er mitgestaltet. Ist er gar Süßkind selbst? Ich frage ihn direkt: »Sind Sie Süßkind?« Die Antwort ein sphynxhaftes Lächeln.

Was er allerdings in seinem Salzburger Verlag druckt – es gibt ihn, wir haben im Telefonbuch nachgeschaut –, verrät er nicht. Auch über seine schriftstellerischen Tätigkeiten, die ihm soviel Geld einbringen, daß er von seinem Autotelefon ständig nach Übersee und sonstwohin telefonieren muß, hüllt er sich in geheimnisvolles Schweigen.

Im Restaurant sind alle von der entzückenden, so gediegenen, kultivierten Familie begeistert; schon weil der Herr Broda soviel Geld daläßt und so großzügige Trinkgelder gibt; manchmal nimmt er 20 Desserts mit nach Hause – für eine Gesellschaft; und seiner Privatsekretärin werden weiße Rosen auf den Schreibtisch geliefert.

Als erste Spende seines großen Freundeskreises – »Das ist nur der Anfang, vieles wird folgen« – übergibt er 5.000 Schilling – für den Ankauf eines dringend benötigten Rasenmähers.

Gegen all das läßt sich eigentlich nichts einwenden, gell?

12. Juli 1991

Sollte es zutreffen, daß der Mensch ab vierzig für sein Aussehen verantwortlich ist – ich weiß genau, wie ich sein möchte, wenn ich sehr lange gelebt haben werde: mager, geschmeidig, kolossal heiter und zärtlich.

15. Juli 1991

Die Wunde an Candys Fuß ist inzwischen geheilt.

Fünf Wochen lang haben Frida und ich jeden Tag den Blechdeckel vom Huf geschraubt, die Wunde gereinigt und den Deckel wieder draufgeschraubt.

Die Spaziergänger, die bei Sonnenschein vorbeischlendern und mich um das Landleben beneiden – »Oh, das ist ja das reinste Paradies!« –, haben keine Ahnung von den Strapazen, die dieses Landleben, dieses Paradies, mit sich bringt.

Candy humpelt noch, aber auch das wird vorübergehen.

Die Küken können schon fliegen!

Nachts sitzen sie alle im Holunderbusch, in der Mitte die

schwarze Glucke, die sie mit ausgebreiteten Flügeln zudeckt. Ab und zu schaut ein Kükenköpfchen zwischen den Federn hervor. Eine Idylle wie im Märchenbuch.

Ein Glücksgefühl in meinem Herzen, das fast schmerzt.

2. August 1991

Einen Vortrag von Eugen Drewermann gehört »Kirche heute, 450 Jahre verweigerte Reform«.

Besonders aktuell das Thema, da Leonardo Boff nun doch aus dem Franziskanerorden ausgetreten ist – »Ich trete aus, um die Freiheit zu wahren«.

Drewermann mußte häufig mit den Tränen kämpfen, und genauso ging es uns im Auditorium, Frauen wie Männern.

Drewermann ist übrigens – fast hätte ich gesagt: selbstverständlich – Vegetarier, einer der wenigen Theologen, die auf das Gebot des Vegetarismus für Christen hinweisen und entsprechende Bibelsprüche zitieren wie: »Du sollst nicht töten« – »Selig, die keine Gewalt anwenden, denn sie werden das Land erben « – »Wer einen Ochsen schlachtet, ist eben als der einen Mann erschlüge …«.

Nach Skriver waren die Christen bis zum 3. Jahrhundert Vegetarier, und es wurde (fast hätte ich wieder gesagt: selbstverständlich) an Reinkarnation geglaubt.

Ich hätte Drewermann gern gefragt, ob die Vision des Jesaja noch hier auf diesem Planeten Wirklichkeit werden, oder ob diese Erde weiterhin von Mord und Totschlag gepeinigt sein wird, bis in alle Ewigkeit – ein Übungsplanet sozusagen, Schule vom Erstkläßler bis zum Abiturienten, jeder in der Klasse, die seinem Entwicklungsstadium entspricht – oder ob doch noch, eines Tages, es wahr wird, hier auf Erden, und »der Wolf beim Lamm lagert, der Panther beim Böcklein, Kalb und Löwenjunges weiden gemeinsam, und ein kleiner Knabe kann sie hüten …«

3. August 1991

Sehr witzig und sehr gefragt unser Köndlbeißer-Stammtisch mit dem Thema »Wer paßt zu wem? Partnerschaft aus astrologischer Sicht«. Der Referent forderte die TeilnehmerInnen auf, die Eigenschaften zu nennnen, die der ideale Partner aufweisen sollte; diese Eigenschaften wurden dann auf ihre Zugehörigkeit zu Tierkreiszeichen untersucht.

Dem Skorpion zugeordnet sind zum Beispiel die Eigenschaften Treue, Idealismus, Tierliebe, Leidenschaftlichkeit – der Waage Begeisterungsfähigkeit, Schönheitssinn, Romantik, Charme – der Jungfrau Ehrlichkeit, Sparsamkeit, Ordnungsliebe etc. Ein unglaublich lustiger Abend. Allerdings weiß ich nicht, wie viele der Paare sich im nachhinein gestritten haben oder sich scheiden ließen.

Der Referent vertritt, wie offensichtlich immer mehr Menschen, die These der Reinkarnation. Danach sucht sich die Seele das Elternpaar aus, bei dem sie Kind werden und möglichst viele alte karmische Schulden abtragen kann.

Ein Reinfall dagegen der Körndlbeißer-Stammtisch mit dem Thema »Einführung in die Vollreis-Diät«. Die Referentin war unfähig, ihre sicher vorhandenen Kenntnisse zu vermitteln, verwies entweder auf ihre Bücher, in denen alles Wichtige drinstehe, oder auf ein Seminar, das man bei ihr buchen könne. Peinlich, peinlich. Die ZuhörerInnen waren zu Recht empört, ich hatte Mühe, sie zu besänftigen, was schließlich gelang, als ich versprach, allen Unzufriedenen Auszüge der Bücher zu schicken, in denen »alles Wichtige drinstehe«, als Entschädigung für den mißglückten Abend.

Die geplante Vollreis-Diät-Woche fiel dann auf Grund mangelnder Nachfrage, was verständlich ist, ins Wasser.

Insgesamt aber eine wunderbare Stimmung im Seminarhaus. Alles atmet Erfolg!

15. August 1991

Wochenlang nicht geschrieben. Zuviel pralles, schreckliches Leben.

Furchtbare Auseinandersetzungen zwischen Serben und Kroaten. Wer hätte geglaubt, daß es im Herzen Europas jemals wieder Krieg geben könnte!

Massenflucht der Albaner nach Italien, von dort werden sie wieder zurückgeschickt, seit der Flucht der Kurden durch das verschneite Gebirge scheint überall eine wahre Massenfluchthysterie ausgebrochen zu sein, Elend, Elend, wohin man blickt. Soll die Menschheit auf ein erträgliches Maß zurückgestutzt werden?

Lächerlich kommen sie mir zwischendurch vor, unsere, meine kleinen Schritte; und doch auch wieder wohltuend für zumindest einige Menschen. Wunderschön das Seminar über Kristall-Energie-Arbeit mit Licht- und Heilmeditationsübungen.

Irgendwelche Doppendorfer Bürger schauten zum Fenster herein, wurde mir berichtet, sahen die im Kreis auf dem Boden aufgestellten Kristalle und die Kerzen und verbreiteten das Gerücht, wir betrieben Hexerei!

Sehr hilfreich auch das Seminar »Lebenssiegel«. Von jedem Teilnehmer wurden Kirlian-Aufnahmen gemacht, darauf eine ganz individuelle Wirbelsäulentherapie abgestimmt mit Atem- und Körperübungen nach Edgar Cayce.

Nebenbei hatte ich noch meinen Frauenstammtisch »Jetzt red ich!«, mit vorläufig allerdings noch geringer Beteiligung, und für mich besonders strapaziös, weil ich bis in die Nacht hinein als Seelentrösterin für die wenigen Frauen fungieren muß, was ja nicht gerade der Sinn des Stammtisches war.

Wie kaputt die Zweierbeziehungen alle sind! In zunehmendem Maße bin ich froh, daß ich allein lebe. Was für eine Energie verschwenden die Paare, um einander zu unterdrücken!

18. August 1991

Ein Häuflein schwarzer Federn vor der Stalltür, unter alle Büsche verkrochene, verstörte Küken.

Die schwarze Glucke muß der Habicht geholt haben.

Noch gestern abend hatte ich mich so sehr über diesen Anblick gefreut, die kleine Schar im Holunderbusch, unter den ausgebreiteten Fittichen der Mutter lugen vorwitzig die Kükenköpfchen hervor, so unendlich geborgen, so unendlich geborgen. Statt des Glücksgefühls von gestern nun ein ebenso heftiger scharfer Schmerz.

19. August 1991

Broda hat während einer Reise Frau Mackwitz an ihrem deutschen Wohnort besucht. Er habe das »Gefühl großer gegenseitiger Zuneigung und hält doch noch alles für möglich«, was den Vertrag für den Kauf der Scheune betrifft, wie er mit Mona-Lisa-Lächeln mitteilt.

Bei mir entfacht verständlicherweise jedes Fünkchen Hoffnung einen Flächenbrand, ich klammere mich an jeden Strohhalm. Es kann doch nicht sein, daß wir ausgerechnet jetzt aufgeben sollen! Sie wird erkennen und schätzen, was hier Großartiges aufgebaut werden soll und schon aufgebaut worden ist.

Grete und ich zusammen wären ein so gutes Paar. Und so war das ja auch einmal gedacht, wir beide würden uns so gut ergänzen. Es ist ganz sicher unser Auftrag, diese Öko-Siedlung zustande zu bringen, und es würde für uns beide ein schlimmes Versagen bedeuten, wenn wir diesen Auftrag nicht bewältigen.

Von den Darlehensgebern hat bisher nur Gustav sein Geld zurückbekommen. Das beruhigt mich. Er ist wirklich Leidtragender der ganzen Situation, hat sein Haus in Aachen verkauft, die Heimat verlassen, sitzt in der Fremde einigermaßen sprachlos und allmählich die Hoffnung verlierend, in nächster Zeit in diese Öko-Siedlung mit all den lieben Gleichgesinnten (?) einziehen zu können.

Broda hat ihn beraten, und Gustav hat, wie er mir freudestrahlend versichert, sein Geld günstig angelegt.

Mir fällt damit zumindest *ein* Stein vom Herzen. Denn Gustavs Schicksal hat mich die ganze Zeit über sehr bedrückt.

22. August 1991

Wir hatten ein Seminar ausgeschrieben »Kochend meditieren – meditierend kochen«.

Die Prospekte lagen im Massageinstitut aus.

Während ich massiert wurde, hörte ich, wie ein Mann in der Nebenkabine den Prospekt studierte:

»Ja mei, wos is'n dös für a Schmarrn! Kochend meditieren, meditierend kochen – da verwechsl i jo Zucker und Salz!«

25. August 1991

Gustav und Rosy beten Broda an.

Leider haben dessen Aktivitäten und ein von mir ungeschickt formulierter Rundbrief dazu geführt, daß ausgerechnet die beiden besten Mitarbeiter, Hartmut und Sigrun, ihre Ämter als Vorstandsmitglieder zur Verfügung stellten.

Das tut mir sehr leid.

Hartmut möchte nun ebenfalls sein Darlehen zurück, um selbst ein Stück Land zu kaufen und ein paar Öko-Häuser zu bauen. Wir werden dennoch genügend Geld für den Kauf der Scheune haben, da von neu hinzugekommenen Interessenten Darlehen in ausreichender Höhe zur Verfügung gestellt wurden.

26. August 1991

In einer Wochenzeitung finde ich eine rührende Geschichte die sich in meiner allernächsten Nachbarschaft abgespielt hat:

»Paracelsus und seine letzte große Liebe in Salzburg.«

1541 im Frühsommer ist Paracelsus auf den Wegen gewandelt, auf denen ich mit meinen Hunden spaziere, war er zu Gast auf der Schloßburg Wildeneck, deren Überreste ein paar Hundert Meter entfernt von meinem Haus noch erhalten sind.

Verliebt hat sich der arme Paracelsus in die schöne Witwe Adelinde von Sonneck, deren Gatte Guntram in einer Schlacht bei Tunesien gefallen war (was hatte der bloß in Tunesien zu kämpfen!)

Um die Geschichte kurz zu machen: Eines Morgens kehrt die Edle von Sonneck soeben vom Gebet aus der Burgkapelle zurück in ihre Gemächer, als die Dienerin meldet, ein fremder Mann, ärmlich gekleidet und mehrfach am Körper lädiert, begehre Einlaß. Sie fügte hinzu, daß dieser bereits am späten gestrigen Nachmittag um ein Strohlager für die Nacht gebeten hatte und ihm dieses im Trakt der unteren Dienerschaft schließlich gewährt wurde, da der Fremde vorgab, die gutherzige und mildtätige Gräfin zu kennen.

Kurz darauf tritt der Fremde in Adelindes Gemach ein, zerlumpt, in Fetzen gehüllt, die Füße erfroren, das rechte Auge ausgeschossen, der linke Arm lahm, mit einem Bein hinkend. Nachdem der Fremde vergeblich auf ein Wort Adelindes gewartet hat, sagt er: »Adelinde! Das Kriegsglück hat mich verlassen, der Feind hat mich zugerichtet, daß du mich nicht mehr erkennen kannst...« Er braucht nicht mehr weiter zu reden. Adelinde stößt, ohne sich von der Stelle zu bewegen, hervor: »Guntram! Mein totgeglaubter Gatte!« und sinkt in tiefe Ohnmacht.

Dieser Depp von einem Ehemann war also tatsächlich aus dem Krieg in Tunesien zurückgekehrt, Adelinde und Paracelsus trennten sich daraufhin schweren Herzens, berichtet der

Chronist. Paracelsus hoffte, in der Fremde Vergessen finden zu können, wozu es aber nicht mehr kam. »Nach Tagen der Unentschlosssenheit und des Sinnierens wurde er im September 1541 aus Salzburg ins ewige Jenseits abberufen. Ein jäher Herzschlag bereitete seinem Leben ein Ende – sein Leben ist ihm zerronnen, wie ihm die Straße unter den Füßen zerronnen ist«.

Nach neuesten Meldungen soll Paracelsus ein Zwitter gewesen und an einer Quecksilbervergiftung gestorben sein. Ausgerechnet er, dessen Credo »Dosis facet venenem« wir Ernährungsfreaks heute noch dauernd zitieren!

3. September 1991

Ein von Broda mit soviel Vorschußlorbeeren befrachtetes Gespräch zwischen Frau Mackwitz, ihm und mir brachte null Ergebnis. Kein Ja, kein Nein, wie üblich. Daß ich immer noch Hoffnungen hege, grenzt geradezu an Schizophrenie.

Die Widerwärtigkeiten und Widerstände in diesem klimatisch doch so schönen Sommer sind insgesamt so phantastisch, daß ich immer häufiger das Gefühl habe, Mitwirkende einer Komödie zu sein.

Zuerst einmal erweist sich unser »frisches Quellwasser« als mit Kolibakterien versetzt. Fazit: Es darf nur noch abgekocht verwendet werden. In allen Zimmern, in den Toiletten mußten Aufschriften angebracht werden: *Kein Trinkwasser!*

Und das in einem Zentrum, das sich der Gesundheit verschrieben hat!

Jeden Augenblick streikt die Geschirrspülmaschine, weil Sand im Getriebe ist. Und Sand im Getriebe ist, im wahrsten Sinne des Wortes, im ganzen Haus und allem, was sich darin abspielt.

Nächster Gag: Eine Frau, die dem Verein vor Jahren 10.000 Mark gespendet hat, ruft plötzlich an und behauptet, es habe sich um ein Darlehen gehandelt, sie möchte das Geld zurück.

Das Geld, ihre Spende, ist natürlich längst ausgegeben, für den Kauf von Betten, Möbeln, Geschirr, Backofen etc. Ich sage ihr das – eine Woche später ein Brief ihres Rechtsanwalts. Er droht, mit der Forderung an die Medien zu gehen! Ein Vorstandsmitglied beteiligt sich prozentual an der Rückzahlung des Geldes, ein anderer mit einem Teil, so daß ich privat den Hauptanteil zahle plus 800 Mark für den Anwalt.

Recht geschieht mir!

Broda zeichnet ein so erschreckendes Szenario der Gesamtsituation, daß ich mich mit einem Fuß bereits im Knast sehe. Erstens müßte ich für die 700.000 Schilling, die von den Darlehen an den Architekten gezahlt wurden, aufkommen; denn von dem restlichen Vorstand wäre ja wohl kaum Unterstützung zu erwarten; zweitens habe er – durch seine guten Beziehungen – davon Kenntnis, daß das Finanzamt uns einen Besuch abstatten würde, es hört sich an, als stünden ungeheure Fahndungen und Aufdeckungen bevor. Wonach, um Himmels willen, soll denn das Finanzamt fahnden? Es ist ordentlich Buch geführt worden, als gemeinnütziger Verein haben wir keine Steuern zu zahlen, niemand hat sich bereichert, ganz im Gegenteil, also was soll's?

Manchmal habe ich den Eindruck, er malt so schwarz, um allen Angst einzujagen und sich dann als der große Retter und Held aufzuspielen. Nun aber kommt der Clou, denn drittens ist der Mietvertrag für das Seminarhaus ja im Hinblick auf den Kauf der Scheune bis zum Jahr 2025 verlängert worden. Theoretisch könnte die Eigentümerin auf der Erfüllung des Mietvertrages bestehen, auch wenn der Kaufvertrag für die Scheune nicht zustande kommt. Das würde bedeuten, ich als Vorsitzende müßte in diesem Fall bis zum Jahre 2025 die Miete für das Seminarhaus zahlen, eine Summe, bei deren Nullen mir tatsächlich schwarz vor Augen wird, die Summe ginge in die Millionen. Dazu hätte ich noch für die Instandhaltung des Hauses zu sorgen.

Schöne Aussichten.

Nun kommt die warme Dusche. Er und seine Frau, meint Broda beruhigend, würden es nicht zulassen, daß ich, nachdem ich so unendlich viel Gutes bewirkt habe, noch weiter bluten müsse, er und seine Frau würden da helfend unter die Arme greifen.

Wer Gutes tut, lebt gefährlich, sagte mir einst eine Tierschützerin, die ebenfalls schlechte Erfahrungen mit guten Taten gemacht hatte.

Merkwürdigerweise bin ich außerstande, irgend jemandem Schuldzuweisungen zu geben. Ich kann nicht mehr böse sein. Auch mir selbst nicht. Kommt das durch die Meditation (die mir inzwischen wieder sehr gut gelingt)? Ich glaube es fast.

Den Spruch aus dem Findhorn-Buch zum heutigen 3. September empfinde ich allerdings fast als Ironie: »Gib und gib immerfort. Versuche nie, irgend etwas zu horten. Laß alles frei fließen. Ob es sich um ein Talent, um Liebe, Geld oder Besitz handelt, laß alles fließen, halte es in Bewegung. Wenn du das tust, wirst du sehen, daß es sich um ein Tausendfaches vermehrt«. Bin, trotz allem, erstaunlich entspannt.

Abends finde ich zufällig in einer Zeitung einen Bericht über Franz Kafka als Angestellten einer Unfallversicherung – über den »aussichtslosen Kampf des Individuums gegen anonyme, nicht faßbare Kräfte und sein vorprogrammiertes Scheitern« – wie auf mich zugeschnitten!

Ein Prof. Josef Pointner, Autor eines historischen Werkes über die österreichische Unfallversicherung, hat eingehend das Wirken des Dichters Dr. Franz Kafka als Angestellter der Prager Unfallversicherung recherchiert. Kafka mag diese Stelle angenommen haben, weil ihm der Sechsstundenarbeitstag Zeit für seine dichterischen Arbeiten ließ, der Umgang mit dem vielfältigen Leid der Menschen machte ihm aber sehr zu schaffen und führte dazu, daß er sich immer stärker darüber Gedanken machte, wie dem Unfallgeschehen wirksam zu begegnen sei, wobei ihn besonders die Bürokratie, die verkrustete Hierarchie, die Starrheit der Verordnungen und Reglements, die

Gefühlsarmut zur Verzweiflung bringt, die ein hilfreiches »Einander-in-die-Hände-Arbeiten« ganz einfach nicht aufkommen läßt.

Kafkas aussichtsloser Kampf spiegelt sich in einem Brief an den Freund Max Brod:

»Was ich zu tun habe? In meinen vier Bezirkshauptmannschaften fallen die Leute von den Gerüsten herunter, in die Maschinen hinein, alle Balken kippen um, alle Böschungen lockern sich, alle Leitern rutschen aus, was man hinauf gibt, das stürzt hinunter, was man hinunter gibt, darüber stürzt man selbst. Und man bekommt Kopfschmerzen von diesen jungen Mädchen in der Porzellanfabrik, die unaufhörlich mit Türmen von Geschirr sich auf die Treppe werfen.«

15. September 1991

»Die Lebenslust, die Todespein, sie spielen in meinem Herzen Schach.«

Ein Gedicht von Gottfried Keller, eben, Sonntag morgen, beim Waffelbacken im Radio gehört.

Jetzt sitze ich in der Badehütte am Teich. Ein nebliger Septembermorgen; heißer Tee, Waffeln mit Butter, Honig und Sesam. Auf dem Hügel grasen am Horizont die Pferde, um mich herum liegen friedlich die Hunde.

Das Quellwasser fällt aus der hölzernen Rinne mit gleichmäßigem Rauschen auf die Wasseroberfläche. Ein beruhigendes Geräusch, nach dem ich geradezu süchtig bin, das die letzten Monate meinen Schlaf begleitet hat. Werde ich jemals wieder in einem Zimmer schlafen können? Es scheint ausgeschlossen.

Ich wüßte nicht einen Menschen, den ich jetzt gern an meiner Seite hätte. Es gab ihn nie, den Mann meines Lebens, den Mann, bei dem ich gedacht hätte: Das ist er, der oder keiner. Zu anspruchsvoll? Zu stolz, zu hochmütig, oder was?

Ab und zu eine Handvoll Brotkrumen oder Haferflocken in den Teich gestreut, denn es wartet Nepomuk, die letzte der ehemals elf Forellen, inzwischen zu ansehnlicher Größe herangewachsen und so zutraulich, wie ein Fisch sein kann. Wo sind die anderen zehn geblieben? Hat sie der Reiher geholt?

Wenn ich nachts aufwache und schwarze Gedanken meinen Kopf erobern wollen, steige ich über die kleine Leiter bis zum Bauch ins kühle Naß, dann unabgetrocknet zurück unter meine Schaffelle. Die alte Kneipp-Übung macht den Kopf leer.

Um Mitternacht spiegelt sich der Mond im Teich. Ich kann nachfühlen, wie der chinesische Dichter Li-Tai-Pe trunken das Spiegelbild des Mondes im Wasser umarmen wollte.

Was ist die Wirklichkeit, was ist Täuschung, Maya, Illusion?

Es leuchtet mir immer mehr ein, daß das Leben hier unten auf der Erde tatsächlich die Hölle ist (oder *auch* die Hölle?). In einem Film zeigte die versteckte Kamera eine Nacht in Afrika. Was da im Dunkel für Tiere herumschlichen und lauerten, um irgendein anderes Tier zu suchen, das sie umbringen und fressen konnten, gespenstisch. Auf dieser Erde werden sie wohl nie zusammenliegen und Gras fressen, der Löwe und das Lamm.

Eine Theorie, die ich ganz einleuchtend finde, besagt, daß der Sündenfall, die Vertreibung aus dem Paradies, eigentlich das Herausfallen aus dem Geist in eine grobstoffliche, in eine materielle Form bedeutet.

Wir müssen zurück in den Schoß des reinen Geistes, weg von der Materie. Deshalb verspüren wir auch die Sehnsucht danach, deshalb auch das Unbehagen über die belastende Körperhülle und ihre zumeist unbefriedigenden Funktionen, das letztendliche Unbehagen bei noch so schöner Sexualität, die ja auch nicht wirklich glücklich macht, immer nur vorübergehend, im Gefolge Angst vor Verlust, Eifersucht, Leidenschaft. In der Meditation nähern wir uns dem reinen Geist an. Darin liegt das Beglückende.

17. September 1991

Bei mir zu Hause versagt die neue Kläranlage, das neue Dreikammersystem. Es gab einen Rückstau im Klo.

Aus der letzten der drei Kammern, für viel Geld mit großem Aufwand gebaut, sollte das total geklärte Wasser in den Boden versickern. Tut es aber nicht, weil der Boden, wie überall in der Gegend, Lehmboden ist und Lehmboden, wie jeder vernünftige Mensch – nein, sogar ich! – weiß, kein Wasser durchsickern läßt, was natürlich erst recht der Baumeister hätte wissen müssen.

Nun mußte ich mehrmals die Kammern auspumpen lassen, argwöhnisch die Kloschüssel beäugend, ständig in Sorge, die ganze Brühe könnte zurückexplodieren ins Badezimmer.

Der Erdboden wurde wieder aufgebaggert, Rohre durch den ganzen Garten gelegt bis zum Bach, dort eine vierte Kammer gebaut. Nachdem die Flüssigkeit in der dritten Kammer breits so glasklar ausfiel, daß die Spritzer auf der weißen Hose des nun doch schnell konsterniert herbeieilenden Baumeisters im Nu in der Sonne trockneten, ohne Spuren zu hinterlassen, darf die in dieser vierten Kammer aufgefangene lupenreine Flüssigkeit nun, nochmals durch Kies gefiltert, in den Bach rinnen. Der Baumeister wäscht seine Hände in Unschuld, bezahlen muß ich diese Aktion.

Eine Seminarbesucherin gab sich als Numerologin zu erkennen und meinte, der Stau in der Kläranlage habe womöglich damit zu tun, daß ich die Scheiße, die ich im Leben gebaut habe, nicht ansehen wolle – ich solle doch einmal »hinsehen«, dann würde sich das Problem Kläranlage von selbst lösen.

Tut es aber nicht. Lehmboden bleibt Lehmboden, da hilft keine Kabbala, da hilft nur der Bagger. Hat er ja auch.

18. September 1991

Wieder ein Häufchen schwarzer Federn im Garten – der Habicht hat nach der Mutter auch das zarte Töchterchen geholt.

Nur wenige Tage ist es her, daß die kleine Familie nachts im Holunderbusch schlief, der Anblick hat mir schier das Herz gesprengt vor Glück.

Was ist das bloß für ein Prinzip, dieses ewige Fressen-und-Gefressenwerden?

Immer noch ertappe ich mich dabei, daß ich für fünf Hunde die Abendmahlzeit bereite; ertappe ich mich dabei, daß ich immer noch Francescolinas wahnwitzige Begrüßungssprünge erwarte beim Nachhausekommen, ihre verrückte Bellerei – obwohl die von ihr ins Gras getretenen Wege allmählich zuwachsen. Wenn mit ihrem Tod etwas Behinderndes von mir genommen werden sollte, so muß ich sagen, leichter wurde mein Leben dadurch nicht.

Liebe, liebe Francescolina, verzeih mir, wenn ich dich manchmal vielleicht nicht so geliebt habe, wie du es verdientest.

Ich habe dich so sehr geliebt, wie ich es vermochte.

20. September 1991

Bloß nicht aufgeben, bloß nicht aufgeben, durchhalten, durchhalten, tönt es in Briefen von Vereinsmitgliedern und in Gesprächen mit Interessenten, die Idee ist doch so gut... ein anderes Grundstück suchen, ein anderes Haus, weitermachen, um Himmels willen nicht aufgeben.

Am 18. Oktober beginnt unsere Herbstschnupperwoche, und die werden wir zum Anlaß nehmen, noch einmal alle bisherigen Interessenten zu einem Treffen einzuladen.

Womöglich sollte man zunächst kleinere »Öko-Lichtpunkte« anstreben, anstatt gleich ein so großes Kind zu planen, wie ich es mir erhoffte.

Ich habe im Rundbrief darum gebeten, gute Ideen, gute Laune und gute Nerven mitzubringen.

22. September 1991

Heute abend ging die Sonne, vom Balkon aus gesehen, genau hinter der wunderbar kraftvollen Birke am Horizont oben auf dem Hügel unter. Der Wind peitschte übermütig die Zweige der Birke, durch sie hindurch trafen die Sonnenstrahlen wie Blitze meine Augen, so scharf, so unerbittlich fröhlich, daß mir das Wasser herausschoß.

Wieder ein kleiner Tod.

23. September 1991

Aus Ingolstadt kam eine Krebs-Selbsthilfegruppe, 30 Personen, hauptsächlich Frauen, für einen »Schnuppertag«.

Ich hätte diesen Besuch gern auf den Frühling verschoben, weil ich mich nicht stabil genug fühle, auch noch Krebskranken gegenüberzutreten; aber wird es diesen nächsten Frühling für unser Seminarhaus überhaupt geben? Und die Vorsitzende bat so inständig um einen Termin noch jetzt im Herbst, da einige der Gruppe höchstwahrscheinlich das nächste Jahr nicht mehr erleben würden...

Vor diesem Termin hatte ich Angst. So viele krebskranke Frauen, wohl auch einige Männer darunter – kann ich denen noch mit Körndlkost kommen? Wird meine Kraft ausreichen, ihre Traurigkeit aufzufangen? Aber sie hätten es sich so sehr gewünscht, und zwar folgendes Programm:

11 Uhr Kräuterwanderung und Vortrag
13 Uhr Mittagessen und gemütliches Beisammensein
15 Uhr Videofilm und Vortrag von Barbara:
»Besser leben mit Vollwertkost«,
dann Kochen und Backen in der Praxis mit Olga;
ein feines Abendessen als Abschluß

Es wurde ein wunderbarer Tag! Nachmittags herrschte eine so fröhliche Stimmung, als hätten alle Champagner getrunken.

Was für tapfere Menschen!

Einige weinten beim Abschied.

24. September 1991

Olga, die Kochkünstlerin, und ihr Mann Otti sowie die ganze Schar der Kinder und Enkelkinder gehören der Religionsgemeinschaft der Mormonen an.

Olga brachte mir eine interessante Studie über Untersuchungen der Harvard-Universität, in der *Medical Tribune* veröffentlicht. Danach treten bei Mormonen um 70 Prozent weniger Krebserkrankungen auf.

Der russische Dichter Tolstoi sagte dem Mormonismus, der Alkohol, Tabak, Kaffee und Tee ablehnt und Fleischgenuß nur in Maßen erlaubt, eine große Zukunft voraus. 1892 schrieb Tolstoi:

»Der Mormonismus lehrt sein Volk nicht nur über den Himmel und die dortigen Herrlichkeiten, sondern er lehrt es auch, wie man auf Erden leben sollte, um Wirtschaft und Gesellschaft auf eine gesunde Grundlage zu stellen. Wenn die Leute die Lehren dieser Kirche befolgen, dann kann nichts mehr schiefgehen.«

Außer bei Bhagwans Sannyasins habe ich übrigens bei keiner Menschengruppe ein so gesundes Verhältnis zum Geld gefunden wie bei den Mormonen.

»Mein Essen ist gut, und es hat seinen Preis!« sagt Olga selbstbewußt.

Und recht hat sie.

25. September 1991

Wieder einmal hat eine einen Traum – und zwar meine Freundin, die Salzburger Journalistin Eva Maria Schalk. Sie strebt nicht weniger an als eine generelle Reformierung des Schulsystems: Die Schule muß der Gesellschaft mehr wert sein! Weltweit berechnet, so Eva Maria Schalk, kostet die Ausbildung eines Soldaten im Monat 100.000 Schilling, hingegen die Ausbildung eines Schulkindes, ebenfalls weltweit berechnet, nur 7.000 Schilling, eine Tatsache, die zum sofortigen Umdenken und vor allem zum Handeln anspornen soll.

Mit einem enormen Einsatz hat Eva Maria Schalk in mehreren Schulen im Salzburger Land mit Kindern ein Theaterstück entwickelt, in dem die Kinder ihre Wünsche nach einer ihnen gemäßen Schule ausdrücken, »Die Schule der Zukunft«.

Nicht mehr als insgesamt acht Schüler und Schülerinnen in einem Klassenraum, so stellen sich die Kinder ihre Schule der Zukunft vor, eine »Wohnzimmerklasse«, in prächtigen Farben eingerichtet, schöne Steine gibt es darin, Musik, einen runden Tisch und sogar eine Couch, auf der sich ein müdes Kind einmal ausstrecken kann. Der Inhalt des Theaterstückes:

Eine neue Schülerin ist eingetroffen, ein Mädchen aus der Großstadt. Die Neue hat es schwer, sich in der so anderen Atmosphäre einer ländlichen Schule zurechtzufinden, andererseits haben manche Kinder Angst, sie könne die vertraute Harmonie der Gruppe stören. Spannungen bauen sich auf. Die Lebenskundelehrerin macht mit den Kindern zunächst eine Meditation, untermalt von sanfter Musik, dann werden die auftauchenden Probleme gemeinsam durchgesprochen und – aus der Welt geschafft.

Die Aufführungen lösten bei allen Zuschauern große Betroffenheit und Rührung aus.

Die kleinen Schauspieler schildern im nachhinein ihre Eindrücke und Gefühle in Briefen an Eva Maria:

»Dieses Theaterstück hat uns geholfen, uns in ›Ausländer‹

hineinzufühlen und sie zu verstehen – schöne Grüße von Martina und Nicole.«

»Es war ein tolles Gefühl, den Erwachsenen zu zeigen, wie unsere Vorstellungen von einer Schule sind. In unserer Zeit wird das natürlich Phantasie bleiben, aber vielleicht wird es später einmal Realität. Manchmal fragen wir uns, wozu man eigentlich lebt. Wenn man in der Schule über den Schularbeiten sitzt und draußen alles dunkel und düster ist. Die Leute laufen mit finsteren Mienen herum, und es gibt niemanden, mit dem man sich über etwas freuen kann. Es wäre toll, wenn man dem Alltag entwischen und einfach nur frei sein könnte, frei von allen bösen Gedanken und dem Leistungsdruck. Wir brauchen Freiheit, um uns selbst zu finden. Aber wir haben keine Freiheit. In dieser Welt ist nur noch sehr wenig von dem, was eigentlich alle Menschen brauchen. So verdursten die Seelen und ersticken in den Abgasen der Autos und der Fabriken.

Na ja, jetzt kennen Sie unsere Gedanken. Es wäre schön, wenn wir wieder ein Theaterstück aufführen könnten. Auf ein baldiges Wiedersehen hoffen Carmen, Regina und Bettina.«

Tanja schreibt: »Ich muß mich bei Ihnen bedanken, Frau Schalk. Ich kann mit Konflikten jetzt viel besser umgehen, zu Hause, in der Schule und auch beim Spielen. Ich habe wirklich ein bißchen Frieden gelernt...«

Siegfried: »...das Aufeinandereingehen hat uns noch kein Lehrer beigebracht...«

Susi: »...die Schule der Zukunft darf kein Traum bleiben, spätestens unsere Kinder sollen profitieren. Sie haben uns Hoffnung gegeben...«

Michael: »...seit ich die Schule der Zukunft kenne, bin ich nicht mehr so wild und grob...«

Brigitte: »...jemanden an der Hand nehmen ist manchmal ganz schwierig, aber wenn es geschieht, ist es unheimlich klasse...«

Ilona: »...Ich habe sehr viel wieder vergessen, was wir gelernt haben, aber die Schalk und ihr Stück ›Die Schule der

Zukunft‹ und unsere schöne gemeinsame Arbeit werde ich nie vergessen ...«

Direktor: »... nicht nur die Schüler, auch wir Lehrer haben viel gelernt, und in diesem Sinne werden wir weiterarbeiten ...«

26. September 1991

Das habe ich nun von meiner Gutmütigkeit. Lasse ein wildfremdes Ehepaar in meine Garagenwohnung einziehen – vorübergehend selbstredend, bis die Wohnungen in Doppendorf fertig sind; lasse mich dann auch noch von den beiden überreden, eine Vereinbarung zu unterschreiben, in der steht »auf unbestimmte Zeit« – und erfahre nun zu meinem Schrecken von einer Jurastudentin, daß diese Floskel soviel bedeutet wie »lebenslänglich«.

Da baue ich eine Wohnung, um Menschen zu finden, die mir bei der Betreuung meiner Hunde und Pferde helfen, brauche also eigentlich jemanden, der reiten oder zumindest mit Pferden umgehen kann oder an Hunde gewöhnt ist – und habe nun Leute in der Wohnung, auf die gar nichts davon zutrifft. Dora und Heinz lieben zwar Tiere, scheinen aber überwiegend mit der Zubereitung ihrer Rohkost beschäftigt, eben richtige Rentner, obwohl nicht viel älter als ich, Dora sogar 10 Jahre jünger, aber offenbar beide schon so schusselig, daß sie am ersten Tag gleich das Gartentor offen ließen und alle Hunde am Waldrand standen, als ich nachts um 11 Uhr aus dem Seminarzentrum nach Hause kam; und das ausgerechnet an einem Sonnabend, an dem alle Jäger unterwegs sind.

Eine Schnapsidee von mir, wildfremde Leute in diese Wohnung einziehen zu lassen!

Dora sagt zwar, sie sei früher geritten und sie würde diesen Sport auch gern wieder aufnehmen; aber als sie versuchte, die Pferdehufe auszukratzen, fiel ich fast in Ohnmacht. Auf die Weise, wie sie das anstellte, würde sie in Kürze erschlagen. Ich muß den Vertrag zeitlich begrenzen. Sonst habe ich eines Tages statt einer Hilfe zwei alte, selbst Hilfe benötigende Menschen drüben sitzen und bin schlimmer dran als zuvor.

Aber wie das mitteilen?

Mein Gott, wäre ich doch dickhäutiger!

Im Autoradio den Choral eines Vorfahren von Johann Sebastian Bach gehört: »Ach, ach, ach, daß ich Wassers genug hätt und meine Augen Tränen, zu beweinen Tag und Nacht meine Sünden.«

Bach erhielt als Organist 700 Taler und meinte dazu:

»Bei mehr Sterbefällen wird es mehr, bei gutem Wetter und besserer Gesundheit der Bevölkerung ist es schlechter.«

Die Gemeinde beschwerte sich, daß der Herr Bach so viele fremde Töne in die Musik einbringt, und ließ verlauten: »Wenn der Herr Bach weiter so die Orgel spielt, ist die Orgel in zwei Jahren kaputt und die Gemeinde taub.«

28. September 1991

»Ein glücklicher Mensch schreibt keine Zeile« – wenn ich mich richtig erinnere, stammt dieser Satz von Egon Friedell.

Ein glücklicher Mensch wird auch nicht Schauspieler. Alle Schauspieler jedenfalls, die ich kenne, haben diesen Beruf gewählt, weil sie etwas kompensieren wollen, alle leiden im Grunde an Minderwertigkeitskomplexen, derer man durch zähe Arbeit und Sich-immer-wieder-in-der-Öffentlichkeit-Beweisen Herr zu werden sucht; wohl zu vergleichen mit Demosthenes, der angeblich, am Meer spazierend, einen Kieselstein im Mund, gegen seine Sprechschwierigkeiten angekämpft haben soll und heute noch als einer der berühmtesten Redner der Weltgeschichte gilt.

Flucht in eine schönere (Traum)-Welt – so war es zumindest bei mir. Ich kenne nicht einen einzigen wirklich glücklichen Schauspieler. Am traurigsten sind die Komiker.

Wie um diese These zu bestätigen, heute eine dpa-Meldung »Lebensbeichte und Abstieg«: Der Berliner Schauspieler und Entertainer Harald Juhnke äußerte sich wenige Tage bevor er jetzt wegen seines Alkoholkonsums ins Krankenhaus kam, in einem Fernsehinterview über sich selbst. Auf die Frage, ob er glücklich sei, sagte der 62jährige: »Nein, ich bin überhaupt nicht glücklich. Ich hab mich noch nie in meinem Leben wohl gefühlt«. Er sei ununterbrochen mit »irgendwelchen Dingen konfrontiert«. Himmel, klingt das vertraut!

29. September 1991

Mein offener Brief an einen befreundeten Arzt ist in mehreren Zeitungen abgedruckt worden, in den *Salzburger Nachrichten*, im *Gesundheitsberater* und in Bulgarien; hat dort auch ziemliches Aufsehen erregt und dazu geführt, daß ich gebeten wurde, einmal nach Sofia zu kommen und die Vollwertkost in der Praxis vorzustellen, möglichst noch in diesem Herbst und solange der Markt Gemüse in Hülle und Fülle bietet.

Broda unterstützt mich in der Ansicht, daß eine derartige Aktion wichtig ist und eine wirklich alternative Hungerhilfe initiieren könnte, nachvollziehbar auch in den übrigen Ostländern. Er würde dafür sorgen, daß es hier ohne mich gehe.

Das sind Töne, nach denen ich mich gesehnt habe, es geht auch mal ohne mich!

Ich werde also vom 4. bis 18. Oktober nach Sofia fahren und dann anschließend vom 28. Oktober bis 9. November eine Signier-Tournee absolvieren, um mein neues Menübuch vorzustellen, das sehr schön geworden ist. Ottilie hat die Gerichte hinreißend arrangiert, und ihr Freund hat sie ebenso fotografiert.

30. September 1991

Es ist fast komisch: Die österreichische Landjugend auf dem Weg zum Herzinfarkt – etwa 80 Prozent haben erhöhte Blutfettspiegel –, und zwar unter den 15- bis 19jährigen! – mehr als 30 Prozent sind deshalb der »Hochrisikogruppe für Gefäßverkalkung und Infarkt« zuzurechnen.

Man müsse mehr Prävention betreiben. Für 30 Prozent der Betroffenen gäbe es schon beim ersten Infarkt keine Rettung mehr...

In dem ganzen Bericht nicht ein einziger Hinweis darauf, daß mit einer Ernährungsumstellung eventuell etwas zu erreichen wäre!

1. Oktober 1991

Die Vorsitzende der Krebs-Selbsthilfegruppe aus Ingolstadt hat mir einen Dankesbrief mit Grüßen der krebskranken Frauen geschickt; sie hätten den Tag so ungeheuer genossen, er würde ihnen unvergeßlich bleiben.

Eine der Frauen ist inzwischen gestorben...

15. Oktober 1991

Fast zwei Wochen bin ich nun in Sofia und habe in dieser Zeit Bulgarien und seine Menschen etwas kennenlernen können, aber auch einen Einblick in die Schwierigkeiten bekommen, die wir – immerhin schon einige Zeit an demokratische Zustände Gewöhnten – uns gar nicht vorstellen können.

Worauf ich gar nicht gefaßt war: Vielen Menschen geht es nach der Befreiung vom Kommunismus schlechter als vorher. Für viele Belange hatte bisher der Staat Sorge getragen. Kindergarten, Schule, ärztliche und zahnärztliche Behandlungen waren kostenlos, bzw. man bezahlte symbolisch dafür. Jeder, der es nötig hatte, erhielt umsonst eine Kur verordnet. Jetzt müssen viele dieser Leistungen von jedem einzelnen selbst bezahlt werden. Krankenkassen westlichen Zuschnitts gibt es (noch) nicht. Dazu kommt, daß die Währung, der Lew, fast täglich an Wert verliert. 10 Lew entsprechen zur Zeit etwa einer Mark oder sieben Schilling.

Bulgarien ist ein ehemals reiches Agrarland. Es will mir nicht in den Kopf, daß die Grundnahrungsmittel nicht ausreichend vorhanden sein sollen. So interessiert mich vor allem der Gemüsemarkt. Meine Wirtin Margarita spricht Deutsch und dolmetscht. Die Verkaufsstände quellen über, Berge roter Paprikaschoten, Kohl in Hülle und Fülle, Kartoffeln, Champignons, Spinat und Melonen, Melonen – die bei guter Lagerung übrigens bis Ende November haltbar sind. Es gibt Mandeln, frische Hasel- und Walnüsse, Erdnüsse, Sonnenblumen- und Kürbiskerne, Sesamsamen. Ich mit meiner vegetarischen Ernährungsweise könnte mich jetzt genauso wie zu Hause für den Winter eindecken: Sauerkraut und milchsaures Gemüse einlegen, Kartoffeln, Sellerie, Lauch, Möhren und rote Rüben einkellern. Der Preis für Speiseöl, vornehmlich Sonnenblumenöl, liegt zwischen 11 und 22 Lewa der Liter. Meine Frage, ob dieses Öl industriell hergestellt wird oder kaltgepreßt sei, stößt auf Verständnislosigkeit. Man kennt den Unterschied nicht.

Vollkornbrot ist unbekannt, das käufliche Brot (das Kilo für 3,80 bis 4 Lewa) »schön« weiß. Nach Getreide müssen wir auf dem Markt lange suchen, entdecken schließlich kleine Mengen Weizen und Hafer. Davon gäbe es genug, meint der junge Bauer, der die Körner zum Verkauf anbietet, aber die Leute kämen nicht auf die Idee, daß sie daraus Brot backen, geschweige denn Speisen daraus zubereiten könnten. Wie ist es mit Hirse, Buchweizen? Achselzucken.

Margarita und ich rechnen die Preise durch und kommen zu dem Ergebnis, daß selbst ein Sozialhilfeempfänger – jedem hilfsbedürftigen Bürger steht eine Mindestsumme von 400 bis 500 Lewa zu – sich schmackhaft und gesund vegetarisch vollwertig ernähren könnte. Denn was teuer ist, sind die tierischen

Produkte. Fleisch kostet das Kilo zwischen 20 und 40 Lewa, Fisch 30, Käse 26, Butter 32 Lewa.

An einem Stand werden gekochte Maiskolben verkauft, das Stück zu 1,51 Lewa. Ein Mann bietet getrocknete Kräuter und Tees an, auch Aprikosenkerne, die wegen ihres hohen Kaliumgehalts einen hohen gesundheitlichen Wert besitzen. Köstlich der Honig, 44 Lewa das Kilo, der besonders begehrte aus den Bergen ist allerdings doppelt so teuer.

Abstecher nach Bankja, einem Kurort 25 Minuten von Sofia entfernt, berühmt wegen seiner guten Luft und seiner heilkräftigen, 38 Grad warm aus der Erde sprudelnden Quellen. Kein Wunder, daß der ehemalige Präsident Shivkov hier sein Domizil aufgeschlagen hatte. Die Heilquellen sind angezeigt bei Arteriosklerose, Herzbeschwerden, Bluthochdruck, Tbc, Diabetes, klimakterischen und Nervenbeschwerden, Migräne u. a.

Wenn Menschen aus dem Westen nach Bankja kämen und sich dort behandeln ließen, das würde eine echte Hilfe für das Land bedeuten – und wäre beim Stand der D-Mark oder des Schillings noch dazu sehr günstig für die »Wessis«.

Dem Besuch beim Bürgermeister folgt eine Einladung zum vegetarischen Mittagessen im Gewerkschaftssanatorium mit einem der leitenden Ärzte.

Die Kellnerin serviert einen bulgarischen Salat mit Schafskäse, darauf Borschtsch, dann mit Reis gefüllte Paprikaschoten und Yogurt, als Nachtisch Brandteigkrapferl (Windbeutel) und Weintrauben. Preis für das gesamte Menü: 10 Lewa, also 1 Mark oder 7 Schilling.

Der Koch gesellt sich zu uns. Ich wundere mich, einen so schlanken Koch bekommt man selten zu Gesicht. Er sei Vegetarier, erklärt Stojan Voinov. Nach 30 Jahren im Küchendienst kann er kein Fleisch mehr sehen. 5 bis 10 Prozent seiner Kurgäste wählen das vegetarische Menü. Wir rechnen gemeinsam die Preise der einzelnen Zutaten aus, dazu die Kosten für Angestellte, Strom etc., und vergleichen diese mit den Kosten eines normalen Menüs Suppe mit Klößen, Schweinekotelette – mit

Kartoffeln und Salat, Creme Caramel – und kommen zu dem Ergebnis, daß letzteres Menü um mehr als ein Drittel teurer kommt. Das entspricht genau meinen Erfahrungen in Österreich und Deutschland.

Eine alte Frau bietet auf der Straße Flaschen mit einer milchigen Flüssigkeit an. Ich probiere Bosa, ein stärkendes Getränk aus vergorenem Hafer, vergorener Hirse, Wasser und Zucker, das für und gegen alles gut sein soll, gegen Verstopfung und zur Anregung der Milchbildung bei schwangeren Frauen. Zaghaft macht sich die freie Marktwirtschaft bemerkbar. Wer irgend etwas verkaufen will, Gemüse oder Nüsse oder Schnaps oder Zigaretten, breitet die Dinge auf einem Tischchen am Straßenrand aus und setzt oder stellt sich daneben. Eine Frau verkauft Kartoffeln, die sie einfach auf die Haube ihres Autos getürmt hat. Delikat die in Sesam gewälzten Weizenringe und der im Ofen gebackene Kürbis.

Dr. Iliev hat ein Fernsehinterview für mich organisiert. Der Interviewer und ich überlegen, wie man Bulgarien helfen könnte, und sind uns einig, daß Hilfe immer nur Hilfe zur Selbsthilfe heißen kann.

Meine Kochbücher haben bei der Köchin Stevka großes Interesse geweckt, auch die mitgebrachte Flockenquetsche wurde sofort in Betrieb genommen. Vielleicht ließe sich in Bulgarien eine Getreidemühlenproduktion in Gang bringen. Wenn ich wieder zu Hause bin, werde ich gleich einige größere Mühlen hinschicken.

16. Oktober 1991

Wieder zu Hause.

Dora und Heinz, die beiden neuen Sommerholzer, waren mit Broda in Salzburg und haben sich von ihm in Bankangelegenheiten beraten lassen. Zu meinem Schrecken erklärten sie bei der Rückkehr, sie hätten gern ihr Darlehen zurück, da Herr Broda es für die Revitalisierung (???) des Vereins benötige.

Sie haben offensichtlich mehr Vertrauen in ihn als in den Vorstand.

Ich bin sehr traurig.

19. Oktober 1991

Von den etwa 60 bisherigen Interessenten für die Öko-Siedlung erscheinen zur Interessenversammlung ganze fünf – und zwar ausschließlich deutsche Staatsbürger! Das Interesse in Österreich gleich Null.

Total deprimiert. Alles aufgeben?

Trotz allem eine wunderbare Schnupperwoche, scheinbar völlige Harmonie...

Einige sind schon zum zweiten oder gar zum dritten Mal dabei – »es ist wie Nachhausekommen«, meinen sie glücklich.

Das mit Heinz Erven geplante Gartenseminar fiel allerdings wegen mangelnden Interesses aus. Am meisten gefragt die Koch- und Backkurse, die letzte Kräuterwanderung des Jahres, auch Reiki und die Einführung in den Tarot. *Der* Knüller wieder die Farbenberatung.

Meine in 30 Jahren Schauspielerleben antrainierte Disziplin kommt mir jetzt sehr zugute. Niemand ahnt, wie mir in Wirklichkeit zumute ist.

»Doch wie's da drin aussieht – geht niemand – was an...«

24. Oktober 1991

Es liegt was in der Luft – aber nicht »ein ganz besondrer Duft«, sondern irgend etwas Ungutes, Bedrohliches.

Broda, der »Projektleiter«, wie er sich selbst tituliert, hatte in meiner Abwesenheit einen Krach mit Olga, wegen einer Lächerlickeit, wegen eines von ihr vom Flur entfernten Herbststraußes.

Er hat inzwischen sein Sekretariat eingerichtet, alles neu tapezieren und sündhaft teure Teppichböden legen lassen. Fast täglich schickt er äußerst pompös abgefaßte Briefe an die wenigen Mitglieder des Hauses; so lädt er, wieder sehr bombastisch, für den 4. November zu »einem kleinen Umtrunk« anläßlich der Eröffnung eben dieses Sekretariats ein.

Ganz geheuer ist er mir leider immer noch nicht. Im Gegenteil. Seine Ziele hören sich gar zu hochtrabend an. Auf Büttenpapier, sehr gediegen und sehr teuer, verteilt er an alle, die es wollen und auch nicht wollen, »Salzburger Literaturbriefe des Philosophen und Schriftstellers zu Salzburg A. H. J. Broda, entstammend einer alten deutschen Denkerfamilie, deren Geistesgut über Generationen vom Vater zu den Kindern übertragen wurde und die Grundlage eines humanistischen Weltbildes in der Tradition des Abendlandes vertritt« etc. etc. etc.

Die Themen der Sonntagsmatineen, die er gestalten will:

»Die belehrte Unwissenheit« – »Gotteserkenntnis, Gottesidee« – »Das Prinzip Hoffnung« – »Das organologische Prinzip«.

Woher sollen bloß die Zuhörer kommen, die solches gustieren? Von dem berühmten 200-Personen-Freundeskreis habe ich bisher nur eine traurige alleinerziehende Mutter kennengelernt, die Broda anhimmelt. Ist ja auch ein toller Hecht. Helmut Schmidt oder Weizsäcker für eine Lesung nach Doppendorf zu holen – für Broda kein Problem. Von Süßkind allerdings, der doch im Oktober bereits aus seinem Buch *Das Parfüm* bei uns lesen sollte, an dem Broda entscheidend mitgearbeitet haben will, ist nicht mehr die Rede. Und, seltsam, als Dora ihn fragt, was das in besagtem Buch so häufig vorkommende Wort »olfaktorisch« bedeute, hat Broda keine blasse Ahnung.

Doch ein Scharlatan?

Manchmal habe ich den Eindruck, er ist verrückt. So will er wissen, wo ich einmal die verstorbenen Mitglieder der nun doch wirklich mehr als in Frage gestellten Öko-Siedlung zu begraben gedenke, ob ich an einen eigenen Friedhof dächte? Dann wieder überrascht er mich mit dem Vorschlag, eine Projektgruppe »Wirtschaft – Finanzen« zu gründen. Du meine

Güte, das ganze Projekt steht auf der Kippe, und unser Nachfahre der deutschen Denker denkt über eine Projektgruppe »Wirtschaft und Finanzen« nach (zur Eröffnung vielleicht mit Helmut Schmidt?) und über einen Privatfriedhof! Und da fällt mir endlich der Name für unser Unternehmen ein. Nicht »Stätte der Begegnung«, oder »Zentrum des Lichts«, nicht »Ort der Stille«, nicht »Menschen unter dem Regenbogen« – nein: »Die Deppen von Doppendorf!« (womit ausdrücklich *nicht* die einheimische Bevölkerung gemeint ist!).

26. Oktober 1991

Für den 28. Oktober , also für übermorgen, ist von allen möglichen Glaubensgemeinschaften der Beginn des Weltuntergangs prophezeit worden. In riesengroßer Gestalt würde ein flammender Christus am Himmel erscheinen, die Guten nach oben holen und die Schlechten ins Fegefeuer befördern. In einer asiatischen Sekte haben die Frauen Abtreibungen vorgenommen, um bei der Himmelfahrt nicht so schwer zu sein...

Grauenhaftes Gemetzel im ehemaligen Jugoslawien. Serben kämpfen gegen Kroaten, diese wieder gegen Bosnier und umgekehrt, jeder gegen jeden, wer kann diesen Wahnsinn noch begreifen. 50.000 Frauen sollen vergewaltigt worden sein. Aber sie sind doch Söhne von Müttern, die da morden, plündern, vergewaltigen, sie sind doch Geliebte, Männer von Frauen! Wie ist es möglich, daß Frauen immer wieder solche Männer gebären, großziehen?

4. November 1991

Der kleine Umtrunk anläßlich der Einweihung des Sekretariats des Projektleiters vom Seminarzentrum, des Philosophen und Schriftstellers zu Salzburg, A. H. J. Broda, ist sang- und klanglos ausgefallen. Ohne Kommentar des Philosophen.

6. November 1991

In den *Salzburger Nachrichten* ein Bericht, wie um meine in Bulgarien gemachten Erfahrungen zu bestätigen: »In Osteuropa breitet sich mit der Reform die Armut aus. Bei einer Umfrage im Juli erklärten über 54 Prozent der kinderreichen Familien in Bulgarien, daß sie nicht genügend zu essen hätten, das zur Verfügung stehende Geld reiche nicht aus, um genügend Fleisch und Wurst zu kaufen.«

Andere Länder, in denen Menschen täglich verhungern, haben nichts Besseres zu tun, als Waffen zur Massenvernichtung zu schaffen: Insgesamt 16 Staaten in Afrika, Asien und Lateinamerika sind nach Erkenntnissen der russischen Auslandsspionage kurz davor, atomare, biologische oder chemische Massenvernichtungswaffen bauen oder einsetzen zu können.

Aber jede Minute verhungert irgendwo ein Kind.

8. November 1991

Zagreb spricht von 1.700 Toten – Neonazis in Deutschland wollen »die Straße nicht dem roten Pöbel überlassen«, in Halle bauten Rechtsradikale unbehelligt einen Wohnblock zur Festung um – Jelzin löst die KPdSU auf – ein Palästinenser ist in einem israelischen Gefängnis nach Darstellung seiner Anwältin derartig gefoltert worden, daß er den Verstand verloren hat – *(Frankfurter Rundschau)*.

Dann sind wieder mal zwei Schiffe zusammengestoßen und 150 Tonnen Öl ins Meer geflossen, vor der niederländischen Küste. Im niedersächsischen Landkreis Schaumburg, an dessen nordwestlichem Rand die Giftmülldeponie Münchhagen liegt, und im nördlichen Nachbarkreis Nienburg traten in den vergangenen sieben Jahren 27 Prozent mehr Blut-, Lymph- und Knochenmarktumore auf, als nach dem Krebsregister des Saarlandes, dem einzigen verfügbaren Maßstab in Deutschland, zu erwarten gewesen wäre (ebenfalls *Frankfurter Rundschau*). In

Stadthagen, der Schaumburger Kreisstadt, waren es sogar fast 50 Prozent. Dennoch sieht das niedersächsische Sozialministerium, das diese Ergebnisse einer Untersuchung jetzt bekanntgab, keinen Anlaß, Alarm zu schlagen. Staatssekretär Fritz Riege (SPD) nennt die Ergebnisse »unauffällig«.

Auf den Philippinen hat ein Taifun einen Staudammbruch verursacht und wahrscheinlich den Tod von 6.000 Menschen. Und die Norweger bleiben auf einem Lachsberg sitzen. 32.000 Tonnen Fisch, die seit einem Jahr in den Lagerhallen liegen, fanden bisher keine Abnehmer.

Notfalls will Oslo den Lachsberg aufkaufen und vernichten lassen.

9. November 1991

Die Medien melden Schauergeschichten über Aflatoxine im Getreide. Eine total verunsicherte Gesundheitsberaterin ruft mich an und bittet um Rat: Kann man denn überhaupt noch Getreideprodukte, den Frischkornbrei gar, empfehlen?

Natürlich kann man. Das Getreide sollte selbstverständlich aus kontrolliertem, biologischem Anbau und richtig gelagert sein, nämlich trocken, luftig und kühl.

Hat schon jemals jemand von Müsli-Toten gehört? Von Salat- oder Möhren-Toten? Ich nicht. Wohl aber, und das immer wieder und in zunehmendem Maße, von Salmonellentoten, Menschen, die nach dem »Genuß« von Eiern, Geflügel, Fisch, Wurst oder Fleisch nicht nur schwerkrank wurden, sondern sogar starben, gar nicht zu reden von den Holzschutzmittelgeschädigten, den Opfern der Radioaktivität etc. Die Krankheiten, Mißbildungen und Todesfolgen nach Tschernobyl haben nichts mit Aflatoxinen zu tun, sondern mit Verstrahlung! Und dennoch wird die Atomkraft weiter forciert!

Täglich wird systematisch vergiftet, durch Pestizide, Fungizide, Herbizide, Antibiotika, Tranquilizer, Unmengen von Zusatzstoffen in »Lebensmitteln«, die diesen Namen nicht einmal verdienen. Deshalb ist die Bevölkerung so krank wie noch nie!

Um von all diesen Faktoren abzulenken, muß ein Feindbild her. In regelmäßigen Abständen wird schnell die Vollwertkost verteufelt, und hier speziell das Getreide. Warum sind denn die Vollwertköstler so gesund, daß sie kaum noch einen Schnupfen bekommen? Warum erfreut sich der »Vollwertpapst«, Dr. Max Otto Bruker, mit über 80 Jahren bester Gesundheit und Schaffenskraft, obwohl er seit über einem halben Jahrhundert täglich seinen Frischkornbrei aus rohem Getreide verzehrt? Eben *weil* die Vollwertkost (und dazu gehört das Getreide) durch den Reichtum an Vitalstoffen gesund erhält. Ein Organismus, dessen Abwehr intakt ist, wird mit ein paar Aflatoxinen fertig, wie auch die Gießener Studie über die bessere Gesundheit der Vegetarier beweist.

10. November 1991

Das Klima hier auf dem Land hat sich in den letzten 20 Jahren enorm verändert.

Wo sind die Zeiten geblieben, als wir im Winter über die Felder und durch die Wälder galoppieren durften, alle Hunde im Gefolge, ja sogar die Ziege rannte mit? Als der alte Jäger, der wirklich noch ein Heger war, seinen Dackel im Rucksack, durch den Wald pirschte?

Heute müssen die Hunde, auch außerhalb des Waldes, an der Leine geführt werden, für einen Weg nach dem anderen wird Reitverbot erteilt. Auch in den endlosen Wäldern des Barons wurde das Reiten nun verboten, obwohl wir zu Pferde die Tierwelt weniger stören als eine mit Kindern spazierengehende Familie. Der Baron hat es nicht für nötig gehalten, auf meine vielen Bittbriefe überhaupt einzugehen – ich sei doch schon so alt, mein Pferdchen Liwei ebenfalls (Liwei ist tatsächlich 36 Jahre), er solle uns doch die kurze Zeit, die wir das noch zuwege brächten, weiter reiten lassen – überall Widerstand, überall Demütigungen, die einem das ach so schöne Landleben wirklich verleiden können. Einer der jungen Bauern ist so pingelig, daß er sich über jeden Grashalm beschwert, den wir knicken könnten – dabei gehört der Weg der Gemeinde; früher konnte man dort galoppieren – heute muß ich Candy und den alten Liwei an der Leine führen, bis wir im Wald sind, dann kann ich endlich aufsitzen. Ein einziger steiniger abschüssiger Weg ist uns geblieben. Und der gehört einem Mann, der kein Jäger ist!

Im Grunde geht es nämlich darum, wie mir ein Forstmann verriet, daß die Jäger fürchten, einer der Böcke, auf die sie es abgesehen haben, könnte in das Revier des Nachbarjägers abdriften und der würde dann die fette Beute abknallen.

Mit was für Problemen muß ich mich dauernd auseinandersetzen!

Mein Freund Emil Iliev schlug mir schon vor, verkaufe alles und komm mit Sack und Pack nach Bulgarien.

13. November 1991

Die Komödie »Die Deppen von Doppendorf« erreicht ihren Höhepunkt. Für den 11. November berief »Projektleiter« Broda eine Aussprache ein, da er die Anwesenheit des Ehepaares Olga und Otti im Haus nicht länger tragbar fand.

Diese Aussprache, in ihrer Lächerlichkeit gar nicht zu beschreiben, gipfelte in dem schweren Vorwurf gegen Olga – die Ankläger waren außer Broda und seiner Sekretärin auch Gustav und die Vereinssekretärin Rosy – sie habe einem Besucher die Tür vor der Nase zugeschlagen!

Olga saß da in ihrer ganzen Stattlichkeit, eine gelassene Juno, daneben ihr Mann Otti, sowieso ein halber Heiliger. Die Ankläger stammelten und stotterten schließlich nur noch, bis sich alles in Wohlgefallen auflöste und die Privatsekretärin die Klage zurückzog.

Am nächsten Morgen – ich war ausgesprochen vergnügt, daß

nun alles wieder in Ordnung schien – kam Broda ins Büro gestürmt, verkündete, er habe keine Lust mehr, er gebe seine Arbeit als Projektleiter auf, sei aber bereit, alle seine Verpflichtungen zu erfüllen, so würden er und seine Sekratärin am nächsten Morgen zur Arbeit erscheinen. Am nächsten Morgen erschien weder er noch die Sekretärin. Statt dessen ein Anruf von ihm, er habe vor, eine vierwöchige Fastenkur zu machen.

Ich rief Frau Broda an und äußerte mein Befremden über dieses Verhalten, teilte ihr auch mit, welche Verpflichtungen ihr Mann dem Verein gegenüber sogar schriftlich eingegangen war, was sich Frau Broda notierte.

Am Vormittag des nächsten Tages stürzt Broda völlig überraschend ins Büro, fragt barsch, was er schuldig sei. Darauf ich: Er wisse doch selbst am besten, was er alles versprochen habe, ein Budget von 800.000 Schilling als Starthilfe für Vereinsaktivitäten, Rosys Gehalt ein Jahr im voraus, ebenso die Miete für den oberen Stock, und schließlich seine und seiner Sekretärin unentgeltliche Arbeit für ein ganzes Jahr – und, ja, die komplizierte Telefonanlage, die er hat installieren lassen, und für die gerade die Rechnung gekommen ist...

Broda schnappt sich die Rechnung, verläßt das Büro und erscheint einige Minuten später mit 9.500 Schilling, die er sich von Rosy quittieren läßt. Und ist verschwunden wie ein Spuk.

Rosy schließt das Geld im Schreibtisch ein, da die Bank inzwischen geschlossen ist. Am nächsten Morgen ist das Geld nicht mehr da.

Keiner von uns will zunächst an einen Diebstahl glauben. Wir sind ein gemeinnütziger Verein, in dem wechselnde ehrenamtliche Mitarbeiter tätig sind, aber noch nie ist etwas weggekommen.

Wir durchsuchen sämtliche Schreibtischfächer, es bleibt dabei: Das Geld ist weg, ebenso ein Haustür- und ein Büroschlüssel. Ich muß selbstverständlich den Diebstahl der Polizei melden, ohne zunächst jemanden bezichtigen zu wollen, erwähne aber gegenüber dem wachhabenden Beamten, daß Herr Broda, selbsternannter Projektleiter, das Geld am Vortage eingezahlt habe – und auch, daß besagter Herr Broda einem Ehepaar, Mitglieder des Vereins, eine erhebliche Geldsumme abgeschwatzt habe, unter der Vorgabe, diese Summe zur »Revitalisierung des Vereins« zu verwenden, wovon er aber nicht den geringsten Gebrauch machte.

(Auf seine Forderung, noch weitere größere Geldbeträge zu geben, war das Ehepaar glücklicherweise nicht eingegangen.)

Ich bat die Polizei, Erkundigungen über Herrn Broda einzuziehen, und bekam beim nächsten Besuch die Auskunft, daß Herr Broda »kein unbeschriebenes Blatt sei«, wurde auch ersucht, weitere ähnliche Vorkommnisse in bezug auf Herrn Broda zu melden. Von seiten des Polizisten fiel sogar der Satz »Mit so kleinen Sachen gibt der sich doch sonst nicht ab.«

Nicht nur ist der Engel in Hosenträgern kein Engel, ja nicht einmal ein Bengel – sondern offensichtlich ein Betrüger, und zwar ein ganz gerissener.

Ich komme mir vor wie Hiob.

Noch mehr ist nicht zu ertragen!

21. November 1991

Mein Geburtstag ist anscheinend immer für besondere Überraschungen gut. Zu meinem 60. las mir die Astrologin aus den Sternen, daß es »eine Katastrophe wäre, wenn ich dieses Wagnis, Gründung einer Öko-Siedlung, *nicht* einginge, daß alles, was ich vorher in meinem Leben gemacht hätte, die Schauspielerei, die Beschäftigung mit gesunder Ernährung, mein Engagement in Tier- und Umweltschutz und in der Friedensbewegung – kurz, all diese Aktivitäten – nur die Vorbereitung, die Fingerübungen sozusagen gewesen wären für die große Aufgabe, die mir nun zugedacht sei.«

Eigentlich müßte ich diese Astrologin auf Schadensersatz und Schmerzensgeld verklagen.

Genau vor einem Jahr dann sah es so aus, als ob alle Hindernisse beseitigt seien, fand das *Vorbegutachtungsverfahren zur Bauverhandlung* statt, war ich der festen Hoffnung, daß wir Weihnachten '92 in die Wohnanlage einziehen könnten.

Nicht nur ist dieser Traum nun *endgültig* (das muß ich mir geradezu immer wieder einhämmern, als wolle es partout nicht in meinen Kopf hinein), *endgültig* geplatzt, heute detoniert eine weitere Bombe. Olga hatte in der Bibliothek des Seminarzentrums für die »Überlebenden« des Unternehmens Öko-Siedlung ein feines Menü bereitet, und ich hatte einige Flaschen Sekt knallen lassen. Nobel geht die Welt zugrunde. Hauptgesprächsthema unter der immer noch lustigen Runde – Otti, Dora und Heinz, Hartmut und Sigrun, Rosy und ihr Mann, und Gustav –, Hauptgesprächsthema war, wie sollte es anders sein, der Herr Engel in Hosenträgern, Privatgelehrter und Philosoph zu Salzburg.

Irgendwann konnte Gustav es nicht länger für sich behalten, sondern gestand: »Ich habe Broda über 100.000 Mark gegeben, die dieser günstig anlegen wollte.«

Was nun im Laufe des Nachmittags alles an Verleumdungen seitens dieses Herrn Broda zur Sprache kam, was Herr Broda über jede und jeden und gegen jede und jeden, immer unter dem Siegel tiefster Verschwiegenheit, an Lügen in die Welt gesetzt hatte, spottet jeder Beschreibung. Nicht nur hat er in der Öffentlickeit die bisher geleistete Vereinsarbeit in denkbar schlechtem Licht dargestellt, auch über mich als Vereinsvorsitzende und über mich als Person hat er so viele Lügen verbreitet, daß ich ihn eigentlich wegen Rufmords verklagen müßte.

Unter anderem hatte er herumerzählt, ich sei total verschuldet. In mein Haus (das völlig schuldenfrei ist) wollte er selbst einziehen, wie ich nun erfahre, die Garagenwohnung hatte er in seiner großen Güte gleich sowohl Dora und Heinz wie auch Gustav versprochen.

Daß ein derartiges Lügengewebe nicht eines Tages zerreißt – das kann eigentlich nur einer annehmen, der verrückt ist oder krank.

Warum, frage ich mich, ziehe ich solche Verrückten an, ziehe ich überwiegend Verrückte an?

Gleich und gleich gesellt sich gern. Demnach wäre ich auch verrückt. Und in gewissem Sinne bin ich das ja auch, in den Augen »normaler« Bürger bin ich das sicher; meine immer ungewöhnlichen Pläne sind für die meisten schwer nachvollziehbar.

Die einzige, die sich nicht von ihm blenden ließ, der dieser Lümmel von Anfang an geradezu unwiderstehlich zuwider war, ist – Margarete Mackwitz.

22. November 1991

Zu meinem Geburtstag erreichten mich wieder sehr unterschiedliche Briefe. Neben den üblichen Glückwünschen und Autogrammbitten auch einige äußerst aggressive, wie einer von einem Herrn, der sich über mich als Teilnehmerin einer Diskussion zum Thema Tierschutz geärgert hatte.

Als Schauspielerin habe er mich verehrt, aber nun tauche ich ja als Kräuter-, Körner- und Saftpublizistin in den Gazetten auf, getreu dem Motto: Und als es nicht mehr klappte so, von wegen hohem Alter, schrieb seine Verse Salomo und David seine Psalter.

Herrn R. ärgert meine »überspitzte« Stellungnahme zum Thema Jagd und Wildtiere. Er findet, daß ich als eine der Privilegierten, die auf einem Bauernhof leben, denen den Lebensraum wegnehme, deren Schicksal ich in der Öffentlichkeit beklage, nämlich den Wildtieren und speziell den Steinböcken. Ich zitiere:

»Aus dieser Sicht sind Sie eine Entartete der menschlichen Gesellschaft. Statt als Einzelperson einen Lebensraum zu beanspruchen, auf den ein Rudel Rehe oder Steinböcke ein größeres Anrecht hat, sollten Sie sich zu den Wohnplätzen Ihrer menschlichen Artgenossen zurückziehen und das von Ihnen beanspruchte Territorium an die zurückgeben, die damit mehr anfangen können. Falls eine solche Wiederanpassung nicht freiwillig geschieht, sollte man Sie zugunsten der immer mehr eingeengten Tierwelt zwangseingliedern oder Sie und alle, die sich, wie Sie, den Besitz artfremder Lebensräume aneignen, wie die von Ihnen beklagten, zum Abschuß freigegebenen Elefanten in Afrika, ebenfalls zum Abschuß freigeben.

Begründung: Es sind einfach zu viele, und sie beanspruchen zuviel Raum. Mit freundlichen Grüßen zum Nachdenken Gerd R.«

Woher kommt ein derartiger Haß?

Meine Antwort:

Sehr geehrter Herr R.,

Ihr Brief lag bereits im Papierkorb, da dachte ich mir, dieser arme Mensch ist so haßerfüllt, dem *muß* man einfach antworten. Ein begnadeter Zoologe scheinen Sie nicht zu sein, sonst würden Sie nicht annehmen, daß in 700 Metern Höhe Steinböcke leben wollen. Hoffentlich können Sie wenigstens gut schießen. Da Sie ja meinen Abschuß beschlossen haben, müssen Sie wirklich gut treffen, sonst erschießen Sie noch aus Versehen eins der vielen Rehe, die auf der Wiese neben meinem Haus unter den Apfelbäumen grasen!

Mit den besten Wünschen ...

Ein Mann, der, wie er schreibt, mit der geistigen Welt auf gutem Fuß steht, meint, ich werde die Arbeit, die ich in Bulgarien begonnen habe, im Auftrage des *Herrn* in einem größeren Rahmen forsetzen ... tröstlich die Worte eines jungen Mannes: »Welcher Mensch kann schon so stolz auf ein so ausgefülltes Leben sein! Wir brauchen Sie auch weiterhin als jemanden, der wagt, Ideen hat und Vorbild ist. Schade um jeden, der aufgibt. Diese vier Jahre Arbeit haben doch auch viele kleine Blumen am Wegrand aufblühen lassen. Schade aber, daß das Gute nur mit einem solchen Aufwand an Kraft versucht werden kann. Ich möchte Ihnen jedenfalls ganz herzlich für Ihren bisherigen großen Einsatz danken.«

Auch Jehovas Zeugen haben wieder gratuliert. Sie trösten

mich angesichts des Scheiterns in Doppendorf, daß es »die Träumer sind, die Berge versetzen können«.

Von wegen! TräumerInnen hatten wir genügend – nur zu wenige, die Träume auch in die Wirklichkiet umzusetzen bereit waren. Wenn nur eine träumt, bleibt es ein Traum, und wenn nur eine handelt, ebenso.

Schon Vincent van Gogh hätte geklagt, schreibt die Absenderin, daß sich keiner an seinem »geistigen Ofen« wärmen wollte.

»Vertrauen Sie bitte fest darauf, daß Ihre große Zeit erst kommen wird, und zwar auf Gottes gereinigter Erde in seinem neuen System.« Und, P.S.: »Vincent van Gogh schnitt sich aus seelischen Nöten ein Ohr ab. Tun Sie das nicht, schon gar nicht wegen eines nicht geglückten Seminarzentrums.«

1. Dezember 1991

Alles Weiterkämpfen ist sinnlos.

Der Widerstände sind zu viele. Ich muß es endlich akzeptieren – das »Aus« für das Projekt Doppendorf.

6. Dezember 1991

In meinem Rundbrief an die Vereinsmitglieder habe ich diesmal das Motto des Vereins umgedreht zitiert:

> »Wenn viele träumen, beginnt der Traum, Wirklichkeit zu werden – wenn (aber nur) eine träumt, bleibt es ein Traum.«
>
> Liebe Freundinnen und Freunde! Diesen Rundbrief zu schreiben, fällt mir sehr schwer. Nicht nur fehlten – letzten Endes – genügend Mit-Träumer, sondern noch mehr genügend Mit-Arbeiter, die nun einmal nötig sind, damit ein Traum überhaupt Wirklichkeit werden kann.
>
> Es kommt ein Punkt, wo Mensch einsehen muß, daß alles Kämpfen seine Grenze hat. Mein Brief heute bedeutet das »*Aus*« für das Projekt Öko-Siedlung in Doppendorf.

Nahezu vier Jahre hat sich mein ganzes Leben um dieses Projekt gedreht, habe ich alles investiert, was ich an Energie, Nerven, Zeit und Geld aufbringen konnte, sehr oft weit über meine Kräfte. Was dieses »*Aus*« für mich persönlich bedeutet, kann niemand ermessen ... Es scheint, daß ich mit meiner, wie ich immer noch glaube, zukunftsweisenden Idee einfach einige Jahrzehnte zu früh dran war. Vielleicht habe ich das Kind auch zu groß geplant. Vielleicht gilt es zur Zeit, sich mit dem Setzen kleinerer Öko-Lichtpunkte zu begnügen. So hat eins unserer Vereinsmitglieder privat ein Stück Land in der näheren Umgebung gekauft, auf dem sich Menschen im Sinne des Vereins ansiedeln können. Denn Ziel des Vereins ist es ja, all diejenigen miteinander in Verbindung zu bringen, die eine Veränderung zum Guten immerhin noch versuchen, die immer noch das berühmte Apfelbäumchen pflanzen wollen, auch wenn morgen die Welt unterginge – denn, und hier zitiere ich Erich Fried: »Wer will, daß die Welt so bleibt, wie sie ist, der will nicht, daß sie bleibt.«

Mein offener Brief an einen befreundeten bulgarischen Arzt hat ein unerwartet starkes Echo gefunden und mir eine Einladung nach Bulgarien eingebracht. Ich hatte Gelegenheit, bei Besuchen in Schulen und Sanatoriumskantinen, in Gesprächen mit Hausfrauen, Köchen und Ärzten die Bestätigung zu finden, daß auch und gerade in Bulgarien wie in den übrigen östlichen Ländern eine vegetarische Vollwerternährung möglich und für jeden erschwinglich wäre, nämlich zu etwa fast einem Drittel (!) der Kosten, die für die übliche Ernährung aufgewendet werden müssen, daß sich also wieder einmal der Bruker-Satz bewahrheitet: »Gesundheit ist ein Informationsproblem.«

Wieviel wir auf diesem Gebiet schon erreicht haben, beweist die Tatsache, daß immer mehr ganz »normale« Gasthäuser heute vegetarische Vollwertgerichte anbieten, beweisen die Fortschritte in umweltbewußtem Verhalten und gerade auch bei den Kindern eine immer stärker bemerkbare Sensibilität im Hinblick auf Tierschutzprobleme wie Massentierhaltung, Tierversuche etc.

Am 28. Februar 1992 möchten wir unsere Jahreshauptversammlung abhalten und werden dann gemeinsam über die Zukunft des Vereins entscheiden. Ich freue mich darauf, liebe alte Freunde wiederzusehen, und bin mit den herzlichsten Grüßen und Wünschen für den Rest des alten wie den Beginn des neuen Jahres Ihre/Eure Barbara Rütting.

7. Dezember 1991

Margarete Mackwitz und ich haben den Mietvertrag für das Seminarhaus und damit auch dessen Verlängerung bis zum Jahr 2025 in beiderseitigem Einverständnis per 29. Februar 1992 aufgehoben.

Zu diesem Zeitpunkt erhalte ich auch mein Sparbuch mit der von mir privat einbezahlten Kaution für drei Monate Miete zurück.

Frau Mackwitz wird bis zum 6. Januar 1992 erklären, ob sie Möbel, Gardinen, Lampen bzw. andere Einrichtungsgegenstände, die der Verein ins Haus gebracht hat, übernehmen will.

Über eine Ablösung der Investitionskosten, die ich persönlich geleistet habe, muß noch verhandelt werden. Laut Vertrag hat die Vermieterin substanzerhaltende Investitionen zu begleichen.

Bis Ende Februar müssen sämtliche Bücher aus der Bibliothek und alle übrigen losen Gegenstände verpackt und abtransportiert sein.

Ich weiß nicht, wer von uns beiden mehr erleichtert über das Ende diese Vertrages ist, Margarete Mackwitz oder ich.

8. Dezember 1991

Das letzte Mal im Seminarzentrum ein Kinder-Backtag. Merkwürdig, es kommt keine Stimmung mehr auf. Wie schön war es vor einem Jahr! Wie bin ich mit den Kindern durch das Haus getobt, wie lustig und ausgelassen waren wir, haben Eisenbahn gespielt und gebimmelt und gesungen und gelacht. Die Kleinen, sogar die 4- und 5jährigen, haben mit Nudelhölzern ihren Teig gewalkt und eine Phantasie beim Gestalten ihrer »Bilder« entwickelt, daß es eine wahre Freude war: das Katzengesicht aus Kokosraspel mit einem Schnurrbart aus Mohn, grüne Pistazien die Augen und eine rote Kirsche der Mund – sogar die verschüchterten Kinder waren schließlich kaum zu bremsen: »Ich brauch noch Bananen für die Beine, ich Orangenspalten für die Ohren!«

Diesmal war alles wie mit aufkeimender Traurigkeit unterfüttert. Es ist die Luft raus, wie man sagt, und allmählich glaube ich, daß über diesem Haus ein Fluch liegt. Genauso, wie überall, wo wir gestrichen haben, wieder nasse Flecken zum Vorschein kommen, so scheint der Wurm drin zu sein in diesem Haus.

Ich bin nun froh, wenn ich es verlassen darf und bald nicht mehr sehen muß.

Der junge Bankangestellte, der unser Projekt von Anfang an wohlwollend begleitet hat, wollte über den »Skandal«, wie es zum Scheitern kam, im Ortsblättchen einen geharnischten Bericht bringen. Es wurde ihm vom Gemeinderat untersagt. Margarete Mackwitz gehört halb Doppendorf. Und die Gemeinde will ein Stück Land von ihr für die Vergrößerung des Friedhofs.

9. Dezember 1991

In allen möglichen Öko-Blättchen, die mir die Post ins Haus bringt, werden Projekte vorgestellt, ähnlich dem meinen. Da heißt es dann, wie bei mir vor vier Jahren: »Eine Idee nimmt Gestalt an –«, und da sind die Fragebögen, ähnlich denen, die wir vor vier Jahren verfaßt haben: »Angaben zu deiner Person – welche Lebensform stellst du dir vor – wieviel Wohnraum – welche Freizeiteinrichtungen wünschst du dir – wie sieht dein idealer Arbeitsplatz aus – wie könnte unser Öko-Projekt finanziert werden etc...«

Mir krampft sich das Herz zusammen, wenn ich mir vorstelle, wieviel Enttäuschungen die alle noch vor sich haben...

In der Mark Brandenburg ist gar eine Öko-Stadt geplant, Ziel: 20.000 bis 30.000 Bewohner. In der dritten Nummer der Zeitung lese ich, daß der »Gründungsvater« und Aufsichtsratsvorsitzende der Öko-Stadt GmbH wegen einer schweren Erkrankung für die nächste Zeit seine aktive Mitarbeit am Projekt einstellen und sein Aufsichtsratsmandat niederlegen mußte…

13. Dezember 1991 (Freitag)

PKW von zwei LKW zermalmt: vier Tote – grimmige Kältewelle in Europa: türkische Schulen geschlossen – elf Tote in Italien – Schneemassen in Israel – Güterzüge entgleisten, hoher Sachschaden – Sondermüll auf Misthaufen gelagert (St. Pölten) – Amoklauf im Gemeinderat, 2 Männer erschossen (Kiel) – weltweit mehr Schäden durch Naturkatastrophen (dpa/Davos) – 14 Tote bei Flugzeugabstürzen (Atlanta) – nach Dammbruch verheerende Überschwemmungen am Rande des Nildeltas, Tausende Ägypter stehen vor dem Nichts (Alexandria) – ein Wirbelsturm hat im pazifischen Inselstaat Westsamoa mindestens 13 Menschenleben gefordert – seine beiden kleinen Buben warf am Mittwoch ein 58jähriger Mann nach einem Streit mit seiner Lebensgefährtin in einen eiskalten Stausee in Nordrhein-Westfalen (Höxter) – bei einem Brand in einem Altersheim in der kanadischen Provinz Quebec, ausgelöst durch einen Toaster, kamen am Mittwoch 5 Menschen ums Leben. Sie erstickten, zehn weitere mußten ins Krankenhaus eingeliefert werden – in Wien hat eine Frau, die sich als Bankdirektorin ausgab und ihren Geldgebern Zinsen bis zu 50 Prozent in Aussicht stellte, diese um insgesamt 6,7 Millionen Schilling betrogen – all dies steht heute, Freitag, den Dreizehnten, auf einer einzigen Seite der *Salzburger Nachrichten*.

Für mich persönlich war Freitag, der Dreizehnte, nie ein Unglückstag, ganz im Gegenteil. An einem Freitag habe ich als dreizehnte Schauspielerin Probeaufnahmen für den Film »Die

Geierwally« gemacht und, obwohl eine Saupreußin, die Rolle bekommen.

Immer öfter aber frage ich mich, ob meine esoterisch angehauchten Freunde recht haben, die da meinen, man solle den düsteren Seiten des Lebens keine Aufmerksamkeit widmen, weil man sie sonst nur noch verstärke; das heißt eigentlich, weder Nachrichten hören noch Zeitung lesen.

Wie kann ich das aber, als politischer Mensch fühle ich mich verpflichtet, informiert zu sein!

Die Wahrheit dürfte, wie meistens, in der Mitte liegen.

Gerade in diesem Zusammenhang zeigt sich wieder einmal die immense Bedeutung des Maharishi-Effekts. Ich zitiere aus einer Infoschrift der Internationalen Meditationsgesellschaft: »Die menschliche Gesellschaft ist ein System, das ähnlich aufgebaut ist wie der menschliche Organismus: Sie besteht aus vielen einzelnen ›Zellen‹, den einzelnen Menschen, die alle miteinander in einem ganzheitlichen System verbunden sind. Die Qualität des Gesamtorganismus – sein Gesundheitszustand – hängt von der Gesundheit des einzelnen Bausteins ab.

Die Qualität einer Gruppe von Menschen ist unterschiedlich, je nachdem, ob sich die Mitglieder in einem gespannten, gestreßten, unkohärenten Zustand befinden oder ob sie harmonisch, ausgeglichen und kohärent sind. Der Zusammenhang zwischen individuellem und kollektivem Bewußtsein zeigt sich auch sehr deutlich am Beispiel einer Schulklasse oder am Betriebsklima einer Firma. *Die Summe der Qualität des einzelnen bestimmt die Qualität der Gesellschaft.*

Die Regierung ist das Spiegelbild des Kollektivbewußtseins eines Landes; das heißt, ist das Bewußtsein eines Teils der Bevölkerung geordnet und harmonisch, so ist das Bewußtsein des ganzen Landes geordnet und harmonisch und ermöglicht geordnete, harmonische und evolutionäre Entscheidungen der Regierung.

Man kann die Qualität der Gesellschaft direkt ändern, indem man die Qualität des einzelnen ändert. Wenn man in der Lage ist, dem einzelnen Menschen ein praktisches Mittel in die Hand zu geben, wie er Streß und Verspannungen abbauen kann, so wird dadurch ganz automatisch das Streß- und Aggressionsniveau in der Gesellschaft reduziert. Man »transzendiert« damit die Ebene der Probleme und ändert dadurch die Qualität – das kollektive Bewußtsein – der gesamten Gesellschaft.

Exakt kontrollierte Studien ergaben eine deutliche Abnahme der Verkehrsunfälle, der Kriminalität, ja sogar von Kämpfen in Krisengebieten (z. B. im Libanon) durch den Einsatz dieser unkonventionellen Friedenstechnologie, nämlich der Transzendentalen Meditation. So unglaublich es klingt, die unsichtbare Kraft der Stille der Meditation ist imstande, dauerhaften Frieden zu schaffen.

›*Da Kriege und Konflikte im Bewußtsein der Menschen entstehen, können sie auch nur dort gelöst werden.*‹ (Präambel der UNESCO-Charta)«

16. Dezember 1991

Eine Bekannte, jene, die mir den Seher schickte, der mir schon vor geraumer Zeit erklärte, ich solle das Projekt Doppendorf aufgeben, die Ziele seien nicht hoch genug gesteckt, rief mich an und teilte mit, meine große Zeit komme erst, Doppendorf sei als Aufgabe viel zu klein für mich; außerdem würde ich eines Tages mit braunen Augen aufwachen.

Okay, von mir aus auch noch braune Augen. Braune Augen sollen weniger lichtempfindlich sein, werd' ich vielleicht nicht ganz so schnell blind vom Ozonloch. Spiel mit mir Blindekuh!

Greenpeace-Anzeige in den *Salzburger Nachrichten*:

Das Horoskop zum Tag.
In Ihrem Leben wird die Sonne scheinen.
Ein dominanter Krebs wird in Ihr Leben treten.
Könnte stimmen.
Ihr Ozonloch.

19. Dezember 1991

Die mit soviel Aufwand und Brimborium angekündigte Landesausstellung »Irrwege–Umwege–Auswege« ist übrigens gescheitert, sang- und klanglos, wir »50 Fachleute aus Österreich, Deutschland und der Schweiz« sind nicht einmal informiert worden, daß, warum und weshalb.

Und den jungen Pfarrer hat die Doppendorfer Gemeinde verjagt. Er war, etwas verdichtet ausgedrückt, nicht bereit, seine Freundin als seine Köchin auszugeben, wie das ja üblich ist und auch abgesegnet wird.

Angeblich ist er von seinem Priesteramt zurückgetreten.

Recht hat er.

20. Dezember 1991

»Ein Mensch lebt nur dann nach sittlichen Maßstäben, wenn das Leben als solches ihm heilig ist, das Leben von Pflanzen, Tieren und Menschen, und wenn er allem Leben hilft, das der Hilfe bedarf.«

Nach dieser Forderung von Albert Schweitzer hat ein junger Salzburger die Annahme der Waffe verweigert; weil er Gewalt in seinem Leben zu vermeiden sucht, ist er nicht bereit, acht Monate lang Gewalt zu üben – die lapidare Überschrift in der Zeitung: »Wehrdienstverweigerer in Haft«.

Wer sich nicht zum Töten ausbilden lassen will, wird eingesperrt. Wer am meisten mordet, wird am höchsten dekoriert.

27. Dezember 1991

Der Weihnachtsmüll übersteigt wieder einmal sämtliche Vorstellungen, die Tonnenzahl habe ich mir lieber nicht gemerkt.

Was sie allein mir ins Haus schicken, meine Verehrer und Verehrerinnen: mein Porträt gemalt und in Kreuzstich gestickt, selbstverfaßte Gedichte und Theaterstücke und Friedenshymnen – für die ich natürlich einen Verleger finden soll, sonst sind sie beleidigt –, in Schnadahüpferl und anderen phantastischen Reimen besingen sie mich – wehe aber, ich antworte nicht umgehend! Dann wird mit Liebesentzug gedroht. »Nun verehre ich Sie schon so viele Jahre und warte schon vier Wochen auf eine Antwort – das tut weh...«

Sie wollen wissen, was sie gegen ihren Fußpilz, ihre Neurodermitis machen sollen, ob sie ihre Schlupflider operieren lassen oder sich scheiden lassen sollen (Foto beiliegend), ob ich grundsätzlich gegen Schönheitsoperationen bin, wenn ja, warum; ob der von mir so gepriesene Beinwell tatsächlich so giftig ist, wie wiederum der Apotheker behauptet, ob vielleicht das eine im Salat genossene Blättchen bereits die Familie umbringen könne, oder ob der Fall erst bei zwei oder drei Blättchen zu befürchten ist; warum der Brotteig nicht aufging oder bröckelte, die Suppe zu flüssig war, welchen Kochtopf ich bevorzuge, warum eines meiner Pferde 36 Jahre alt geworden ist, ob ich meine Hunde vegetarisch ernähre, meine Katzen Mäuse fressen, der Salatkopf auch leidet, wenn man ihn aus dem Boden reißt, ob man von gekochtem Essen tatsächlich stirbt und bis mittags nur Obst essen sollte, ob Rohköstler Schnapsnasen kriegen – eine Gruppe Rollstuhlfahrer möchte sich meinen Hof ansehen und mit mir plaudern, andere Initiativen drohen mit Besuchen, ich soll einen Hund vermitteln oder am besten gleich bei mir aufnehmen, ein Haus auf Sardinien empfehlen, weil ich wüßte doch bestimmt eine nette Pension für den Familienurlaub, wo tiereiweißfrei gekocht wird...

Habe ich einmal geantwortet, bin ich verloren, dann hagelt es weiterhin Antwortbriefe bis an mein Lebenende, unerbittlich.

In meiner Verzweiflung angesichts der Briefberge, die nicht zu beantworten ich wieder nicht das Herz habe, entwarf ich nun einen Formbrief, dem ich jeweils die ganz individuelle

Antwort zufüge: Bei Fußpilz am besten jeden Abend einen Einlauf usw. usw. usw.

Frida hat ihren Weihnachtsurlaub. Dora ist, nie hätte ich das für möglich gehalten, eine unendliche Hilfe. Sie bekommt immer mehr Zutrauen zu den Pferden, hat Reitstunden genommen, sich zu einer Koryphäe beim Stallausmisten entwickelt und – eine Technik beim Hufeauskratzen erfunden, daß sowohl Frida wie ich, die wir uns dabei immer mordsmäßig angestrengt haben, aus dem Staunen nicht herauskommen, so leicht macht die Dora das, hält die Hufe mit den Fingerspitzen, ganz leicht und locker!

Mit diesen beiden, Dora und Heinz, habe ich das große Los gezogen. Und gerade von ihnen hatte ich mir überhaupt nichts erwartet! Den Hunden ging es noch nie so gut, jeden Tag dürfen sie stundenlang spazierengehen. Und wenn ich wegfahren muß, schläft Heinz im Haus. Eine ideale Lösung. Wir sehen uns, wenn wir mögen, hauptsächlich im Garten oder im Stall – und keiner geht dem anderen auf die Nerven.

Der ORF-Intendant Marboe in einer Sendung »Licht ins Dunkel«: »Man muß hier und da ein Stückchen von sich hergeben. Darum erzähle ich es, mir fehlt ein Knochen, meine Beine waren nicht gerade. Und ich wurde als Kind verspottet.«

Ein serbischer Soldat im Schützengraben meldet stolz im Fernsehen: Statt Christbaumkugeln haben wir Handgranaten am Weihnachtsbaum!

In der schwer beschädigten Stadt Dubrovnik wollten Bürger auf die Verwüstungen aufmerksam machen, indem sie bei einer Demonstration ein von Kugeln durchlöchertes Kruzifix trugen. Ein erschütterndes Foto. Verwüstet diese schöne Stadt, in der wir vor einem Jahr während unseres Segeltörns vor Anker lagen...

28. Dezember 1991

Ein handgeschriebener Brief von Margarete Mackwitz. Sie hat sich inzwischen mit ihrem Anwalt beraten und knüpft im nachhinein Bedingungen an die Auflösung des Mietvertrages, nämlich daß »die Liegenschaft mit dem unbeweglichen Inventar (niet- und nagelfest getätigte Investitionen) wie sie derzeit liegt und steht« zurückgegeben wird – ohne »weitere Ansprüche für sämtliche in den Bestandgegenstand getätigte Investitionen«.

Das ist nun wirklich die Höhe. Im Vertrag steht ausdrücklich, daß die Vermieterin substanzerhaltende Maßnahmen zu finanzieren hat, der Verein dagegen die Arbeitsleistung. Ich habe die Heizung eingebaut mitsamt einem Stahlkamin, eine Heizung, die das komplette Haus beheizt, ich habe Toiletten eingebaut, ohne die ein Restaurant gar nicht hätte eröffnet werden dürfen, ich habe allein für 41.000 Schilling die lebensgefährlich veralteten Steckdosen instandbringen lassen, sogar einen Teil der Kanalgebühren bezahlt. Nun wird es wohl kaum ohne Rechtsanwälte abgehen.

Mein Schutzengel, auf den ich so vertraute, hat mir gar nicht beigestanden. Oder wurde dieses Projekt tatsächlich »von höherer Ebene« nicht gewollt? Wenn es so ist, warum habe ich mich dann so lange damit abrackern müssen?

Sehr erschöpft. Das alte Jahr hockt mir bedrohlicher als irgendein Jahr zuvor in den Knochen. Schwere Herzrhythmusstörungen. Mein Herz stolpert dermaßen, daß ich zum ersten Mal den Ausdruck nachempfinden kann, jemandem rutscht das Herz in die Hose. Es ist, als mache es einen Satz und stürze nach unten in den Bauchraum ab. Ich mußte mehrmals eine kleine Spraydose in Anspruch nehmen, die ich »für alle Fälle« in der Handtasche habe, irgendein Nitroglyzerinzeug, das die Verkrampfung der Herzkranzgefäße löst. Mein Hausarzt gibt mir stärkende Spritzen und verordnet mir eine Kur.

Fühle mich wie ausgeblutet. So ist wohl einem Schaf beim Schächten zumute, kurz bevor das Leben erlischt.

31. Dezember 1991

Wird der Jahreswechsel den Eintritt in eine neue Welt bedeuten, wie allgemein erwartet wird?

»Die Sowjetunion ist verblichen« – aber Gewalt triumphiert, überall. Schizoid alles. Bei uns im Westen die Weihnachtsdekorationen, die Kaufwut, hastende Menschen – und ringsum in der Welt flüchtende Menschen, verbrannte Erde. Trotz der Mahnung »Brot statt Böller« wird es wieder sein wie eh und je, Böller statt Brot.

Der Psychotherapeut und Schöpfer der Logotherapie, Viktor Frankl, meint, die allgemeine weltweite Depression, Aggression und Drogensucht lassen sich auf die vermeintliche Sinnlosigkeit zurückführen, in der viele Menschen gefangen sind. Als Verursacher sieht er die Industriegesellschaft, die darauf aus sei, alle menschlichen Bedürfnisse nicht nur zu befriedigen, sondern überzubefriedigen, durch Wecken immer neuer Bedürfnisse. Dabei werde ein Bedürfnis vergessen, nämlich den Menschen zu helfen, in allem einen Sinn zu sehen.

Einen Sinn, der für alle gültig ist, kann es ganz sicher nicht geben. Schön wär's, aber wohl zu einfach.

Ich hatte gedacht, der Sinn meines Lebens wäre es, diese Öko-Siedlung zu gründen. Ich habe mich geirrt. Nun bin ich in ein tiefes Loch von Sinnlosigkeit gefallen. Wie wird meine neue Sinnfindung aussehen, werde ich sie finden, wird sie mir gelingen?

Il faut cultiver le jardin, läßt Voltaire seinen Candide sagen. Weiß ich seit vierzig Jahren, versuche ich ja auch.

Die Meditation, das Transzendieren, wird mir dabei helfen.

Eben fuhr ich am ehemaligen Seminarzentrum vorüber. Alles ist verwaist, das Vollwertrestaurant geschlossen.

Warum nur, warum nur durfte diese wunderbare Idee nicht Wirklichkeit werden?

Ich stelle mir die erleuchteten warmen Wohnungen vor, jetzt

um die Weihnachtszeit, Kinder toben durch das Haus, dazwischen tollen Hunde, und die alten Menschen haben gütige Gesichter – aus der Bäckerei duftet es nach frischem Honigbackwerk und feinen aromatischen Tees – warum nur, warum?

Der schwerste Schicksalsschlag meines bisherigen Lebens, dieses Scheitern. Die Herzwunde bricht immer wieder auf.

Die Scheune, die wir umbauen wollten, hat ihren eigenen Schlußakkord unter die ganze Tragikkomödie gesetzt: Ihr Dach ist eingestürzt.

2. Januar 1992

Erschöpft und überanstrengt und in der Erkenntnis, dringend eine Rundum-Erholung zu benötigen, habe ich mich kurzentschlossen zu einer Pancha-Karma-Kur in einem Ayur-veda-Kurzentrum im Schwarzwald angemeldet.

Ich bin auf dem besten Wege, mich zu einer Misanthropin zu entwickeln. Beim Einkaufen für die Tage über Neujahr wurde mir fast übel. Der Anblick all der vollgefressenen Menschen mit ihren vollgestopften Einkaufswagen voller Eßwaren löste in mir einen derartigen Ekelschub aus, daß ich nur Sahne für die Katzen kaufte.

Die Autorin berühmter kulinarischer Kochbücher delektierte sich also auch über Neujahr an Pellkartoffeln und Sauerkraut.

Wie kann es bloß gelingen, alle Menschen zu lieben...

3. Januar 1992

Zum Jahreswechsel wendet sich jemand »auf Wunsch der geistigen Welt« an mich, nachdem er mir vor Wochen bereits eine Gralslampe geschickt hat, die allerdings zerbrochen ankam und die ich dann in meiner Ahnungslosigkeit in die Mülltonne getan habe. Den »lieben Geistgeschwistern« wird mitgeteilt, daß die 2.000 Jahre , die *Jesus Christus* der Menschheit gegeben hat, um nach der tätigen Nächstenliebe zu leben und zu handeln, in wenigen Tagen vorbei sein werden.

Dann wird »das himmlische Zeichen des Herrn am Himmel erscheinen, drei konzentrische Ringe um die Sonne, und damit die Reinigung der Erde von allem Bösen beginnen.«

Um es abzukürzen, diese Reinigung wird zwölf Tage und

zwölf Nächte dauern und mit einer zweieinhalbtägigen Finsternis enden. In der Zeit der Finsternis wird aus dem Atlantischen Ozean die Insel »Atlantis« wiederauftauchen (Durchmesser 3.000 Kilometer). In dieser Zeit der Reinigung sind nach dem Willen des Herrn, erfahre ich weiter aus dem Brief, alle öffentlichen Verkehrsmittel wie Bahn, Bus und auch der Flugverkehr kostenlos für alle. Im Fernsehen wird ein Beitrag gebracht mit Hinweisen, was alles an Bildern etc. aus den Kirchen zu entfernen ist.

Diesem allgemeinen Rundbrief ist ein speziell an mich adressierter beigelegt. Darin werde ich aufgefordert, am dritten Tag nach der himmlischen Erscheinung zuerst nach Hamburg und dann weiter nach Minsk zur dortigen Kathedrale zu fliegen, das Gralslicht immer dabei. Alle Verkehrsmittel stehen mir kostenlos zur Verfügung, darunter auch Hubschrauber, und die besten Hotels. Sollte der Glaszylinder unterwegs kaputtgehen, erhalte ich durch Materilisation aus der geistigen Welt einen neuen. In Hamburg soll ich im Hotel Plaza am Dammtor übernachten, selbstverständlich kostenlos. Abends ist ein gemeinsamer Gottesdienst in der Michaeliskirche vorgesehen, geleitet von einem Frère Roger aus Taizé und 100 seiner Brüder. Der Gottesdienst wird vom Fernsehen weltweit übertragen.

Glücklicherweise folgt danach ein kleiner Imbiß und ein gemütliches Beisammensein (!) zur Klärung offener Fragen (da bin ich aber froh!). Dann Abflug der einzelnen »Arbeiter im Weinberge des Herrn« in die verschiedenen Länder und Orte.

Mit Bussen werden Sie zum Flughafen gebracht, und dort wartet Ihre Maschine oder Ihr Hubschrauber, um Sie nach Minsk zu bringen«.

Es folgt eine ganze DIN-A4-Seite mit den Namen der ArbeiterInnen: Dr. Drewermann soll nach Wittenberg in die Lutherkirche fahren, Hans-Joachim Kulenkampff in die Thomaskirche nach Leipzig; Dagmar Berghoff den Dom in Stendal und Fritz Egner den in Ratzeburg betreuen; Richard von Weizsäkker wird dem Dom von Aachen zugeteilt, Uta Ranke-Heinemann, Peter Ustinov und Hardy Krüger dagegen sollen die Gotteshäuser in England besuchen, Peter von Zahn, Reinhard Mey, Rainer Holbe und andere werden in französische Kathedralen entsandt.

Ich bin ja nun wirklich gutgläubig, halte grundsätzlich erst einmal nichts für unmöglich, man könnte schon sagen, ich bin eine Agnostikerin. Ich kann mir auch vorstellen, daß Wesen aus dem Jenseits das zerbrochene und fortgeworfene Gralslicht wieder materialisieren können; habe vorsichtigerweise – man weiß ja nie – auch immer wieder gen Himmel gespäht, ob vielleicht die angekündigten konzentrischen Ringe auftauchen – sie tauchten aber nicht auf, und ein Hubschrauber stand auch nicht in meinem Garten. So kam ich gar nicht dazu, auszuprobieren, ob die Unterbringung im Hotel Plaza wirklich kostenlos gewesen wäre. Schade, ich hätte mich so gefreut, all die netten aufgelisteten MirarbeiterInnen kennenzulernen oder wiederzusehen, besonders natürlich hätte mich ein Treffen mir Dr. Drewermann interessiert.

Und da fällt mir der Witz ein, wie zwei mit Fallschirmen abspringen, die sich beide nicht öffnen (auf dem Erdboden soll ein Jeep für sie bereitstehen). Sagt der eine zum anderen während des freien Falls: »Wetten, daß der Jeep auch nicht da ist?« Nach Rußland fliegen außer mir noch meine Freundin, die Schriftstellerin Christiane Thurn-Valsassina, sie allerdings weiter nach Tiflis im Kaukasus, Peter Scholl-Latour (Maria-Himmelfahrt-Kathedrale in Moskau) und Uschi Glas (Basilius-Kathedrale in Moskau). Christian Quadflieg und ich könnten vielleicht den gleichen Hubschrauber nehmen, er soll in die Kathedrale von Kričov, 300 km östlich von Minsk. Aber noch lieber wäre ich mit Robert Atzorn geflogen, »unserem Lehrer Specht«. Für den schwärme ich, er erinnert mich an meine Jugendliebe Edwin. Aber Lehrer Specht fliegt leider nach Krakau.

Weitere Anordnungen: Weltweit müssen aus allen Gotteshäusern alle Stühle und Bänke entfernt werden. Alle Gotteshäuser werden Tag und Nacht geöffnet sein. Da auch viele Priester und Pfarrer die Erde verlassen werden, sollen wir aufgelisteten ArbeiterInnen dann in unseren Heimatgemeinden die Gottesdienste leiten. Während der Zeit der Reinigung werden alle Treibstoffe wie Benzin, Diesel etc. überall auf der Erde kostenlos abgegeben.

Etwas Wichtiges hätte ich beinahe vergessen: Jeder von uns soll sieben Gitarren der Tonlage *Alt* mitnehmen, die während des Gottesdienstes gespielt werden möchten.

Ach ja, und dann war da noch die Frau, die zum Scheitern des Öko-Projektes meinte: »Die Frau Rütting hätte halt vorher einen Astrologen fragen sollen!«

13.–23. Januar 1992

»Der Mensch ist gesund, dessen Stoffwechsel, Verdauung, Gewebe und Ausscheidungsfunktionen im Gleichgewicht sind und dessen Bewußtsein, Geist und Sinne sich im Zustand des Glücks befinden.«

So hat es der indische Arzt Sushruta ca. 500 Jahre vor Christi formuliert – und nach diesem Prinzip arbeitet der Ayur-Veda, wörtlich übersetzt die »Wissenschaft vom Leben«, heute noch. Es geht um ein breit angelegtes Vorsorgeprogramm, das helfen soll, Gesundheitsstörungen zu vermeiden und darüber hinaus den physiologischen Alterungsprozeß zu verlangsamen. Eine entscheidende Rolle spielen dabei die drei Doshas. Unter diesen Doshas versteht der Ayur-Veda die Prinzipien, welche Körper und Geist harmonisch zusammenspielen lassen. Die drei Doshas »Vata«, »Pitta« und »Kapha« sind in jedem Menschen unterschiedlich ausgeprägt und bewirken unterschiedliche Bedürfnisse in bezug auf Ernährung, berufliche Tätigkeit, Tag- und Nachtrhythmus, sportliche Betätigung etc. – von ihnen hängen auch Klima- und Jahreszeitenverträglichkeit ab, auch die Tendenz zu bestimmten Krankheiten wird durch die drei Doshas bestimmt. Der ayurvedische Arzt versucht herauszufinden, zu welchem Konstitutionstyp der Patient gehört, welche Disharmonien zur Krankheit geführt haben, und diese aufzulösen, ausschließlich mit Hilfe pflanzlicher Präparate, Heilkräutertabletten und -pasten, unterstützt durch Massagen, Ölbehandlungen, Yogaübungen und Meditation.

Schon lange wundere ich mich über die unterschiedlichen Eßgewohnheiten meiner Freunde; sauer, salzig, süß, bitter, herb, jeder mag es anders, »manche mögen's heiß« – die Geschmäcker sind so verschieden. In der ayurvedischen Drei-Dosha-Typeneinteilung fand ich nun endlich die Erklärung für dieses Phänomen.

Die Pancha-Karma-Kur nun besteht aus fein abgestimmten Reinigungs- und Ölbehandlungen, die sanft und wirkungsvoll Stoffwechselschlacken aus dem Organisamus schleusen. Gleichzeitig werden die selbstregulierenden Kräfte des Körpers so angeregt, daß eine tiefgreifende Regeneration gerade bei chronischen Störungen eingeleitet wird.

Die Untersuchung besteht in erster Linie in einer Pulsdiagnose. Der erfahrene Ayur-Veda-Arzt liest aus dem Pulsschlag Störungen der einzelnen Organe ab, da jede Körperzelle ihr ganz spezifisches Signal über den Blutkreislauf ans Herz weitergibt, wo die unendlich vielen Signale der einzelnen Körperzellen zu einer einzigen Frequenz zusammengefaßt werden, dem Pulsschlag.

Nach dieser Pulsdiagnose wird die Behandlung zusammengestellt. Ich muß sofort an meinen Lieblingskünstler Joseph Beuys denken und an seine Vorliebe für Wärmendes, Fett und Filz. Denn Wärmendes, vor allem Fett und Wasser, spielen in der Pancha-Karma-Kur eine zentrale Rolle. Warmes Butterschmalz, indisch Ghee, morgens auf nüchternen Magen getrunken, soll, bei gleichzeitiger Abstinenz von Kohlenhydraten, die an den Zellwänden abgelagerten, fettlöslichen Schlacken lösen, das heiße Wasser, das in Abständen den ganzen Tag über getrunken wird, die wasserlöslichen. Am dritten Kurtag hilft ein Glas Rizinusöl dann, den inzwischen im Darm angesammelten Unrat aus dem Körper hinauszubefördern.

Und dann beginnt der Himmel auf Erden, Ganzkörpermassagen mit warmem Sesamöl, ausgeführt von zwei Therapeutinnen, die völlig synchron massieren. Das Vitamin B-haltige Sesamöl reinigt die Haut und beruhigt die Nerven, verstärkt noch durch Shirodara, wobei eine halbe Stunde lang ein Strahl warmen Sesamöls über die Stirn gegossen wird, was zu einer tiefen Entspannung von Nervensystem und Hormondrüsen führt.

Und dann erst das Pizzichilli, das königliche Bad! Eine ganze Stunde lang massieren die beiden Therapeutinnen aus zwei Schläuchen ständig nachfließendes warmes Sesamöl in den Körper – was zu einer tiefen Reinigung und Beruhigung führt.

Diese Behandlungen müßten die Krankenkassen zahlen! Vorbeugend für jedermann und jede Frau, so wie es sich Maharishi ja auch vorstellt. Dann würden sie endlich zu Gesundheitskassen.

Wärme und die liebevolle Berührung zärtlicher Hände geben ein tiefes Gefühl von Geborgenheit.

Beim Mittagessen unterhalten sich zwei Damen am Nebentisch.

1. Dame: »Haben Sie sich getraut, mit dem kleinen Basti einen Waldspaziergang zu unternehmen?«

2. Dame: »Schon, aber nur mit Schutz. Ohne ist es zu riskant.«

1. Dame: »Und wie ist es mit dem großen Basti?«

2. Dame: »Den habe ich noch nicht ausprobiert; aber meine Freundin sagt, er ist weniger gefährlich als der kleine Basti.«

Bei den beiden mehr oder weniger gefährlichen Bastis handelt es sich nicht, wie man vermuten könnte, um irgendwelche Kurschatten, sondern um einen großen und einen kleinen Öleinlauf, ebenfalls Grundpfeiler der Pancha-Karma-Kur.

Und dann macht die Geschichte von dem eitlen Manager

die Runde. Der verschmähte die ihm, wie allen anderen Kurgästen, zum Schutz der Unterwäsche gegen die tückischen Bastis angebotenen Windeln. Gelächter im ganzen Speiseraum, als der Beau durch den Gang stolziert und auf der Hinterseite seines eleganten Anzugs ein riesiger Ölfleck prangt.

Jeden Morgen und Abend Yoga und 20minütige Meditation, die täglich an Tiefe zunimmt.

Meine alte Sehnsucht, in einer spirituellen Gemeinschaft zu leben, hier flammt sie wieder auf. Bin gespannt, ob ich nicht doch noch irgendwann in einem Ashram lande.

Und dann ist doch tatsächlich »d' Liab einigschoß'n in mi«. Der Verursacher: mein Kurarzt, intellektueller, asketischer, mönchischer Typ, sensibel, ironisch.

Bei der Verabschiedung höre ich mich sagen: »Nach einem Menschen, wie Sie es sind, habe ich mich ein Leben lang gesehnt.«

Mit derlei Geständnissen ging schon Bettina von Arnim Goethe auf die Nerven, nach ihr Generationen weniger berühmter Frauen Generationen weniger berühmter Männer.

Mein magerer Mönch streicht mir zartfingrig den Pony zur Seite: »Ach, Kind! –«

Für den Bruchteil einer Sekunde – oder für eine Ewigkeit – haben seine Lippen meine Stirn berührt.

Auf der Heimfahrt höre ich im Autoradio den passenden Schlager: »Keep your love alive – make your love grow as strong as you can – keep your love alive!« Mannomann, Fraufrau, fühl ich mich (wieder) lebendig!

27. Januar 1992

Kaum wieder zu Hause, Anruf von Gustav: Das Seminarzentrum steht unter Wasser.

Es stellt sich heraus, daß die BP beim Einbau der neuen Heizung ein altes Rohr fälschlicherweise nicht abmontiert hat; dieses ist nun geplatzt, und in den 14 Tagen, die sowohl Olga wie auch ich verreist waren, ist das Wasser langsam aber sicher vom Dachboden durch die Wände bis in die Küche gesickert, von wo es dem Gustav entgegenfloß.

Unsägliches Telefonieren, Schreibereien mit den Verantwortlichen; nach anfänglichem Sträuben erkennt die BP ihren Fehler an und schickt einen Gutachter, der den Schaden – aufgeworfener Parkettfußboden in einem der Zimmer, heruntergefallene Tapeten, Wasserflecken in Flur und Küche, auf ca. 20.000 bis 30.000 Schilling schätzt.

Ich habe alles getan, was ich als Vorsitzende des Vereins, der ja leider bis 29. Februar noch Mieter ist, tun konnte – dennoch wieder Vorwürfe von Margarete Mackwitz, ich kümmere mich um nichts.

25. Februar 1992

Einer meiner Brüder schickt mir Berichte über die 1990 in der ehemaligen sowjetischen Besatzungszone entdeckten stalinistischen Hungerlager.

»1990 haben Soldaten der Nationalen Volksarmee bei Fünfeichen, Sachsenhausen und anderen Orten des deutschen ›Archipel Gulag‹ die sterblichen Überreste von Tausenden Opfern aus Massengräbern ausgegraben. Vom sowjetischen Geheimdienst NKWD wurden unmittelbar nach Kriegsende bis zum März 1950 insgesamt rund 180.000 Häftlinge gefangengehalten. Schätzungsweise 65.000 der ohne Haftbefehl einsitzenden Häftlinge starben bis dahin an Hunger, Kälte und Krankheit.«

Darunter auch unser Vater, der Mitte Mai 1945 abgeholt wurde und nie wieder aufgetaucht ist.

Die wenigen, die zurückkamen, erzählten damals nichts. Es wurde nur gemunkelt, er wäre an Ruhr gestorben, oder er wäre totgetreten worden.

Mein geliebter Vater, ein kleiner Nazi – nie habe ich dieses Trauma mit ihm aufarbeiten können.

Mein Bruder schickt noch eine handgeschriebene Postkarte

unseres Vaters mit, der Rektor der Volksschule in Ludwigsfelde war, vermutlich eines seiner letzten Schriftstücke überhaupt, vom 6. März 1945 adressiert an Herrn Studienrat Dr. Lehmann:

»Sehr geehrter Herr Dr.,
bitte, entschuldigen Sie Hartmuts gestriges Fernbleiben vom Unterricht.
Wir sind zur Zeit ohne Wecker und haben die Zeit verschlafen.
Heil Hitler!
Richard Goltz.«

Ich erinnere mich an ein anderes Entschuldigungsschreiben. Es betraf meinen Bruder Reinhard und lautete: »... entschuldigen Sie Reinhards Fernbleiben vom Unterricht. Er hat keine Schuhe. Heil Hitler! Richard Goltz.«

29. Februar 1992

Zur Jahreshauptversammlung erschienen erstaunlich viele Menschen, an die drei Dutzend, darunter fast alle diejenigen, die an einer Wohnung bisher interessiert waren.

Habe ich doch zu früh aufgegeben? Hätte ich doch länger durchhalten sollen?

Der Widerstände waren zu viele, und der Betrüger in Hosenträgern hat mir den Rest gegeben. Es stellt sich übrigens heraus, daß er Margarete Mackwitz gar nicht an ihrem Wohnort in Deutschland besucht hat, auch das eine Lüge!

Nein, nein, ich glaube, es sollte wirklich nicht sein. Und damit muß ich mich nun abfinden.

Die Anteilnahme und Bestürzung über das Scheitern des Projektes ist sehr stark. Ich bemühte mich, bei der Versammlung auf jegliche Schuldzuweisung zu verzichten, was sogar die ebenfalls anwesende Margarete Mackwitz honorierte.

Broda wurde wegen vereinsschädigenden Verhaltens seine Mitgliedschaft aberkannt.

Die vielen liebevollen Briefe, die mich nach meinem Rundbrief »Aus für die Öko-Siedlung in Doppendorf« erreichten, all die Gebete und Meditationen, in die mich so viele Menschen einschlossen, haben mir sehr gut getan. Es war tatsächlich zunächst, als hätte ich ein Kind verloren. Aber nun ist die Trauerarbeit geleistet, und so hatte die Jahreshauptversammlung gar nichts von einem Begräbnis an sich, sondern glich eher einer Auferstehung. Es wurde beschlossen, daß der Verein vorläufig weiterbestehen und die Vereinsziele sozusagen dezentral weiterverfolgt werden sollen.

Jeder Einsatz bringt Früchte, wenn auch oft über Umwege. So wurde in Brüssel soeben ein Beschluß gefaßt, der den vielen TierschützerInnen unter uns die Freudentränen in die Augen treiben wird: Der fürchterliche LD-50-Test, der Test also, bei dem Ratten, Kaninchen, Katzen, Hunde so lange giftige Substanzen schlucken müssen, bis die Hälfte von ihnen qualvoll krepiert ist (LD 50 = letale Dosis 50) – dieser Test also soll weltweit aufgehoben werden.

Womit doch wieder einmal der Wahlspruch unseres Vereins, der Satz des Bischofs Camara, seine Gültigkeit bewiesen hätte: »Wenn einer träumt, bleibt es ein Traum – wenn viele träumen, beginnt der Traum, Wirklichkeit zu werden.« Aber Träumen allein genügt nicht – es gibt nichts Gutes, außer man tut es...

Ein Ehepaar, das ein Darlehen von 50.000 Mark gegeben hatte, bat mich anschließend an die Versammlung zu einem Gespräch. Sie fordern ihre 50.000 Mark nicht zurück – sie schenken mir diese Summe, als Dank für meinen Einsatz und um meinen Verlust zu mindern.

Ich bin ungeheuer gerührt.

23. April 1992

Die oberösterreichischen Nachrichten berichten heute unter den Schlagzeilen »Barbara Rüttings Lebenstraum von einem Öko-Dorf ist zerplatzt« und »Ausgeträumt« über das »Aus« in Doppendorf.

»Da sucht sich die bekannte Schauspielerin Barbara Rütting ausgerechnet die kleine Gemeinde Doppendorf für ihre Öko-Siedlung aus, und dann muß dieses einmalige Projekt an Kleinigkeiten (oder gar Kleinlichkeiten) scheitern. Des lieblichen Dorfes Chance, sich mit dieser Attraktion einen fixen Platz im Qualitätstourismus zu sichern, ist dahin – die Gemeindeväter scheinen aber über das Zerplatzen der Rütting-Träume gar nicht so unglücklich zu sein. Böse Zungen raunen gar, die Kommunalpolitiker seien am Scheitern der Pläne nicht unschuldig – nun ja, Barbara Rütting hat geträumt, und die Gemeinde hat den Traum verschlafen.

›Ich habe geglaubt, ich gehe drauf‹, erzählt sie von den Hintergründen ihres Lebenstraums. Die Öko-Dorf-Idee läßt sie aber nicht los: »Ich glaube, daß ein solches Projekt irgendwann verwirklicht wird!«

28. April 1992

Im nachhinein knüpft Frau Mackwitz Bedingungen an die Auflösung des Mietvertrages, die überhaupt nicht abgesprochen sind. Ich war gezwungen, ihrem Rechtsanwalt zu antworten, daß ich darüber doch einigermaßen fassungslos bin, da die einvernehmliche Lösung des Mietvertrages an überhaupt keine Bedingung geknüpft war – wobei selbstverständlich die ordnungsgemäße Übergabe des Hauses vorausgesetzt wird.

Den Wasserrohrbruch hat die BP zu verantworten, weder der Verein noch Olga Huber. Das Haus war, auch während unserer Abwesenheit, ordnungsgemäß geheizt – der Rohrbruch passierte ja auch nicht in den geheizten Räumen, sondern auf dem Dachboden, wo die BP beim Einbau der neuen Heizung ein altes Rohr nicht abmontiert hat, das dann bei der großen Kälte platzte.

Ich bin nun wirklich wütend. Frau Mackwitz redet von Verlusten, die nicht stattgefunden haben, das Restaurant lief weiter, sie hat Zimmer vermietet. Die Höhe ist, daß sie behauptet, sie hätte das ganze Haus statt günstig an den Verein (12.600 Schilling Miete pro Monat) an potentere Mieter für 37.360 Schilling (!) vermieten können.

Wo waren denn diese potenten Mieter, die diese Bruchbude gemietet hätten?

Das geht nun auch mir über die Hutschnur.

»Interessant ist, sehr geehrter Herr Rechtsanwalt, daß Ihre Mandantin ausgerechnet zu dem Zeitpunkt Gründe fand, den Vertrag für die Scheune als hinfällig zu bezeichnen, als der Verein nach unsäglichem Arbeitseinsatz sozusagen ›über den Berg‹ war; das Seminarhaus war saniert und eingerichtet, die Seminare liefen gut, das Restaurant war in Gang gebracht und fand, schließlich dank meines Bekanntheitsgrades und Einsatzes, immer mehr Zuspruch, das Geld für Abriß und Kauf der Scheune lag auf der Bank, die Pläne des Architekten waren von den zuständigen Behörden und der Gemeinde akzeptiert, genügend Interessenten für die geplanten Wohnungen vorhanden... Ende 1992 hätte eingezogen werden können. Ich überlasse es Ihnen, eine Erklärung für den Gesinnungswandel Ihrer Mandantin zu finden. Ein seitens unseres Rechtsanwaltes leider über Monate nicht beantworteter Brief Ihrer Mandantin, ihr nicht genehme Vereinsmitarbeiter werden zwar immer wieder als Grund für schwindendes Vertrauen angeführt, dürften aber, vor allem aus moralischer Sicht, kaum ausreichen, um einem Menschen, nämlich mir, sein Lebenswerk zu vernichten.

Mich hat diese Farce, anders kann man es nicht nennen, nicht nur ungefähr vier Jahre unentgeltlicher unermüdlicher Arbeit gekostet, sondern darüber hinaus auch noch etwa eine Million Schilling. Ihre Mandantin hingegen findet, nach Behebung des Wasserschadens, ein saniertes Haus vor, das sie nun günstig vermieten kann.«

So, nun habe ich mal meinem Herzen Luft gemacht ... War auch höchste Zeit.

15. Mai 1992

Eine Bäuerin sprach mich heute voller Mitgefühl auf das Scheitern des Öko-Projekts an und meinte: »Da bewahrheitet sich wieder einmal der alte Spruch: ›Tu niemand nix Gutes, dann erntest du nix Schlechtes.‹«

Nachtrag, tröstlicher: Der Dank holt dich nie ein, er schleicht dir hinterher.

Aus Luckenwalde, einem Ort in der ehemaligen DDR, wo ich, nachdem die Berliner Schule ausgebombt war, bis zum Einmarsch der Russen die Schulbank drückte, schreibt mir ein Mann:

»Im Spätsommer 1943, im Herbst, glaube ich, erhielt unsere Schulklasse Zuwachs durch Berliner Kinder, die wegen Bombenangriffen evakuiert waren. Ein Bild hat sich mir eingebrannt. Vor mir saß ein Mädchen, das ein unwahrscheinlich sprühendes Lachen hatte, ein Lachen, das durch und durch ging, nicht laut, aber ungewöhnlich intensiv. Ich ›liebte‹ sie heimlich, ohne jedoch etwas verlauten zu lassen. Sie hatte dicke, dunkle Zöpfe und dann diese großen, schon beim Lächeln strahlenden, durchdringenden und ansteckenden Augen und einen adäquaten Mund, nicht gerade klein, aber das hätte zu diesen Augen auch nicht gepaßt. Ich habe sie durch unzählige kleine Störereien immer wieder dazu gebracht, sich umzudrehen und mich anzulachen. Sie hieß Barbara. Und nach dem Krieg sagte mir ein ehemaliger Mitschüler, das ist die Barbara Rütting.

Vom Gesicht her halte ich es durchaus für möglich – und nun meine Frage: Sind Sie's?«

Eine lustige Geschichte. Also ich bin es. Und lachen tu ich noch genauso wild wie vor fünfzig Jahren, oft bis mir die Tränen über die Backen kullern…

20. Juli 1992

Sehr glücklich über meine beiden »schusseligen Rentner« Dora und Heinz. Zwei zuverlässigere Menschen als die beiden kann man sich nicht vorstellen. Ich freue mich jedesmal, wenn ich sie im Garten werkeln sehe. Den Hunden ging es noch nie so gut, jeden Tag gibt es stundenlange Spaziergänge, so ein freudiges Lächeln dann auf dem Gesicht von Heinz, dem Schweigsamen. Dora wird immer perfekter im Ungang mit den Pferden. Im Viereck reiten wir bereits gemeinsam. Wir sehen uns, wenn wir dazu Lust haben, unsere Gespräche spielen sich vornehmlich in Garten und Stall ab, aber es ist, als ob ein unsichtbares Band von Vertrauen zwischen unsere beiden Häuser gewebt wurde.

Wir wachsen zu einer richtigen komischen Familie zusammen. Im Grunde verwirklichen wir hier im Kleinen, was ich mir im Großen erträumt habe. Grundvoraussetzung ist genügend Abstand voneinander – und die Andersartigkeit des anderen Menschen voll und ganz anzunehmen.

12. August 1992

Es hört und hört nicht auf. Doppendorf läßt mich nicht aus den Krallen.

Schlagzeile in der *Bild-Zeitung* auf der ersten Seite:

»Barbara Rütting total verarmt – 150.000 Mark Schulden – war's der Bio-Wahn?«

Daneben, ebenfalls an äußerst prominenter Stelle, ein uraltes Foto, auf dem ich während einer Tierschutz-Debatte ziemlich verbittert dreinschaue.

Weiter geht's im Text: »Sie war der erste Film- und Fernseh-Star, der sich in Deutschland der grünen Ökobewegung anschloß. Und sie ist die erste, die daran pleite ging ... ›Ich kann nicht mehr, die Kraft ist raus ...‹ Barbara Rütting ist heute 64, total verarmt, total einsam. Lebensgefährte L. H. (49) verließ sie nach 20 Jahren für eine Jüngere.

Ein Star, einst begehrt, dann voller grüner Ideale, heute arm an Leib und Seele.«

Die junge Journalistin, sehr sympatisch am Telefon, hatte mich zwar tags zuvor angerufen und gefragt, ob es zutreffe, daß die Öko-Siedlung nicht zustande käme, ich hatte ihr auch einige Details genannt mit der Auflage, daß sie mir ihren Text zufaxen solle, damit ich ihn begutachte, was sie versprach. Nichts davon. Heute morgen ruft mich eine verstörte Frau an, sie könne mir einen Job als Empfangsdame in ihrem Hotel anbieten. »Sehr nett, aber wieso denn das?« frage ich verdutzt. Darauf kommt es fast wie ein Schrei: »Ja, haben Sie denn nicht die *Bild-Zeitung* gelesen? Da steht es doch, daß Sie total verarmt und vereinsamt sind!«

Ich natürlich gleich ins Örtchen gefahren, auch dort am Zeitungsstand helle Aufregung: »Ja, Frau Rütting, das haben wir ja gar nicht gewußt, das ist ja entsetzlich«, usw. usw. usw. Ich habe Mühe, die Leute zu beruhigen – und merke, daß sie mir nicht glauben. Wenn es doch in der Zeitung steht!

(Später erfahre ich, daß die Inhaberin eines Installationsgeschäftes einen Angestellten, der Pferdetränken für ein paar hundert Schillinge zu liefern hatte, fragte: »Sind die etwa für Frau Rütting? Nur gegen Barzahlung! Die ist doch pleite!«)

Ich weiß nicht, soll ich lachen – oder mich ärgern, entschließe mich für Lachen. Das Spießrutenlaufen beim Einkaufen ertrage ich mit Gelassenheit.

Mein langjähriger Freund Jochen, früher Chefredakteur des *Zeit-Magazins*, rät mir dennoch, zu klagen. Telefonate mit einem guten Anwalt in Hamburg – die Klage geht raus.

Mehr als 10.000 Mark Schmerzensgeld kriegen wir nie, meint der Anwalt; das ist die absolut höchste Summe, mehr gab es auch nicht bei Verleumdungen, daß ein Musikstar Minderjährige verführt oder eine bekannte Schauspielerin sich mit Aids infiziert habe, erfahre ich.

Der Anwalt kämpft um einen Gegenbericht, und der wird schließlich auch zugesagt, ich darf ihn sogar selbst berichtigen, und wir setzen durch, daß die Zeitung schreiben muß: »... wie *Bild* irrtümlich berichtete ...«

Ich kann es gar nicht fassen, wie viele Menschen dieser *Bild-Zeitung* glauben!

Den ganzen Tag klingelt das Telefon, fragen nahe Freunde, entfernte Bekannte und sogar wildfremde Menschen, ob sie mir helfen können. Die Auflage meiner Bücher hat die Million überschritten, und meine LeserInnen dürften kaum zu den *Bild-Zeitungs*-Konsumenten zählen – aber *alle* haben diesmal das Blatt gekauft. »Ich habe eine Vollbremsung mit dem Fahrrad gemacht, als ich die Überschrift und dein Foto sah – die Zeitung war noch dazu so raffiniert gefaltet, daß ich las: *Barbara Rütting tot* – hab ich doch tatsächlich dieses Schmierblatt gekauft!« berichtet mir ein Vereinsmitglied.

Die macht einen schönen Reibach, die *Bild-Zeitung*.

Am nächsten Tag hat ein Klatschspaltenjournalist namens »Adabei« in dem österreichischen Blättchen *»Die Krone«* nicht nur den ganzen Quatsch abgeschrieben, sondern noch eins drauf gesetzt.

So beginnt er seine Glosse: »Das trockene Brot, das ihren Namen trägt, kann sich jetzt Barbara Rütting, Ex-Filmstar auf dem Öko-Trip, nicht mehr leisten. Barbara, heute 64, ist mit ihren Plänen, ein Öko-Dorf für alte Menschen und Tiere zu bauen, gescheitert. Nicht nur das – total abgebrannt.«

Ein Wiener Anwalt übernimmt die Klage gegen die *Krone*.

27. August 1992

Es ist schon ein Witz, der *Bild-Zeitungs*-Bericht hat mir ein halbes Dutzend interessanter Talk-Shows eingebracht, in denen ich mich zu all den Themen äußern konnte, die mir am Herzen liegen. Aber komisch ist es schon; jeder Taxi-Fahrer spricht mich an – »Ach, Sie sind doch die Pleite gegangene Grüne« –, und als ich in Hamburg den Hotelportier bitte, mir das Geld für das Taxi auszulegen, damit ich nicht umständlich Schilling wechseln muß, scheint er mich mißtrauisch anzustarren – hat er die *Bild* gelesen und meint, ich könne das Taxi nicht mehr bezahlen?

Vermutlich denkt er nichts dergleichen. Interessant, was da im Unterbewußten bei mir abläuft.

Und da fällt mir ein, wie es war, als wir vor Jahren einen Häftling, den wir betreut hatten, im Gefangenenhaus abholten und mit ihm in ein Restaurant zum Essen gingen. Niemand nahm von dem Mann Notiz – dennoch glaubte er, daß sämtliche Gäste und die Kellner ihm ansahen, daß er gerade aus dem Knast kam.

Heute nun in der *Bild-Zeitung* nicht etwa ein Widerruf des ersten Artikels – nein, ein neuer Bericht, als ob es den ersten überhaupt nicht gegeben hätte, die Überschrift zwar kleiner, und das von mir eingesandte, diesmal schöne Foto nur in Briefmarkengröße, lautet der Text diesmal: *Barbara Rütting: Mein Öko-Tagebuch,* und *Barbara Rütting: Rekorde mit Buch und Brot.*

Sind eigentlich die LeserInnen mit so kurzem Gedächtnis begnadet, daß sie diese Widersprüche gar nicht merken, daß sie tags darauf schon nicht mehr wissen, was sie tags zuvor gelesen haben?

Es scheint so.

Ich erhalte rührende Briefe nach dem *Bild*-Artikel; da schreibt ein Ehepaar, sie hätten zwar nur eine Zweizimmerwohnung, würden mir aber ein Notbett aufstellen, damit ich zumindest ein Dach über dem Kopf habe; andere bieten mir Villen an der Côte d'Azur und auf Mallorca an, wo ich so lange umsonst wohnen könne, bis ich wieder eine neue Existenz aufgebaut habe; und aus einer geschlossenen Anstalt schreibt gar ein Mann, Gott züchtige mich, wie *Er* ihn gezüchtigt habe – und legt 10 Mark bei...

Am meisten geärgert hat mich der Satz: »Ich kann nicht mehr, die Kraft ist raus.«

Würde ich *nie, nie, nie* äußern, so ein Satz käme nie über meine Lippen, unter welchen Umständen auch immer; meint sogar Frida, die nur den Kopf schüttelt über die ganze Geschichte – »Der Typ sind Sie nicht.«

Typisch aber auch, wie – »Das hat sie nun von ihrem Bio-Wahn« – die Öko-Dorf-Idee mit der vor über fünf Jahren erfolgten Trennung von meinem früheren Partner vermanscht wurde. »Lebensgefährte L. H. verließ sie nach 20 Jahren für eine Jüngere...«

Da bleibt mir, in Anlehnung an die wunderbare Zen-Geschichte, nur zu lächeln übrig.

So?

2. September 1992

Über ein halbes Jahr nach dem Wasserrohrbruch im ehemaligen Seminarzentrum höre ich, daß der Schaden, damals ordnungsgemäß der BP gemeldet, die ihn zu verantworten hat, immer noch nicht behoben ist, und daß Frau Mackwitz nach wie vor mich als Vorsitzende des Vereins dafür verantwortlich macht.

Nun werden sich all diese Ärgerlichkeiten weiter hinziehen wie eine zähe schleimige Schneckenspur.

Die Eskalation dieser Farce ist wirklich formidabel: Ein Gutachter der BP begutachtet den Schaden, schätzt ihn auf ca. 20.000 bis 30.000 Schilling. Frau Mackwitz ficht das Gutachten an, der Gutachter stirbt.

Die Versicherung der BP hat inzwischen gewechselt. Die beiden Versicherungen streiten sich, wer den Schaden zu bezahlen hat, die erste oder die zweite.

Frau Mackwitz bestellt einen zweiten Gutachter.

Inzwischen ist in der Küche der Geschirrschrank von der angeblich vom Wasser aufgeweichten Wand gefallen, ein Riesenberg zerbrochenen Porzellans. Olga klagt diesen Schaden ebenfalls bei der BP ein, zusätzlich die Kosten, die ihr dadurch entstehen, daß eine Frau engagiert werden muß, die das bißchen restliche Geschirr dauernd abwäscht. Die BP gibt die Schadensmeldung weiter an die beiden streitenden Versicherungen.

Frau Mackwitz klagt entgangene Mieteinnahmen ein, obwohl ihr keine Miete entgangen ist, sie hat sowohl das Restaurant wie Zimmer im ersten Stock ungeachtet des Wasserschadens weiter vermietet.

In einem Gespräch, das über vermittelnde Bekannte zustande gekommen war, hatte sie zwar zugesagt, zumindest ein Drittel der Investitionen zu zahlen, was ja wohl internationalen Gepflogenheiten entspricht – davon ist nun aber nicht mehr die Rede.

Die Vermieterin ist nicht bereit, die dringend nötigen Doppelfenster im zugigen Speiseraum einzusetzen, sondern erwartet diese Aktion von der Mieterin. Olga Huber denkt nicht daran und schließt das Restaurant.

Margarete Mackwitz kommt mir vor wie Hans im Glück.

Da der Verein nun doch eine Klage gegen Margarete Mackwitz anstrengen mußte – auf Rückgabe meines Sparbuches für drei Monate Mietkaution, Ablöse der Möbel etc. und Zahlung der substanzerhaltenden Investitionen – kann der Verein nicht aufgelöst werden, wie ich das ursprünglich vorhatte. Er muß also weiterhin »ruhen«, bis zum Ende des Prozesses. In einem Rundbrief werden die Mitglieder informiert, und es wird ihnen freigestellt, auszutreten, was ein großer Teil tut.

15. September 1992

Ein Wiener Fernsehteam wollte zum Scheitern des Öko-Projekts ein Interview mit mir machen.

Margarete Mackwitz empört sich jedesmal, wenn ich mich zu diesem Thema in der Öffentlichkeit äußere. Ich bin aber nun mal eine »Person des öffentlichen Lebens«, und das Projekt ist von öffentlichem Interesse; ich habe nicht nur das Recht, sondern die Pflicht, meine Stellungnahme abzugeben.

Fairerweise schlug ich vor, daß auch sie und der Doppendorfer Bürgermeister Gelegenheit haben sollten, ihre Meinung zu sagen. Der Bürgermeister stimmte zu, sie zunächst auch – dann aber verlangte sie Geld für das Interview, was es natürlich nie gibt; dann wieder ließ sie sich zur verabredeten Zeit verleugnen, auf die telefonische Nachfrage schließlich sagte sie ab.

Das Team erwischte sie aber, als sie aus dem Haus trat. Der Redakteur berichtet, sie sei schreiend auf die Kamera zugelaufen, um sie offensichtlich zu zerschlagen.

Nächster Schritt: Sie wollte die Sendung verbieten lassen. Die Redaktion war auch bereit, den Run auf die Kamera wegzuschneiden, wollte nun aber von mir einen Kommentar zum Verhalten der Gutsbesitzerin.

Auch wenn ich mich noch so sachlich geäußert hätte, sie hätte in einem unsagbar schlechten Licht dagestanden. Und das wollte ich ihr nicht antun.

Nun wird die Sendung nicht ausgestrahlt.

Zwei Tage Arbeit umsonst – und die Chance einer objektiven Berichterstattung vertan.

16. September 1992

Franz Alt hat in einer Fernsehsendung ein Szenario durchspielen lassen, wie die Welt doch noch zu retten wäre.

Im Jahr 2030 könnte unser schöner Planet wieder grün sein!

Alle Atomkraftwerke abgebaut, statt dessen bedecken wogende Schilfgrasplantagen das Land. Das schnell wachsende und angeblich nicht den Boden auslaugende Schilfgras ist der beste Lieferant für Bio-Energie (ich hatte Margarete Mackwitz den Anbau dieses Schilfgrases vorgeschlagen, war aber, wie immer, auf taube Ohren gestoßen. Man will lieber weiterhin Milch produzieren, die keiner trinken will, lieber weiter die Berge von Butter anwachsen lassen, die keiner zu vertilgen vermag). In Alts Szenario sind Autos und Schiffe mit Solar-, Wind- und Wasserenergie betrieben; keine Meere werden mehr mit Ölteppichen überzogen, keine in Öl umgekommenen Vögel mehr, die Luft ist wieder sauber – zu schön, um wahr zu sein? Mitnichten. Es liegt an uns allen, ob der Traum wahr wird. Freilich, wenn nur einer träumt...

Wie fadenscheinig Zukunftsprognosen, auch die schlimmsten, letzten Endes aber doch sind, zeigt eine Prognose aus dem Jahre 1898. Damals machte man sich angeblich in Wien große Sorgen darüber, wer denn im Jahr 2000 die vielen Roßknödel der Fiaker-Pferde beseitigen würde!

Denken wir an die Geschichte vom hundertsten Affen: Ein Affenmädchen vom Stamme der Makaken fand eines Tages heraus, daß die Kartoffeln besser schmeckten, wenn es den Sand abwusch. Andere Affen ahmten das Beispiel nach – und eines Tages sprang der Funke über, wuschen auf allen Inseln alle Affen (auch die männlichen!) ihre Kartoffeln.

Angenommen, der Funke sprang über, als der hundertste Affe es begriffen hatte – merke: Gib dir Mühe, der hundertste Affe zu sein – und der Quantensprung gelingt!

17. September 1992

Meine Meditationen nehmen täglich an Tiefe zu. Ich dürste regelrecht danach, mich morgens und abends auf mein Kissen zu setzen und die Fahrt auf die Ebene reinen Bewußtseins anzutreten.

Inzwischen habe ich sogar den TM-Fortbildungskurs, den

Sidhi-Kurs, absolviert. Zu den körperlichen Übungen und der Mantra-Meditation sind noch die Sutras des indischen Gelehrten Pantanjali gekommen, von Maharishi für den heutigen Menschen angepaßt. »Derjenige Mensch, der in der Lage ist, all seine Wünsche und Ziele im Einklang mit der natürlichen und gesellschaftlichen Umwelt zu erfüllen, ist ein Siddha, ein ›Ins-Ziel-Gelangter‹.

Die TM-Sidhi-Übungen dienen einer gezielten Entwicklung und Festigung des Zustands reinen Bewußtseins, sie erlauben, in einem vollkommen entspannten Zustand zu handeln. Dadurch fördern sie die Integration von Ruhe und Aktivität sowie die Geist-Körper-Koordination.«*

Das TM-Sidhi-Programm umfaßt also geistige Techniken, die zum systematischen Erwerb von bislang als außergewöhnlich geltenden, gefühlsmäßigen, erkenntnisbezogenen und körperlichen Fähigkeiten führen sollen. Das Ziel der Technik ist vollkommene Selbstverwirklichung.

Dank Maharishis Anleitungen über »Die Wissenschaft vom Sein und die Kunst des Lebens« habe ich nicht nur das Unternehmen Doppendorf überlebt, sondern einen Zustand von Zufriedenheit und Glückseligkeit erreicht, den ich nicht für möglich gehalten hätte. »Die Transzendentale Meditation verhilft zu größerer Stabilität, wo es nötig ist – und zu größerer Sensibilität, wo es möglich ist«, antwortete ein befreundeter Ayurveda-Arzt auf die Frage einer Journalistin, ob man nicht psychisch gefährdet sei durch das »Abheben« während der Meditation und irgendwann nicht mehr für das Leben tauge. Schließlich wurde sogar das Glück zuteil, Maharishi in Holland besuchen zu dürfen. Lange und geduldig hörte er sich an, was ich über Doppendorf und Bulgarien und mein Leben überhaupt zu berichten hatte – dann sah er mich gütig an und sagte: »Take it easy. And concentrate on the Natural Law Party.«**

* Gottwald/Howald: *Selbsthilfe durch Meditation.*
** In Deutschland: Die Naturgesetz Partei.

18. September 1992

Beim Aufräumen fand ich ein Foto von der Eröffnung des Seminarzentrums. Es war der Tag, den ich in einem Fernsehinterview den glücklichsten Tag meines Lebens nannte.

Das Foto zeigt Margarete Mackwitz und mich, beide im Profil, zwei ziemlich gescheit aussehende Menschen. Wie Schwestern lächeln wir uns zu, wie sehr unterschiedliche Schwestern, aber Schwestern, die einander viel bedeuten, sie etwa zehn Jahre jünger als ich.

Mit keinem Menschen habe ich mir soviel Mühe gegeben wie mit ihr, den Mann ausgenommen, mit dem ich zwanzig Jahre lebte. Und ein wehmütiges Gefühl bleibt, daß wir beide, aus welchen Gründen auch immer, eine einmalige Chance gemeinsamer Entwicklung nicht genutzt, sondern vertan haben.

Geträumt: Grete hatte dort, wo immer noch die halb eingestürzte Scheune steht und wo unser Öko-Haus gebaut werden sollte, phantastische Häuser errichtet, aber darüber, in der Luft; ganz in Weiß und Silber schwebten sie im Blau des Himmels, eine Feensiedlung. Ich war hingerissen und glücklich.

20. September 1992

Während eines Gartenseminars waren die Obstbäume beschnitten worden, versehentlich auch ein kleiner Nußbaum, den man für einen Apfelbaum hielt.

Der kleine Nußbaum blutete und blutete, erzählte mir Dora, die das bemerkt hatte und Balsam auf seine Wunden strich.

Als ich dann alle 30 Obstbäume entfernen mußte, zu mir nach Sommerholz bringen und hier wieder einpflanzen ließ, nachdem ich sorgfältig die richtigen Standorte für jeden Baum ausgesucht hatte, wurde auch der kleine Nußbaum umgepflanzt.

Es war Mai, und es regnete wochenlang, ein Glück – denn alle Bäume wuchsen gut an – bis auf den kleinen Nußbaum.

Dann folgte eine Trockenperiode. Wir mußten die Bäume täglich gießen – allen ging es gut, nur dem kleinen Nußbaum nicht. Er war verdorrt, eingegangen; sinnlos, ihn weiter zu gießen.

Im Juli kam eine amerikanische Heilerin zu Besuch. Sie versteht die Sprache der Bäume. Ich bat sie, mit dem großen, alten Nußbaum zu sprechen. Er ist schon 20 Jahre, nie hat er Früchte getragen, aber in diesem Jahr viele, viele Nüsse.

Der alte Nußbaum erzählte Anita, es ginge ihm gut, nicht großartig, denn seine Wurzeln könnten sich nicht strecken, soweit sie wollten, aber er sei zufrieden. (Seine Wurzeln sind tatsächlich beschädigt und in ihrem Ausdehnungsvermögen eingeschränkt worden, als die Pferdekoppel gebaut wurde.) Er sei zufrieden, denn nichts im Leben sei perfekt. Und dann deutete er an, daß er eines meiner Pferde sehr liebe, und wahrscheinlich sterben würde, wenn dieses Pferd stirbt. Und wirklich, der 35 Jahre alte Liwei geht sofort, wenn er frei laufen kann, zu diesem Nußbaum, um sich liebevoll und ausgiebig an ihm zu scheuern.

Ich bat Anita, sich auch den kaputten, eingegangenen kleinen Nußbaum anzusehen. Und siehe da – er lebte!

Aber er weinte, er weinte wie ein Kind. Nie hätte man ihn beschneiden, nie ihn umpflanzen dürfen »Es gab eine Zeit, da war ich schön und blühte – dann hat man mich beschnitten und umgepflanzt – es war, als ob sie mir das Herz aus dem Leib rissen ...«

Anita fragte den verdorrten, weinenden Baum, ob wir irgend etwas für ihn tun könnten. Zunächst war er störrisch, wie ein verletztes Kind, und antwortete weinend: »Geht weg, laßt mich allein, geht weg!« Schließlich aber, wenn auch widerstrebend, schien er bereit, unsere Hilfe anzunehmen, fühlte sich aber gedrängt, noch einmal über die ihm angetanen Qualen zu sprechen: »Ich rief und schrie, als sie meine Wurzeln aus dem Boden rissen, aber sie hörten mich nicht. Ich zitterte, meine Blätter fielen herab, aber sie waren blind und taub, sie hatten kein Gefühl für mich, sie hatten kein Herz für mich. Sie ließen mich bluten, trotz meiner Schreie ... doch, helft ihr mir, wenn ihr könnt, helft mir! Ich möchte meine Wurzeln tief in die Erde senken, ich möchte fühlen, daß ich geliebt werde! Ich möchte meine Zweige ausstrecken, meine Kraft spüren, mich vor Fremden verstecken oder sie suchen, wenn ich mich danach fühle – laßt mich nicht im Stich, gebt mich nicht auf! Ich will alles für die Erde tun, auf der ich stehe, ich will zurückgeben, was ich nehme, aber ich brauche Hilfe. Wenn ihr könnt, helft mir – gebt mir mein Lebensblut zurück! Ich möchte leben – ich möchte leben – ich möchte so gern leben ...«

Auch ich hatte es aufgegeben, das junge Nußbäumchen, nachdem sämtliche »Fachleute« einstimmig entschieden, daß es tot sei. Voller Trauer und Reue brachte ich ihm die Notfalltropfen, die Blüten für die Überwindung eines Schocks und für einen Neuanfang, streichelte und wässerte es regelmäßig und sprach mit ihm – und siehe da, neben dem verdorrten Stamm sprießt aus der Erde ein Büschel frischer grüner Zweige!

Der kleine Nußbaum hat es geschafft ...

Das ist die wirkliche Freude im Leben
gebraucht zu werden...
wenn ich dann sterbe, will ich vollkommen aufgebraucht sein,
denn je engagierter ich arbeite, desto mehr lebe ich.
Ich entzücke mich am Leben für das, was es ist.
Das Leben ist keine kurze Kerze für mich,
es ist eine prachtvolle Fackel,
welche mir für einen Moment zum Halten gegeben wurde,
und bevor ich sie den zukünftigen Generationen weiterreiche,
will ich sie so strahlend als möglich entflammen lassen.

(George Bernard Shaw)

Danksagung

Ich danke allen, die mir bei der »Operation Doppendorf« beigestanden haben und damit auch zur Entstehung dieses Buches beitrugen.

Ein Bussi Jochen Steinmayer, der mir geholfen hat, die tausend *Tagebuch*-Seiten auf ein erträgliches Maß zurechtzustutzen, Dank auch für seine Freundschaft und seinen Rat.

Eine kleine Bitte an Sie, liebe Leserinnen und Leser: Schreiben Sie mir keine Briefe, auf die Sie Antwort erwarten.

Wie Sie ja bei der Lektüre des Buches gemerkt haben werden, bin ich auf vielen Gebieten engagiert, die meine ganze Kraft fordern.

Sämtliche Anfragen betreffend die Naturgesetz Partei, Ayurveda-Gesundheitszentren und Zentren für Transzendentale Meditation bitte an Samhita GmbH, Am Berg 13, 49143 Bissendorf, Tel. 05402/8483.

Uns allen viel Glück!
Ihre
Barbara Rütting